CONTEÚDO DIGITAL PARA ALUNOS

Cadastre-se e transforme seus estudos em uma experiência única de aprendizado:

Entre na página de cadastro:
https://sistemas.editoradobrasil.com.br/cadastro

Além dos seus dados pessoais e dos dados de sua escola, adicione ao cadastro o código do aluno, que garantirá a exclusividade do seu ingresso à plataforma.

2204159A1625489

Depois, acesse:
https://leb.editoradobrasil.com.br/
e navegue pelos conteúdos digitais de sua coleção :D

Lembre-se de que esse código, pessoal e intransferível, é valido por um ano. Guarde-o com cuidado, pois é a única maneira de você acessar os conteúdos da plataforma.

CB035690

APOEMA CIÊNCIAS 9

ANA MARIA PEREIRA
- Mestre em Educação
- Licenciada em Ciências Biológicas
- Professora do Ensino Fundamental, do Ensino Médio e do Ensino Superior

ANA PAULA BEMFEITO
- Doutora em História das Ciências e das Técnicas de Epistemologia
- Mestre em Ensino de Ciências e Matemática
- Bacharel em Física e licenciada em Matemática
- Professora do Ensino Superior e de cursos de pós-graduação

CARLOS EDUARDO PINTO
- Mestre em Ciências do Meio Ambiente
- Licenciado em Química
- Professor do Ensino Médio e do Ensino Superior

MIGUEL ARCANJO FILHO
- Mestre em Ensino de Ciências e Matemática
- Licenciado em Física
- Professor do Ensino Médio, do Ensino Superior e de cursos de pós-graduação

MÔNICA WALDHELM
- Doutora e mestre em Educação
- Licenciada em Ciências Biológicas
- Professora do Ensino Fundamental, do Ensino Médio, do Ensino Superior e de Pós-graduação em Ensino de Ciências

1ª edição
São Paulo, 2018

Editora do Brasil

Dados Internacionais de Catalogação na Publicação (CIP)
(Câmara Brasileira do Livro, SP, Brasil)

Apoema: ciências 9 / Ana Maria Pereira... [et al.].
– 1. ed. – São Paulo: Editora do Brasil, 2018. – (Coleção apoema)

Outros autores: Ana Paula Bemfeito, Carlos Eduardo Pinto, Miguel Arcanjo Filho, Mônica Waldhelm.

ISBN 978-85-10-06948-9 (aluno)
ISBN 978-85-10-06949-6 (professor)

1. Ciências (Ensino fundamental) I. Pereira, Ana Maria. II. Bemfeito, Ana Paula. III. Pinto, Carlos Eduardo. IV. Arcanjo Filho, Miguel. V. Waldhelm, Mônica. VI. Série.

18-20594 CDD-372.35

Índices para catálogo sistemático:
1. Ciências: Ensino fundamental 372.35
Maria Alice Ferreira - Bibliotecária - CRB-8/7964

© Editora do Brasil S.A., 2018
Todos os direitos reservados

Direção-geral: Vicente Tortamano Avanso
Direção editorial: Felipe Ramos Poletti
Gerência editorial: Erika Caldin
Supervisão de arte e editoração: Cida Alves
Supervisão de revisão: Dora Helena Feres
Supervisão de iconografia: Léo Burgos
Supervisão de digital: Ethel Shuña Queiroz
Supervisão de controle de processos editoriais: Marta Dias Portero
Supervisão de direitos autorais: Marilisa Bertolone Mendes

Supervisão editorial: Angela Sillos
Consultoria Técnica: Debora de Fatima Almeida, Isabela Sodré e Ricardo Lourenço Rosa
Edição: Ana Caroline Rodrigues de M. Santos
Assistência editorial: Vinícius Leonardo Biffi
Auxílio editorial: Luana Agostini
Apoio editorial: Amanda Jodas, Camila Beraldo, Flávio Uemori Yamamoto, Juliana Bomjardim, Murilo Tissoni e Renan Costa Petroni
Coordenação de revisão: Otacilio Palareti
Copidesque: Gisélia Costa, Ricardo Liberal e Sylmara Beletti
Revisão: Alexandra Resende, Andréia Andrade, Elaine Silva e Martin Gonçalves
Pesquisa iconográfica: Daniel Andrade, Lucas Alves e Rogério Lima
Assistência de arte: Letícia Santos e Carla Del Matto
Design gráfico: Patrícia Lino
Capa: Megalo Design
Imagem de capa: Alfonsodetomas/Dreamstime.com
Pesquisa de capa: Tempo Composto Col. de Dados Ltda.
Ilustrações: Adriano Loyola, Conexão, BAIVECTOR/Shutterstock.com (textura seção ...em foco), Cristiane Viana, DAE (Departamento de Arte e Editoração), Dawidson França, Denis Cristo, Fabio Nienow, Fernando Gonsales, Ilustra Cartoon, Jane Kelly/Shutterstock.com (ícones seções), José Wilson Magalhães, Luiz Lentini, Luis Moura, Mauro Salgado, Pablo Mayer, Paula Lobo, Paula Haydee Radi, Paulo César Pereira, Paulo Nilson, Vagner Coelho
Produção Cartográfica: Alessandro Passos Da Costa, DAE (Departamento de Arte e Editoração), Sonia Vaz
Coordenação de editoração eletrônica: Abdonildo José de Lima Santos
Editoração eletrônica: MRS Editorial
Licenciamentos de textos: Cinthya Utiyama, Jennifer Xavier, Paula Harue Tozaki e Renata Garbellini
Controle de processos editoriais: Bruna Alves, Carlos Nunes, Jefferson Galdino, Rafael Machado e Stephanie Paparella

1ª edição / 2ª impressão, 2023
Impresso no Parque Gráfico da FTD Educação

Rua Conselheiro Nébias, 887
São Paulo, SP – CEP 01203-001
Fone: +55 11 3226-0211
www.editoradobrasil.com.br

APRESENTAÇÃO

Este livro trata de vida! Em suas formas variadas e em suas múltiplas relações.

Ao observar fenômenos que ocorrem em seu corpo, em sua casa, em seu planeta; ao ver máquinas e outros recursos tecnológicos funcionando, no campo ou na cidade; e ao tentar entender como e por que eles funcionam, você perceberá a importância de aprender Ciências. Além disso, um cidadão como você, que deseja entender as mudanças na sociedade em que vive e o impacto que a ciência tem sobre a sua vida e sobre toda a Terra, com certeza vai querer informar-se e debater assuntos como aquecimento global, alimentos transgênicos, aids, fontes alternativas de energia, entre outros, que trataremos nesta coleção.

Nossa intenção é fazer deste encontro, entre a ciência e você, uma experiência prazerosa e motivadora, articulando o que você aprenderá aqui com seu dia a dia. Para isso, contamos com seu esforço e sua participação. Viaje conosco pelos caminhos da investigação e da experimentação.

Um grande abraço.

Os autores

SUMÁRIO

■■■ **UNIDADE 1 – A matéria e suas transformações** **8**

CAPÍTULO 1 – Estrutura da matéria e radioatividade **10**

De que é feita a matéria?.................................11

De olho no legado – Formas da matéria 12

• Da ideia filosófica aos modelos atômicos. 12

A teoria atômica de Dalton 13

Experimentar – Gases e variação de temperatura..13

Os estados físicos da matéria 14

• O estado sólido 14

• O estado líquido...14

• O estado gasoso 14

• Mudanças de estado físico da matéria 15

Observar – Evaporação e condensação 17

De olho no legado – A natureza elétrica 18

O modelo de Thomson 19

• A radioatividade...19

O modelo de Rutherford 20

Modelar – Experimento de Rutherford.............20

O modelo de Böhr 22

Modelar – Deduzindo o que não posso ver 23

A estrutura do átomo.....................................23

• Cargas elétricas e massas relativas 24

  O núcleo do átomo 24

  Número atômico...24

  Número de massa 25

• Representação dos átomos 25

• Semelhanças atômicas.................................25

• Eletrosfera e níveis energéticos 26

Os íons 27

Conviver – A radioatividade na ficção..............28

Saúde em foco – Radioatividade e saúde 29

As moléculas e as substâncias 30

Propriedades gerais da matéria 31

• Massa...31

• Volume 31

• Impenetrabilidade..31

Experimentar – O ar ocupa lugar no espaço?..32

• Divisibilidade..32

• Compressibilidade..33

• Elasticidade 33

Propriedades específicas da matéria.............33

• Densidade 34

Experimentar – Calculando a densidade do prego 35

  Temperaturas de fusão e de ebulição............36

Atividades 37

CAPÍTULO 2 – Substâncias químicas **38**

De que é feita a matéria?....................................38

Modelar – Organizando latas............................38

De olho no legado – A organização dos elementos químicos feita por Mendeleev e Moseley 39

Representação dos elementos químicos 40

Classificação dos elementos químicos 41

• Massa atômica dos elementos 41

• Classificação periódica dos elementos químicos (Tabela Periódica)............................42

Viver – Carência nutricional.............................43

• Classificação por propriedades semelhantes 44

  Metais 44

  Não metais 45

  Gases nobres 45

  Hidrogênio 46

  Lantanídeos e actinídeos 46

• A tabela é constituída de períodos e famílias 46

  Os períodos 46

  As famílias 47

Viver – Elementos químicos em nosso dia a dia..49

Conviver – Idade dos Metais 50

Modelar – Letras *versus* elementos químicos. É possível compará-los? 52

Ligações químicas 53

• O comportamento dos átomos 54

• Tipos de ligação química 58

  Ligação iônica ou eletrovalente 58

  Ligação covalente ou molecular 61

Viver – O elemento químico oxigênio na natureza 63

  Ligação metálica 63

Massa molecular 64

Saúde em foco – Compostos iônicos e a saúde 64

Modelar – Combinando os elementos químicos...65

Atividades 66

CAPÍTULO 3 – Reações químicas e radiações **68**

Evidências de reações químicas 69

• Toda transformação que você verifica em um material é uma reação química? 69

  Fenômeno químico e fenômeno físico............69

Reações químicas 70

• Representação das reações químicas............71

• A equação química 71

• Balanceamento das reações químicas 72

  Equação balanceada 74

Experimentar – Massa e reação química 75

• Previsão nas transformações químicas 76

A energia química 78
- A velocidade das reações químicas 79
  Fatores que interferem na velocidade da reação química 80
- **Observar** – Alteração da velocidade de reação por meio da superfície de contato 80
- Temperatura 81
- Concentração dos reagentes 81
- Um mundo cercado de plástico 82
- Química e Medicina 83
- Atividades 85

CAPÍTULO 4 – Funções químicas 86

O significado de função química 87
- Função ácido 87
  Ionização dos ácidos 88

Viver – Cuidado! Você pode ingerir um ácido muito letal 89
  Os ácidos são corrosivos.....................90
  Classificação dos ácidos 90
  Os ácidos em nosso dia a dia.....................90
- Função base (ou hidróxido) 90
  Dissociação das bases 91
  As bases em nosso dia a dia.........................91
- Os indicadores ácido-base e o pH 92

Experimentar – Descobrindo se o pH do meio é ácido ou básico 93
- Função sal 94

Conviver – Onde estão os sais minerais necessários para nossa alimentação? 95

De olho no legado – Teoria da dissociação eletrolítica 96
- Função óxido.........................97

Viver – Solo ácido 97

Saúde em foco – **Tratamento de gastrite**..........98

Ambiente em foco – **A chuva é ácida? Isso tem alguma relação com ácidos ou óxidos?** 99

Atividades 100

Caleidoscópio 102

Retomar 104

Visualização 106

UNIDADE 2 – Hereditariedade 108

CAPÍTULO 5 – Conceitos de hereditariedade 110

Cromossomos 111
- Genes 113

Modelar – Cromossomos homólogos 113

Características genéticas, congênitas e adquiridas.........................114
- Código genético 114
- Mutação gênica 114

A análise de heredogramas 116

Conviver – Construção de heredograma.........116

Atividades 117

CAPÍTULO 6 – A contribuição de Mendel 118

Mendel: o pioneiro 118
- Os experimentos de Mendel.........................119
  A genética no Brasil 120
- Aplicando as ideias de Mendel 120

Modelar – Representando um cruzamento 121

Com a palavra, a especialista – **Mayana Zatz ...** 122

Ciência em foco – Bioética.............................123

Viver – O DNA e o teste de paternidade/maternidade........................124

Atividades 125

CAPÍTULO 7 – Teorias evolucionistas 126

Lamarckismo........................126

Darwinismo 127
- A luta pela sobrevivência 128

Neodarwinismo........................129
- A importância da adaptação ao meio ambiente 129

Mecanismos evolutivos 130
- Mutações 130
- Seleção natural 131
  Anemia falciforme e malária 131
  Resistência de bactérias a antibióticos – seleção artificial 132
- Especiação 132

Atividades 133

Retomar 134

Visualização 136

UNIDADE 3 – Evolução e biodiversidade................................. 138

CAPÍTULO 8 – Diversidade biológica...............140

Diversidade genética 140

Diversidade de espécies........................141

Diversidade de comunidades e ecossistemas........................141
- Riqueza e abundância 142

Aspectos evolutivos e ambientais..................142
- Homologia dos órgãos 143
- Analogia dos órgãos........................144
- Embriologia comparada.......................145
- Comparação de proteínas........................145
- Registro fóssil.........................146
  Luzia........................146

Atividades 147

Evolução da espécie humana 148

Conviver – Raça ou etnia?........................150

Biotecnologia e biodiversidade 152

Tecnologia em foco – Transgênicos no Brasil........................153

- Clonagem.....................154
Viver – Clonagem de plantas *in vitro*.............155
Biotecnologia em foco – Clonagem e biodiversidade.................156
Experimentar – Extração de DNA de morango..................156
Atividades..................157

CAPÍTULO 9 – Preservação da biodiversidade...................158
Preservar ou conservar?..................158
- Quando, como e por que é necessário conservar ou preservar?.............159
Sistema Nacional de Unidades de Conservação da Natureza..................160
Como é criada uma UC?....................161
- Tipos de Unidade de Conservação.............162
  Unidades de Proteção Integral.................162
  Unidades de Uso Sustentável.................163
Conviver – Distribuição das Unidades de Conservação no Brasil..................164
De olho no legado – A conservação da natureza..................166
Terras indígenas...................167
O conceito de mosaico...................168
Corredores ecológicos..................169
A importância do diálogo e da participação popular..................169
Pontos de vista – Demarcação de novas Unidades de Conservação..................170
Viver – Visitação nos parques nacionais cresce 20% em 2017..................171
Biopirataria.................172
Atividades..................173

CAPÍTULO 10 – Sustentabilidade..................174
O ciclo de vida de um produto..................175
Viver – Logística reversa do óleo de cozinha..................176
Consumo ou consumismo?..................176
Consumo em foco – A influência da publicidade sobre o público infantojuvenil..................177
- Consumo ético, responsável e consciente..................178
- Consumo sustentável..................179
- O desperdício de alimentos..................180
- O custo ambiental da industrialização de alimentos..................181
- Tudo que é "bom" tem que durar pouco?..................181
Conviver – No caminho para o consumo consciente..................182
- Consumo e resíduos..................183

Sustentabilidade e povos tradicionais..................183
- Quilombolas...................184
- Povos indígenas..................185
- Caiçaras..................185
Conviver – UC e a sociedade..................186
Unidades de Conservação de Uso Sustentável..................188
Atividades..................189
Caleidoscópio..................190
Retomar..................192
Visualização..................194

UNIDADE 4 – Universo e seus astros..................196

CAPÍTULO 11 – Nossa localização no espaço..................198
Como observar corpos celestes no céu..................198
- Os astros principais..................200
Viver – Corpos celestes..................201
- Os planetas vistos da Terra..................201
- Os planetas no Sistema Solar..................203
Modelar – Montando um Sistema Solar em escala..................204
- O surgimento do Sistema Solar..................205
- Os astros menores do Sistema Solar..................206
  Satélites..................206
  Cometas..................207
De olho no legado – O Brasil na Era Espacial..................208
  Planetas-anões e asteroides..................209
Viver – Estrela ou planeta?..................210
- Observando além do Sistema Solar..................211
- As galáxias..................212
Atividades..................215

CAPÍTULO 12 – Ideias sobre o Universo..................216
As estrelas, as histórias e os costumes..................216
- Histórias contadas no céu..................217
  Mais histórias indígenas..................218
As constelações, a ciência e a imaginação..................220
- Histórias do céu da Grécia Antiga..................221
- Mesmos astros, diferentes figuras no céu..................222
- Constelações como referência..................223
Modelar – Cruzeiro do Sul..................223
Viver – A constelação Cruzeiro do Sul..................224
Os astros e sua relação com diferentes povos e civilizações..................225
Viver – A humanidade e a Lua..................226
As origens de tudo, os outros mundos e a vida..................227

- Mito grego.....................................227
- Mitos indígenas 227
- Mito oriental 228

Nosso lugar no céu 229

Modelar – Big Bang...........................231

Os outros mundos 232

Viver – Explore o céu com o programa Stellarium 233

Conviver – Quais seriam as condições propícias à vida? 234
- Há outros planetas habitáveis 237

Atividades 239

CAPÍTULO 13 – Evolução estelar 240

Nascimentos, vida e morte das estrelas 240

Viver – Fusão nuclear........................241
- Os tipos de estrela 242
- A evolução das estrelas 243
- O fim 244

Conviver – Somos mesmo feitos de poeira de estrelas?....................................246
- O Sol 247

Experimentar – Gravidade..................248

Atividades 249

CAPÍTULO 14 – Ondas e radiação 250

O que é uma onda? 251
- Tipos de onda 251
  Pulso, onda, onda periódica..............252

Ciência em foco – *Tsunami* 255
- O som 256

Observar – Ressonância 257

Experimentar – A velocidade do som nos diferentes meios 258
  O eco 259
- Qualidades fisiológicas do som 259
  A intensidade sonora.......................260

Saúde em foco – Barulho e boa audição não combinam! 261

Modelar – Telefone de barbante 263

O espectro eletromagnético 263

Tecnologia em foco – Celulares e redes sem fio 265

Viver – O bloqueio do uso de celulares nos presídios....................................266
- Instrumentos à base de radiação 267
- A luz visível: uma região do espectro 268
  A natureza da luz 268
  Corpos luminosos e corpos iluminados..........269
  Corpos transparentes, translúcidos e opacos 270

Experimentar – Luz e sombra.............271

De olho no legado – A câmara escura, o princípio da fotografia.....................272

Fenômenos ondulatórios 273
- Reflexão da luz 274
- Refração da luz 275
- As cores 275
  O que é a cor?................................275

Experimentar – Decomposição da luz 276
  O arco-íris 277
  O disco de Newton...........................278
  A cor de um objeto 278

Observar – Composição da luz – mistura de cores................................279
  Os pigmentos.................................280
  A cor e a temperatura dos objetos 280

Atividades 281

CAPÍTULO 15 – Movimento e leis de Newton.....284

Mecânica.....................................284
- O que é movimento?.........................285
- Tudo é relativo? 285
- A forma do percurso – a trajetória 285
- Posição 285

As grandezas da Cinemática 286
- Intervalo de tempo 286
- Deslocamento.................................286
- Velocidade instantânea 287
- Velocidade média 287
- Aceleração.....................................288
  Classificação do movimento quanto à variação da velocidade 288

Grandezas escalares e grandezas vetoriais 289
- O que é uma grandeza vetorial?..................289

O que é força?...............................290
- Somando forças...............................290
- Força peso 292

O que mantém o movimento? 293
- Primeira lei de Newton (ou lei da inércia)...........................293
- Segunda lei de Newton: O que muda o movimento? 294
- Terceira lei de Newton (ou lei da ação e reação) 295
  A força do atrito 296

Gravitação universal.......................296

Experimentar – As forças e as leis de Newton 297

Atividades 298

Retomar 300

Visualização 302

Referências 304

UNIDADE 1

Antever

Observe as duas imagens destas páginas: Há alguma relação entre o navio e a hematita, um minério de ferro?

As imagens mostram um pedaço do minério hematita e um navio em alto-mar.

É possível que você não estabeleça relação entre essas duas imagens, mas, se souber que na composição do minério e do navio há o mesmo elemento químico – ferro –, pode ser que comece a fazer algumas perguntas. Você já viu um navio de perto? Se observar a imagem do minério, verá que o material que o constitui é bem diferente daquele que compõe o casco do navio. Poderá até pensar: será que o minério boia? Será que o material presente no minério teve que passar por muitos processos para virar a placa de ferro utilizada na construção do navio? Essas questões, e muitas outras, estão ligadas aos materiais que usamos no dia a dia. Reflita sobre as perguntas a seguir.

1. Qual é a diferença entre os minérios encontrados na natureza e os materiais produzidos com eles?

2. Somente com os minérios é possível produzir os materiais que utilizamos diariamente?

3. Como ocorrem as transformações dos materiais?

4. O que diferencia um material de outro?

Navio cargueiro e pedaço de hematita

A matéria e suas transformações

As imagens desta página não estão representadas na mesma proporção.

CAPÍTULO 1

Estrutura da matéria e radioatividade

Representação simplificada em cores-fantasia e tamanhos sem escala.

Representação artística de sala de aula.

A imagem acima representa uma sala de aula vazia em que é possível ver diferentes objetos e materiais, como mesas e cadeiras de madeira, janelas de vidro, peças metálicas, papéis, entre tantos outros.

Agora, olhe ao seu redor. Há objetos que não estão presentes nessa imagem? Se sim, de que materiais eles são feitos?

Você deve ter percebido que em sua sala de aula há inúmeros objetos e materiais. Alguns deles mais rígidos, como a madeira, e outros mais flexíveis, como a folha do seu caderno ou a página deste livro. Há aqueles que são bons condutores elétricos, como clipes e outros objetos metálicos, e os que não conduzem bem eletricidade, como a borracha.

Diante dessa variedade de materiais, talvez você já tenha se perguntado: Do que eles são feitos? Se todos são constituídos de partículas, por que são tão diferentes?

Em seu caderno você pode montar uma tabela da seguinte forma: na primeira linha, em cada coluna escreva o nome dos materiais, por exemplo, plástico, madeira, metal, vidro etc. Em cada linha, introduza os objetos feitos desse material. Você pode fazer um círculo para destacar os objetos que possuem mais de um material presente – uma cadeira pode possuir metal na estrutura e madeira ou plástico no assento e no encosto.

De que é feita a matéria?

Desde a Antiguidade, o ser humano tem buscado compreender do que os materiais são formados. Se tudo o que existe é constituído de matéria, do que ela é feita?

É bem provável que você ou seus colegas respondam: de partículas ou de átomos.

A concepção de que a matéria é formada por partículas minúsculas que não se dividem não é recente. Ela foi formulada há mais de 2500 anos, por volta do século V a.C., na Grécia, por Leucipo e, depois, desenvolvida por seu discípulo Demócrito e os seguidores dele.

Naquela época, grupos de filósofos com pensamentos parecidos formavam o que chamamos de escolas e debatiam suas ideias e pensamentos com outros filósofos. Naquele período, não havia um consenso entre eles sobre a constituição da matéria. Alguns acreditavam, por exemplo, que ela era formada por quatro elementos (terra, fogo, água e ar).

Filósofos gregos debatiam sobre qual elemento era primordial e sobre a origem de tudo que existia. Alguns acreditavam que era o fogo, outros defendiam a terra, a água ou o ar. Empédocles, por volta de 450 a.C., propôs que a matéria era formada por uma combinação dos quatros elementos.

A escola atomista, cujo principal representante foi Demócrito, compreendia que a matéria era formada por corpúsculos indivisíveis, os átomos – palavra de origem grega que significa "não divisível". Segundo o filósofo: "Por convenção há o doce, por convenção há o amargo, por convenção há o quente e o frio, por convenção há a cor; mas na realidade existem apenas átomos e o vazio".

É importante destacar que, embora suas ideias sobre a constituição da matéria façam sentido e tenham hoje comprovação experimental, elas não tiveram impacto naquela época.

Com o passar dos anos, intensificou-se a necessidade de explicar práticas adotadas pelas sociedades de cada época. Exemplo: o ser humano era capaz de misturar alguns materiais e, com isso, obter materiais diferentes, como a liga de bronze (mistura dos metais cobre e estanho), produzida há mais de cinco mil anos. Com essas misturas também surgiam muitas questões, entre elas: Por que alguns materiais, quando misturados, originam outro material? Como ocorrem essas transformações?

As imagens desta página não estão representadas na mesma proporção.

Nessa fotografia, vemos a escultura *Cavalos de bronze de São Marcos*, do século IV a.C., localizada na Basílica de São Marcos, em Veneza, na Itália.

De olho no legado

Formas da matéria

O filósofo Tales de Mileto (625 a.C.-550 a.C.) observou que a matéria existe na natureza em três formas: sólida, líquida e gasosa. Ele indicou a água como o elemento primordial na constituição da natureza da matéria.

Tempos depois, passou-se a aceitar a ideia de que a matéria é composta da relação entre os quatro elementos básicos – terra, fogo, ar e água –, conforme previa o também filósofo Empédocles (485 a.C.-425 a.C.). Os símbolos desses elementos estão representados no quadro a seguir.

Tales de Mileto, ilustração de Johannes Sambucus (1531-1584).

Ainda hoje usamos o triângulo como símbolo para representar o aquecimento, herança da época em que era comum a prática da **alquimia**.

1 Pesquisem as ideias das diferentes escolas filosóficas gregas sobre como a matéria era constituída. Cada grupo será responsável por pesquisar e apresentar o pensamento de uma das escolas. Discutam essas ideias com a turma.

Glossário

Alquimia: conjunto de práticas e técnicas que tinham como objetivo a descoberta da pedra filosofal, fórmula que transformaria os metais em ouro, e da panaceia, remédio que curaria todos os males.

As imagens desta página não estão representadas na mesma proporção.

Da ideia filosófica aos modelos atômicos

Da concepção grega sobre a matéria à primeira teoria científica sobre o átomo transcorreram mais de 20 séculos.

Foi somente no século XVIII que se intensificou o interesse pelo conhecimento que possibilitaria transformar um material em outro. Os alquimistas ainda buscavam transformar materiais comuns, como ferro ou chumbo, em materiais nobres e mais raros, como ouro e prata. Essa busca resultou em algumas descobertas casuais, como a de Hennig Brand (veja ao lado).

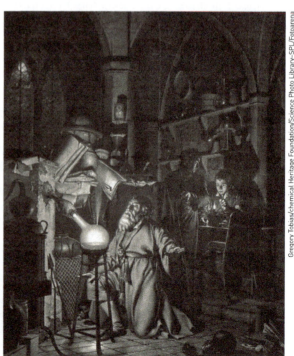

Gravura de 1775 feita por William Pether. Assim como outros alquimistas de sua época, Hennig Brand (1630-1710) buscou sintetizar a pedra filosofal – material que seria capaz de transformar qualquer metal em ouro. Em suas tentativas, aqueceu certo volume de urina e obteve um sólido que emitia um brilho. A esse material ele chamou de fósforo (palavra de origem grega que significa "portador da luz"). Brand manteve sua descoberta em segredo, prática comum entre os alquimistas.

A teoria atômica de Dalton

No início do século XIX, o químico inglês John Dalton (1766-1844) iniciou seus estudos sobre gases e transformações gasosas. Por meio de vários experimentos, concluiu que algumas substâncias são formadas por partículas elementares, chamadas de átomos.

Dalton acreditava que nas diversas combinações entre os átomos estaria a origem da diversidade das substâncias conhecidas. Ele formulou explicações para suas observações e propôs a primeira **teoria atômica** baseada em experimentos.

De acordo com essa teoria:

I. todos os átomos de determinado elemento são idênticos entre si;
II. os átomos de diferentes elementos têm massas diferentes;
III. um composto é originado de uma combinação específica de átomos com mais de um elemento;
IV. em uma reação química, os átomos não são destruídos nem criados, simplesmente se rearranjam, originando novas combinações químicas.

John Dalton (1766-1844).

Representação do modelo de átomo proposto por Dalton em 1803.

Para Dalton, de forma simplificada, **os átomos seriam minúsculas esferas maciças, homogêneas, indivisíveis e indestrutíveis**.

Apesar de naquela época a teoria de Dalton não ter sido aceita por muitos cientistas, ela teve apoio de outros. Porém, em décadas posteriores, novos experimentos resultaram em dados que não podiam ser explicados por essa teoria, como a descoberta de partículas menores que o átomo.

Embora não seja o modelo atômico mais atual, ele ainda é muito utilizado nas escolas e universidades para explicar diferentes fenômenos, como a colisão de partículas ou a interação entre elas em diferentes estados físicos.

Experimentar

Gases e variação de temperatura

Material:
- 1 garrafa PET de 500 mL ou 600 mL;
- 1 bexiga;
- 2 recipientes (com dimensões suficientes para caber a garrafa);
- água gelada e gelo;
- água quente;
- elástico.

Procedimentos

1. Adicione a água fria e o gelo em um dos recipientes até a metade de sua capacidade.
2. Coloque água quente no outro recipiente, também até a metade.
3. Prenda a bexiga no gargalo da garrafa PET. Use o elástico para que ela não se solte da garrafa.
4. Introduza a garrafa no recipiente de água quente e a segure por três minutos. Observe o que ocorre.
5. Retire a garrafa desse recipiente e coloque-a no outro. Observe o que ocorre e anote os resultados.

1. O que você observou no experimento? Como você explica os resultados obtidos?

2. Represente como as partículas que compõem o ar dentro da garrafa estavam antes e depois de ela ser colocada em água quente. Como essas partículas ficam quando a garrafa é colocada em água fria?

Os estados físicos da matéria

Observando a natureza ao nosso redor, podemos perceber que a matéria pode se apresentar em três estados físicos. As rochas da crosta terrestre estão no estado **sólido**. Nos mares, rios e lagos, a água se apresenta no estado **líquido**. O ar presente na atmosfera está no estado **gasoso**. Em lugares sob outras condições ambientais, isso pode variar. Por exemplo, em regiões muito frias, a água pode congelar, ou seja, apresentar-se no estado sólido.

A matéria é formada pela reunião de partículas. É a intensidade dessas forças de atração que determina em que estado ela está: **sólido**, **líquido** ou **gasoso**.

O estado sólido

Nos sólidos, a força de atração entre as partículas que compõem a matéria é muito intensa, dificultando sua movimentação e fazendo com que elas assumam posições fixas.

Os sólidos têm forma e volume fixos ou constantes, como é o caso de um pedaço de ferro, de uma pedra etc.

As imagens desta página não estão representadas na mesma proporção.

Esquema simplificado representativo do estado de agregação das partículas no estado sólido.

Operário trabalhando em máquina industrial feita de metais.

O estado líquido

No estado líquido, a força de atração entre as partículas é menor que no estado sólido, possibilitando que elas se movimentem mais livremente. Nesse estado, a matéria tem **volume fixo** e **forma variável**.

Como mostra a fotografia, a matéria no estado líquido, em razão de sua fluidez, pode ser facilmente transferida de um recipiente para o outro, assumindo sempre a forma do recipiente que a contém. Nesse estado, as partículas deslizam facilmente umas sobre as outras.

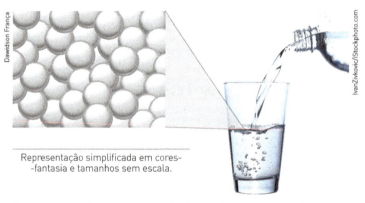

Representação simplificada em cores-fantasia e tamanhos sem escala.

Esquema simplificado representativo do estado de agregação das partículas no estado líquido.

O estado gasoso

No estado gasoso, a força de atração entre as partículas é muito pequena, facilitando sua movimentação de modo livre e desordenado e o choque de uma contra a outra.

Nesse estado, a matéria apresenta forma e volume variáveis. É o caso dos gases: eles assumem a forma e o volume do recipiente que os contém.

Esquema simplificado representativo do estado de agregação das partículas no estado gasoso. O gás assume o volume e a forma do balão que o contém.

Mudanças de estado físico da matéria

Tanto o aumento quanto a diminuição da temperatura e da pressão podem ocasionar mudanças no estado físico da matéria.

> A temperatura promove mudanças de estado físico da matéria.

Observe as situações a seguir.

1. Quando a água é aquecida até a fervura, começam a aparecer bolhas no líquido. À medida que a água ferve, seu volume diminui.

2. Quando colocamos água no congelador, após certo tempo podemos verificar que ela se transformou em gelo (água no estado sólido).

Observe a formação de bolhas no líquido fervente. O vapor é invisível, mas, ao sair do recipiente, ele resfria-se e torna-se líquido, formando as gotículas que vemos.

A água transforma-se em gelo quando resfriada.

Esses dois processos chamam-se, respectivamente, vaporização e solidificação. Com base neles, podemos deduzir que:
- a água passou do estado líquido para o estado gasoso com o aumento da temperatura (situação 1);
- a água passou do estado líquido para o estado sólido com a diminuição da temperatura (situação 2).

O aumento da temperatura também pode fazer com que um material em estado sólido passe para o estado líquido. Se retirarmos, por exemplo, uma fôrma de gelo do *freezer*, o aumento da temperatura fará o gelo, que é sólido, derreter, tornando-se líquido. Esse processo é denominado de **fusão**.

Entretanto, a diminuição da temperatura pode levar uma substância que esteja no estado gasoso a passar para o estado líquido. Isso ocorre, por exemplo, quando o vapor de água da atmosfera encontra temperaturas mais baixas e se transforma em nuvens, ou quando um copo com água ou refrigerante gelado parece suar.

Como o copo com refrigerante está gelado, o vapor de água presente no ar se condensa nas paredes externas do copo.

Essa transformação é denominada **condensação**. As gotículas na parede externa do copo que contém refrigerante gelado são formadas pela água no estado gasoso (vapor) presente na atmosfera, que se condensa quando é resfriada.

O processo de mudança do estado sólido para o gasoso, e vice-versa, sem passar pelo estado líquido, denomina-se **sublimação**.

As imagens desta página não estão representadas na mesma proporção.

Experimento que retrata o fenômeno de sublimação do iodo. No estado sólido, o iodo apresenta cor acizentada e, no estado gasoso, coloração violeta.

Observe, no esquema, a síntese das mudanças de estado físico da água vistas anteriormente.

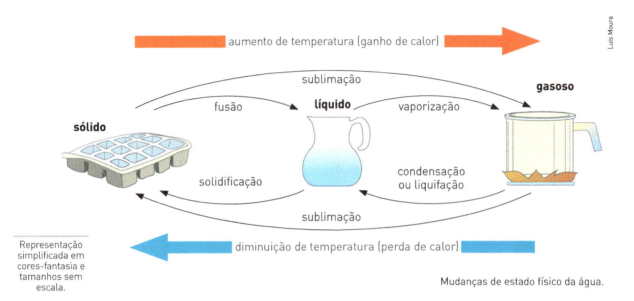

Representação simplificada em cores-fantasia e tamanhos sem escala.

Mudanças de estado físico da água.

A vaporização pode ser dividida em três tipos específicos. Veja a seguir.

- **Evaporação**: consiste na passagem natural e lenta de uma substância para o estado gasoso, como ocorre com a água quando uma peça de roupa molhada é estendida no varal.
- **Ebulição**: é a vaporização rápida causada por aquecimento, como ocorre com a água que ferve na panela sobre a chama de um fogão. Nesse processo, verifica-se a formação de bolhas (fervura).
- **Calefação**: ocorre quando um líquido é colocado em um ambiente muito aquecido e vaporiza rapidamente. Isso pode ser percebido quando uma gota de água cai em uma superfície metálica superaquecida e escutamos um chiado.

Calefação.

Evaporação.

As imagens desta página não estão representadas na mesma proporção.

Ebulição. Quando a água entra em ebulição numa chaleira, o vapor de água produzido é invisível. O que é visível é o líquido originado da condensação do vapor pelo fato de a temperatura ser menor fora da chaleira.

Observar

Evaporação e condensação

Material:
- 1 copo longo com água até 1/5 de sua capacidade;
- pedaço de plástico transparente com o dobro do diâmetro do copo;
- 1 elástico;
- 1 cubo de gelo;
- 2 folhas de papel-toalha.

Procedimentos

1. Cubra a boca do copo com o plástico transparente, deixando-o arqueado para dentro, conforme mostrado na imagem.
2. Prenda o plástico no copo com o auxílio do elástico.
3. Leve o copo ao sol e aguarde por uma hora.
4. Retire o copo do sol e coloque imediatamente o cubo de gelo sobre o plástico e aguarde por 2 minutos.
5. Retire o cubo de gelo e use as folhas de papel-toalha para absorver a água proveniente do derretimento do gelo.

As imagens desta página não estão representadas na mesma proporção.

6. Observe como está o lado interno do plástico (que está voltado para dentro do copo).

Responda às questões a seguir. no caderno

1. O que acontece com a água no interior do copo quando ele é deixado ao sol por uma hora?
2. Após a retirada do cubo de gelo e da absorção da água pelo papel-toalha, a parte interna do plástico apresenta alterações. Como você explica esse fato?
3. Há na natureza algum fenômeno parecido com o observado por você nesse experimento?

De olho no legado

A natureza elétrica

A eletricidade é estudada desde o século XVIII e, desde então, os cientistas vem avançando em pesquisas e experimentos. No final do século XIX, o químico e físico britânico Willian Crookes (1832-1919) e outros cientistas da época fizeram um experimento com descargas elétricas dentro de ampolas de vidro que continham gases à baixa pressão.

Nessas ampolas de vidro foram soldados dois eletrodos (placas metálicas) em lados opostos.

Representação da ampola do experimento de Crookes.

Os eletrodos foram ligados a uma fonte de alta tensão. Um eletrodo foi conectado ao polo positivo da ampola, chamado de ânodo, e o outro, ao polo negativo, chamado de cátodo. Ao ligar a fonte de alta tensão, à medida que uma bomba de vácuo retirava o ar do interior do tubo e o tornava rarefeito, observava-se uma luz esverdeada em seu interior.

Esse experimento gerou novos questionamentos sobre a constituição da matéria. O inglês Joseph Thomson, ao estudar as descargas elétricas produzidas no interior da ampola, observou algumas características, entre elas, que:

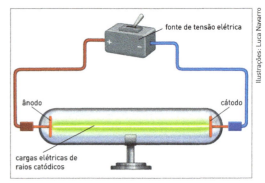

Luz esverdeada observada na ampola de Crookes.

- o feixe luminoso era atraído para o polo positivo quando submetido a um campo magnético;

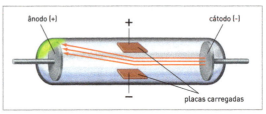

Feixe luminoso sendo atraído para o polo positivo.

Representação simplificada em cores-fantasia e tamanhos sem escala.

- colocando-se um anteparo na forma de cata-vento na direção do feixe luminoso, ele girava.

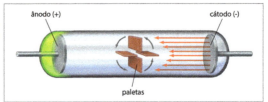

Paletas girando dentro da ampola.

Tendo como base as ilustrações dos experimentos realizados, discuta as seguintes questões:

1. Se as descargas elétricas no interior do tubo são atraídas para o polo positivo, qual é a natureza elétrica do feixe luminoso: positiva ou negativa?

2. Se o feixe luminoso era capaz de girar as paletas do cata-vento no interior do tubo, será que ele é constituído de matéria?

18

O modelo de Thomson

Fundamentado nos experimentos que envolviam tubos com descargas elétricas, Thomson concluiu que esse feixe luminoso, proveniente do cátodo e denominado **raios catódicos**, também era constituído por matéria e tinha carga negativa. Isso marcou a identificação de uma partícula chamada por ele de **elétron**. Por meio de estudos mais detalhados, Thomson verificou também que o tamanho das partículas emitidas nos raios catódicos (feixe de elétrons) era inferior ao dos átomos, tratando-se de uma partícula subatômica.

Com esses novos conhecimentos, o modelo de Dalton deixou de ser consenso, pois não explicava a existência do elétron observado nas descargas elétricas produzidas nos tubos. Portanto, era necessário um novo modelo, que tivesse como base o fato de a matéria, ou seja, o átomo, ter partículas com carga elétrica negativa.

Joseph Thomson (1856-1940).

Cerca de um século depois de Dalton, Thomson propôs outro modelo para explicar o átomo, o qual levava em consideração o conhecimento já existente sobre eletricidade.

Em 1897, Thomson afirmou que o **átomo seria uma esfera neutra, maciça e não homogênea, composta de um fluido positivo, no qual estariam dispersos os elétrons**.

No modelo criado pelo cientista, o átomo continuava representado por uma minúscula esfera, mas com uma estrutura complexa e que poderia ser dividida.

Esse modelo de átomo ficou conhecido como **"pudim com passas"**, em que a parte interna do pudim seria a carga positiva e as passas espalhadas sobre ele seriam as partículas negativas – os elétrons.

Representação do modelo de átomo proposto por Thomson.

Anos mais tarde, o cientista Eugen Goldstein (1850-1930), estudando um pouco mais as descargas elétricas produzidas no experimento de Crookes, identificou partículas de carga positiva, denominando-as **prótons**.

Naquela época, descobriu-se também a radioatividade. Novos experimentos geraram significativos avanços tecnológicos e levaram os cientistas a novas especulações sobre a composição da matéria e a estrutura do átomo.

O esquema está representado com cores-fantasia e as dimensões dos elementos não seguem a proporção real.

A radioatividade

Em 1896, o matemático francês Antoine Henri Becquerel (1852-1908) verificou que alguns materiais tinham a propriedade de emitir radiação, seja na forma de partículas em altíssima velocidade, seja na forma de energia.

Em 1900, o físico neozelandês Ernest Rutherford (1871-1937) realizou um experimento que pode ser descrito da seguinte maneira: uma amostra de polônio radioativo foi colocada no interior de um bloco de chumbo, em que havia um pequeno orifício pelo qual as radiações poderiam passar. Essa radiação ionizante passava entre duas placas carregadas eletricamente e caminhava em direção a uma película recoberta com sulfeto de zinco (ZnS), um material que emite luminosidade quando atingido por radiações.

Experimento de Rutherford para identificação das radiações alfa, beta e gama.

Ele observou a existência de três tipos de radiação. As emissões que eram atraídas pela placa negativa foram denominadas alfa (α); as atraídas pela placa positiva receberam o nome de emissão beta (β); e as que não sofreram desvio foram chamadas de gama (γ).

Estudando os resultados desse experimento, Rutherford chegou às conclusões a seguir.

- As emissões alfa e beta são partículas que têm massa e carga elétrica.
- A partícula alfa apresenta carga positiva.
- A partícula beta tem carga negativa.
- As emissões gama são ondas eletromagnéticas que não dependem do meio material para se propagarem, tratando-se apenas de energia na forma de radiação eletromagnética.

Ernest Rutherford (1871-1937).

O modelo de Rutherford

Em 1904, Rutherford realizou outro experimento, que ficou conhecido na História da Ciência como "experimento de Rutherford". Para facilitar sua compreensão, propomos uma atividade.

Experimento de Rutherford

Material:

- rede de vôlei ou de futebol;
- bacia de plástico de 3 L;
- folhas de jornal.

Procedimentos

1. Reúna-se com a turma e, juntos, peguem as folhas de jornal e façam bolas de papel bem pequenas, do tamanho de bolas de gude.
2. Encham a bacia com essas bolinhas.
3. Levem a bacia com as bolinhas para a quadra da escola. Caso tenham trazido a rede para a sala de aula, alguns alunos devem mantê-la esticada.
4. Os demais devem jogar todas as bolinhas ao mesmo tempo diretamente da bacia em direção à rede.
5. Juntem as bolinhas na bacia e repitam o procedimento mais algumas vezes, observando se todas elas atravessam a rede.

1. Todas as bolinhas passaram pela rede?
2. Por que a maior parte delas conseguiu atravessar a rede?
3. Se alguma bolinha não passou por ela, qual foi o motivo?

Rutherford já sabia da existência das partículas alfa (α), de carga positiva, devido ao seu trabalho anterior com a radioatividade. Dessa vez, ele colocou no interior de um bloco de chumbo uma substância emissora de partículas α, de modo que elas fossem orientadas, por meio de um orifício em uma placa de chumbo, a colidir contra uma fina lâmina de ouro. Ao redor dela foi colocada uma lâmina de sulfeto de zinco, um material fosforescente que emite luminosidade quando atingido por essas partículas.

Observe, a seguir, o esquema do experimento de Rutherford.

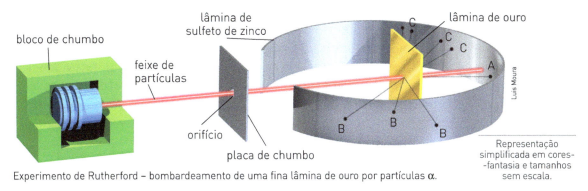

Experimento de Rutherford – bombardeamento de uma fina lâmina de ouro por partículas α.

Representação simplificada em cores--fantasia e tamanhos sem escala.

Com a realização desse experimento, ele verificou que:
- a maioria das partículas α atravessava a lâmina de ouro sem sofrer desvios (A);
- algumas dessas partículas, ao atravessar a lâmina, eram desviadas (C);
- uma pequena parte das partículas α não ultrapassava a lâmina e retornava, como se elas tivessem se chocado com algo muito denso (B).

Esquema que representa o comportamento das partículas α ao serem lançadas contra a lâmina de ouro.

Analisando esses resultados, Rutherford concluiu que:
- o átomo não é uma esfera maciça – existem muitos espaços vazios, pois a maior parte das partículas α atravessou a lâmina de ouro;
- no átomo existe uma região central em que está concentrada praticamente toda sua massa – foi contra essa região, denominada por ele de núcleo, que as partículas α se chocaram ao se aproximarem, sofrendo desvios ou até mesmo voltando;
- esse núcleo apresenta carga positiva, pois repeliu a partícula α, que também tem carga positiva;
- o raio do átomo de ouro é muito maior que o raio de seu núcleo (conclusão baseada na proporção entre o número de partículas que atravessaram a lâmina e o número das que foram repelidas ou desviadas pelo núcleo). Para ter ideia dessa proporção, imagine que, se o tamanho do núcleo fosse igual ao de uma bolinha de gude, os elétrons mais externos estariam a cerca de 200 m de distância.

De posse desses dados, Rutherford elaborou seu modelo atômico. Nele, o átomo é uma partícula muitíssimo pequena composta de duas regiões:
- uma interna, o **núcleo**, onde estaria concentrada praticamente toda a massa do átomo – de carga elétrica positiva, representada por partículas chamadas de **prótons**;
- outra externa, de massa *desprezível*, onde estariam os elétrons, diminutas partículas negativas em permanente movimento ao redor do núcleo. Essa região é conhecida hoje como **eletrosfera**. Por esse motivo, o modelo de Rutherford ficou conhecido como modelo do sistema planetário.

Glossário

Desprezível: no contexto, é um termo que se refere a algo que, em relação a outro, pode ser desconsiderado por apresentar uma dimensão relativa muito pequena.

No núcleo estão os prótons.

Na região externa estão os elétrons.

Representação simplificada em cores--fantasia e tamanhos sem escala.

Representação do modelo atômico proposto por Rutherford. No centro, há um núcleo muito denso e positivo e, na eletrosfera, giram os elétrons negativos. Entre o núcleo e a eletrosfera existe um imenso espaço vazio.

O modelo de Böhr

As investigações sobre a constituição do átomo caminhavam a todo vapor. O modelo atômico de Rutherford foi complementado por um novo conceito introduzido pelo físico dinamarquês Niels Böhr (1885-1962). Novos experimentos com emissão de luz foram realizados e Böhr evidenciou que **o elétron descreve uma órbita circular ao redor do núcleo sem ganhar ou perder energia**.

As órbitas descritas pelo elétron são denominadas **níveis de energia** ou **camadas de energia**. Em um átomo há várias órbitas circulares, cada qual com determinado valor energético.

Representação simplificada em cores-fantasia e tamanhos sem escala.

Eletrosfera dividida em níveis de energia (camadas).

Böhr e seu modelo atômico que envolvia níveis de energia.

Outros modelos que vieram depois especificaram as características das órbitas ou camadas de energia, incorporando a discussão de elétron como **partícula** e/ou **onda**.

Outra constatação importante sobre o átomo foi feita em 1932 pelo físico inglês James Chadwick (1891-1974). Pesquisando materiais radioativos, ele concluiu que no núcleo havia também partículas desprovidas de carga elétrica, denominadas **nêutrons**.

Outras pesquisas feitas após a elaboração dos modelos de Rutherford e de Böhr comprovaram que é impossível determinar num mesmo instante a posição e a velocidade de um elétron. Por isso, acredita-se que exista uma região na qual é provável encontrar os elétrons, como descrito no modelo a seguir.

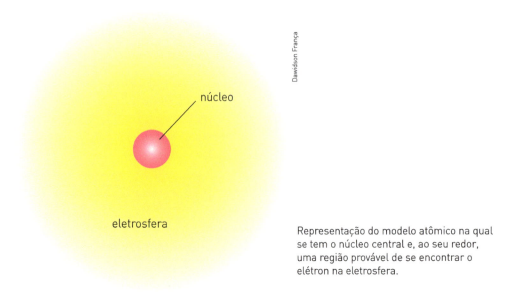

Representação do modelo atômico na qual se tem o núcleo central e, ao seu redor, uma região provável de se encontrar o elétron na eletrosfera.

Deduzindo o que não posso ver

Material:

- 3 caixas de sapatos;
- 1 dado;
- 1 bola de gude;
- 1 moeda;
- folhas de jornal;
- lápis;
- folha de papel para anotação.

Procedimentos

1. Em sala de aula, os participantes dos grupos deverão colocar dentro de cada caixa de sapatos um dos objetos selecionados, sem os colegas verem.
2. Então, irão embrulhar as caixas, identificá-las com os números 1, 2 e 3 e, separadamente, escrever em uma folha de papel o nome do objeto que está em cada caixa, por exemplo, "Caixa 1: dado", e assim por diante. Portanto, os demais alunos não saberão o que há no interior de cada caixa.
3. Depois, cada grupo deverá passar suas caixas aos outros grupos, para que os colegas tentem descobrir qual é o objeto contido em cada uma.

❶ É possível identificar qual é o objeto que está em cada caixa? Se sim, como isso é possível?

❷ Qual caixa contém um objeto que corresponde ao modelo atômico proposto por Dalton?

❸ Quando uma pessoa sofre um acidente, é muito comum ser submetida a radiografias para verificar se há alguma fratura óssea. O exame é feito com o uso dos raios X. Se não conseguimos ver esses raios, como eles ajudam a saber se há ou não uma fratura? Faça uma pesquisa a respeito do assunto.

A estrutura do átomo

Como vimos até agora, os cientistas concluíram que o átomo é composto basicamente de:
- um núcleo, em que estão os prótons (com carga elétrica positiva) e os nêutrons (sem carga elétrica);
- uma eletrosfera, em que estão os elétrons (com carga elétrica negativa).

O núcleo e a eletrosfera, por terem cargas elétricas de sinais contrários (+ e −), permanecem atraídos entre si.

Os átomos são tão pequenos que não podem ser observados nem mesmo por microscópios eletrônicos.

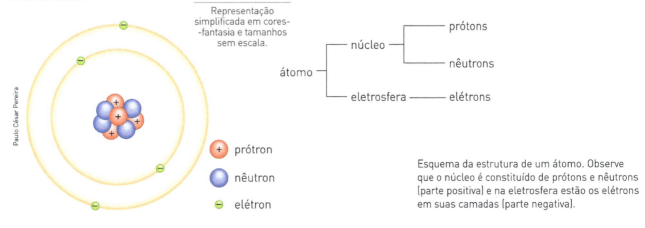

Esquema da estrutura de um átomo. Observe que o núcleo é constituído de prótons e nêutrons (parte positiva) e na eletrosfera estão os elétrons em suas camadas (parte negativa).

Cargas elétricas e massas relativas

Levando-se em consideração as cargas elétricas e as massas relativas dos prótons, nêutrons e elétrons do átomo, temos que:

- **carga elétrica –** a carga do próton é positiva, a carga do elétron é negativa e o nêutron não apresenta carga. Sabe-se que cargas elétricas opostas se neutralizam. Ou seja, a carga elétrica de um próton (positiva) anula a carga elétrica de um elétron (negativa). Qualquer átomo apresenta número igual de prótons e de elétrons; logo, é eletricamente neutro;
- **massa –** a massa do nêutron é praticamente igual à do próton. Como a massa deles é cerca de 2 mil vezes maior que a do elétron, a massa do elétron é considerada desprezível.

Este quadro apresenta algumas características das partículas fundamentais do átomo.

PARTÍCULA	REGIÃO	CARGA ELÉTRICA	MASSA RELATIVA
próton (p)	núcleo	positiva	1
nêutron (n)	núcleo	neutra	1
elétron (e)	eletrosfera	negativa	1/1836

> **Massa relativa:** é a relação entre as massas das partículas, e não a massa real de cada uma delas. Exemplo: ao compararmos a massa de duas esferas que tenham massas reais iguais a 30 g e 300 g, podemos afirmar que, se a massa relativa da mais leve for igual a 1, a massa da mais pesada será igual a 10.

O núcleo do átomo

Número atômico

Existem muitos átomos diferentes entre si. Por exemplo, o átomo de alumínio é diferente do de ouro; o átomo de carbono é diferente do de enxofre. Qual será a principal diferença entre eles?

O número de prótons é uma das principais características que os diferenciam. Esse número é chamado de **número atômico** e é representado pela letra **Z**.

Z é a "carteira de identidade" do átomo, pois indica a qual **elemento químico** ele pertence.

> O conjunto de todos os átomos que têm o mesmo número atômico (Z) é denominado **elemento químico**.

Portanto, com base no conceito de elemento químico, é possível afirmar que átomos com números de prótons diferentes pertencem, obrigatoriamente, a elementos químicos diferentes. Vejamos: o átomo de sódio tem 11 prótons; logo, seu número atômico é igual a 11 (Z = 11), e todos os átomos com esse número atômico pertencem ao elemento químico **sódio**.

Observe os exemplos citados acima:

ELEMENTO QUÍMICO	NÚMERO ATÔMICO (Z)
Alumínio	13
Enxofre	16
Ouro	79

Número de massa

É a soma do número de prótons (p) com o número de nêutrons (n). O **número de massa** é representado pela letra **A** e corresponde à massa do núcleo do átomo.

$$A = p + n$$

Logo, a diferença entre o número de massa e o número atômico revela o número de nêutrons.

$$n = A - Z$$

A soma do número de prótons com o número de nêutrons, ou seja, o número de massa (**A**), não corresponde à massa total do átomo, pois também existem os elétrons. Mas, como vimos anteriormente, a massa do elétron é desprezível quando comparada com a de prótons e nêutrons.

Os átomos pertencentes ao mesmo elemento químico podem ter número de nêutrons diferente. A prata, por exemplo, é encontrada na natureza com números de nêutrons distintos: 60 e 62. Se somarmos esses números com o número de prótons, que é igual a 47, teremos:

- 60 nêutrons + 47 prótons = 107 como número de massa;
- 62 nêutrons + 47 prótons = 109 como número de massa.

Por isso, somente o número atômico pode identificar a que elemento químico o átomo pertence.

Representação dos átomos

Os átomos dos elementos químicos são representados por símbolos compostos de uma, duas ou três letras. Para o **sódio**, utiliza-se **Na**; para o **cloro**, **Cℓ**; para o **carbono**, **C**; e assim por diante.

Note que a primeira letra é sempre maiúscula. Normalmente, o número de massa (**A**) é representado no canto superior esquerdo, e o número atômico (**Z**), no canto inferior esquerdo. No próximo capítulo estudaremos esse assunto de forma mais aprofundada.

Observe, a seguir, o exemplo para o elemento químico cloro.

$$\begin{matrix} A \\ Z \end{matrix} \longleftarrow \begin{matrix} 35 \\ 17 \end{matrix} \mathbf{C\ell} \longrightarrow \text{símbolo}$$

Semelhanças atômicas

Além da existência de vários átomos com o mesmo número de prótons, pode haver semelhança também entre o número de nêutrons e o de massa.

Os átomos que têm algum tipo de semelhança são classificados em três grupos básicos: isótopos, isótonos e isóbaros.

- **Átomos isótopos** são aqueles que apresentam o mesmo número de prótons e número diferente de nêutrons e de massa. Obrigatoriamente, pertencem ao mesmo elemento químico.

Exemplo:

$$_{17}^{35}\mathbf{C\ell} \begin{cases} A = 35 \\ Z = 17 \\ n = 18 \end{cases} \longleftrightarrow \quad _{17}^{37}\mathbf{C\ell} \begin{cases} A = 37 \\ Z = 17 \\ n = 20 \end{cases}$$

- **Átomos isótonos** são aqueles que têm o mesmo número de nêutrons e número diferente de prótons e de massa. Obrigatoriamente, não podem pertencer ao mesmo elemento químico.

Exemplo:

$$_{13}^{27}\mathbf{A\ell} \begin{cases} A = 27 \\ Z = 13 \\ n = 14 \end{cases} \quad\quad _{14}^{28}\mathbf{Si} \begin{cases} A = 28 \\ Z = 14 \\ n = 14 \end{cases}$$

- **Átomos isóbaros** são aqueles que apresentam o mesmo número de massa e número diferente de prótons e de nêutrons. Obrigatoriamente, não podem pertencer ao mesmo elemento químico.

Exemplo:

$$_{20}^{40}Ca \begin{cases} A = 40 \\ Z = 20 \\ n = 20 \end{cases} \longleftrightarrow \quad _{18}^{40}Ar \begin{cases} A = 40 \\ Z = 18 \\ n = 22 \end{cases}$$

Eletrosfera e níveis energéticos

Como vimos anteriormente, Böhr aperfeiçoou o modelo atômico de Rutherford acrescentando-lhe algumas propostas, como exposto a seguir.

I. **Os elétrons estão distribuídos de acordo com sua distância em relação ao núcleo, descrevendo órbitas circulares ao redor dele sem ganhar ou perder energia.**

Assim, há várias órbitas circulares em um átomo, e cada uma delas tem um valor energético definido. Dependendo do número de elétrons, o átomo pode apresentar de um a sete níveis de energia (**níveis energéticos**) ou camadas. Esses níveis são numerados de 1 a 7, enquanto as camadas correspondentes a eles são representadas pelas letras K, L, M, N, O, P e Q, a partir do nível mais interno, mais próximo do núcleo, como representado na figura da página 22.

II. **Ao receber energia, o elétron pode saltar para uma camada mais externa; ao retornar para a camada de origem, há liberação da energia recebida sob a forma de luz.**

Observe os esquemas que representam o modelo das transposições dos elétrons de uma camada para a outra.

O esquema está representado com cores-fantasia e as dimensões dos elementos não seguem a proporção real.

Energia absorvida $E_2 - E_1$.

Energia liberada $E_2 - E_1$.

Queima do gás de cozinha e do carvão.

As imagens desta página não estão representadas na mesma proporção.

A diversidade de cor das chamas ocorre porque os elétrons dos átomos de elementos químicos diferentes atingem camadas externas também diferentes ao receberem energia. A emissão da luz depende da diferença de energia entre a camada eletrônica em que o elétron estava e a camada para a qual ele "saltou" ao receber energia.

A energia em forma de luz é emitida quando o elétron retorna à camada eletrônica inicial; a cor da luz observada é característica de cada elemento químico.

Os íons

Como vimos, de acordo com a teoria de Böhr, ao receber energia, um elétron pode saltar para uma camada mais externa, de maior energia. Se a quantidade de energia fornecida a um elétron for muito elevada, ele poderá saltar para fora da eletrosfera. Portanto, o átomo não apresentará mais igualdade em relação ao número de prótons e elétrons, deixando de ser neutro.

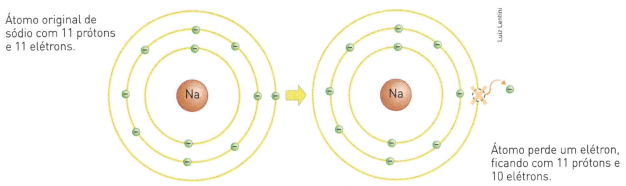

Átomo original de sódio com 11 prótons e 11 elétrons.

Átomo perde um elétron, ficando com 11 prótons e 10 elétrons.

Esquema que mostra o átomo de sódio perdendo o elétron da última camada.

Da mesma forma que pode perder elétrons, o átomo pode receber elétrons, o que provoca a quebra de neutralidade de cargas.

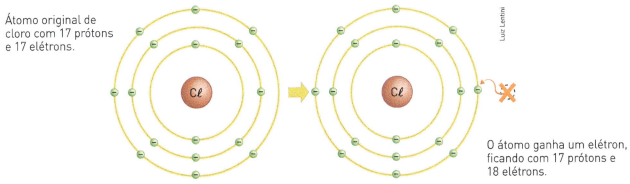

Átomo original de cloro com 17 prótons e 17 elétrons.

O átomo ganha um elétron, ficando com 17 prótons e 18 elétrons.

Esquema mostra o átomo de cloro recebendo um elétron na última camada.

Nos dois exemplos anteriores foi possível verificar que, com a perda ou o ganho de elétrons, os átomos deixaram de ter carga neutra. Quando isso ocorre, o átomo recebe uma nova denominação, passando a ser chamado de **íon**.

íon positivo ← perde elétrons — átomo — recebe elétrons → íon negativo

Quando um átomo perde um elétron, seu número de prótons fica maior que o de elétrons. Assim, o átomo assume uma carga positiva, transformando-se em um íon positivo, denominado **cátion**.

Considere novamente o átomo de sódio:

$$^{23}_{11}Na \begin{cases} 11 \text{ prótons} \\ 11 \text{ elétrons} \\ 12 \text{ nêutrons} \end{cases} \longrightarrow \text{perde 1 elétron} \longrightarrow {}^{23}_{11}Na^{1+} \begin{cases} 11 \text{ prótons} \\ 10 \text{ elétrons} \\ 12 \text{ nêutrons} \end{cases}$$

Observe que, ao perder um elétron, o átomo de sódio transforma-se em um íon de carga positiva (1+), ou seja, ele se torna um cátion de carga 1+.

Quando ocorre o processo inverso, ou seja, o átomo recebe um elétron, o número de elétrons torna-se superior ao de prótons e o átomo assume uma carga negativa, transformando-se em **íon negativo**, denominado **ânion**.

Agora, considere o átomo de cloro:

$${}^{35}_{17}C\ell \begin{cases} 17 \text{ prótons} \\ 17 \text{ elétrons} \\ 18 \text{ nêutrons} \end{cases} \longrightarrow \text{ganha 1 elétron} \longrightarrow {}^{35}_{17}C\ell^{1-} \begin{cases} 17 \text{ prótons} \\ 18 \text{ elétrons} \\ 18 \text{ nêutrons} \end{cases}$$

Nesse exemplo, a carga do íon cloro passou a valer (1−), pois seu átomo recebeu um elétron, ou seja, ele se tornou um ânion de carga 1−.

A quantidade de carga de um cátion ou de um ânion pode variar de acordo com o número de elétrons que o átomo de origem perdeu ou recebeu. Assim, é possível encontrar íons com carga 1+, 1−, 2+, 2−, 3+, 3− etc.

Veja um exemplo considerando o átomo de magnésio:

$${}^{24}_{12}Mg \begin{cases} 12 \text{ prótons} \\ 12 \text{ elétrons} \\ 12 \text{ nêutrons} \end{cases} \longrightarrow \text{perde 2 elétrons} \longrightarrow {}^{24}_{12}Mg^{2+} \begin{cases} 12 \text{ prótons} \\ 10 \text{ elétrons} \\ 12 \text{ nêutrons} \end{cases}$$

Conviver

A radioatividade na ficção

Além de usos comuns na sociedade atual, a radioatividade está presente até em histórias de ficção. Um exemplo é o personagem Hulk, que surgiu após o cientista Bruce Banner ser exposto, acidentalmente, a altas doses de radiação gama. Na realidade, não seria possível o doutor Banner transformar-se em Hulk, pois não teria sobrevivido ao acidente.

Veja o esquema de ondas eletromagnéticas da página 264 deste volume. À direita da luz visível estão os raios ultravioleta e, depois, os raios X e os raios gama. Quanto mais à direita, menor o comprimento e maior a frequência das ondas. Assim, mais facilmente a radiação penetra em nosso corpo e atravessa-o. Dependendo da intensidade, pode causar danos celulares e até levar à morte instantânea.

A radioatividade pode trazer grandes benefícios para a humanidade. Entretanto, acidentes como o de Chernobyl (em 1986), o de Goiânia (em 1987) e o de Fukushima (em 2011) tiveram consequências trágicas para o ambiente e as pessoas.

Organize-se em grupo e, sob a supervisão do professor, pesquisem na internet como ocorreram esses acidentes. Em seguida, respondam às questões.

1. Que prejuízos os acidentes nucleares podem provocar à saúde das pessoas?
2. Os acidentes em usinas nucleares podem alcançar regiões distantes de sua localização?
3. Que medidas poderiam ter evitado o acidente do césio-137 em Goiânia?

Saúde em foco

Radioatividade e saúde

As imagens desta página não estão representadas na mesma proporção.

Com base nos estudos de Becquerel sobre a radioatividade, muito se avançou no conhecimento das partículas nucleares. Entre as diversas evidências da influência que a ciência e a tecnologia exercem no nosso cotidiano, destaca-se a medicina nuclear, uma especialidade médica que utiliza material radioativo, conhecido como radioisótopo, para fins diagnósticos e terapêuticos. O radioisótopo, ou isótopo radioativo, é o átomo que apresenta um núcleo atômico instável que emite partículas e/ou energia quando transformado em isótopo estável.

A maioria dos procedimentos que utiliza radioisótopo consiste na obtenção de imagens – mapeamento da concentração de materiais radioativos nos órgãos ou nos tecidos do corpo. Para isso, utiliza-se um equipamento que detecta o material radioativo.

Por meio da cintilografia – exame que possibilita visualizar regiões do corpo com colorações distintas após a ingestão de uma substância pelo paciente – é possível avaliar o funcionamento dos órgãos, ou seja, a capacidade de metabolizar diferentes substâncias, e não apenas sua morfologia.

Diferentes radioisótopos podem ser utilizados para estudar a função de várias estruturas. Desse modo, na cintilografia um tecido doente que tenha perdido a capacidade de concentrar alguma substância, será diferenciado de outro com maior poder de captação. Em outros casos, o tecido doente poderá apresentar excessiva afinidade com outros compostos. Vejamos como isso acontece no exemplo a seguir.

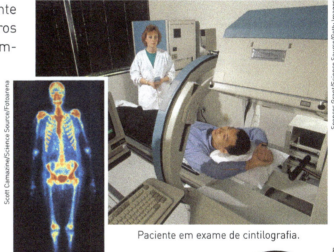

O iodo encontrado na alimentação participa da produção dos hormônios da tireoide. O iodo radioativo, quimicamente idêntico ao primeiro, é utilizado na cintilografia da tireoide.

Por essa técnica, são indicadas as áreas da tireoide que estão produzindo muito hormônio e apresentam excessiva concentração desse elemento radioativo, enquanto as áreas que estão produzindo pouco hormônio têm baixa concentração.

Paciente em exame de cintilografia.

Cintilografia de um paciente.

Com esse isótopo radioativo, é possível fazer o diagnóstico do mau funcionamento da glândula tireoide e proceder à terapia do hipertireoidismo e do câncer tireoidal, por exemplo.

Nesse texto, você pôde conhecer algumas utilidades da radioatividade. Como você vê seu uso na área de saúde? A pesquisa e a entrevista a seguir vão ajudá-lo a responder a essa questão.

Símbolo que indica a presença de material radioativo.

1. Pesquise na internet outras informações sobre as vantagens do uso da radioatividade na área de saúde. Depois, com a ajuda do professor, organize um mural com as informações obtidas pela turma.

2. Com os colegas, convidem profissionais da saúde para serem entrevistados e, juntos, divulguem o resultado em mural ou jornal da escola. Convidem a comunidade para ver o material produzido por vocês e para se informarem um pouco mais sobre esse assunto.

em grupo

29

As moléculas e as substâncias

Por meio dos experimentos de Dalton, Thomson e Rutherford, você pode observar e deduzir que a matéria é formada por átomos, os quais basicamente são compostos de prótons, elétrons e nêutrons. Os experimentos relatados serviram para que você pudesse compreender as deduções desses grandes cientistas e como eles contribuíram para o avanço da ciência.

O Sol, os planetas, a água, o ar, o alumínio, as plantas, os animais, enfim, todos são formados por matéria, que, por sua vez, é constituída de átomos.

Como vimos, o conjunto de todos os átomos com o mesmo número atômico (Z) é denominado **elemento químico**. Cada elemento químico tem um nome próprio para diferenciá-lo dos demais. O hidrogênio, por exemplo, é um elemento químico. São elementos químicos também o oxigênio, o carbono, o ouro, a prata etc.

A combinação dos átomos origina espécies denominadas **moléculas**. A água, por exemplo, é formada por átomos de dois elementos químicos: o hidrogênio e o oxigênio. São dois átomos de hidrogênio ligados a um átomo de oxigênio.

A união entre átomos de elementos químicos diferentes ou entre quantidades diferentes de átomos de um mesmo elemento químico forma **substâncias diferentes**. Acompanhe os exemplos a seguir.

Representação simplificada em cores-fantasia e tamanhos sem escala.

Modelo que representa a molécula de água.

Dois átomos de oxigênio se unem e formam a substância oxigênio.

Se os elementos químicos hidrogênio e oxigênio estiverem ligados em proporções diferentes daquela que ocorre na água, outra substância será originada: o peróxido de hidrogênio, popularmente conhecido como água oxigenada. É importante saber que todos os materiais são formados por diferentes combinações dos elementos.

Modelo da molécula de oxigênio.

Modelo que representa a molécula de peróxido de hidrogênio, componente da água oxigenada.

Independentemente do tipo de matéria, todos esses materiais têm **massa** e **volume**. Mesmo o ar, que geralmente passa despercebido por nós, tem matéria. Portanto, na matéria sempre há massa. Além disso, como a matéria ocupa determinado lugar no espaço, também tem volume.

As imagens desta página não estão representadas na mesma proporção.

> Matéria é tudo o que tem massa e ocupa lugar no espaço.

A matéria pode se apresentar de duas maneiras distintas, como corpo ou como objeto.
- O **corpo** é qualquer porção limitada de matéria. Pode ser um pedaço de madeira, uma barra de ferro ou uma determinada porção de parafina.
- O **objeto** é um corpo com uma função específica. Exemplo: um pedaço de madeira pode não ter finalidade definida; mas, quando é transformado em mesa, torna-se objeto.

São inúmeros os exemplos de transformação: uma barra de ferro pode ser transformada em componente de motor ou em portão; com a parafina, podemos fabricar velas, entre outros objetos.

Os diferentes tipos de matéria – como a água, o alumínio das panelas, as folhas das árvores e os grãos de areia – têm algo em comum: todos apresentam **massa**. Mas esses exemplos não são todos iguais, pois cada tipo tem propriedades específicas, que diferencia um do outro.

O pedaço de madeira é um corpo.

A escultura de madeira é um objeto. Adalberto Soares da Silva. *Patativa do Assaré*. Escultura em madeira, 2017.

Propriedades gerais da matéria

As **propriedades gerais** da matéria são comuns a todo e qualquer tipo de matéria.
Destacaremos aqui algumas delas: **massa**, **volume** (extensão), **impenetrabilidade**, **divisibilidade**, **compressibilidade** e **elasticidade**.

Massa

As imagens desta página não estão representadas na mesma proporção.

A massa é uma propriedade dos corpos relacionada à quantidade de matéria.

Ela é uma grandeza que pode ser medida. A unidade-padrão utilizada para medir massa é o quilograma (kg), de acordo com o Sistema Internacional de Unidades (SI). O grama (g) é uma unidade de massa derivada do quilograma e é empregado para pequenas quantidades.

A balança é o instrumento utilizado para medir massa. Existem vários tipos de balança. Observe os exemplos ao lado.

Balança eletrônica.

Balança eletrônica de farmácia.

Balança de dois pratos.

Volume

O volume é uma grandeza que indica o espaço ocupado por determinada quantidade de matéria.

No Sistema Internacional de Unidades (SI), a unidade usada para medir o volume é o metro cúbico (m^3). Também é comum utilizar o litro (L) ou o mililitro (mL) para essa finalidade. O leite, o refrigerante e muitos outros líquidos podem ser medidos usando-se o litro como unidade de medida.

Quando observamos a fotografia, podemos dizer que o leite transferido para o copo ocupará determinado volume desse objeto.

Copo que apresenta graduação volumétrica.

Impenetrabilidade

A **impenetrabilidade** é a propriedade por meio da qual duas porções de matéria não ocupam o mesmo lugar no espaço ao mesmo tempo.

Observe nas fotografias ao lado que, quando a pedra foi colocada dentro do copo, certa quantidade de água foi derramada. Isso acontece em razão da impenetrabilidade da matéria, ou seja, a água e a pedra não podem ocupar o mesmo espaço ao mesmo tempo. Dessa forma, um volume de água igual ao volume ocupado pela pedra foi derramado do copo.

Situação experimental que demonstra a propriedade de impenetrabilidade.

Experimentar

O ar ocupa lugar no espaço?

Material:
- 1 copo transparente;
- bacia (ou outro recipiente) com água;
- 1 folha de papel.

Procedimentos
1. Amasse a folha de papel e coloque-a no fundo do copo.
2. Mergulhe o copo com a boca para baixo numa bacia com água, mantendo-o nessa posição até ele ficar totalmente submerso.
3. Tire o copo da bacia, sem inclina-lo, e retire a folha de papel. Observe-a.
4. Repita o mesmo procedimento, desta vez mergulhando o copo meio inclinado.
5. Tire o copo da água, retire a folha de dentro dele e observe o que ocorreu.

Montagem do experimento.

❶ Em qual dos casos o papel permaneceu seco?

❷ Explique o que aconteceu quando o copo foi inclinado e por quê. O ar ocupa lugar no espaço?

❸ Por que quando fazemos transferência de um líquido de um recipiente para o outro devemos levantar um pouco o funil?

Divisibilidade

As imagens desta página não estão representadas na mesma proporção.

A matéria pode ser dividida até certo limite, sem que sua constituição se altere. Essa propriedade é chamada de **divisibilidade**.

A quebra de uma rocha divide a matéria, desde a rocha retirada da mina até chegar ao paralelepípedo.

32

Compressibilidade

Compressibilidade é a propriedade da matéria que possibilita reduzir seu volume. Observe nas fotografias a diferença entre os volumes ocupados pelo ar no interior de uma seringa.

Quando ocorre uma ação externa, o espaço ocupado por uma porção de matéria pode diminuir, ou seja, seu volume pode ser reduzido, como no exemplo do ar.

Os níveis de compressibilidade nos sólidos, líquidos e gases são diferentes. Os gases são facilmente comprimidos; o mesmo não ocorre com os líquidos e os sólidos.

Ao puxar o êmbolo, o interior da seringa é preenchido com ar.

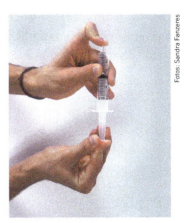

Quando o êmbolo é empurrado, o ar em seu interior é comprimido, pois sua saída é obstruída pelo dedo.

Elasticidade

Elasticidade é a propriedade inversa à compressibilidade. Dentro de certos limites, a matéria comprimida pela ação de uma força externa pode retornar à forma original, quando cessa a influência dessa força.

Observe, nas fotografias a seguir, que o ar comprimido se expande quando cessa a força externa, ocupando, assim, um volume maior no interior da seringa.

Essas propriedades gerais são características inerentes à matéria e não podem ser utilizadas para distinguir um tipo de material de outro. Para melhor identificar determinado tipo de matéria, é necessário conhecer também suas propriedades específicas.

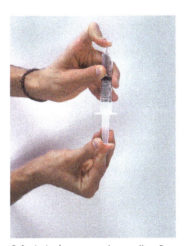

O êmbolo é empurrado em direção à saída de ar da seringa, mas essa saída está obstruída pelo dedo.

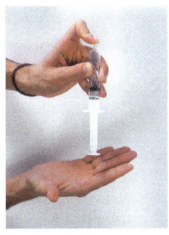

Ao ser liberado da força a que era submetido, o êmbolo retorna à posição inicial, e isso mostra a elasticidade do ar.

Propriedades específicas da matéria

Existem propriedades que são características de alguns tipos de matéria. O ouro, por exemplo, apresenta propriedades que o ferro não tem. Ambos têm propriedades que a água não tem, e assim por diante.

> As propriedades específicas possibilitam distinguir uma substância de outra.

Algumas propriedades percebidas por nossos sentidos são: a **forma**, a **cor**, o **brilho**, o **sabor** e o **odor**. Outras propriedades são utilizadas para a distinção dos materiais. Entre elas, podemos destacar as **temperaturas de fusão** e **de ebulição**, que estudaremos mais adiante, e a densidade, que veremos a seguir.

Densidade

Relacionando os resultados da medição da massa (**m**) e do volume (**V**) de uma quantidade de matéria, podemos identificar sua **densidade**. A densidade de um material é calculada dividindo-se o valor da medida da massa pelo valor da medida do volume.

$$\text{Densidade} = \frac{\text{massa}}{\text{volume}} \Rightarrow d = \frac{m}{v}$$

Cada tipo de matéria apresenta densidade própria. A densidade é uma propriedade que possibilita compreender por que alguns corpos flutuam na água. Veja o exemplo apresentado a seguir.

Sabe-se que a densidade da água equivale a 1 g/cm³, isto é, 1 centímetro cúbico (cm³) de água tem massa igual a um grama (g).

Agora, compare as densidades dos materiais mostrados nas fotografias.

As imagens desta página não estão representadas na mesma proporção.

Toras de madeira flutuantes no Rio Madeira (RO/AM). Nesse caso, a madeira tem menor densidade que a água, por isso boia em vez de afundar.

A água possui densidade igual a 1g/cm³.

A madeira (pinho) tem densidade igual a 0,55 g/cm³.

A densidade do ferro é 7,6 g/cm³.

Água, madeira (pinho) e ferro.

Por meio da observação dos valores de densidade de cada tipo de matéria nessas fotografias, pode-se concluir que as toras não afundam por serem menos densas que a água; já as barras de ferro afundariam, pois são mais densas que a água.

No gráfico ao lado, temos os valores aproximados das densidades de alguns tipos de matéria nas condições ambientais médias de nosso planeta.

Objetos com densidade maior que 1 g/cm³ afundam se colocados num recipiente com água, e aqueles com densidade menor tendem a flutuar.

No entanto, uma lâmina de barbear tem densidade maior que 1 g/cm³, mas pode flutuar ou afundar, dependendo de como é colocada na água. Isso

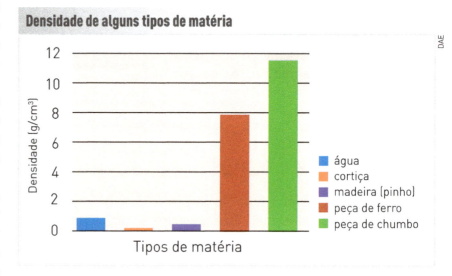

ocorre graças ao fenômeno da **tensão superficial**, no qual a superfície de um líquido comporta-se como uma membrana elástica.

Os gases são geralmente menos densos que os sólidos e os líquidos, e sua densidade pode variar por meio dos processos de compressão e descompressão. Quando estudamos a propriedade da compressibilidade, vimos o exemplo do ar sendo comprimido dentro de uma seringa. Ao ser comprimido, o ar tem seu volume diminuído, porém sua massa continua a mesma. Isso faz sua densidade aumentar.

Experimentar

Calculando a densidade do prego

Atenção: Cuidado para não se machucar ao manusear os pregos.

Material:

- balança digital para uso doméstico;
- 2 copos com capacidade para 200 mL;
- caneta para escrever em vidro;
- pregos;
- água.

Procedimentos

1. Coloque o copo sobre a balança ligada e pressione a tecla para zerar a massa que aparece no visor. Acrescente água até que indique no visor uma massa igual a 80 g. Faça uma marcação com a caneta na parte de fora do copo, exatamente no nível alcançado pela água.
2. Adicione mais água até que a massa seja igual a 100 g e repita a operação fazendo outra marcação com a caneta no segundo nível alcançado pela água. Como a densidade da água é igual a 1 g/mL, o copo agora se encontra graduado com marcações equivalentes a 80 mL e 100 mL.
3. Despeje a quantidade de água desse copo em outro até que o volume chegue a 80 mL novamente. Se despejar um volume maior do que o necessário, retorne a água para o outro copo, e vice-versa, até conseguir o volume desejado, evitando assim o desperdício de água.
4. Coloque esse copo sobre a balança, zerando-a novamente, se necessário, e acrescente os pregos até que o volume da água alcance a marcação de 100 mL. Anote a massa indicada no visor da balança.

Responda às perguntas a seguir.

1. É possível saber a massa de pregos adicionada ao copo?
2. É possível saber o volume total dos pregos adicionados ao copo?
3. Sabendo-se que a densidade de um objeto é resultado da divisão de sua massa pelo seu volume, com esse experimento é possível saber a densidade aproximada do prego?
4. Imagine que um dos ingredientes de uma receita de pão caseiro fosse 200 mL de água e que você não tivesse um instrumento de medida de volume, mas sim uma balança. Como faria para descobrir a quantidade de água necessária para poder preparar o pão?

Temperaturas de fusão e de ebulição

A chamada pressão atmosférica padrão corresponde à pressão atmosférica ao nível do mar.

O padrão de medida estabelecido para a pressão exercida pelo ar, ao nível do mar, é de uma atmosfera (1 atm). Por exemplo, ao nível do mar, ou a 1 atm, se fornecermos calor ao sistema, o gelo derrete (ocorre a fusão) a 0 °C e a água ferve (ocorre a vaporização) a 100 °C.

Esses valores são chamados de temperatura de fusão (TF) e temperatura de ebulição (TE) e se referem à água, conforme representado a seguir.

Todas as substâncias têm temperaturas (ou pontos) de fusão e de ebulição, que são valores indicadores da temperatura em que ocorre a fusão e a ebulição. Tais valores podem ser alterados em razão da pressão sob a qual a substância está.

É comum ouvirmos que no topo de uma montanha bem alta a água ferve a uma temperatura menor que ao nível do mar, pois a pressão atmosférica é menor. Portanto, lembre-se: quanto menor a pressão, menor a temperatura de ebulição e vice-versa.

> A **temperatura de fusão (PF)** é a temperatura em que ocorre a mudança do estado sólido para o líquido.
>
> A **temperatura de ebulição (PE)** é a temperatura em que ocorre a mudança do estado líquido para o gasoso.

A fusão e a solidificação ocorrem à mesma temperatura, assim como a ebulição e a condensação. Observe o esquema a seguir, que pode ser aplicado a todas as substâncias em geral.

Durante a mudança de estado físico de uma substância, sua temperatura permanece constante.

Como as substâncias têm temperaturas de fusão e de ebulição específicos, isto é, cada substância muda de estado físico a determinada temperatura, essas temperaturas são consideradas propriedades específicas da matéria.

Tais valores podem ser alterados em função da pressão sob a qual a substância está. Lembre-se de que, em lugar muito alto, a água entra em ebulição a uma temperatura inferior a 100 graus Celsius, ou seja, menor que no nível do mar.

Veja no quadro a seguir as temperaturas aproximadas de fusão e de ebulição de algumas substâncias.

Substância	Temperatura de fusão	Temperatura de ebulição
álcool	-120 °C	80 °C
éter	-115 °C	35 °C
água	0 °C	100 °C
mercúrio	-39 °C	350 °C
sal de cozinha	800 °C	1 460 °C
ferro	1 530 °C	2 860 °C

Economia de energia

Quando aquecemos uma substância, depois de iniciada a ebulição (fervura), a temperatura permanece a mesma até que todo o líquido se vaporize.

Sabendo disso, apesar de não se tratar de uma substância, mas, sim, de uma reunião de inúmeras substâncias, quando você estiver fazendo uma sopa e o caldo começar a ferver, diminua a chama para economizar combustível.

Atividades

1. Pensando nos modelos atômicos estudados, descreva um átomo em relação a seus constituintes e suas localizações.

2. O que o número atômico representa e como ele é simbolizado?

3. Em que consiste o número de massa e como ele é representado?

4. Como se define um elemento químico?

5. Indique o número de prótons, elétrons e nêutrons dos átomos e íons a seguir.

   a) $^{23}_{11}Na$ c) $^{56}_{26}Fe$ e) $^{16}_{8}O^{2-}$

   b) $^{32}_{16}S$ d) $^{27}_{13}Al^{3+}$ f) $^{7}_{3}Li^{1+}$

6. Identifique se os pares de átomos a seguir são, entre si, isótopos, isóbaros e isótonos.

   a) $^{35}_{17}Cl$ e $^{37}_{17}Cl$ c) $^{13}_{6}C$ e $^{14}_{7}N$

   b) $^{40}_{20}Ca$ e $^{40}_{19}K$

7. O iodo-125, variedade radioativa do iodo, é utilizado em aplicações medicinais, incluindo exames da tireoide. Sabendo que esse átomo é isótopo do iodo-127, calcule o número de nêutrons de cada um desses átomos.

8. O gráfico abaixo representa o número de nêutrons e o número de massa de quatro átomos indicados pelas letras A, B, C e D. Com base na interpretação dos dados fornecidos, mostre qual desses átomos pertence ao elemento químico de maior número atômico. Justifique sua resposta no caderno.

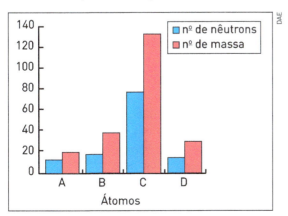

9. Considere três átomos, T, U e V, representados a seguir:

   $^{8x}_{(3x+5)}T$ $^{(7x+4)}_{(5x-6)}U$ $^{A}_{Z}V$

   T e U são isótonos, e o número atômico (Z) de V é igual à soma dos prótons de T e U. Sabendo que V tem 50 nêutrons, calcule seu número de massa.

10. A cintilografia miocárdica é um exame que possibilita verificar as regiões a que o sangue chega com mais dificuldade dentro do coração. Imagine seu coração como o tanque de combustível de um automóvel. Você não pode ver dentro dele, por isso o carro precisa de um marcador para indicar a quantidade de combustível. Nesse exame, o marcador introduzido no paciente é um radioisótopo que, ao entrar na corrente sanguínea, permite avaliar as áreas mais irrigadas e as menos irrigadas do coração. Com base no exposto, copie no caderno a afirmação correta.

    a) O radioisótopo utilizado no exame causa grandes danos à saúde do paciente.

    b) O coração é o principal responsável pelas trocas gasosas no corpo humano.

    c) Em uma pessoa saudável, o sangue venoso e o arterial misturam-se no coração.

    d) Entupimentos de veias e artérias não têm nenhuma relação com o tipo de alimentação do indivíduo.

    e) O radioisótopo é um marcador, pois emite radiação que pode ser detectada no cintilógrafo.

11. Normalmente, pessoas que moram em apartamento secam a roupa lavada em áreas cobertas e até mesmo fechadas, com pouca circulação de ar. Já aquelas que moram em casas e dispõem de quintal, podem estender a roupa ao ar livre. Em geral, as roupas secam mais rapidamente ao ar livre do que em ambientes fechados. Uma forma de acelerar a secagem da roupa em apartamentos é abrir ao máximo as janelas. Como você explica esse fato?

37

CAPÍTULO 2

Substâncias químicas

De que é feita a matéria?

No capítulo anterior, você pôde compreender como, ao longo do tempo, os cientistas desvendaram a composição da matéria. Viu que as substâncias são formadas por átomos de elementos químicos, seja iguais, seja diferentes, e que a combinação desses átomos origina as diferentes substâncias e, consequentemente, os diferentes materiais que usamos no dia a dia. Mas você já parou para pensar quantos elementos químicos existem e como eles são organizados? Para começar a entender esses aspectos, faça a atividade a seguir.

Organizando latas

Atenção! Cuidado ao manusear as latas!

Material:
- 12 latas vazias de refrigerante ou suco, de mesmo tamanho e não amassadas (quatro de cada tipo);
- cartolina;
- régua (preferencialmente de 40 cm);
- lápis;
- esparadrapo.

Latas vazias e amassadas.

Procedimentos

1. Organizem-se em três grupos, cada um será responsável por trazer um tipo de lata.
2. Em sala de aula, cada grupo deve proceder da seguinte maneira: uma lata será preservada e cada uma das outras três será achatada, amassada ao centro ou torcida. Embaralhem as latas.
3. Em sala de aula, o professor abrirá uma cartolina em que estará desenhado um quadro de quatro colunas e três linhas.
4. Um aluno de cada grupo colocará uma latinha em uma das células (quadrados) do quadro.
5. Discuta com os colegas como melhorar a disposição das latinhas. Quando chegarem a um resultado satisfatório, reiniciem o procedimento do item 4.

① No item 5, vocês e os colegas discutiram uma melhor disposição para as latinhas. Escreva qual foi o método de organização utilizado em uma mesma linha e uma mesma coluna. **em grupo**

② Dê exemplos de situações do dia a dia em que costumamos organizar os elementos.

Da mesma forma que você organizou as latinhas por colunas e linhas, os elementos químicos também são organizados em uma tabela conhecida por **classificação periódica dos elementos químicos** ou **Tabela Periódica**. Oficialmente, são conhecidos 118 elementos químicos, dos quais 88 são naturais e 30 foram criados artificialmente pelo ser humano. Por exemplo, o elemento químico darmstádtio (Ds), de número atômico 110, foi obtido pela fusão dos elementos níquel e chumbo, utilizando-se para isso grande quantidade de energia. Os elementos químicos têm características diferentes, mas também comuns, que possibilitam que sejam organizados na Tabela Periódica. A organização dos elementos tem uma história interessante. Leia o texto a seguir para compreender como foi a proposta inicial.

  De olho no legado

A organização dos elementos químicos feita por Mendeleev e Moseley

Em 1869, o químico russo Dmitri Mendeleev (1834-1907) começou a organizar seu conhecimento a respeito dos elementos químicos buscando algum padrão de propriedades que possibilitasse agrupar elementos similares. Ao relacionar esses elementos em uma folha de papel, ele compreendeu que, quando eram listados pelo peso atômico, suas propriedades se repetiam numa série de intervalos periódicos. Assim, surgiu a Tabela Periódica dos elementos. A seguir, é representado um exemplo dessa organização proposta por Mendeleev.

I	II	III	IV	V	VI	VII
Lítio	Berílio	Boro	Carbono	Nitrogênio	Oxigênio	Flúor
Sódio	Magnésio	Alumínio	Silício	Fósforo	Enxofre	Cloro
...	...	...	...	...	...	...

Valendo-se desse conhecimento, o cientista conseguiu classificar os 63 elementos então conhecidos em uma tabela, prevendo a existência de elementos ainda não identificados. Isso foi possível porque, na tabela de Mendeleev, alguns lugares ou "quadradinhos" ficaram vazios. Quando o elemento químico gálio foi identificado, todas as suas características já haviam sido previstas pelo cientista russo. Bastou encaixar na tabela um cartão com os dados do novo elemento.

Em 1913, o cientista britânico Henry Moseley (1887-1915), aprofundando vários estudos, concluiu que o número de prótons no núcleo do átomo de determinado elemento químico (número atômico ou Z) era sempre o mesmo. Assim, nasceu o conceito de lei periódica, ou, em outras palavras, estabeleceu-se um critério de organização dos elementos químicos: As propriedades dos elementos são uma função periódica de seus números atômicos. A tabela classificatória dos elementos químicos de Mendeleev, aperfeiçoada por Henry Moseley, deu origem à Tabela Periódica atual.

Dmitri Mendeleev.

Classificação periódica dos elementos químicos escrita à mão por Mendeleev.

Representação dos elementos químicos

Os elementos químicos, ao serem identificados, recebem um nome e um **símbolo**.

Durante séculos, o grego foi a língua oficial em que eram escritas as obras filosóficas, científicas, artísticas etc. Posteriormente, essa língua foi sendo substituída pelo latim. Por isso, muitos elementos químicos receberam nomes latinos. Por exemplo, ao ouro foi dado o nome *aureum*; ao sódio, *natrium*; ao potássio, *kalium*; ao chumbo, *plumbum*, e assim por diante.

Historicamente, quando se identificava ou se obtinha um novo elemento químico, o nome atribuído a ele, em geral, era uma homenagem ao nome da cidade onde o fato tinha ocorrido ou a um importante cientista. Desse modo, temos:

- o **mendelévio** foi assim chamado em homenagem ao químico russo Mendeleev (1834-1907);
- o **polônio** recebeu esse nome em homenagem à Polônia, terra natal de Marie Curie (1867-1934). Foi o primeiro elemento descoberto por ela, em 1898.

Átomos que pertencem a determinado elemento químico são representados por um mesmo símbolo. Esses símbolos são universais e têm como base a nomenclatura do elemento. Por serem usados no mundo todo, tornaram-se uma linguagem universal, facilitando a comunicação entre as pessoas de diferentes países.

No início do século XIX, para melhorar a forma de representação, John Dalton substituiu os antigos símbolos químicos e criou outros para os elementos que não eram conhecidos. Observe exemplos:

Elemento	Idade Média	Dalton
ouro	☉	Ⓖ
prata	☽	Ⓢ
ferro	♂	Ⓘ
cobre	♀	Ⓒ

As letras G, S, I e C são iniciais das palavras inglesas *gold* (ouro), *silver* (prata), *iron* (ferro) e *copper* (cobre).

Em 1813, o químico sueco Jöns Jakob Berzelius (1779-1848) propôs simplificar e universalizar os **símbolos atômicos**. Buscava uma linguagem única que representasse os elementos e facilitasse a comunicação entre os químicos de diversos países. Em seu sistema, empregava-se a letra inicial (maiúscula) do nome em latim ou grego do elemento químico. Se já houvesse outros elementos com a mesma letra inicial, ao lado vinha uma segunda, minúscula, para diferenciá-lo. O ouro (*aurum*), o argônio, a prata (*argentum*) e o alumínio são exemplos de elementos que foram diferenciados com uma segunda letra: Au, Ar, Ag e Al, respectivamente.

Observe outros casos no quadro abaixo.

Elemento químico	Nome em latim	Símbolo
mercúrio	*hydrargyrium*	Hg
chumbo	*plumbum*	Pb
potássio	*kalium*	K

Atualmente, os novos elementos que são identificados apresentam temporariamente símbolos compostos de três letras, de acordo com seu número atômico, até que seja dado um nome e símbolo oficial a ele.

Classificação dos elementos químicos

Ao longo dos anos, os cientistas fizeram muitos experimentos com os elementos químicos, obtendo grande quantidade de informações sobre suas características. Com isso, foram surgindo pequenos conjuntos de elementos químicos que podiam ser destacados e agrupados por semelhanças.

John Dalton havia constatado que cada elemento tinha o próprio peso atômico (denominado assim naquela época). Em 1818, Berzelius já havia determinado o peso de 45 dos 49 elementos conhecidos na época. Ele percebeu que os elementos poderiam ser organizados em grupos distintos de acordo com características comuns. Por exemplo, os metais alcalinos, como sódio e potássio, eram muito reativos; já outros metais, como ouro e prata, eram resistentes à corrosão. Nessa época, os estudos apontavam para uma relação entre os pesos atômicos e as propriedades dos elementos. Foi daí que surgiu a classificação periódica de Mendeleev.

Na Tabela Periódica atual, cada elemento é representado em um quadradinho com importantes informações sobre ele. Os elementos são organizados em ordem crescente de número atômico (Z) e de acordo com algumas de suas propriedades.

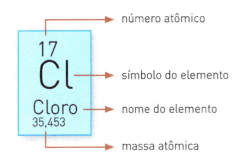

Representação do elemento químico cloro na Tabela Periódica.

Massa atômica dos elementos

Para um mesmo elemento químico pode haver diferentes tipos de átomo. O elemento químico cloro, por exemplo, é composto dos isótopos de números de massa (A) 35 e 37. Ambos, por terem o mesmo número atômico (Z = 17), pertencem ao mesmo elemento químico.

O **número de massa** dos átomos representa aproximadamente a diferença relativa entre as massas desses isótopos. Mas qual valor poderia ser usado como representativo do elemento químico cloro? Seria possível usar a média aritmética entre 35 e 37, ou seja, 36? Isso somente seria válido se, na natureza, a quantidade desses átomos distintos fosse a mesma.

Vamos entender melhor o cálculo desse valor. Observe, no quadro a seguir, os isótopos do cloro e a **ocorrência natural** de cada um.

Átomo	Número de massa (A)	Ocorrência natural (valores arredondados)
$^{35}_{17}Cl$	35	75%
$^{37}_{17}Cl$	37	25%

Como na natureza há uma quantidade maior de átomos de cloro com número de massa igual a 35, seria um erro admitir um valor médio igual a 36. Assim, o procedimento usado é calcular a massa pela média ponderada, multiplicando-se cada número de massa pela ocorrência natural de seu isótopo. Em seguida, somam-se esses valores obtidos e divide-se o resultado pela ocorrência total, que é igual a 100%. Acompanhe:

Ocorrência natural dos isótopos de um elemento químico: indica a porcentagem de cada um de seus isótopos na natureza. No exemplo do quadro, há 75% de cloro com número de massa 35 e 25% de cloro com número de massa 37 (valores arredondados).

$$\frac{(35 \cdot 75) + (37 \cdot 25)}{100} = 35,5 \text{ u}$$

Massa atômica correspondente ao elemento cloro. Sua unidade é representada pela letra **u**.

Classificação periódica dos elementos químicos (Tabela Periódica)

Iupac	1	2	3	4	5	6	7	8	9	10	11	12	13	14	15	16	17	18
Famílias	1A	2A	3B	4B	5B	6B	7B		8B		1B	2B	3A	4A	5A	6A	7A	8A

Legenda: Hidrogênio — Metal — Não metal — Gás nobre

PERÍODOS

Período 1
- 1 H — Hidrogênio — 1,0079
- 2 He — Hélio — 4,0026

Período 2
- 3 Li — Lítio — 6,941
- 4 Be — Berílio — 9,0122
- 5 B — Boro — 10,811
- 6 C — Carbono — 12,011
- 7 N — Nitrogênio — 14,007
- 8 O — Oxigênio — 15,999
- 9 F — Flúor — 18,998
- 10 Ne — Neônio — 20,180

Período 3
- 11 Na — Sódio — 22,990
- 12 Mg — Magnésio — 24,305
- 13 Al — Alumínio — 26,982
- 14 Si — Silício — 28,086
- 15 P — Fósforo — 30,974
- 16 S — Enxofre — 32,065
- 17 Cl — Cloro — 35,453
- 18 Ar — Argônio — 39,948

Período 4
- 19 K — Potássio — 39,098
- 20 Ca — Cálcio — 40,078
- 21 Sc — Escândio — 44,956
- 22 Ti — Titânio — 47,867
- 23 V — Vanádio — 50,942
- 24 Cr — Crômio — 51,996
- 25 Mn — Manganês — 54,938
- 26 Fe — Ferro — 55,845
- 27 Co — Cobalto — 58,933
- 28 Ni — Níquel — 58,693
- 29 Cu — Cobre — 63,546
- 30 Zn — Zinco — 65,38
- 31 Ga — Gálio — 69,723
- 32 Ge — Germânio — 72,64
- 33 As — Arsênio — 74,922
- 34 Se — Selênio — 78,96
- 35 Br — Bromo — 79,904
- 36 Kr — Criptônio — 83,798

Período 5
- 37 Rb — Rubídio — 85,468
- 38 Sr — Estrôncio — 87,62
- 39 Y — Ítrio — 88,906
- 40 Zr — Zircônio — 91,224
- 41 Nb — Nióbio — 92,906
- 42 Mo — Molibdênio — 95,96
- 43 Tc — Tecnécio — (98)
- 44 Ru — Rutênio — 101,07
- 45 Rh — Ródio — 102,91
- 46 Pd — Paládio — 106,42
- 47 Ag — Prata — 107,87
- 48 Cd — Cádmio — 112,41
- 49 In — Índio — 114,82
- 50 Sn — Estanho — 118,71
- 51 Sb — Antimônio — 121,76
- 52 Te — Telúrio — 127,60
- 53 I — Iodo — 126,90
- 54 Xe — Xenônio — 131,29

Período 6
- 55 Cs — Césio — 132,91
- 56 Ba — Bário — 137,33
- 57 - 71 — SÉRIE DOS LANTANÍDIOS
- 72 Hf — Háfnio — 178,49
- 73 Ta — Tântalo — 180,95
- 74 W — Tungstênio — 183,84
- 75 Re — Rênio — 186,21
- 76 Os — Ósmio — 190,23
- 77 Ir — Irídio — 192,22
- 78 Pt — Platina — 195,08
- 79 Au — Ouro — 196,97
- 80 Hg — Mercúrio — 200,59
- 81 Tl — Tálio — 204,38
- 82 Pb — Chumbo — 207,2
- 83 Bi — Bismuto — 208,98
- 84 Po — Polônio — (209)
- 85 At — Astato — (210)
- 86 Rn — Radônio — (222)

Período 7
- 87 Fr — Frâncio — (223)
- 88 Ra — Rádio — (226)
- 89 - 103 — SÉRIE DOS ACTINÍDIOS
- 104 Rf — Ruterfórdio — (261)
- 105 Db — Dúbnio — (262)
- 106 Sg — Seabórgio — (266)
- 107 Bh — Bóhrio — (264)
- 108 Hs — Hássio — (270)
- 109 Mt — Meitnério — (268)
- 110 Ds — Darmstádtio — (281)
- 111 Rg — Roentgênio — (272)
- 112 Cn — Copernício — (285)
- 113 Nh — Nihônio — (284)
- 114 Fl — Fleróvio — (289)
- 115 Mc — Moscóvio — (288)
- 116 Lv — Livermório — (293)
- 117 Ts — Tennesso — (294)
- 118 Og — Oganessônio — (294)

Legenda do modelo de célula:
- Número atômico (Z)
- 1
- H — Símbolo
- Hidrogênio — Nome do elemento
- 1,0079 — Massa atômica

Série dos lantanídios

57 La Lantânio 138,91	58 Ce Cério 140,12	59 Pr Praseodímio 140,91	60 Nd Neodímio 144,24	61 Pm Promécio (145)	62 Sm Samário 150,36	63 Eu Európio 151,96	64 Gd Gadolínio 157,25	65 Tb Térbio 158,93	66 Dy Disprósio 162,50	67 Ho Hólmio 164,93	68 Er Érbio 167,26	69 Tm Túlio 168,93	70 Yb Itérbio 173,05	71 Lu Lutécio 174,97

Série dos actinídios

89 Ac Actínio (227)	90 Th Tório 232,04	91 Pa Protactínio 231,04	92 U Urânio 238,03	93 Np Netúnio (237)	94 Pu Plutônio (244)	95 Am Amerício (243)	96 Cm Cúrio (247)	97 Bk Berquélio (247)	98 Cf Califórnio (251)	99 Es Einstênio (252)	100 Fm Férmio (257)	101 Md Mendelévio (258)	102 No Nobélio (259)	103 Lr Lawrêncio (262)

Paulo César Pereira

Viver

Carência nutricional

A carência alimentar é uma questão sociopolítica que aflige principalmente as camadas mais pobres da população mundial. Os danos causados pela desnutrição são, muitas vezes, irreversíveis, levando milhares de pessoas a serem acometidas por doenças e terem drástica redução na expectativa de vida. Nosso corpo necessita constantemente de nutrientes e sais minerais para o perfeito funcionamento. Quando há ausência deles, principalmente na fase de crescimento – o que acontece com frequência, por exemplo, em alguns países da África –, os danos são maiores ainda, levando milhares de crianças a óbito ou causando malformação corpórea.

O Brasil, em razão das desigualdades sociais e regionais, apresenta cenários muitas vezes conflitantes em relação à situação alimentar da população. Em 16 de setembro de 2014, foi noticiado que o Brasil, segundo relatório global da Organização das Nações Unidas para Alimentação e Agricultura (FAO, em inglês), reduziu significativamente a fome, a desnutrição e a subalimentação nos últimos anos.

Dados mais recentes, publicados no relatório "Estado da Insegurança Alimentar e Nutrição no Mundo", em 2018, indicaram que o Brasil diminuiu consideralvemente a porcentagem de pessoas em estado de subnutrição de 4,6% (entre 2004 a 2006) para 2,5% (entre 2015 a 2017).

Mesmo assim ainda existem bolsões de pobreza, regiões onde as pessoas não ingerem quantidades de nutrientes suficientes a uma alimentação de acordo com os parâmetros nutricionais considerados satisfatórios.

Por outro lado, vem crescendo a preocupação de diversos setores da sociedade, especialmente na área da saúde, em relação à obesidade tanto na parcela infantil da população quanto entre os adultos.

A educação alimentar passou a ser uma das preocupações da instituição escolar, que tem procurado oferecer informações aos alunos e às famílias sobre a qualidade dos alimentos e a importância do consumo seletivo e saudável.

Faça o que se pede.

1. Identifique alguns elementos químicos importantes para a saúde humana e indique a necessidade diária deles. Apresente quantidades que possam exemplificar sua pesquisa.

2. No texto, mais precisamente no segundo parágrafo, fala-se de cenários muitas vezes conflitantes em relação à situação alimentar da população brasileira. Quais são eles? Somente a carência alimentar é preocupante ou há também outro fator de risco relativo à alimentação pouco saudável? O que é alimentação saudável?

3. É comum encontrarmos em textos de divulgação científica relacionados à alimentação ou em relatórios publicados por agências – FAO, PMA (Programa Mundial de Alimentos), Unicef (Fundo das Nações Unidas para a Infância) e OMS (Organização Mundial da Saúde) – as palavras **fome**, **subnutrição**, **desnutrição** e **insegurança alimentar**. Pesquise o significado dessas palavras e escreva um pequeno texto explicando-as.

4. Que ações do governo você identifica como positivas para reduzir a fome no país?

5. Quais recomendações você destacaria para manter uma alimentação saudável?
   Os endereços eletrônicos a seguir podem ajudar em sua pesquisa (acessos em: 7 nov. 2018).

   - **Análise da estratégia global para alimentação saudável, atividade física e saúde:** <http://189.28.128.100/nutricao/docs/geral/docEgFinalSubmetido.pdf>.
   - **Manual da Alimentação Saudável da OMS completa uma década, mas não emplaca no Brasil:** <www.gastronomiaverde.com.br/site/index.php?option=com_content&view=article&id=381>.

43

Classificação por propriedades semelhantes

Na Tabela Periódica, os elementos químicos são organizados em quatro grupos principais, representados por metais, não metais, gases nobres e hidrogênio.

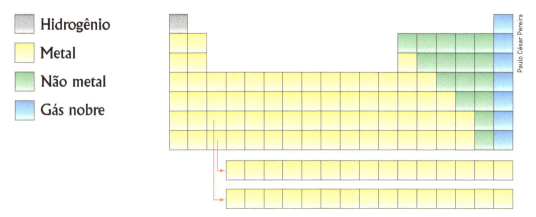

- Hidrogênio
- Metal
- Não metal
- Gás nobre

Metais

A maioria dos elementos é classificada nesse grupo. São exemplos o alumínio, o ferro, o ouro, a prata e o chumbo.

Esses elementos são caracterizados por propriedades como: têm brilho, podem ser transformados em fios (ductilidade), são bons condutores de calor e de eletricidade, apresentam estado físico sólido em temperatura e pressão ambientes (com exceção do mercúrio, que é líquido) e são maleáveis.

Muitas bicicletas atuais, mais leves, são produzidas com o elemento químico alumínio.

Na bobina, o fio é produzido com o elemento químico cobre.

As imagens desta página não estão representadas na mesma proporção.

Desde tempos remotos, os **metais** são utilizados na fabricação de utensílios de uso cotidiano, como martelos, facas, taças, panelas etc.

Na natureza, eles geralmente são encontrados na forma de minérios, que são uma associação de vários elementos. Depois de processados, os metais obtidos dos minérios são empregados em vários tipos de indústria.

Não metais

O grupo dos elementos não metálicos é pequeno, destacando-se o carbono, o fósforo, o enxofre, o iodo, o selênio, o bromo, o oxigênio, o cloro, o nitrogênio e o flúor, que são os elementos mais abundantes na natureza.

Os elementos não metálicos podem ser encontrados combinados com outros elementos.

As características das propriedades desses elementos são opostas às dos metais: não têm brilho metálico, geralmente são maus condutores de calor e de eletricidade, não são dúcteis nem maleáveis.

Por isso, receberam inicialmente o nome **ametal**. A letra a inicial dessa palavra é um prefixo de negação que vem do grego. Hoje a denominação utilizada é **não metal**.

O carbono, apesar de ser um não metal, quando na forma da substância grafite, é bom condutor de corrente elétrica.

O flúor, outro não metal, protege o esmalte dos dentes contra as cáries. No Brasil, há regulamentação para que todas as águas tratadas, distribuídas para consumo humano, sejam fluoretadas.

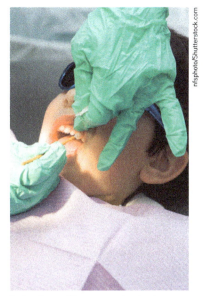

O dentista utiliza uma substância que tem em sua composição o elemento químico flúor. A aplicação dessa substância ajuda a evitar a formação de cáries.

As imagens desta página não estão representadas na mesma proporção.

Gases nobres

Este grupo é composto de seis gases e todos são encontrados, em pequenos percentuais, na atmosfera terrestre. São eles: hélio, neônio, argônio, criptônio, xenônio e radônio.

São chamados **gases nobres** ou gases inertes. Eles não se combinam entre si nem com outros elementos químicos para formar novas substâncias, a não ser em condições muito especiais. O mais comum desses gases é o gás hélio (He), usado no enchimento de balões.

Os gases nobres são responsáveis pelas cores dos letreiros luminosos. Eles ajudam a dar brilho e cor às noites das grandes cidades. A utilização frequente das luzes de neon tornou o gás neônio (Ne) o mais conhecido entre os gases nobres.

O elemento químico de número atômico 118, o oganessônio, cujo símbolo é Og, foi produzido em 1999. Embora se trate de um elemento químico sintético, presume-se que tenha propriedades semelhantes às do gás nobre radônio, que ocorre na natureza.

Luzes de neon em anúncios publicitários em Nova York (Estados Unidos).

Hidrogênio

O **hidrogênio** é o único elemento que não se enquadra da mesma forma na classificação geral dos elementos, pois tem propriedades comuns a mais de um grupo; por isso, foi considerado à parte. Ele ocupa determinada posição na Tabela Periódica porque seu número atômico é 1.

Lantanídeos e actinídeos

Há dois grupos de elementos que são dispostos na parte inferior da Tabela Periódica e constituem duas séries: a dos **lantanídeos** (que se inicia com o lantânio, $_{57}$La, e termina com o lutécio, $_{71}$Lu) e a dos **actinídeos** (que se inicia com o actínio, $_{89}$Ac, e termina com o laurêncio, $_{103}$Lr). Eles são colocados mais abaixo para que a tabela não fique muito larga.

A tabela é constituída de períodos e famílias

A simples localização de um elemento químico na Tabela Periódica pode indicar diversas características específicas dele. Duas referências importantes para essa localização são os períodos e as famílias, que veremos a seguir.

Os períodos

Os elementos são dispostos na Tabela Periódica em ordem crescente, da esquerda para a direita, em linhas horizontais, de acordo com o número atômico (Z) de cada um, que é representado acima de seu símbolo. Observe:

Classificação periódica dos elementos químicos (Tabela Periódica)

Na tabela, há sete linhas horizontais, que são denominadas **períodos**. Os períodos indicam o número de camadas ou níveis eletrônicos do átomo. Por exemplo, o potássio (K) está localizado no quarto período, e o césio (Cs), no sexto. Isso significa que, na distribuição eletrônica, o potássio tem quatro camadas ou níveis eletrônicos, e o césio, seis.

Os elementos de um mesmo período têm o mesmo número de camadas eletrônicas, ou níveis de energia, o que coincide com o número do período. Por exemplo:

Período	Nº de camadas	Camadas						
1	1	K						
2	2	K	L					
3	3	K	L	M				
4	4	K	L	M	N			
5	5	K	L	M	N	O		
6	6	K	L	M	N	O	P	
7	7	K	L	M	N	O	P	Q

O estudo da Tabela Periódica consiste em conhecer e interpretar muitas outras propriedades periódicas dos elementos químicos. No Ensino Médio, você estudará esse assunto de forma mais aprofundada.

As famílias

Observe que, na Tabela Periódica, existem 18 colunas verticais. Elas representam as famílias ou os grupos de elementos químicos.

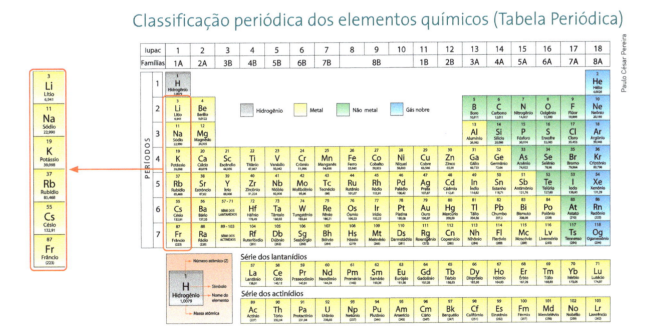

Classificação periódica dos elementos químicos (Tabela Periódica)

Acima das colunas existem números (1, 2, 3 etc.) e cada coluna representa uma família ou grupo. Cada família química agrupa seus elementos de acordo com a semelhança das propriedades. Por exemplo, o grupo 11 é composta dos elementos químicos cobre (Cu), prata (Ag) e ouro (Au). Eles fazem parte do grupo dos metais e têm características comuns: brilho metálico, maleabilidade, ductilidade e boa condutibilidade de calor e de eletricidade.

Assim como o cobre, a prata e o ouro, outros elementos de uma mesma família têm propriedades semelhantes.

Por exemplo, os elementos que pertencem a família dos metais alcalinos (lítio, sódio, potássio, rubídio, césio e frâncio), na forma de substância simples, são metálicos, podem ser facilmente cortados com uma faca, são bem reativos, reagem rapidamente com o oxigênio do ar. Já os elementos da família dos halogênios (flúor, cloro, bromo, iodo e astato) se encontram na natureza na forma de molécula diatômica, isto é, dois átomos ligados entre si, como F_2, Cl_2 e Br_2, e possuem 7 elétrons na última camada.

O número de algumas famílias indica quantos elétrons o elemento químico tem na última camada de sua eletrosfera. Acompanhe a seguir alguns exemplos.

- O sódio (Na) está na família 1, isto é, tem um elétron na última camada de sua eletrosfera.
- O magnésio (Mg) está na família 2, isto é, tem dois elétrons na última camada de sua eletrosfera.

Os elementos químicos situados nas famílias 1 e 2 têm número de elétrons na última camada igual ao número da família a que pertencem.

Para os das famílias 13 até 18, obtém-se o número de elétrons na última camada subtraindo-se 10 do número da família. Nas demais famílias, essa regra não pode ser aplicada.

- O alumínio (Al) está na família 13, isto é, esse elemento tem três elétrons na última camada de sua eletrosfera.
- O hélio, apesar de estar na família 18, apresenta apenas dois elétrons na última camada, pois esse elemento tem apenas dois elétrons ao todo.

Família	Nº de elétrons na última camada
1	1
2	2
11	1
12	2
13	3
14	4
15	5
16	6
17	7
18	8

Algumas famílias recebem nomes especiais. Veja exemplos.
- Coluna 1 – Família dos metais alcalinos
- Coluna 2 – Família dos metais alcalinoterrosos
- Coluna 16 – Família dos calcogênios
- Coluna 17 – Família dos halogênios
- Coluna 18 – Família dos gases nobres

A antiga numeração das linhas verticais ou colunas era feita por algarismos e letras: 1A, 2B etc. Você poderá encontrá-la em alguns livros, pois há autores que ainda usam essa numeração.

Viver

Elementos químicos em nosso dia a dia

O fósforo

E depois veio a invenção do fósforo, que revolucionou o mundo.

Toda gente passou a trazer fogo no bolso, em caixinhas. Só riscar um pauzinho e pronto. [...]

– Como nasceu o fósforo?

– No começo era fósforo mesmo. Os homens observaram que essa matéria fosforescente, isto é, luminosa, chamada fósforo, tinha a propriedade de dar fogo quando batida com uma pedra. [...]

Mais tarde, em 1827, um inglês de nome John Walker inventou o fósforo de esfregar. Em vez de bater, bastava esfregar um pedaço de fósforo num esfregador preparado para esse fim. Vinte anos mais tarde, o sueco Lundstrom inventou o fósforo que usamos hoje [...] que não é venenoso como o fósforo feito de fósforo.

– Então o fósforo de hoje não é feito de fósforo?

– Não, e por isso não é fosforescente. Contém vários corpos químicos* misturados, de modo que pela fricção na lixa da caixa produzam fogo, sem envenenar os pulmões de quem os acende.

Monteiro Lobato. *Serões de Dona Benta*. São Paulo: Brasiliense, 1977.

*O significado científico dessa afirmação é que, no fósforo, há várias substâncias químicas.

Você sabia que apesar de ser chamado de palito de fósforo, esse objeto não contém fósforo? A ponta do palito é constituída basicamente de enxofre, cola e uma substância para facilitar a combustão. É na superfície áspera da caixa em que riscamos o palito que o fósforo está presente combinado com outras substâncias.

O mercúrio pode causar sérios danos à saúde

Apesar de o descarte de mercúrio em rios, lagos e mares ser combatido internacionalmente, pois a despoluição das águas é um processo caro e demorado, há denúncias do uso de mercúrio nos garimpos da região do Pantanal.

O mercúrio pode se transformar, pela ação de determinadas bactérias, em dimetilmercúrio. Essa substância, se absorvida por peixes, algas ou moluscos, concentra-se no organismo deles em quantidades significativas. Esse composto é solúvel nas gorduras e não é eliminado por excreção.

Como o ser humano faz parte da mesma cadeia alimentar de que participa o peixe, ao ingerir esse alimento contaminado, seu organismo vai absorver mercúrio, que é prejudicial aos seres vivos e causa lesões irreversíveis no sistema nervoso.

Faça o que se pede.

1. Realize uma pesquisa na internet a respeito de outros elementos químicos que podem ser prejudiciais ao ser humano e o ambiente de forma que aponte para as quantidades e os danos que podem causar.

2. Alguns elementos químicos da Tabela Periódica foram descobertos de forma acidental, como é o caso do fósforo (abordado na página 12 deste livro). Em grupos, façam uma pesquisa sobre a descoberta do iodo e sua importância para a saúde e escrevam um pequeno texto na forma de resumo com as informações coletadas. Não se esqueçam de utilizar fontes confiáveis na pesquisa e de indicá-las no final do documento.

Conviver

Idade dos Metais

A Idade dos Metais corresponde à última fase da pré-história, por volta de 3.000 a.C, durante o período Neolítico ou "período da pedra polida", como também é conhecido. Nessa fase, a humanidade passa por um processo de intensificação do sedentarismo e desenvolvimento da agricultura devido ao domínio de técnicas de fundição e manipulação de metais para a produção de ferramentas, armas e utensílios, que antes disso se limitavam a objetos elaborados em madeira e pedra.

As técnicas de manipulação dos metais foram se desenvolvendo aos poucos durante a Idade dos Metais, primeiramente pelo domínio do cobre e em seguida do estanho. Mais tarde, pela união do cobre e estanho, criou-se o bronze, tendo por fim, em aproximadamente 1.500 a.C, chegado à produção do ferro. Uma das consequências diretas da fabricação de ferramentas mais resistentes, baseadas nos metais, foi o aumento da produção de alimentos provenientes da agricultura e da criação de animais, gerando excedentes na produção. Ou seja, produzia-se mais do que o necessário para a sobrevivência dos indivíduos.

A busca por pastagens e solos mais férteis, com o tempo, foi se tornando motivo de conflito entre os povos, e aqueles que se destacavam na disputa passavam a impor seu domínio sobre os outros. Foi justamente esta configuração a responsável por levar ao que chamamos hoje de propriedade privada, e como consequência à desigualdade social. A partir disso, torna-se necessária a existência de mecanismos reguladores das relações entre os indivíduos na sociedade, e que ao mesmo tempo pudessem garantir a propriedade privada, o que levou ao surgimento do Estado.

Analisando esses aspectos, podemos, assim, compreender a importância da Idade dos Metais para a história da humanidade, principalmente no que diz respeito aos impactos do desenvolvimento tecnológico para as relações sociais que perduram até dos dias de hoje.

Peças feitas na Idade dos Metais. À esquerda, lâmina arqueada e fina em um lado, destinado ao uso em machado, instrumento próprio para moldar e cortar madeira. À direita, peça para martelo.

Ainda hoje, podemos afirmar que quem domina a metalurgia (a ciência que estuda o processo de transformação dos metais desde sua extração até sua transformação em diversos produtos) tem poder decisivo sobre os rumos da sociedade. Afinal, olhe a seu redor e veja as inúmeras utilizações dos metais: nos veículos, nos computadores, nos motores, em construções diversas etc.

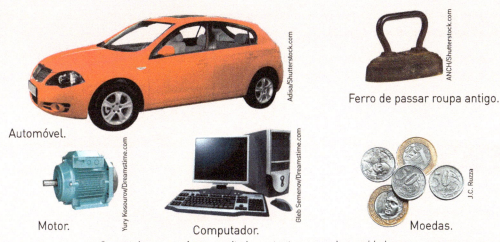

Automóvel.
Ferro de passar roupa antigo.
Motor.
Computador.
Moedas.

Os metais sempre foram muito importantes para a humanidade.

As imagens desta página não estão representadas na mesma proporção.

Metais

[...] Apesar de ser grande produtor e exportador de aço, o Brasil não possui tradição quando se fala no uso desse material na construção civil. Ao contrário do que acontece nos países desenvolvidos, onde a tecnologia para uso do metal desenvolve-se desde antes da virada do século – como a Torre Eiffel.

Os metais usados na arquitetura são aço e alumínio. O alumínio dá forma às esquadrias, janelas, portas, coberturas e fachadas; não sendo utilizado como elemento estrutural em função de seu custo elevado e de sua baixa capacidade de sustentação. Já o aço, além de esquadrias em geral, está presente também na estrutura, seja na forma de vergalhões – o esqueleto do concreto armado – ou como colunas, pilares e vigas que podem ou não ser combinadas com alvenaria ou concreto.

[...] Outro grupo importante é o grupo do cobre e de suas ligas. A liga de cobre com estanho (bronze) e com zinco (latões) tem uso como material estrutural, partes de máquinas (engrenagens, eixos, mancais, quadros etc.) e como condutores elétricos, também na forma de perfis ou como material para objetos ornamentais (lustres, dobradiças, maçanetas, espelhos para pontos de luz). [...]

Arquitetura e urbanismo/UFSC. Disponível em: <http://arq5661.arq.ufsc.br/Metais/metais.html>. Acesso em: 25 jun. 2018.

Cada vez mais, milhões de pessoas tornam-se dependentes dos recursos tecnológicos, que, por sua vez, tornam-se mais populares. Por isso, as decisões acerca de questões científicas e tecnológicas não devem se restringir a cientistas, governantes ou grandes empresas. Aos cidadãos do século XXI cabe opinar, influenciar e tomar grandes decisões nesse campo. E você é um deles.

Pelos textos deste boxe, percebe-se quanto a manipulação dos metais é importante para a sociedade!

Em um mundo globalizado, é frequente questionar se os governos devem interferir na produção metalúrgica ou se esse segmento industrial deve ficar a cargo da iniciativa privada.

No Brasil, até duas décadas atrás, a maior parte da produção metalúrgica era controlada pelo Estado. Agora pertence à iniciativa privada. Há vários argumentos usados por setores que defendem esse caminho, e outros que são totalmente contrários.

1. Na internet, pesquise opiniões que defendam a propriedade estatal ou a propriedade privada das empresas siderúrgicas, anotando os argumentos favoráveis e os contrários a cada proposta.

2. Após a pesquisa, organize com o professor e os colegas a divisão da turma em dois grupos para debater a questão a seguir. As discussões devem considerar as informações obtidas na pesquisa.

   Você acha que um setor produtivo como a siderurgia de um país deve ser conduzido pela iniciativa privada ou pela administração estatal?

3. Após o debate, escreva no caderno um texto objetivo com sua opinião final.

Letras *versus* elementos químicos. É possível compará-los?

Estas são as 26 letras do alfabeto:

| A | B | C | D | E | F | G | H | I | J | K | L | M | N | O | P | Q | R | S | T | U | V | W | X | Y | Z |

Elas formam todas as palavras da língua portuguesa, inclusive seu nome. Destacando-se as letras **M**, **R**, **A** e **O**, algumas palavras podem ser formadas. No caderno, escreva cinco palavras que possam ser inseridas nos modelos ao lado.

Agora analise as palavras que você formou e responda:

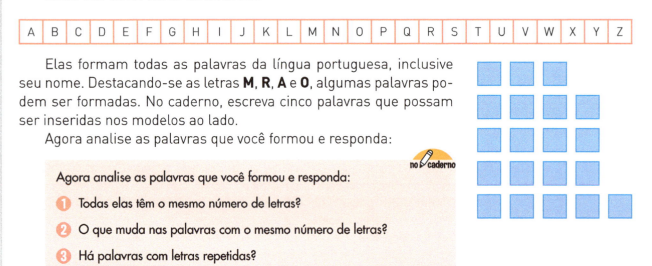

Agora analise as palavras que você formou e responda:

1. Todas elas têm o mesmo número de letras?
2. O que muda nas palavras com o mesmo número de letras?
3. Há palavras com letras repetidas?

Algo semelhante ocorre na formação das substâncias. Assim como as palavras, elas são formadas por elementos, chamados de **elementos químicos**. Da mesma maneira que os elementos que formam as palavras são as letras, os elementos (elementos químicos) que compõem a matéria são chamados de **átomos**. Observe a comparação a seguir.

> Palavra → formada por elementos → são as letras
> Matéria → formada por elementos químicos → são os átomos

Os átomos dos diferentes elementos químicos, por exemplo, o oxigênio, o hidrogênio, o carbono, o sódio e o cloro, formam os diversos tipos de matéria, como a água, o gás carbônico, o sal de cozinha etc. A esses diferentes tipos de matéria é dado o nome de **substância**.

Os átomos organizam-se, desorganizam-se e reorganizam-se, combinando-se de acordo com determinadas condições da natureza e, assim, são constituídos os vários tipos de substância.

Ligações químicas

No capítulo anterior, estudamos duas substâncias: a água e o peróxido de hidrogênio. É possível perceber que o que diferencia uma da outra é o número de átomos e a maneira pela qual se organizam. Grande parte das substâncias é formada por unidades extremamente pequenas chamadas **moléculas**. Observe que ambas as moléculas são formadas pelos elementos químicos hidrogênio e oxigênio. Mas na molécula da água há dois átomos do elemento químico hidrogênio e um átomo do elemento químico oxigênio. Já na molécula do peróxido de hidrogênio há dois átomos do elemento químico hidrogênio e dois átomos do elemento químico oxigênio. Observe os esquemas a seguir.

As moléculas são representadas por **fórmulas químicas**. A molécula da água é representada pela fórmula química H_2O. Essa fórmula indica que uma molécula de água é constituída por dois átomos de hidrogênio e um átomo de oxigênio. Já a molécula do peróxido de hidrogênio é representada pela fórmula química H_2O_2. Essa fórmula indica que sua molécula é constituída por dois átomos de hidrogênio e dois átomos de oxigênio.

A água, quando pura (sem nenhuma outra substância misturada), é incolor, inodora e insípida, isto é, não tem cor, nem cheiro, nem sabor.

As várias substâncias das imagens a seguir, por exemplo, são formadas pelos elementos químicos carbono, hidrogênio e oxigênio.

As imagens desta página não estão representadas na mesma proporção.

O comportamento dos átomos

Todas as substâncias químicas presentes na matéria são compostas por átomos de diversos elementos químicos.

O estudo dessas substâncias revelou que quase todas são formadas por átomos combinados entre si. Essa união pode ocorrer entre átomos do mesmo elemento químico ou entre átomos de elementos diferentes. Algumas substâncias bastante conhecidas são exemplos disso: o oxigênio, a água, o gás carbônico, o sal de cozinha, entre outras.

Nesse universo de milhões de substâncias do cotidiano, destacam-se seis, que são identificadas por não terem átomos unidos. São os gases nobres (hélio, neônio, argônio, criptônio, xenônio e radônio). Até hoje não foi identificada nenhuma substância natural que contenha os átomos desses elementos ligados a outros, exceto quando obtidos artificialmente. Para entender como ocorrem as ligações químicas, vamos estudar esses elementos especiais.

Os gases nobres são elementos químicos que têm oito elétrons na última camada, excetuando-se o hélio.

Gases nobres	K	L	M	N	O	P
hélio	2					
neônio	2	8				
argônio	2	8	8			
criptônio	2	8	18	8		
xenônio	2	8	18	18	8	
radônio	2	8	18	32	8	8

Por não existirem combinados na natureza, os gases nobres são chamados de **elementos estáveis**. Tal estabilidade é atribuída ao fato de esses elementos químicos terem oito elétrons na última camada.

Já os elementos que não apresentam oito elétrons na última camada tendem a se combinar, a fim de completar esse número, adquirindo, assim, a mesma estabilidade dos gases nobres. Para isso, podem perder, receber ou compartilhar elétrons com outros átomos.

Para fazer uma previsão do número de elétrons que podem ser perdidos, recebidos ou compartilhados, você deve aprender antes como os elétrons se distribuem pelas camadas, ou seja, como ocorre a distribuição eletrônica. Para isso, é necessário que você saiba qual é o **número máximo de elétrons permitido em cada camada**. Observe a indicação no quadro a seguir.

Camada	K	L	M	N	O	P	Q
Nº máximo de elétrons	2	8	18	32	32	18	8

Os quadros abaixo apresentam a distribuição eletrônica dos átomos de alguns elementos químicos, ou seja, elas exemplificam como ocorre o preenchimento de cada camada de acordo com o número de elétrons que o átomo tem.

Para cada elemento descrito a seguir, compare o número de elétrons de cada camada com o número máximo de elétrons permitido para ela. É importante lembrar que não se pode ultrapassar esse limite por camada. Veja o exemplo do sódio e do cloro.

$_{11}$Na (sódio):

Camada	K	L	M	N	O	P	Q
Nº de elétrons	2	8	1				

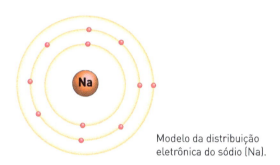

Modelo da distribuição eletrônica do sódio (Na).

O sódio tem 11 elétrons, e nas camadas K e L estão distribuídos os números máximos permitidos, 2 e 8, respectivamente. A camada M acomoda o elétron que falta para completar os 11 presentes no átomo.

$_{17}$Cℓ (cloro):

Camada	K	L	M	N	O	P	Q
Nº de elétrons	2	8	7				

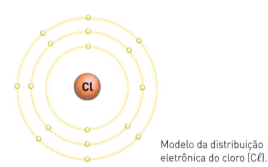

Modelo da distribuição eletrônica do cloro (Cℓ).

O cloro tem 17 elétrons, e nas camadas K e L estão distribuídos os números máximos permitidos, 2 e 8, respectivamente. A camada M acomoda os sete elétrons que faltam para completar os 17 presentes no átomo.

Observe agora a distribuição eletrônica do ferro.

Camada	K	L	M	N	O	P	Q
Nº de elétrons	2	8	14	2			

Por que o ferro tem elétrons na camada N se a camada M poderia conter 16 elétrons, já que o número máximo permitido é 18?

Assim como nos exemplos dos átomos de sódio e cloro, nos quais o número de elétrons na última camada é inferior a oito, nos demais átomos o número de elétrons na última camada não deve ultrapassar esse número, da mesma forma que ocorre nos gases nobres. Portanto, é necessário passar dois elétrons para a camada posterior.

$_{26}$Fe (ferro):

Camada	K	L	M	N	O	P	Q
Nº de elétrons	2	8	16				

2e⁻

Camada	K	L	M	N	O	P	Q
Nº de elétrons	2	8	14	2			

Modelo da distribuição eletrônica do ferro (Fe).

Agora copie os quadros a seguir no caderno e tente fazer a distribuição eletrônica para o cálcio ($_{20}$Ca) e o enxofre ($_{16}$S).

$_{20}$Ca (cálcio):

Camada	K	L	M	N	O	P	Q
Nº de elétrons							

$_{16}$S (enxofre):

Camada	K	L	M	N	O	P	Q
Nº de elétrons							

> A última camada que contém elétrons de um átomo é chamada **camada de valência**. Essa informação é importante para que, futuramente, você entenda como os átomos se combinam.

Tendo como base a distribuição dos elétrons em suas respectivas camadas (distribuição eletrônica), vamos analisar os exemplos dos elementos químicos sódio e cloro, representados anteriormente, e entender a forma e o porquê das combinações entre os elementos químicos.

Observe a distribuição, em camadas, do elemento químico sódio.

$_{11}$Na (sódio):

Camada	K	L	M	N	O	P	Q
Nº de elétrons	2	8	1				

Se o sódio perder um elétron da camada M, ficará com oito elétrons na última camada, que passará a ser a L. Assim, a configuração eletrônica desse íon torna-se semelhante à do gás nobre neônio. Com isso, ele adquire estabilidade eletrônica, ou seja, passa a ter oito elétrons na última camada.

> Regra do Octeto: ao adquirirem a configuração eletrônica dos gases nobres, ou seja, ter oito elétrons na última camada, os átomos tornam-se **estáveis**.

Compare o cátion de Na⁺ com o átomo de Ne.
₁₁Na⁺ (cátion estável do elemento químico sódio):

Camada	K	L	M	N	O	P	Q
Nº de elétrons	2	8					

Ne (átomo):

Camada	K	L	M	N	O	P	Q
Nº de elétrons	2	8					

Agora observe também a distribuição, em camadas, do elemento químico cloro:
₁₇Cℓ (cloro):

Camada	K	L	M	N	O	P	Q
Nº de elétrons	2	8	7				

Para o cloro, é difícil perder sete elétrons da camada M. Sete é um número muito maior que um (perda de elétrons necessária para o sódio). Assim, é mais fácil para o cloro receber um elétron na camada M do que perder sete. Portanto, é isto que ocorre: ele tende a se estabilizar recebendo um elétron. Assim, a configuração desse íon torna-se semelhante à do gás nobre argônio.

Compare o ânion Cℓ⁻ com o átomo de Ar.
₁₇Cℓ⁻ (ânion estável do elemento químico cloro):

Camada	K	L	M	N	O	P	Q
Nº de elétrons	2	8	8				

Ar (átomo):

Camada	K	L	M	N	O	P	Q
Nº de elétrons	2	8	8				

Quando o íon do sódio (que se tornou um cátion, pois perdeu um elétron) se aproxima do íon cloro (que se tornou um ânion por ter ganhado um elétron), ocorre um fenômeno chamado atração eletrostática. Essa atração ocorre porque o sódio e o cloro têm cargas opostas.

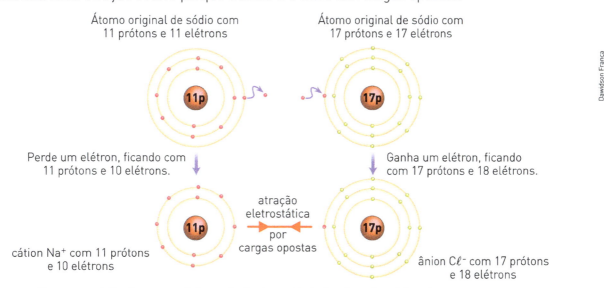

Quadro esquemático representativo do processo de formação dos íons estáveis dos elementos sódio e cloro.

Da atração entre esses íons surge uma nova substância, o cloreto de sódio, principal constituinte do sal de cozinha, encontrado na água do mar.

Essa substância pode ser representada por meio de uma **fórmula**. As fórmulas indicam tanto o símbolo dos elementos que participaram da atração quanto sua proporção em termos de número. No caso do cloreto de sódio, essa combinação ocorre na relação de um íon sódio para um íon cloro; assim, a substância formada pode ser representada pela fórmula: $NaC\ell$.

A união que gerou essa substância é chamada de **ligação química**. No caso, ela ocorreu por atração eletrostática entre íons de cargas opostas.

A ligação química pode ocorrer de outras formas, que serão estudadas no decorrer deste capítulo.

Tipos de ligação química

As ligações químicas ocorrem de três modos diferentes. Observe-os a seguir.

Ligação iônica ou eletrovalente

Ligação iônica ou **eletrovalente** é aquela que ocorre por atração eletrostática entre íons formados pela perda de elétrons (cátions) e íons resultantes do recebimento de elétrons (ânions), a fim de **adquirir estabilidade**.

Como já vimos no caso do cloreto de sódio ($NaC\ell$), coincidentemente o número de elétrons perdidos para adquirir estabilidade foi igual ao número de elétrons que outro átomo recebeu. Em outras palavras, os íons formados por esses átomos têm a mesma carga, mas sinais opostos.

E o que acontece quando esse número é diferente? Por exemplo, como ocorre a ligação entre o cálcio e o cloro?

O cálcio perde dois elétrons e o cloro recebe somente um para se estabilizar. Reveja suas distribuições eletrônicas.

$_{20}Ca$ (cálcio):

Camada	K	L	M	N	O	P	Q
Nº de elétrons	2	8	8	2			

$_{20}Ca^{2+}$ (cátion estável do elemento químico cálcio):

Camada	K	L	M	N	O	P	Q
Nº de elétrons	2	8	8				

$_{17}C\ell$ (cloro):

Camada	K	L	M	N	O	P	Q
Nº de elétrons	2	8	7				

$_{17}C\ell^{-}$ (ânion estável do elemento químico cloro):

Camada	K	L	M	N	O	P	Q
Nº de elétrons	2	8	8				

Nesse exemplo, o cálcio perde dois elétrons, ficando com carga (2+), e o cloro recebe apenas um, ficando com carga (1–). Como o somatório das cargas deve ser nulo (zero), na formação da substância é necessário que haja dois íons cloro para cada íon cálcio, de modo que o número de cargas positivas seja igual ao número de cargas negativas.

Observe as ilustrações a seguir.

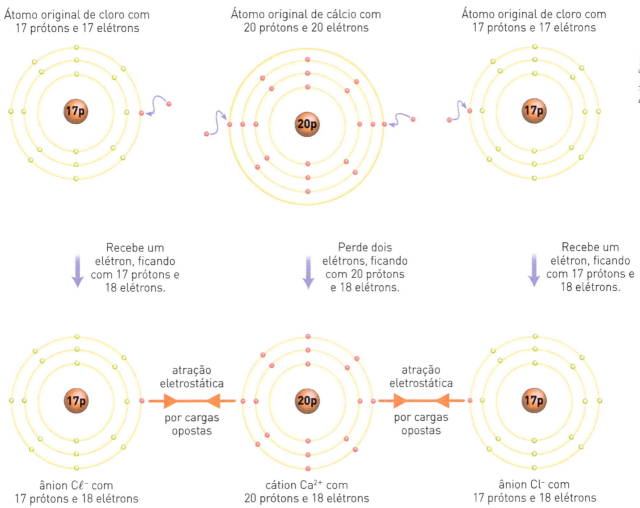

Quadro esquemático representativo do processo de formação dos íons estáveis dos elementos cálcio e cloro.

Quando os átomos perdem ou recebem elétrons, transformando-se em íons, estes, ao se atraírem, originam uma ligação. Como essa ligação ocorre por atração eletrostática entre **íons**, é denominada **ligação iônica**. No exemplo anterior, pôde-se observar que os átomos de cálcio, ao perderem dois elétrons e se transformarem em íons positivos, e os átomos de cloro, ao ganharem um elétron e se transformarem em íons negativos, uniram-se por **ligação iônica**.

Para que ocorra a ligação iônica, é necessário que determinado número de átomos, normalmente metais e não metais, transforme-se em íons estáveis, de cargas opostas e, com isso, eles atraiam-se. Dessa atração eletrostática origina-se o **composto iônico**.

Note no esquema anterior, para se formar um composto iônico estável por meio da ligação entre os elementos cálcio e cloro foram necessários dois íons do elemento químico cloro para cada íon do elemento químico cálcio.

Como as partículas de um composto iônico são unidas por forças de atração eletrostáticas intensas, as substâncias formadas por esse tipo de ligação são sólidos a temperatura ambiente e têm altas temperaturas de fusão e de ebulição. No estado líquido, os íons possuem mobilidade e, com isso, os compostos iônicos podem conduzir eletricidade.

Fórmula iônica

Uma representação comum que indica a proporção entre o número de íons no composto iônico é a chamada **fórmula iônica**. Sua representação é baseada no número de íons que originaram a substância.

No exemplo anterior, há uma relação de **um** íon do elemento químico cálcio para **dois** íons do elemento químico cloro na formação da ligação.

Com esses dados é possível representar a fórmula iônica do cloreto de cálcio como **Ca_1Cl_2**.

Portanto, a fórmula iônica de uma substância indica quais íons a compõem e em qual proporção.

Observe que o número de íons participantes, ou seja, o **índice**, é representado à direita de cada um deles e um pouco mais abaixo do símbolo de cada elemento químico. Quando esse número é igual a 1, não há necessidade de representá-lo, ficando apenas **$CaCl_2$**.

O átomo de cálcio tem 20 prótons (partículas de carga positiva) e 20 elétrons (partículas de carga negativa), portanto, não tem carga. Quando ele perde dois elétrons, torna-se positivo, pois o número de prótons torna-se superior ao de elétrons, ou seja, 20 prótons e 18 elétrons.

O cálcio fica com carga (2+), pois tem dois prótons a mais que o número de elétrons.

> $Ca \rightarrow$ perde dois elétrons $\rightarrow$ cátion Ca^{2+} (carga representada no canto superior direito).

Com o cloro ocorre o inverso, pois, ao receber um elétron, ele fica com um elétron a mais que o número de prótons, tornando-se um íon com carga (1–).

> $Cl \rightarrow$ recebe um elétron $\rightarrow$ ânion Cl^{1-} (carga representada no canto superior direito).

Como já vimos, o íon de carga positiva chama-se **cátion** e o íon de carga negativa chama-se **ânion**.

A **fórmula iônica** de uma substância pode ser prevista utilizando-se o número de elétrons que os átomos tendem a perder ou a receber.

Se o número de elétrons perdidos por um átomo for igual ao número de elétrons que o outro recebe, representa-se a fórmula iônica colocando-se os símbolos dos elementos químicos um ao lado do outro. Não é necessário representar as cargas, pois elas se anulam.

Assim se representam as substâncias vistas anteriormente: o $NaCl$ e o CaO. O sódio (Na) tende a perder um elétron, e o cloro (Cl) tende a receber um elétron. O cálcio (Ca) tende a perder dois elétrons, e o oxigênio (O) a receber dois.

Então, como esses números são iguais, basta representar os símbolos dos elementos químicos um ao lado do outro. Por convenção, representa-se o **cátion à esquerda** e o **ânion à direita**.

Se as cargas do cátion e do ânion não forem simétricas, como 1+ e 1– ou 2+ e 2–, poderemos deduzir a fórmula iônica utilizando o valor da carga positiva como índice do íon negativo, ignorando seu sinal, e vice-versa.

> $Ca + Cl \rightarrow Ca^{2+} + Cl^{1-} \rightarrow Ca_1Cl_2$, ou seja, $CaCl_2$

A carga do íon cálcio é 2+, e a carga do íon cloro é 1–. Para chegar à fórmula iônica do $CaCl_2$, colocou-se 2, a carga do cálcio sem o sinal positivo, como índice do cloro, e 1, a carga do cloro sem o sinal negativo, como índice do cálcio. Em nosso cotidiano, há muitas substâncias formadas por meio de ligações iônicas, como o cloreto de sódio, componente do sal de cozinha, e o óxido de cálcio, utilizado na fabricação da cal.

Na natureza também encontramos outras substâncias importantes que não são formadas por meio de ligação iônica, como: o gás oxigênio (O_2), componente do ar atmosférico; o ácido clorídrico (HCℓ), presente em nosso estômago; o ferro (Fe) e o alumínio (Al), componentes de inúmeros materiais metálicos.

Como explicar tal fenômeno? Que tipo de ligação química ocorrem entre esses átomos? A seguir, vamos estudar como são feitos esses tipos de ligação.

Ligação covalente ou molecular

Como pode ser feita uma ligação entre dois átomos quando ambos somente se estabillizam recebendo um elétron?

zoom Você sabia que o ácido clorídrico é uma substância encontrada em seu estômago e que participa diretamente da digestão dos alimentos? A fórmula dessa substância é HCℓ. Mas como é possível uma ligação química entre átomos que se estabilizam recebendo elétrons?

Vamos utilizar, como o exemplo citado acima, o ácido clorídrico, formado pelos elementos químicos hidrogênio e cloro.

A explicação para isso é a seguinte: para se unirem, esses dois átomos adotam uma forma especial – **compartilham elétrons**. Cada átomo disponibiliza um elétron para o outro, e ambos os elétrons (ou seja, o par eletrônico) passam a fazer parte tanto do átomo de hidrogênio como do átomo de cloro.

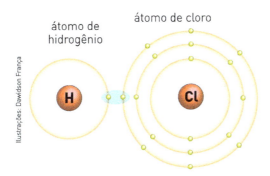

Modelo em que o átomo de hidrogênio e o de cloro compartilham dois elétrons.

Fórmula estrutural da ligação covalente entre H e Cℓ na molécula do HCℓ. O traço entre os dois átomos representa a ligação covalente.

Na ligação covalente, o par de elétrons passa a fazer parte de ambos os átomos, de forma que seja alcançada a estabilidade. No exemplo acima, o átomo de cloro, que tem sete elétrons em sua eletrosfera, estabiliza-se com oito elétrons quando o átomo de hidrogênio compartilha seu elétron com ele. Por sua vez, o átomo de hidrogênio, que tem somente um elétron, estabiliza-se com dois, pois o átomo de cloro compartilha um elétron com ele. Esse par de elétrons compartilhados resulta no que chamamos de **ligação covalente**, que pode ser representado por um traço.

Acompanhe, na ilustração a seguir, o exemplo da água, cuja fórmula é H_2O. Na água, há uma relação de dois átomos de hidrogênio para um átomo de oxigênio.

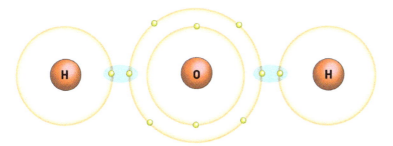

Modelo que representa o átomo de oxigênio compartilhando dois elétrons com cada átomo de hidrogênio.

Cada traço entre dois átomos representa uma ligação covalente, ou seja, um par de elétrons compartilhado.

Quando somente uma ligação covalente é formada entre dois átomos, ela é chamada **ligação covalente simples**.

Tomando como exemplo a molécula de oxigênio (O_2), verificamos que, ao ocorrer a combinação entre dois átomos de oxigênio para formar o O_2, são compartilhados dois elétrons de cada um desses átomos, formando-se entre eles duas ligações covalentes. Como essas duas ligações ocorrem entre os mesmos átomos, esse compartilhamento é chamado **dupla ligação**.

Observe:

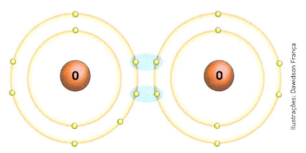

Modelo que representa os dois átomos de oxigênio compartilhando quatro elétrons entre si.

Os dois traços entre os átomos de oxigênio representam duas ligações covalentes ou uma dupla ligação.

Quando são compartilhados três pares de elétrons entre dois átomos, ocorre a chamada **tripla ligação**.

Observe na figura o compartilhamento de elétrons na substância nitrogênio (N_2):

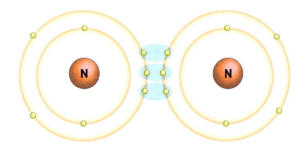

Modelo que representa os dois átomos de nitrogênio compartilhando seis elétrons entre si.

Os três traços entre os átomos de nitrogênio representam três ligações covalentes ou uma tripla ligação.

Observe ao lado de cada ilustração, a representação das ligações químicas em cada molécula. Esse tipo de representação, comum na Química, é chamada de fórmula estrutural.

Fórmula estrutural é a representação da molécula na qual cada par de elétrons que forma a ligação é substituído por um traço, indicando a ligação covalente.

Veja os exemplos:

Viver

O elemento químico oxigênio na natureza

Por sua forte tendência a estabelecer combinações para adquirir estabilidade, o oxigênio é encontrado ligado a outros elementos, como no caso da água (H_2O), ou em combinação com ele mesmo, na forma de duas substâncias distintas: o gás oxigênio (O_2) e o gás ozônio (O_3). Nessas três substâncias, as ligações ocorrem por compartilhamento de elétrons, ou seja, por **ligação covalente**.

A mídia deu destaque especial ao perigo da destruição da camada de ozônio como consequência do uso de CFCs (gases do grupo cloro, flúor e carbono), usados em refrigeração e aerossóis. O gás ozônio da camada de ozônio forma um filtro na atmosfera, protegendo os seres vivos dos efeitos nocivos dos raios ultravioleta emitidos pelo Sol (câncer de pele, por exemplo).

Uma medida importante para reduzir essa degradação foi o comprometimento de muitos países em evitar o uso de aerossóis e aparelhos de refrigeração à base de CFCs.

1. Pesquise em livros e na internet sobre CFCs e represente a fórmula estrutural de uma molécula de CFC.
2. Quais são os prejuízos do aumento do buraco da camada de ozônio para a sociedade humana?

Ligação metálica

Como o próprio nome já diz, ligação metálica é o tipo de ligação que ocorre entre átomos de elementos classificados como metais. Uma característica comum dos metais é que eles tendem a **perder elétrons** para se tornarem estáveis.

Representação esquemática da ligação metálica.

zoom

As substâncias são classificadas em função dos elementos químicos de que são constituídas. Independentemente de elas serem um conjunto de átomos, como cada gás nobre em separado (He, Ne, Ar etc.), compostos metálicos como o zinco (Zn), moléculas como a água (H_2O) ou compostos iônicos como o cloreto de sódio (NaCl), algumas substâncias são formadas de apenas um elemento químico, enquanto outras, de mais de um elemento químico. Observe os demais os exemplos a seguir.
   I. gás xenônio (Xe)
   II. barra de ferro (Fe)
   III. gás oxigênio (O_2)
   IV. açúcar de uso doméstico ($C_{12}H_{22}O_{11}$)
   V. gesso ($CaSO_4$)

As substâncias dos exemplos I, II e III têm apenas um elemento químico em sua constituição, enquanto nas dos exemplos IV e V há mais de um elemento.

Dessa forma, em função de sua composição, as substâncias formadas de um elemento químico são classificadas como **substâncias simples**, ao passo que aquelas formadas por dois ou mais são classificadas como **substâncias compostas**.

Os átomos dos metais, ao perderem os elétrons da camada de valência, tornam-se **cátions estáveis**. Esses cátions tendem a se agrupar de forma organizada em três dimensões com os elétrons de valências livres, servindo para uni-los, o que evita a repulsão entre as cargas positivas, já que positivo repele positivo. Esse modelo é conhecido como "mar de elétrons", pois os elétrons se encontram livres para percorrer a estrutura em movimento desordenado e aleatório.

Quando um objeto metálico é submetido à aplicação de campo elétrico, esses elétrons passam a apresentar um movimento ordenado em determinado sentido, caracterizando a condução de corrente elétrica. A corrente elétrica é o movimento ordenado desses elétrons.

O número de átomos que formam a ligação metálica depende do tamanho da peça metálica, e é representado apenas pelo símbolo do metal. Por exemplo, **Na** para o sódio, **Fe** para o ferro e **Al** para o alumínio.

Massa molecular

No início deste capítulo, quando foi apresentada a classificação periódica, você estudou o cálculo da massa atômica dos elementos químicos. Agora que você entende que esses elementos podem se ligar, originando novas substâncias, já é possível atribuir um valor relativo à massa de uma molécula.

Vamos começar citando alguns exemplos de moléculas já vistos:
- molécula de oxigênio – O_2;
- molécula de nitrogênio – N_2;
- molécula de ácido clorídrico – $HC\ell$;
- molécula de água – H_2O.

A molécula de O_2 é composta do elemento químico oxigênio, de massa atômica igual a 15,999 u.

Com base nesse valor, é possível determinar a massa dessa molécula. Para isso, adicionam-se os valores das massas atômicas de todos os átomos que a compõem.

Desse modo, como a molécula de O_2 apresenta dois átomos desse elemento químico, a soma de suas massas atômicas (15,999 u + 15,999 u) resulta no valor 31,998 u, ou aproximadamente 32 u.

Observe o quadro a seguir, que ilustra os valores de cálculo para as demais moléculas.

Molécula	Massas atômicas (u)	Massa molecular (u)
N_2	14,007 (N) + 14,007 (N)	28,014 = 28,0
$HC\ell$	1,0079 (H) + 35,453 (Cl)	36,4609 = 36,5
H_2O	1,0079 (H) + 1,0079 (H) + 15,999 (O)	18,0148 = 18,0

Saúde em foco

Compostos iônicos e a saúde

É comum você ouvir que pessoas com problemas de pressão alta (hipertensão) não podem ingerir alimentos salgados. Na realidade, o problema da ingestão do composto iônico cloreto de sódio ($NaC\ell$), conhecido como sal de cozinha, está no íon Na^+. É ele o grande vilão da história.

Vários compostos encontrados em diversos alimentos também podem contribuir para o aumento da pressão arterial, como é o caso do glutamato monossódico. É por isso que hoje em dia já é oferecido no mercado nacional o chamado sal *light*, normalmente formado por 50% de cloreto de sódio e 50% de cloreto de potássio ($KC\ell$). Este último composto iônico substitui o $NaC\ell$ e não causa os mesmos inconvenientes.

Pesquise outras informações sobre os riscos da utilização do sal de cozinha em quantidade acima da aceitável.

Depois, com a ajuda do professor e dos colegas:

1. organize um mural com as informações obtidas pela turma;
2. elabore uma cartilha com linguagem acessível para informar a comunidade;
3. convide um profissional da saúde para uma palestra ou debate na escola, entreviste-o e divulgue o resultado em mural ou jornal da escola.

Modelar

Combinando os elementos químicos

Material:
- compasso;
- 2 folhas de cartolina;
- massa de modelar;
- lápis;
- tesoura sem ponta.

Procedimentos

1. Em sala de aula, o professor organizará os alunos em oito grupos, distribuindo a cada um deles um pedaço de cartolina com tamanho de 10 cm × 10 cm. Ao centro de cada pedaço de papel haverá o símbolo de um elemento químico. São duas cartolinas para cada um dos seguintes elementos químicos: lítio (Li), magnésio (Mg), oxigênio (O) e cloro (Cl).
2. Cada grupo deve consultar a Tabela Periódica e, com o auxílio do compasso, desenhar círculos em torno do elemento central de acordo com o número de camadas que cada um tem (semelhante ao modelo apresentado no livro).
3. Para cada elemento químico de sua cartolina, faça bolinhas de massa de modelar, de uma mesma cor, em número igual ao de elétrons que cada átomo do elemento químico contém. Achate um pouco essas bolinhas para que elas não saiam do lugar ao serem colocadas na carteira.
4. Distribua os elétrons em camadas nos respectivos átomos.
5. Agora você e os colegas formarão um círculo com as carteiras, abrindo um espaço central comum para que todos possam ter visibilidade.
6. Quando o elemento químico de um grupo for escolhido, um representante deverá ir ao centro da sala de aula.
7. Vocês formarão as substâncias, uma de cada vez, combinando os elementos químicos: sódio e cloro; magnésio e oxigênio; sódio e oxigênio; magnésio e cloro; oxigênio e cloro; magnésio e magnésio.

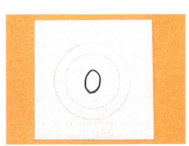
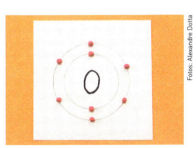

Fotos: Alexandre Dotta

Faça o que se pede a seguir.

1. Qual tipo de ligação é formado pelos elementos químicos sódio e cloro; magnésio e oxigênio; sódio e oxigênio; e magnésio e cloro?
2. Qual tipo de ligação é formado pelos elementos químicos oxigênio e cloro?
3. Qual tipo de ligação é formado pelos elemento químico magnésio com ele mesmo?
4. Você já deve ter ouvido falar que muitos materiais são feitos de latão. Pesquise na internet no que consiste o latão e que tipo de ligação química ocorre nele.

Atividades

1. Consultando a Tabela Periódica, analise as afirmativas a seguir e corrija aquelas que forem incorretas.

   a) O número máximo de elétrons permitidos na camada N é 32.

   b) O número de elétrons na camada de valência dos átomos do elemento químico cálcio (Ca) é 3.

   c) Os átomos do elemento químico bromo (Br) tornam-se estáveis quando recebem sete elétrons na camada de valência.

   d) Na_3N é a fórmula iônica da substância originada pela combinação dos íons dos elementos químicos sódio (Na) e nitrogênio (N).

   e) Na substância PI_3, a ligação entre os átomos é covalente.

   f) O cloreto de sódio, principal constituinte do sal de cozinha, quando ingerido em grandes quantidades, pode causar problemas de hipertensão, devido à presença do cátion sódio (Na^+).

   g) Quando dois metais estão reunidos por meio de uma ligação metálica, é possível afirmar que eles fazem parte de uma liga iônica.

   h) Se para cada 100 latas de aço recicladas se poupa o equivalente ao consumo de uma lâmpada de 60 W acesa por uma hora, em três horas noturnas uma lâmpada de 100 W acesa corresponderia a 500 latas recicladas.

   i) Reciclar é uma forma de poupar recursos naturais e, com isso, reduzir a qualidade de vida para as futuras gerações.

2. A amônia (NH_3) ocorre como resultado do metabolismo de alimentos proteicos ingeridos pelos peixes ou pela ação das bactérias nas sobras de alimentos e dejetos presentes no aquário. Com base na fórmula da amônia e nos elementos químicos de sua fórmula, faça o que se pede a seguir.

   a) Classifique o tipo de ligação que ocorre na substância descrita no texto, justificando sua resposta.

   b) Outra substância semelhante à amônia em número de átomos é a fosfina, cuja fórmula é PH_3. Que relação existe entre os átomos de nitrogênio e de fósforo para justificar a afirmação?

   c) Num modelo hipotético, os átomos de hidrogênio da fórmula da amônia poderiam ser substituídos por átomos de cloro, originando um composto com o mesmo tipo de ligação e o mesmo número total de átomos? Explique.

3. Observe as imagens a seguir e as substâncias contidas nos recipientes de armazenamento.

Vidro com cristais de iodo.

Amostra de potássio.

Cilindro com gás hidrogênio.

As imagens desta página não estão representadas na mesma proporção.

Considerando a combinação de duas dessas substâncias, indique as três novas substâncias que podem ser originadas e o tipo de ligação que ocorre em cada uma delas.

4 Identifique a palavra a que cada item a seguir se refere. Depois junte a primeira letra de cada palavra para formar uma expressão e explique o que ela significa.

a) Elemento químico de número atômico 88.

b) O mesmo que ligação iônica.

c) Símbolo do elemento químico gálio.

d) O experimento de... comprovou que a matéria tem espaços vazios.

e) Constituinte dos rios.

f) O elemento enxofre se estabiliza recebendo... elétrons.

g) Na molécula da água há dois elementos químicos, o hidrogênio e o...

h) Elemento químico de valor elevado utilizado na fabricação de joias.

i) O mesmo que ligação molecular.

j) Elemento químico pertencente à família 16 que tem cinco camadas.

k) Os gases nobres são elementos químicos considerados...

l) Elemento químico do quarto período cujos átomos têm 22 elétrons.

m) Com exceção do hélio, os elementos dessa família têm... elétrons na camada de valência.

5 A linha do tempo a seguir indica o ano em que alguns elementos químicos foram identificados.

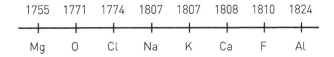

Considerando apenas os elementos químicos da linha do tempo e consultando a Tabela Periódica, responda às perguntas a seguir.

a) Quais são a fórmula e o tipo de ligação que podem ocorrer pela combinação entre os íons estáveis do elemento químico identificado em 1755 e os do elemento químico identificado em 1810?

b) Quando foi identificado o único elemento químico classificado como calcogênio?

c) Quais são a fórmula e o tipo de ligação que podem ocorrer pela combinação entre os íons estáveis dos elementos com as seguintes características: halogênio mais antigo identificado e metal mais recentemente identificado?

d) Quais são a fórmula e o tipo de ligação que podem ocorrer entre os átomos dos dois não metais identificados há mais tempo?

e) Qual ligação pode ser originada com base nos três elementos químicos que têm data de identificação mais próxima entre si?

6 Considere os elementos das colunas 1 e 2 do quadro a seguir.

Coluna 1	Coluna 2
alumínio (Al)	bromo (Br)
potássio (K)	oxigênio (O)
estrôncio (Sr)	enxofre (S)

a) Consultando a posição desses elementos químicos na Tabela Periódica, considere os íons estáveis que eles podem formar com base na regra do octeto. Depois, una os íons que têm o mesmo número de elétrons (isoeletrônicos) e identifique a fórmula correta para cada substância iônica originada.

b) Analise as fórmulas que montou e indique qual delas tem maior soma em número de cátions e ânions.

CAPÍTULO 3
Reações químicas e radiações

No Capítulo 1 você verificou que as substâncias químicas são formadas por átomos de elementos químicos e no Capítulo 2 aprendeu que esses átomos se unem por ligações químicas que originam as substâncias. Mas como são formadas todas as substâncias que existem a seu redor? Já observou que alguns materiais sofrem modificações ao longo do tempo? Considere a situação descrita a seguir.

Daniel ia passar uma semana na casa de seu primo. Antes ele foi de bicicleta ao mercado comprar alguns ingredientes que faltavam para sua mãe fazer um bolo que ele levaria para a tia.

Quando voltou de viagem, viu que havia esquecido a bicicleta no quintal de casa, exposta à chuva e ao Sol durante toda a semana que passou fora. Ele percebeu que a corrente da bicicleta estava enferrujada.

Corrente da bicicleta enferrujada.

O que ocorreu com a corrente da bicicleta de Daniel também acontece com outros materiais. Você já observou materiais sofrerem alterações com o tempo? Discuta com os colegas e enumere alguns.

Certamente entre os materiais dos quais vocês se lembram, alguns são compostos de metais, como a corrente da bicicleta de Daniel. Podemos levantar algumas questões: O que aconteceu para que se formasse ferrugem na corrente da bicicleta? Ocorreu a transformação de algum material?

Quando você estudou ligações químicas no Capítulo 2, viu que os átomos dos elementos químicos tendem a se combinar para originar substâncias. Quando novas substâncias são formadas de outras, dizemos que ocorreu uma **transformação química**, especificamente uma **reação química**. A ferrugem é um exemplo disso: na presença do oxigênio do ar e de umidade, o ferro da corrente sofre uma transformação originando uma nova substância, o óxido de ferro, cuja fórmula é Fe_2O_3, substância de cor marrom. Como a bicicleta ficou exposta à chuva, o lubrificante que formava uma película protetora na corrente evitando o contato direto do ferro com o oxigênio do ar foi sendo removido, o que possibilitou a reação do ferro com o oxigênio. Na imagem, você pode constatar a alteração na cor da corrente; há outros fatores perceptíveis que indicam a ocorrência de reações químicas. Observe os exemplos a seguir.

Evidências de reações químicas

No cotidiano, é possível constatar a ocorrência de reações químicas pela observação de alguns fatos. Uma substância pode sofrer alteração em suas características originais de cor, odor e consistência e, ao mesmo tempo, pode haver formação de gases ou de substâncias insolúveis, produção de luz, absorção ou liberação de calor.

No entanto, não é somente na queima de combustível e no cozimento de alimentos que percebemos transformações decorrentes de reações químicas. Outros fenômenos, como o amadurecimento ou apodrecimento de frutas e a corrosão de peças metálicas, são exemplos de reações químicas.

As imagens desta página não estão representadas na mesma proporção.

Com o cozimento, a clara e a gema do ovo sofrem alterações na consistência, no sabor, no odor, entre outras características. As alterações são evidências de que ocorreram reações químicas nas substâncias do alimento.

A emissão de calor e luz quando a madeira é queimada e entra em combustão é evidência da ocorrência de reação química.

Toda transformação que você verifica em um material é uma reação química?

Fenômeno químico e fenômeno físico

A reação química é um importante fenômeno estudado pela Química. Há também os fenômenos físicos, estudados pela Física. Veja como diferenciá-los.
- Os fenômenos físicos não transformam a natureza da matéria, as substâncias continuam as mesmas, apenas mudam de estado.
- Os fenômenos químicos alteram a composição da matéria, ou seja, transformam determinadas substâncias em outras.

Na natureza, muitas vezes ocorrem fenômenos que são físicos e químicos simultaneamente.

Mudança de estado físico da matéria → Fenômeno físico

gelo = H_2O

água líquida = H_2O

Transformação de uma matéria em outra → Fenômeno químico

madeira

madeira após combustão = carvão

Nem toda transformação da matéria é uma reação química. No derretimento do gelo há transformação da matéria, mas apenas em seu estado físico; a substância água não se altera. Para que haja uma reação química, é necessário que novas substâncias sejam formadas.

Reações químicas

Não somente o ferro e os demais elementos químicos podem sofrer transformações. As moléculas, os compostos iônicos e outros compostos metálicos também podem passar por transformações originando outras substâncias. A água, por exemplo, é formada pela união de dois átomos de hidrogênio com um átomo de oxigênio. No entanto, ela não é obtida pela combinação desses átomos isolados, mas de átomos provenientes de substâncias já formadas: as moléculas de hidrogênio (H_2) e de oxigênio (O_2).

Representação gráfica do modelo da molécula da água.

Isso acontece porque o elemento hidrogênio da molécula de H_2 combina-se com o elemento oxigênio da molécula de O_2 formando a substância água. Essa combinação ocorre em uma proporção de dois para um, ou seja, dois átomos de hidrogênio se combinam com um átomo de oxigênio.

Podemos representar essa combinação por uma fórmula química, isto é, usando os símbolos dos elementos que a formam, na proporção em que cada elemento participa dessa composição.

Observando o exemplo da molécula da água, podemos pensar que apenas dois átomos de hidrogênio e um de oxigênio estão se combinando, mas o que ocorre é a combinação entre as substâncias H_2 e O_2 para produzir a substância água.

Essa combinação acontece da seguinte forma: quando moléculas de H_2 e O_2 se aproximam, as ligações H-H e O=O são rompidas e novas ligações, agora entre o hidrogênio e o oxigênio, são formadas. Então, na realidade, as transformações químicas são resultado da combinação das substâncias, e não apenas de átomos de elementos químicos isolados.

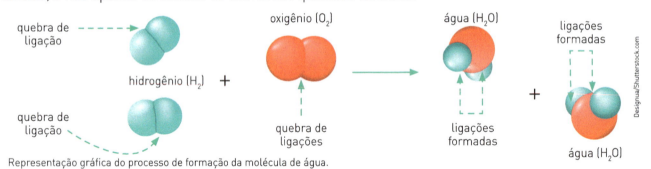

Representação gráfica do processo de formação da molécula de água.

Como a molécula da água é formada de moléculas de H_2 e O_2, foi necessário que duas moléculas de hidrogênio reagissem com uma de oxigênio para que a proporção de dois átomos de H para um átomo de O fosse mantida.

Dessa forma, as reações químicas são representadas por **equações químicas**, que é a escrita utilizada pelos químicos para descrevê-las. As equações químicas são uma linguagem universal. Na obtenção da água, a seguinte equação química representa o processo:

$$2\ H_2 + O_2 \rightarrow 2\ H_2O$$

Nessa equação química, lê-se que duas moléculas de hidrogênio reagiram com uma molécula de oxigênio produzindo duas moléculas de água. Lembre-se de que a combinação de substâncias gera outras com propriedades totalmente distintas das anteriores. Fica evidente, assim, que ocorre transformação da matéria. Em uma reação química ocorrem rompimentos de ligações químicas nas substâncias originais e formação de novas ligações nas substâncias produzidas, estabelecendo um novo arranjo entre os átomos, que dá origem a outras substâncias.

Representação das reações químicas

É necessário conhecer as linguagens e os códigos da Química para interpretarmos e representarmos graficamente as reações químicas.

Em uma reação química, as substâncias que sofrem transformação são chamadas **reagentes**, e as que se formam são chamadas **produtos**.

As fotografias a seguir mostram etapas da reação química do ácido clorídrico (HCl) com o zinco (Zn).

No tubo de ensaio, inicia-se a reação química de ácido clorídrico com zinco.

Já é possível observar a formação moderada de bolhas de gás no tubo.

Intensa formação de bolhas de gás no interior do tubo.

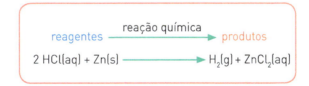

reagentes —— reação química ——▶ produtos

2 HCl(aq) + Zn(s) ——▶ H$_2$(g) + ZnCl$_2$(aq)

Por convenção internacional, os reagentes são representados à esquerda e os produtos, à direita da seta. A seta indica o sentido da reação.

A equação química

A equação química, como vimos anteriormente nas duas transformações descritas, é a representação simbólica da reação química.

$$2\ H_2 + O_2 \rightarrow 2\ H_2O$$
$$2\ HCl + Zn \rightarrow ZnCl_2 + H_2$$

- As letras são os símbolos dos diferentes elementos químicos.
- Exemplos: **H** = hidrogênio, **O** = oxigênio, **Zn** = zinco.
- Os reagentes e os produtos, ou seja, as substâncias envolvidas na reação, são representados por fórmulas químicas. Exemplos: H$_2$, O$_2$, H$_2$O, HCl, Zn, e ZnCl$_2$.

No Capítulo 2, você aprendeu a representar as substâncias por meio de fórmulas. Na representação da substância, em sua fórmula, o algarismo situado um pouco mais abaixo (subscrito), à direita do símbolo, chama-se **índice**.

Observe a fórmula da substância **gás carbônico**, um gás gerado no processo de respiração dos seres vivos e que é adicionado a bebidas, refrigerantes etc.

CO₂ → **índice**: indica o número de átomos do elemento químico que forma a substância.

O índice do **C** é igual a 1 (não é preciso representar esse número), e o índice do **O** é igual a 2. Observe na figura a seguir, do modelo da molécula de CO₂, o número de átomos.

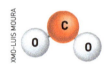

- **Coeficientes estequiométricos**, ou apenas **coeficientes**, são números escritos antes do símbolo da substância que indicam a relação numérica em que as substâncias reagem e são formadas.

Nesse exemplo, o número **3** é o coeficiente de H_2, e o número **1**, que não precisa ser representado, é o coeficiente do N_2. O número **2** é o coeficiente do NH_3 na equação.

Nessa equação química, é possível verificar que são necessárias **3** moléculas de hidrogênio (H_2) e **1** molécula de nitrogênio (N_2) para se formarem **2** moléculas de amônia (NH_3), ou seja, essa é a relação numérica em que as substâncias reagem e são formadas.

O objetivo da equação química é descrever a reação química.

Você pode ou não indicar a quantidade do elemento quando o valor é unitário – é opcional. Neste livro, optamos por não representar o número 1 como índice de valor unitário e usamos o mesmo procedimento para o coeficiente estequiométrico unitário.

Balanceamento das reações químicas

Observe a seguir etapas de um experimento.

As imagens desta página não estão representadas na mesma proporção.

Duas soluções aquosas, uma contendo cloreto de zinco ($ZnCl_2$), incolor, e outra contendo sulfeto de sódio (Na_2S), também incolor, são colocadas sobre uma balança, de forma a identificar a massa total do sistema: frascos + soluções.

Essas soluções são reunidas em um mesmo frasco e verifica-se a formação de uma coloração não translúcida e de cor branca na solução resultante.

Os frascos então são recolocados sobre a balança e observa-se a mesma massa registrada anteriormente.

Quando as soluções incolores foram reunidas, formou-se uma turvação esbranquiçada, demonstrando que houve uma reação química entre as substâncias nelas presentes.

Observe também que não houve variação na massa antes e depois da mistura das soluções. Veja por quê.

O químico francês Antoine Laurent de Lavoisier (1743-1794) realizou muitas reações químicas em laboratório e observou, em todas elas, a ocorrência do mesmo fato: a massa das substâncias reagentes é igual à massa das substâncias produzidas. Com base nisso, ele formulou a **lei da conservação da massa**, segundo a qual "na natureza nada se cria, nada se perde, tudo se transforma", ou "nas reações químicas, a massa dos reagentes é igual à massa dos produtos" (conhecida também como **lei de Lavoisier**).

A reação química é basicamente um rearranjo de átomos. Nesse processo, nada é criado ou destruído, ou seja, o tipo e o número de átomos dos reagentes são os mesmos dos produtos.

Observe que no experimento da página anterior a massa não foi alterada. Ocorreu um novo arranjo entre os átomos, ou seja, uma reação química evidenciada pela formação de substância da coloração produzida.

$$ZnCl_2(aq) + Na_2S(aq) \longrightarrow ZnS(s) + 2\ NaCl(aq)$$

O cloreto de zinco ($ZnCl_2$) reagiu com o sulfeto de sódio (Na_2S), produzindo sulfeto de zinco (ZnS) e cloreto de sódio (NaCl). O aparecimento da coloração turva esbranquiçada ocorreu devido à formação do sulfeto de zinco (ZnS), de cor branca, que apresenta baixíssima solubilidade em água.

Como a massa do sistema continua a mesma, o número de átomos de cada elemento químico não foi alterado, ou seja, obedeceu à lei da conservação da massa.

Dessa forma, é necessário que, ao representarmos uma equação química, o número de átomos antes e depois da seta seja respeitado. Por isso, precisamos colocar o algarismo 2 à frente do NaCl.

$$ZnCl_2(aq) + Na_2S(aq) \longrightarrow ZnS(s) + 2\ NaCl(aq)$$

A operação matemática que é feita ao representarmos uma equação química é chamada de **balanceamento da equação química**.

Lembre-se de que **compostos iônicos** são formados por **íons**, enquanto **moléculas** são formadas por **átomos**.

Além disso, sabemos que em uma reação podem participar substâncias simples ou compostas (moléculas ou compostos iônicos). Entretanto, em relação ao balanceamento das reações químicas, para facilitar a linguagem, vamos usar apenas o termo **átomo** como constituinte de qualquer substância, molécula ou composto iônico.

> Segundo Lavoisier, numa reação química, ocorre somente a transformação das substâncias em outras, sem haver perda ou ganho de matéria. Todos os átomos das substâncias reagentes devem estar presentes nos produtos da reação, mesmo que combinados de outra maneira.

Equação balanceada

Uma reação está **balanceada** quando o número de átomos (ou íons) nos reagentes é igual ao número de átomos (ou íons) nos produtos.

Observe que o exemplo acima, na forma em que foi apresentado, não obedece à lei de Lavoisier.

O número de átomos de cada elemento químico reagente não é o mesmo encontrado nos produtos. Assim, é necessário balancear a equação, ou seja, igualar o número de átomos em ambos os membros (reagentes e produtos). Para isso, ajustamos os coeficientes da equação química e obtemos o mesmo número de átomos de cada elemento, antes e depois da reação.

Ao balancear uma reação química, os únicos valores que podem ser alterados são os coeficientes estequiométricos. **Não podemos alterar os valores dos índices das substâncias**, porque eles são estabelecidos em função do número de elétrons que cada átomo necessita ganhar ou perder para adquirir estabilidade na formação da substância. Acompanhe o balanceamento da equação química.

$$Ca(s) + HCl(aq) \longrightarrow CaCl_2(aq) + H_2(g)$$

Na molécula de HCl há um átomo de cloro, enquanto na de $CaCl_2$ há dois átomos de cloro, ou seja, há um número diferente de átomos de cloro entre reagentes e produtos. O mesmo acontece com o hidrogênio, pois há um átomo de H no reagente e dois no produto. Já o cálcio tem número igual em ambos os membros da equação.

Essa equação não está balanceada, porque a quantidade de átomos de alguns elementos químicos nos reagentes é diferente da quantidade deles nos produtos.

Se colocarmos o número 2 como coeficiente do HCl, a equação estará balanceada. Assim:

$$Ca(s) + 2\ HCl(aq) \longrightarrow CaCl_2(aq) + H_2(g)$$

Ao balancearmos equações químicas devemos usar os menores números inteiros possíveis. Veja outros exemplos de como as equações podem ser balanceadas.

a) $N_2O_3(g) + H_2O(\ell) \longrightarrow HNO_2(aq)$

Alterando o coeficiente do HNO_2 (produto) de **1** para **2**, temos:

$N_2O_3(g) + H_2O(\ell) \longrightarrow \mathbf{2}\ HNO_2(aq)$

b) $Pb(s) + HBr(aq) \longrightarrow PbBr_4(s) + H_2(g)$

Alterando o coeficiente do HBr (reagente) de **1** para **4**, temos:

$Pb(s) + \mathbf{4}\ HBr(aq) \longrightarrow PbBr_4(s) + H_2(g)$

Alterando o coeficiente do H_2 (produto) de **1** para **2**, temos:

$Pb(s) + \mathbf{4}\ HBr(aq) \longrightarrow PbBr_4(s) + \mathbf{2}\ H_2(g)$

c) $KClO_3(s) \longrightarrow KCl(s) + O_2(g)$

Alterando o coeficiente do $KClO_3$ (reagente) e do KCl (produto) de **1** para **2**, temos:

$\mathbf{2}\ KClO_3(s) \longrightarrow \mathbf{2}\ KCl(s) + O_2(g)$

Alterando o coeficiente do O_2 (produto) de **1** para **3**, temos:

$\mathbf{2}\ KClO_3(s) \longrightarrow \mathbf{2}\ KCl(s) + \mathbf{3}\ O_2(g)$

Experimentar

Massa e reação química

Material:

- balança digital para uso doméstico;
- garrafa PET com capacidade de 1 L;
- funil de plástico;
- balão de festa;
- pedaço de 20 cm de barbante;
- saco plástico resistente;
- água;
- 3 comprimidos efervescentes.

Procedimentos

1. Em um saco plástico, quebre três comprimidos efervescentes em pedaços pequenos que possam passar pelo orifício inferior do funil.
2. Introduza a extremidade do balão de gás na parte inferior do funil e transfira os pedaços de comprimido para lá.
3. Adicione 400 ml de água no interior da garrafa PET.
4. Coloque a extremidade do balão por fora da boca da garrafa PET, com muito cuidado para que os comprimidos que estão no interior do balão não caiam na água. Amarre o barbante em torno da boca da garrafa para que o balão não se solte.
5. Coloque sobre uma balança digital, previamente zerada, o aparato que você montou, tomando cuidado para que os comprimidos não caiam na água. Anote a massa indicada na balança.
6. Transfira todo o conteúdo do balão para dentro da água e verifique se há alteração na massa que você anotou anteriormente até que todo o comprido se dissolva.

As imagens desta página não estão representadas na mesma proporção.

Responda às perguntas.

1. Ocorreu uma reação química quando os comprimidos foram adicionados à água? Como você chegou a essa conclusão?
2. A massa do sistema sofreu variação após a adição dos comprimidos à água?
3. Que conceito de um cientista famoso está associado a esse experimento? Se necessário, pesquise na internet.
4. Depois de cozinharmos um ovo, podemos observar alterações na constituição da matéria de seu interior causadas pelo aquecimento, ou seja, ocorrem reações químicas. Com base nesse procedimento, o que você pode afirmar com relação à massa do ovo, antes e depois do cozimento?

Previsão nas transformações químicas

Você sabia que é possível prever que massa de uma substância será obtida em uma reação química?

No experimento anterior você verificou que a massa dos produtos é a mesma dos reagentes antes da reação ocorrer. Ou seja, se somarmos a massa dos reagentes e somarmos a massa dos produtos ela é sempre constante.

É com base nesse fato que podemos prever a quantidade de produtos que serão obtidos em uma reação química. Usaremos dois conceitos aprendidos anteriormente no Capítulo 2: massa atômica e massa molecular.

Vamos relembrar a reação na obtenção da água.

$$2\,H_2 + O_2 \rightarrow 2\,H_2O$$

Para facilitar o entendimento, observe essa equação química dentro de um quadro e as respectivas massas molares das substâncias presentes nas reações.

Equação química	2	H_2	+	O_2	→	2	H_2O
Massas moleculares		2 u		32 u	→		18 u

Observe que na equação química **duas** moléculas de hidrogênio reagem com **uma** de oxigênio formando **duas** moléculas de água. Se a massa molecular de uma molécula de hidrogênio é igual a 2 u, é possível afirmar que a massa de duas moléculas é igual a 4 u. O mesmo raciocínio pode ser utilizado para água, ou seja, a massa de duas moléculas é igual a 36 u.

Equação química	2	H_2	+	O_2	→	2	H_2O
Multiplicando pelo número de moléculas		2 . 2 u		32 u	→		2 . 18 u
Massa total de cada substância		4 u		32 u	→		36 u

Agora observe na última linha do quadro abaixo o resultado da soma das massas dos reagentes e o da soma das massas dos produtos dessa reação.

Equação química	2	H_2	+	O_2	→	2	H_2O
Massa total de reagentes e produtos		36 u			→		36 u

Conforme você verificou, as massas totais de reagentes e produtos no quadro acima são iguais. Isso é exatamente o que você pode observar no experimento, apenas com uma diferença; nele a massa utilizada foi medida em grama (g), enquanto que aqui no quadro utilizamos o conceito de massa molecular expressa em unidades de massa atômica (u). Mas se utilizarmos os mesmos valores numéricos, seja em grama ou unidades de massa atômica, não há diferença, porque são proporcionais. Dessa forma, podemos representar a informação deste quadro da seguinte maneira:

Equação química	2	H_2	+	O_2	→	2	H_2O
Massas moleculares		2 g		32 g	→		18 g
Multiplicando pelo número de moléculas		2 . 2 g		32 g	→		2 . 18 g
Massa total de cada substância		4 g	+	32 g	→		36 g
Massa total de reagentes e produtos		36 g			→		36 g

Após Lavoisier, outro cientista chamado Joseph Louis Proust (1784-1826) estudou as massas obtidas nas reações e constatou valores experimentais que o levaram a formular outra lei.

Para melhor compreensão, vamos utilizar a reação de obtenção da água.

$$2\,H_2 + O_2 \rightarrow 2\,H_2O$$

Observe os dados experimentais dessa reação quando as quantidades de hidrogênio são alteradas. Veja que as quantidades necessárias de oxigênio também tiveram de ser alteradas para reagir com todo o hidrogênio presente.

Experimento	Massa de hidrogênio utilizada	+	Massa de oxigênio necessária para reagir com todo o hidrogênio	→	Massa de água obtida
1	4 g		32 g		36 g
2	8 g		64 g		72 g
3	12 g		96 g		108 g
4	16 g		128 g		144 g

Agora vamos dividir a massa de hidrogênio utilizada nos experimentos pela massa de oxigênio, e fazer o mesmo com a massa de hidrogênio e da água:

Experimento	$\dfrac{\text{Massa de hidrogênio}}{\text{Massa de oxigênio}}$	$\dfrac{\text{Massa de hidrogênio}}{\text{Massa de água}}$
1	$\dfrac{4\,g}{32\,g} = \dfrac{1}{8}$	$\dfrac{4\,g}{36\,g} = \dfrac{1}{9}$
2	$\dfrac{8\,g}{64\,g} = \dfrac{1}{8}$	$\dfrac{8\,g}{72\,g} = \dfrac{1}{9}$
3	$\dfrac{12\,g}{96\,g} = \dfrac{1}{8}$	$\dfrac{12\,g}{108\,g} = \dfrac{1}{9}$
4	$\dfrac{16\,g}{128\,g} = \dfrac{1}{8}$	$\dfrac{16\,g}{144\,g} = \dfrac{1}{9}$

Observe que em todos os experimentos a relação entre as massas $\dfrac{M_{hidrogênio}}{M_{oxigênio}}$ é de 1 : 8. Já a relação entre as massas $\dfrac{M_{hidrogênio}}{M_{água}}$ é de 1 : 9.

Se reunirmos esses dados chegamos à seguinte proporção entre o hidrogênio, o oxigênio e a água:

1 hidrogênio : 8 oxigênio : 9 água

Ou seja, em todos os experimentos as **proporções em massa** entre os reagentes e produtos sempre foram **constantes**. Dessa forma surgiu a **lei das proporções constantes**, ou **lei de Proust**. Usando essa lei, junto com a lei de Lavoisier, podemos prever a massa de um reagente que será necessária para reagir com outro e a massa do produto que será obtida em uma reação. Para melhor entendimento considere a reação devidamente balanceada a seguir:

$$N_2O_3 + H_2O \rightarrow 2\,HNO_2$$

Desejamos saber que massa de H_2O é necessária para reagir completamente com 38 g de N_2O_3, e também que massa de HNO_2 será obtida.

Alguns passos são necessários, veja a seguir.

1. Coloque sob as substâncias os valores em grama numericamente iguais das massas moleculares de cada uma delas.

    N_2O_3 → 76 u → 76 g
    H_2O → 18 u → 18 g
    HNO_2 → 47 u → 47 g

    N_2O_3 + H_2O → 2 HNO_2
    76 g   18 g   47 g

2. Multiplique os coeficientes estequiométricos pelo valor inserido abaixo da equação. Não será necessário fazer isso para o valor 1.

    N_2O_3 + H_2O → 2 HNO_2 ⇒ N_2O_3 + H_2O → 2 HNO_2
    76 g   18 g   2 . 47 g   76 g   18 g   94 g

3. A partir de agora estabeleça relações proporcionais na forma de regra de três com o valor da massa de N_2O_3 que se deseja utilizar como referência (**38 g**).

    N_2O_3 + H_2O → 2 HNO_2
    76 g -- 18 g
    38 g -- X

    $X = \dfrac{38 \cdot 18}{76} = 9$ g de H_2O

           + H_2O → 2 HNO_2
    76 g --   94 g
    38 g --   Y

    $Y = \dfrac{38 \cdot 94}{76} = 47$ g de HNO_2

A energia química

As substâncias têm certa quantidade de energia armazenada, denominada **energia química**. Essa energia é proveniente de suas ligações químicas e das forças de atração e de repulsão entre os átomos que as compõem.

Cada substância armazena uma quantidade de energia química específica, por isso há diferença entre os conteúdos energéticos de seus reagentes e de seus produtos em uma reação química.

Em função da energia química de reagentes e produtos, a reação pode ocorrer de duas formas distintas:

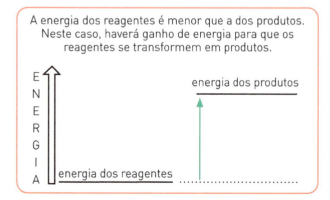

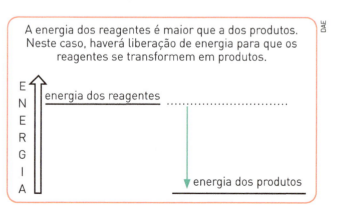

A absorção e a liberação de energia normalmente são acompanhadas de absorção ou liberação de calor.

Os reagentes ganham energia para se transformar em produtos com maior energia, ou liberam energia para se transformar em produtos com menor energia.

Quando os produtos têm **mais energia** que os reagentes, sabemos que essas reações absorveram energia, porque normalmente ganharam calor para ocorrer. Um exemplo é a queima de açúcar para fazer calda de pudim. Ao receber calor, o açúcar se transforma em calda e sua aparência e seu sabor mudam. Para que essa reação ocorra, é necessário fornecer energia ao sistema.

Já nas reações exotérmicas, a energia dos reagentes é maior que a dos produtos. Nelas, há liberação de calor na ocorrência da reação, o que acontece, por exemplo, na queima do papel.

É importante ressaltar que nem sempre a energia absorvida ou liberada ocorre na forma de calor.

Um exemplo é a fotossíntese, em que a absorção de energia ocorre pela presença de luz (energia luminosa).

A velocidade das reações químicas

Como você já deve ter observado, algumas reações ocorrem mais rapidamente e outras mais lentamente. Por exemplo, quando um fósforo é riscado, a reação ocorre imediatamente e o palito queima muito rápido. Já quando observamos um portão de ferro enferrujando, esse processo ocorre em velocidade muito menor.

Portanto, as reações podem ser rápidas ou lentas, e sua velocidade pode ser calculada pela formação de produtos ou pelo consumo de reagentes por unidade de tempo.

Suponha que na reação $H_2(g) + Cl_2(g) \rightarrow 2\ HCl(g)$ sejam formados 365 g de HCl em 10 minutos.

A velocidade de formação do HCl nessa reação pode ser calculada dividindo a massa da substância formada pelo tempo:

$$V = \frac{365\,g}{10\,min} = 36,5\,g\,de\,HCl/min$$

A velocidade pode ser calculada, ainda, em função dos reagentes. Por exemplo, se foram consumidos 20 g de H_2 nos mesmos 10 minutos, temos:

$$V = \frac{20\,g}{10\,min} = 2,0\,g\,de\,H_2/min$$

As unidades utilizadas nos exemplos podem ser outras. Grama e minuto podem ser substituídos por litro e segundo. O importante é que sejam definidas e representadas de forma compreensível.

Fatores que interferem na velocidade da reação química

A velocidade de uma reação química depende de vários fatores: da superfície de contato entre os reagentes, da temperatura, da concentração das substâncias reagentes e da presença de catalisador.

É importante conhecer os fatores que influenciam na velocidade das reações químicas para que elas possam ser controladas. Um exemplo bastante comum é a forma como são conservados os alimentos, porque sua deterioração ocorre por meio de reações químicas.

Ao ser levada ao fogo, uma palha de aço age muito mais rapidamente que uma barra de ferro na mesma situação.

Superfície de contato

Quanto maior a superfície de contato entre os reagentes, maior a velocidade da reação. Observe, nas duas fotografias, a reação do ferro com o oxigênio do ar.

$$4\ Fe(s) + 3\ O_2(g) \rightarrow 2\ Fe_2O_3(s)$$

Observe também que a palha de aço apresenta superfície de contato (área de contato) muito maior com o oxigênio do ar do que a barra de ferro, por isso, na palha de aço, a reação é mais rápida.

Alteração da velocidade de reação por meio da superfície de contato

Material:

- 2 copos longos com capacidade de 300 ml;
- 2 comprimidos efervescentes de vitamina C;
- saco plástico;
- relógio ou cronômetro;
- água.

Procedimentos

1. Coloque cerca de 100 ml de água em cada copo.
2. Pegue um dos comprimidos, coloque-o em um saco plástico e quebre-o em pedaços, quanto menores, melhor.
3. Transfira o conteúdo do saco plástico, de uma só vez, para o copo com água e verifique o tempo gasto até encerrar o desprendimento gasoso (final do borbulhamento). Registre esse tempo.
4. Repita o processo anterior com o outro comprimido, mas mantenha-o inteiro, e verifique o tempo gasto até o fim do borbulhamento. Registre também esse tempo.
5. Descarte na pia, sob água corrente, as duas soluções obtidas.

① Qual dos comprimidos se dissolveu mais rápido: o que estava dividido em pequenos pedaços ou o inteiro? Por quê?

② Houve reação química ou somente a dissolução do comprimido?

③ Se uma pessoa quisesse cozinhar batatas rapidamente para fazer um purê, você lhe recomendaria que as picasse ou as cozinhasse inteiras? Justifique.

Temperatura

Independentemente de uma reação ser exotérmica ou endotérmica, ela necessita de quantidades mínimas de energia para ocorrer. Essa energia é chamada **energia de ativação**.

Quando acionamos a saída de gás em um fogão, a reação de combustão somente ocorre se aproximarmos uma fonte de energia, como um palito de fósforo aceso ou uma faísca elétrica.

Reações à temperatura ambiente são aquelas em que a energia cedida pelo meio externo já é suficiente para que ocorram.

O aumento da temperatura faz com que maior quantidade de moléculas adquira essa energia mínima e, com isso, mais moléculas reajam na unidade de tempo, assim a reação é mais rápida.

Quando ocorre diminuição da temperatura, acontece o efeito inverso. Por esse motivo, alimentos guardados em um *freezer* levam muito mais tempo para estragar-se do que se deixados à temperatura ambiente.

Concentração dos reagentes

Antes mesmo de conhecer como a concentração dos reagentes pode interferir na velocidade das reações é necessário entender o conceito de solução.

Toda solução é uma mistura homogênea (assunto estudado no 6º ano) composta por um soluto e um solvente. Soluto é a substância que está dissolvida no solvente. Solvente é a substância que dissolve o soluto. Por exemplo, a salmoura é um tipo de material composto de uma solução formada por sal e água. O sal é o soluto, pois está dissolvido na água, e a água é o solvente, já que ela dissolve o sal.

Há também as misturas de gases, chamadas misturas gasosas ou soluções gasosas, e as soluções sólidas, como as joias formadas pela mistura de ouro com outros metais.

As soluções são classificadas de acordo com a quantidade de soluto em relação à de solvente.
- Diluída: pequena quantidade de soluto.
- Concentrada: grande quantidade de soluto.
- Saturada: soluto na quantidade máxima que o solvente pode dissolver.

Quando falamos em solubilidade de uma substância nos referimos à quantidade máxima de um soluto que pode ser dissolvida em um determinado solvente. Esse valor varia com a temperatura.

Há várias maneiras de indicar a quantidade de soluto de uma solução. Uma das mais utilizadas é a concentração comum, calculada utilizando-se a equação:

Em que:
C é a concentração;
m é a massa do soluto expressa em grama;
V é o volume da solução expresso em litro.

$$C = \frac{m(g)}{V(L)}$$

A concentração de sal na água do mar é, em média, de 35 g/L, isto é, em cada litro de água do mar há 35 gramas de sal. Nas regiões salineiras, a concentração é superior a essa média.

O conceito de concentração é muito importante nas reações químicas, porque interfere diretamente na sua velocidade. Quanto maior a concentração dos reagentes, maior a velocidade de uma reação, pois a possibilidade de ocorrer uma colisão efetiva entre as moléculas aumenta por unidade de tempo.

Observe, na fotografia ao lado, que há maior desprendimento de gás hidrogênio na reação com solução HCl mais concentrada, o que indica maior velocidade em relação à mais diluída.

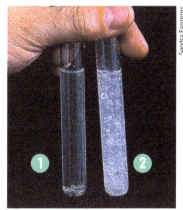

1. Reação de ácido clorídrico diluído com magnésio.
2. Reação de ácido clorídrico concentrado com magnésio.

$$2\ HCl(aq) + Mg(s) \rightarrow MgCl_2(aq) + H_2(g)$$

Um mundo cercado de plástico

O plástico, produto sintético da indústria química que pode ser fabricado com diversos materiais, desempenha papel importante na economia mundial e é encontrado abundantemente em nosso cotidiano.

Se um comerciante resolvesse deixar de vender todos os utensílios domésticos feitos de plástico, certamente teria poucos produtos para oferecer.

O primeiro plástico foi criado nos Estados Unidos, em 1870. O químico John Wesley Hyatt (1837-1920) participou de um concurso para a criação de um material que substituísse o marfim na fabricação da bola de bilhar, e venceu-o ao apresentar o **celuloide** (um material formado pela dissolução da celulose das plantas em outros tipos de materiais).

Outros tipos de plástico foram posteriormente criados por meio de reações com diferentes substâncias químicas.

Por volta de 1930, químicos ingleses descobriram que o gás etileno (C_2H_4), extraído do petróleo, quando submetido ao calor e à pressão formava um plástico que foi denominado **polietileno**.

Os plásticos são formados por reações de polimerização, isto é, pela união de muitas moléculas pequenas (monômeros), cujas reações formam uma molécula gigante – o polímero.

Se em vez do etileno for utilizado o cloreto de vinila (C_2H_3Cl), produz-se o policloreto de vinila (PVC) – um plástico resistente e à prova de fogo bastante utilizado em encanamentos e calhas.

Na natureza há alguns polímeros, como as proteínas, alguns açúcares (amido, celulose) e a borracha natural. O conhecimento das características e da composição dos polímeros naturais foi fundamental para os químicos aprenderem a produzir os polímeros artificiais.

Graças a essas descobertas, as indústrias passaram a criar materiais mais leves e resistentes que, ao serem aquecidos, ficam maleáveis e podem ser facilmente moldados: os termoplásticos.

Na indústria têxtil, os fios de seda, linho, lã e algodão podem ser substituídos por fibras artificiais.

Os tecidos feitos com essas fibras são mais leves, têm mais durabilidade, são mais fáceis de ser lavados e passados etc.

O plástico revolucionou a indústria da embalagem. Vidro, papel e papelão etc. foram substituídos por plástico, que é mais leve, não quebra facilmente e, quando molhado, não fica sujeito a estragos.

O *teflon* (revestimento usado em panelas), o náilon (utilizado em tecido, cordas etc.) e outras fibras sintéticas são polímeros.

Mas o plástico também é um grande causador de problemas ambientais, pois ao ser descartado na natureza, como ocorre com muitas embalagens no dia a dia, ele torna-se lixo e polui rios, mares, lagos, represas etc. Ou seja, representa grande risco para o planeta pelos motivos a seguir.

- Um objeto de plástico permanece no ambiente por séculos, sem se decompor.
- As bactérias e a maioria dos microrganismos que decompõem a madeira, o papel, o tecido e até certos metais não decompõem o plástico, por sua estrutura polimérica ser muito resistente.

Dessa forma, uma maneira de minimizar os problemas ambientais decorrentes da utilização de plásticos é a implementação de políticas de reaproveitamento desses polímeros ou mesmo a redução de seu uso. Práticas de conscientização da população para separá-lo no descarte para a coleta seletiva, além da implementação de usinas de beneficiamento e reciclagem, evitariam o acúmulo desses materiais no ambiente.

Química e Medicina

A Química tem uma gama de aplicações que não se restringem apenas às reações químicas. No Capítulo 1, você estudou os modelos atômicos e conheceu as características das partículas que compõem o átomo. Observou de que modo a radioatividade colaborou no diagnóstico de doenças e viu como funciona a cintilografia. Muitos são os métodos utilizados na medicina diagnóstica. Com o passar do tempo, o ser humano desenvolveu cada vez mais técnicas em benefício da saúde, seja para diagnóstico, seja para tratamento das doenças.

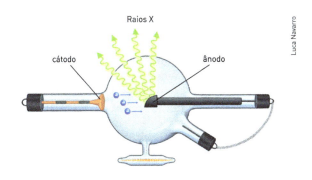

Modelo simplificado do equipamento utilizado por Roentgen.

Em termos de diagnóstico uma das formas precursoras foi a utilização dos **raios X** para identificação de fraturas. O físico alemão Wilhelm Conrad Roentgen (1845-1923) identificou, em 1885, um tipo de radiação em seu laboratório quando utilizava uma ampola de raios catódicos.

Ele verificou que essa radiação era capaz de tornar escuro os filmes fotográficos, mas não conseguia atravessar os tecidos mais duros, como os ossos. Com o aprimoramento e a utilização desse equipamento, até hoje são realizados inúmeros procedimentos conhecidos pelo próprio nome dado por Roentgen – raios X. Os raios X são uma radiação eletromagnética que ao incidirem sobre o corpo atravessam com facilidade grande parte dos tecidos, porém são retidos pelo tecido ósseo (mais duros) e quando há em seu caminho uma chapa fotográfica, possibilitam praticamente tirar uma fotografia dos ossos.

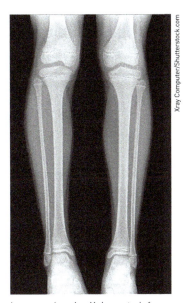

Imagem de raios X da parte inferior da perna.

As imagens desta página não estão representadas na mesma proporção.

Um procedimento diagnóstico muito importante e de grande uso na Medicina é a **ressonância magnética nuclear (RMN)**. Esse exame consegue criar imagens em alta definição dos órgãos internos pela utilização de campos magnéticos. Os campos magnéticos gerados interferem na agitação das moléculas do corpo que são captadas pelo aparelho e transferidas para o computador que, por meio de cálculos, consegue formar as imagens necessárias para serem avaliadas pelos médicos. Ao contrário dos raios X, a ressonância não agride os órgãos, pois não há passagem de radiação nesse procedimento. Esse exame pode ser recomendado em diversas situações: para diagnosticar esclerose múltipla; tumores na glândula pituitária e no cérebro; infecções no cérebro, na medula espinal ou nas articulações; visualizar ligamentos rompidos no pulso, joelho e tornozelo, avaliar massas nos tecidos macios do corpo; avaliar tumores ósseos, cistos e hérnias de disco na coluna entre muitos outros usos.

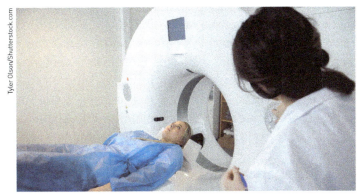
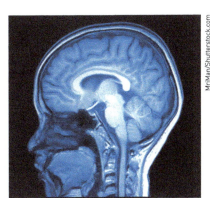

Equipamento de RMN e uma imagem obtida pelo exame.

Um procedimento muito mais simples que a RMN é o ultrassom. Ele serve também para criar imagens de órgãos, porém não com a mesma definição da RMN. Nossos órgãos são constituídos por tecidos que, por sua vez, são formados por células. Na composição química das células há diversas substâncias que conferem características particulares em função da densidade, pressão, temperatura e mobilidade das partículas constituintes. Em face dessas características distintas de cada órgão, o aparelho emite ondas sonoras que possibilitam interações diferenciadas e resultam na formação de imagens. Essas imagens permitem detectar e avaliar vários órgãos internos, como fígado, vesícula, rins, bexiga, pâncreas e intestino, útero, trompas, ovários, próstata e vesículas seminais. O ultrassom também pode ser utilizado para examinar a tireoide, as articulações, as artérias e o estado do feto na gravidez.

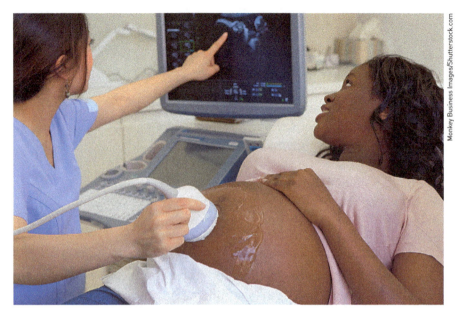

Exame de ultrassom.

A tecnologia contribuiu não somente para o diagnóstico de doenças mas também para a cura. Muitos tratamentos valeram-se da pesquisa nas áreas da ciência para alcançar resultados benéficos para a humanidade. Um deles é a **quimioterapia**, empregada no tratamento de doenças, principalmente o câncer. Nesse procedimento, a pessoa usa medicamentos, chamados quimioterápicos, que destroem as células cancerígenas. O câncer é o crescimento desordenado de células defeituosas que se multiplicam em grande velocidade e se acumulam, originando tumores.

O principal ganho nesse tratamento é que os quimioterápicos bloqueiam o processo pela eliminação das células, evitam o crescimento do tumor e muitas vezes o destroem. O maior problema são os efeitos colaterais, porque o medicamento também age sobre células sadias, principalmente as que se multiplicam com facilidade e se renovam constantemente, como as do cabelo, das unhas, da mucosa e da medula. Assim, da mesma forma que contribui para o desaparecimento da doença, também causa perda de cabelo, altera a coloração das unhas e gera feridas nas mucosas durante o tratamento. O maior problema é quando o tratamento atinge a medula causando anemia e diminuição da imunidade, tornando o paciente suscetível a outras doenças.

Quando no Capítulo 1 você estudou o modelo de Rutherford, verificou que, quando um átomo é submetido a uma fonte de energia, um ou mais elétrons de sua eletrosfera saltam para uma camada mais externa e, quando retornam, emitem essa energia recebida na forma de luz. Esse conceito também foi utilizado para tratar doenças e é denominado **tratamento a *laser***. Todo *laser* é composto por uma parte que geralmente é um sólido, como o rubi, ou um gás como o dióxido de carbono (CO_2) que fica situado dentro de uma câmara. Quando a eletricidade incide sobre os elétrons da substância situada na câmara, eles mudam de camada e, ao retornarem ao estado original, emitem luz, que também atua sobre outros átomos amplificando o processo; por isso, o nome *laser*, sigla em inglês para "luz amplificada por emissão estimulada de radiação". Por um sistema de espelhos, parte dessa luz produzida escapa do sistema originando o raio *laser*. Por ter alto conteúdo energético, é muito utilizado na Medicina, principalmente em operações oculares, para cortar a retina. A vantagem de seu uso em substituição ao bisturi é a redução do risco de contaminação do local por agentes infecciosos e a cauterização imediata dos vasos devido ao calor.

Atividades

1. O que é uma reação química?

2. Observe a equação de uma reação química:

   $2\,H_2(g) + O_2(g) \rightarrow 2\,H_2O(\ell)$.

   O que representa:

   a) O primeiro membro da equação? E a seta?

   b) O segundo membro da equação?

3. Que substância é obrigatoriamente um dos reagentes da combustão?

4. Considere a reação química entre o nitrogênio e o hidrogênio para formar a amônia:

   $N_2(g) + 3\,H_2(g) \rightarrow 2\,NH_3(g)$

   Com base na representação, responda:

   a) Qual é o índice do nitrogênio em sua molécula?

   b) Qual é o coeficiente estequiométrico do hidrogênio e da amônia na reação química?

5. Copie as equações químicas a seguir e faça o balanceamento de forma que os coeficientes estequiométricos sejam os menores números inteiros possíveis. (Não há necessidade de indicar o estado físico ao representar as equações químicas.)

   a) ___ HNO_3 + ___ $Pb(OH)_4$ ⟶ ___ $Pb(NO_3)_4$ + ___ H_2O

   b) ___ P_4 + ___ O_2 ⟶ ___ P_2O_3

   c) ___ Al + ___ H_2SO_4 ⟶ ___ $Al_2(SO_4)_3$ + ___ H_2

   d) ___ P_2O_3 + ___ H_2O ⟶ ___ H_3PO_3

6. Como se diferencia uma reação exotérmica de uma reação endotérmica?

7. Uma reação em que a energia química dos reagentes é maior que a dos produtos é classificada em exotérmica ou endotérmica?

8. Se na reação química $C + O_2 \rightarrow CO_2$, houve formação de 200 g de CO_2 durante os primeiros 10 minutos, qual foi a velocidade, em g/min, dessa reação?

9. Quais fatores interferem na velocidade das reações químicas?

10. Em nosso cotidiano há vários processos que envolvem mudanças de estado físico da matéria e/ou reações químicas. Esses processos normalmente são acompanhados por geração ou absorção de energia, ou apenas por trocas de calor entre os corpos. Veja alguns desses processos e classifique-os em exotérmicos ou endotérmicos.

    a) Cozimento de *pizza* em forno à lenha.

    b) Formação da neve.

    c) Congelamento de alimento.

    d) Evaporação do álcool.

    e) Secar o cabelo molhado com secador.

    f) Atrito ao esfregar as mãos.

    g) Uma lâmpada incandescente acesa.

    h) Vela acesa.

CAPÍTULO 4

Funções químicas

Os avanços conquistados na Antiguidade grega e no Renascimento italiano nas áreas das Ciências e das Artes são surpreendentes, bem como os dos estudiosos árabes. Durante o tempo em que a Europa esteve nas sombras da Idade Média, diversas nações árabes desenvolveram a Filosofia, as Ciências experimentais e a Matemática. Um dos mais destacados cientistas dessa época foi Jabir ibn Hayyan (722-815), conhecido no Ocidente como Geber, que se aprofundou na pesquisa dos materiais e se destacou de tal modo que é considerado por muitos "o pai da Química". Ele desenvolveu alguns dos equipamentos até hoje utilizados em laboratórios, descreveu a constituição de diversas substâncias e processos de cristalização e destilação. Uma de suas principais contribuições foi o estudo dos componentes dos ácidos, das bases e dos sais.

Representação de Geber ensinando Química na Mesopotâmia (atual Turquia).

Qual a importância do estudo desses componentes? Como veremos neste capítulo, os ácidos, as bases e o sais, assim como os óxidos, fazem parte de nosso cotidiano e, muitas vezes, não nos damos conta disso. Essas classificações são feitas considerando características comuns de determinado grupo de substâncias.

- O que faz com que um grupo de substâncias tenha em comum o sabor azedo?
- É possível reunir substâncias com outras características comuns, como o sabor salgado ou a facilidade de remover sujeira e gordura?

O significado de função química

Função química é a característica de determinado grupo de substâncias cujas propriedades são semelhantes entre si em razão da presença de um ou mais átomos comuns em sua fórmula.

Para entender como as substâncias se transformam em outras, bem como seu comportamento, precisamos conhecer as funções químicas.

O estudo das funções químicas, de suas características e de suas propriedades, possibilita a utilização de muitos materiais em nosso dia a dia e a fabricação de outros. Neste capítulo, estudaremos as seguintes funções químicas:
- ácidos;
- bases;
- sais;
- óxidos.

Função ácido

O limão, de sabor muito azedo, é ácido. Essa fruta cítrica, assim como a laranja, contém **ácido ascórbico** e **ácido cítrico**.

Glossário

Ácido ascórbico (vitamina C): é encontrado em frutas cítricas e em alguns vegetais; previne o escorbuto.
Ácido cítrico: usado em diferentes aplicações (como acidulante e antioxidante), é encontrado em plantas, sobretudo em frutas cítricas.

Tanto o suco do limão quanto o da laranja contêm ácidos em sua composição. Na fotografia, pé de limão galego. Araçoiaba da Serra (SP), outubro de 2010.

Uma das características da **função ácido** é a presença do elemento químico hidrogênio ligado a não metais nas substâncias classificadas nessa função. Um exemplo é o ácido clorídrico (HCl) encontrado em nosso estômago e que auxilia na digestão.

Há ácidos com mais de dois elementos químicos em sua composição, destacando-se, muitos deles, pela presença do elemento oxigênio. São exemplos o ácido nítrico (HNO_3) e o ácido sulfúrico (H_2SO_4).

Os átomos dos elementos químicos que compõem os ácidos se estabilizam por recebimento de elétrons e, por isso, são compostos formados por **ligações covalentes**, ou seja, são substâncias moleculares.

É preciso esclarecer que nem todas as substâncias com hidrogênio em sua composição podem ser classificadas como ácidas. Somente as substâncias que sofrem **ionização**, liberando o cátion H^+, são consideradas ácidas.

A ionização consiste na formação de íons por quebra de uma ligação covalente. Veja, a seguir, esse comportamento nos ácidos.

Ionização dos ácidos

A **ionização** é uma característica comum a todos os **ácidos**. Quando os ácidos são dissolvidos em água, a ligação do elemento conectado ao hidrogênio é quebrada, liberando-o na forma de cátion H⁺.

Veja nas equações representadas a seguir como isso ocorre.

$$HC\ell \xrightarrow{H_2O} H^+ + C\ell^-$$

ácido clorídrico — água — cátion hidrogênio — ânion cloreto

Ao ser dissolvido em água, o ácido clorídrico se ioniza, produzindo íons livres H⁺ e Cℓ⁻.

Quando ocorre a quebra da ligação H — Cℓ, o elétron do hidrogênio fica com o cloro. Por isso, o hidrogênio assume a carga (1+) e o cloro fica com a carga (1−).

Na ionização de ácidos com mais de um átomo de hidrogênio, para cada ligação quebrada, o ânion originado assume uma carga negativa a mais. Observe o exemplo:

$$H_2SO_4 \xrightarrow{H_2O} 2H^+ + (SO_4)^{2-}$$

ácido sulfúrico — água — cátions hidrogênio — ânion sulfato

Ao ser dissolvido em água, o ácido sulfúrico ioniza-se, produzindo íons livres H⁺ e SO₄²⁻. O ânion originado tem carga (2−), pois são liberados dois íons H⁺ na ionização do ácido.

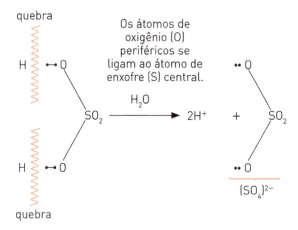

Quando nos referimos aos ácidos como substâncias que se ionizam em água liberando o cátion H⁺, fazemos uma simplificação do processo. Na realidade, o íon H⁺ não é estável, pois não tem elétrons, necessitando de dois elétrons para se estabilizar, de modo semelhante ao gás nobre hélio. Assim, em soluções aquosas, o cátion H⁺ se une à água formando um novo cátion, o H₃O⁺, conhecido como cátion hidrônio ou hidroxônio. Portanto, quando o ácido clorídrico, um gás, é borbulhado em água, ele se dissolve, e sua ionização pode ser representada da seguinte forma:

$$HC\ell(g) + H_2O(\ell) \longrightarrow H_3O^+(aq) + C\ell^-(aq)$$

 **Viver**

Cuidado! Você pode ingerir um ácido muito letal

Você deve saber que muitas plantas são venenosas, mas você sabia que a mandioca é uma delas? Que a sua ingestão pode levar à morte por causa de um determinado ácido?

A mandioca, também conhecida como aipim, macaxeira, é uma planta originária do continente americano, provavelmente na Amazônia brasileira. É difundida em diferentes regiões do mundo, com muitas varidades. Ela é cultivada em várias regiões do Brasil e apresenta alta produtividade, estando presente na alimentação de grande parte da população brasileira.

A parte consumida da mandioca é a raiz.

A mandioca possui uma substância muito perigosa, a **linamarina**, tóxica para vários seres vivos, inclusive os seres humanos. Dependendo da variedade, a concentração da toxina pode ser maior ou menor. Essa substância reage com a água, na presença de enzimas, originando o ácido cianídrico, altamente letal. Segundo a reação química representada esquematicamente a seguir.

LINAMARINA + ÁGUA ⟶ ÁCIDO CIANÍDRICO + OUTROS PRODUTOS

O ácido cianídrico é um poderoso veneno devido a sua toxicidade elevada. Os primeiros sinais após ingestão são taquicardia, tremores musculares intensos, andar cambaleante, entre outros. Pode levar à morte por parada respiratória em cerca de 15 minutos a poucas horas, dependendo da quantidade ingerida. O ácido cianídrico quando ingerido em doses menores à letal e, a longo prazo, pode causar lesões no sistema nervoso e na tireoide.

A utilização da mandioca brava para fins alimentícios consiste principalmente na produção de farinha de mandioca, que é responsável pela alimentação de muitas pessoas, principalmente nas regiões Norte e Nordeste.

Utilize o texto acima como referência e faça uma pesquisa na internet a respeito do assunto, respondendo às questões a seguir.

1. Qual é a fórmula do ácido cianídrico?
2. Represente a equação química de ionização desse ácido.
3. Como pode ser utilizada a farinha de mandioca brava pela população sem ocasionar problemas de saúde?

Os ácidos são corrosivos

Você já deve ter ouvido falar que o ácido é corrosivo. Tal fato ocorre por causa da ação dos íons H⁺, que ocasionam a corrosão de diversos materiais, como os metais e a pele.

A corrosão é um processo em que uma substância se combina com outra, alterando suas propriedades. Ela origina produtos indesejáveis, com perda de qualidade e funcionalidade dos materiais.

É comum a oxidação ocorrer com alguns metais. O ferro, por exemplo, produz a ferrugem: combinação do ferro com o oxigênio do ar na presença de umidade.

A corrosão também pode acontecer quando há o contato do metal com um ácido, resultando numa substância distinta da ferrugem. Exemplo: quando o ácido clorídrico (HCℓ) dissolvido em água entra em contato com o ferro.

$$2\ HC\ell(aq) + Fe(s) \longrightarrow H_2(g) + FeC\ell_2(aq)$$
ácido clorídrico — ferro — hidrogênio — cloreto ferroso

Bolhas de gás hidrogênio liberadas na reação química.

Corrosão provocada pela reação do ácido clorídrico com ferro.

Classificação dos ácidos

Dependendo da presença ou não de oxigênio na composição dos ácidos, podemos classificá-los em:

- **Oxiácidos**

São ácidos que têm o elemento oxigênio em sua composição. Exemplos: os ácidos nítrico (HNO_3) e sulfúrico (H_2SO_4) são muito utilizados na indústria química.

- **Hidrácidos**

São ácidos que não têm o elemento oxigênio em sua composição. Exemplos: o ácido clorídrico (HCℓ), encontrado em nosso estômago, e o gás sulfídrico (H_2S), produzido em determinadas reações químicas.

Os ácidos em nosso dia a dia

Em nosso cotidiano, estamos em contato com várias substâncias ácidas: o ácido cítrico, componente de várias frutas de sabor azedo, como o limão; o ácido acético, presente no vinagre; o ácido carbônico, nos refrigerantes e nas águas minerais gasosas; o ácido fosfórico, encontrado em refrigerantes à base de cola; e o ácido acetilsalicílico, componente de alguns medicamentos.

Função base (ou hidróxido)

A **função base** é caracterizada por substâncias que apresentam, de modo geral, o grupo hidroxila HO⁻ ligado a cátions metálicos. Por causa desse grupo, essas substâncias são também chamadas de **hidróxidos**.

As bases são formadas pela ligação iônica do ânion hidroxila HO⁻ com um cátion metálico; são, portanto, compostos iônicos. Na presença de água, as bases se dissociam liberando ânion HO⁻ em solução.

A exceção é o hidróxido de amônio (NH_4OH), uma base sem metal em sua fórmula. Na realidade, essa base não existe isoladamente. Ela é encontrada na forma de íons NH_4^+ e HO⁻ dissolvidos em água.

Nas bases, o ânion hidroxila apresenta um átomo de hidrogênio ligado a um átomo de oxigênio por compartilhamento de elétrons (ligação covalente); esse ânion hidroxila tem carga (1−) e, portanto, forma uma ligação iônica com um cátion.

Por isso, quando isolado, esse ânion apresenta carga (1−). Observe:

$$Na^+{}^-O-H$$

ligação iônica ⟵ ⟶ ligação covalente

Dissociação das bases

Da mesma forma que, em presença de água, os ácidos produzem o cátion H⁺ por ionização, para que uma substância pertença à função base é necessário que, ao ser adicionada à água, forneçam, como ânion, exclusivamente a hidroxila, que pode ser representada como HO⁻, ⁻OH ou (OH)⁻.

Veja a equação a seguir:

$$NaOH(s) \xrightarrow{H_2O} Na^+(aq) + {}^-OH(aq)$$
hidróxido de sódio — água — cátion sódio — ânion hidroxila

Ao ser dissolvido em água, o hidróxido de sódio (NaOH) se dissocia, originando íons livres Na⁺ e HO⁻.

Diferença entre ionização e dissociação

Ionização é a formação de íons por quebra de uma ligação covalente, ou seja, a substância de origem não é formada por íons, os quais serão produzidos somente após a quebra da ligação. Exemplo:

$$HCl(g) \xrightarrow{H_2O} H^+(aq) + Cl^-(aq)$$

Dissociação é o termo aplicado aos compostos iônicos. Na dissociação, os íons de uma substância são dela separados por meio de algum processo, como a dissolução em água. Exemplo:

$$NaOH(s) \xrightarrow{H_2O} Na^+(aq) + {}^-OH(aq)$$

A dissociação pode ocorrer também entre bases (ou hidróxidos) com mais de uma hidroxila.

$$Ca(OH)_2(s) \xrightarrow{H_2O} Ca^{2+}(aq) + 2\ {}^-OH(aq)$$
hidróxido de cálcio — água — cátion cálcio — ânions hidroxila

Nesse exemplo, além do cátion Ca²⁺, são liberados dois ânions hidroxila na dissociação do hidróxido de cálcio.

As bases em nosso dia a dia

Algumas bases são encontradas nas substâncias usadas em nosso cotidiano. Por exemplo:

- **hidróxido de magnésio**, Mg(OH)₂, presente no leite de magnésia utilizado para combater a acidez estomacal;
- **cal hidratada**, Ca(OH)₂, usada como argamassa na construção civil;
- **hidróxido de sódio**, NaOH, utilizado na limpeza de materiais, no desentupimento de canos e largamente empregado na indústria;
- **hidróxido de amônio**, NH₄OH, componente de vários produtos de limpeza vendidos no comércio.

Muitos produtos de limpeza contêm hidróxido de amônio.

Os indicadores ácido-base e o pH

Algumas substâncias apresentam comportamento distinto quando em contato com ácidos ou bases. Entre elas, há um grupo que assume diferentes colorações de acordo com o meio em que for inserido, se ácido ou básico. As substâncias pertencentes a esse grupo normalmente são utilizadas como **indicadores ácido-base**.

Há uma escala numérica denominada **pH** – que significa **potencial hidrogeniônico** – com valores entre 0 e 14, que indica se o meio é ácido, básico ou neutro.

Valor menor que 7 indica que o meio é ácido.

O valor 7 significa que o meio é neutro, como na água pura.

Valor superior a 7 indica meio básico.

Os valores de pH são calculados considerando-se as concentrações de H^+ nas soluções. Quanto menor o valor do pH, maior a acidez.

Em contrapartida, quanto maior o valor do pH, maior a basicidade. É comum o uso do termo **alcalinidade** em vez de basicidade.

Os indicadores ácido-base mudam de cor conforme o valor do pH, podendo, assim, servir como parâmetro para indicar a faixa de pH de determinada amostra. Exemplo: a fenolftaleína é um indicador que, em meio ácido ou neutro, apresenta-se incolor; quando em meio básico, torna-se avermelhada.

Os indicadores não informam o valor exato do pH de uma solução, apenas fornecem dados para avaliar se o meio está ácido, básico ou neutro. Para saber o valor exato do pH, utiliza-se um equipamento especial, o **pHmetro** (peagâmetro).

É possível misturar ácidos com bases até conseguir um meio neutro. Esse processo, chamado de **neutralização**, é um tipo de reação química.

Observe, na imagem seguinte, os respectivos valores médios de pH de alguns materiais.

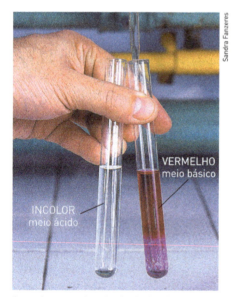

O gotejamento de solução de fenolftaleína possibilita a diferenciação entre meio básico e meio ácido.

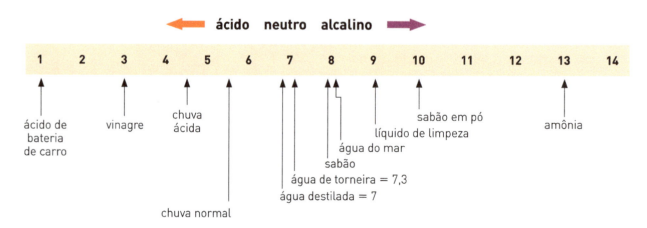

92

Experimentar

Descobrindo se o pH do meio é ácido ou básico

Nesse experimento, você utilizará o extrato de repolho roxo, que é um indicador ácido-base. Esse extrato muda de cor de acordo com a acidez ou a alcalinidade do meio.

Material:

- 2 folhas de repolho roxo;
- filtro de papel;
- suporte para filtro de papel;
- jarra;
- liquidificador;
- 5 copos transparentes;
- vinagre;
- limão;
- bicarbonato de sódio (uma colher de chá);
- sabão em pó (uma colher de chá).

Procedimentos

1. Siga as etapas descritas nas imagens a seguir.

As imagens desta página não estão representadas na mesma proporção.

Bata duas folhas de repolho roxo com um litro de água no liquidificador.

Coloque o filtro de papel no suporte e coe a mistura na jarra. Observe a cor do líquido filtrado.

Divida o suco filtrado em cinco copos e guarde o primeiro para servir de referência.

2. A cada um dos outros quatro copos, adicione uma das seguintes amostras: vinagre, gotas de suco de limão, bicarbonato de sódio e sabão em pó.
3. Verifique se houve mudança de cor em cada caso. Anote no caderno as alterações observadas.

Responda às questões a seguir.

1. Qual é o material que, pela proximidade de cor, tem propriedades ácidas semelhantes às do vinagre?

2. Qual é o material que, pela proximidade de cor, tem propriedades básicas semelhantes às da solução de bicarbonato de sódio?

3. Qual é a cor do extrato de repolho roxo em meio neutro?

4. Observe, a seguir, o quadro com valores relativos ao pH de algumas bebidas. Como você classifica (ácida, básica ou neutra) essas bebidas? Qual é a cor esperada quando são colocadas em contato com extrato de repolho roxo: mais próxima do vermelho ou do azul?

Bebida	pH
suco de laranja (natural)	3,6
suco de uva	3,1
refrigerante à base de cola	2,4
refrigerante à base de limão	2,6
refrigerante à base de limão (versão light)	2,9

Bebida	pH
refrigerante à base de laranja	2,9
água gaseificada sabor limão	3,3
energético	3,4
vinho	3,4
cerveja	4,2

Função sal

A **função sal** é caracterizada por compostos iônicos que apresentam ao menos um cátion diferente de H^+ e, no mínimo, um ânion diferente de HO^-. Exemplos: o cloreto de sódio ($NaCl$), que compõe o sal de cozinha; o carbonato de cálcio ($CaCO_3$), presente no mármore; o sulfato de cálcio ($CaSO_4$), encontrado no gesso.

Uma característica importante dos sais é que eles podem ser obtidos por meio da reunião entre ácidos e bases. Esse processo, denominado **reação de neutralização**, observe os exemplos a seguir:

ácido + base → sal + água
$HCl(aq)$ + $NaOH(aq)$ → $NaCl(aq)$ + $H_2O(l)$
$H_2SO_4(aq)$ + $2\,NaOH(aq)$ → $Na_2SO_4(aq)$ + $2\,H_2O(l)$

Os sais são compostos encontrados na natureza em estado sólido, geralmente na forma de minerais, ou dissolvidos, como o cloreto de sódio ($NaCl$), componente da água do mar.

Muitos sais têm sabor salgado; alguns demonstram alta solubilidade em água e outros, valores de solubilidade tão pequenos que são considerados insolúveis, como é o carbonato de cálcio ($CaCO_3$), um constituinte do mármore. Quando um sal se dissolve em água, ele sofre uma dissociação semelhante à que ocorre com as bases, em razão de também ser um composto iônico. Nessa dissociação, são liberados íons, como mostrado na equação a seguir.

$$NaCl(s) \xrightarrow{H_2O} Na^+(aq) + Cl^-(aq)$$

cloreto de sódio / água / cátion sódio / ânion cloreto

O $NaCl$, ao ser dissolvido em água, sofre dissociação, originando os íons livres Na^+ e Cl^-. Geralmente sais que contêm um metal em sua composição apresentam-no ligado ao restante da estrutura por ligação iônica. Nessa ligação, ocorrem a quebra e a consequente separação dos íons.

$$Na_2SO_4(s) \xrightarrow{H_2O} Na^+(aq) + (SO_4)^{2-}(aq)$$

sulfato de sódio / água / cátion sódio / ânion sulfato

O Na_2SO_4, ao ser dissolvido em água, dá origem a dois cátions Na^+ e a um ânion SO_4^{2-}. Assim, podemos definir os sais como compostos iônicos que têm ao menos um cátion diferente de H^+ e, no mínimo, um ânion diferente de HO^-.

Os sais são importantes no funcionamento de nosso organismo. Eles atuam, por exemplo, na regulação da quantidade de água nas células e como constituintes de ossos e dentes.

Trabalhador recolhendo cristais de sal na salina da Praia Seca, Araruama (RJ), maio de 2013.

 **Conviver**

Onde estão os sais minerais necessários para nossa alimentação?

Você sabia que outros sais, além do sal de cozinha, são importantes para a manutenção da saúde humana?

A saúde humana depende, entre outros fatores, de uma alimentação saudável. Nesse contexto, os sais minerais são muito importantes para a manutenção de muitas funções vitais do nosso organismo. Eles são encontrados em quase todos os alimentos e são fonte de muitos íons ativos no corpo humano, para desempenhar uma determinada função, como auxiliar em reações químicas inerentes ao metabolismo e prevenir muitos tipos de doenças. Os sais minerais também estão presentes na constituição de estruturas esqueléticas do nosso corpo.

Alimentos ricos em sais minerais.

Alimentos como verduras, frutas e cereais integrais são fontes importantes de sais minerais e sua concentração sofre influência do solo onde a planta foi cultivada. Eles também são encontrados em carnes e laticínios, cuja concentração também varia de acordo com o teor desses minerais na alimentação do animal.

Na prática esportiva ocorre a eliminação de água e, consequentemente, a perda de vários íons dissolvidos no suor e que, como resultado, podem ocasionar câimbras e espasmos musculares se não forem devidamente repostos. Por isso, durante a prática de exercícios físicos é recomentada a ingestão de bebidas isotônicas que possuem muitos sais minerais dissolvidos e compensam a perda pelo suor produzido.

Agora, cuidado! A ingestão acima dos valores nutricionais pode causar problemas e doenças para o organismo; por isso uma alimentação balanceada é fundamental para o bom funcionamento do organismo.

Utilizem o texto acima como referência e façam uma pesquisa em grupo na internet a respeito do tema, respondendo às questões a seguir.

1. Qual é o elemento químico importante para nossa alimentação e que está presente no leite?
2. Selecione alguns elementos químicos presentes nos minerais e sua função em nosso organismo.
3. Qual é a fórmula e o nome do sal abundante nas estruturas esqueléticas, como ossos e dentes?

 ## De olho no legado

Teoria da dissociação eletrolítica

O sueco Svante August Arrhenius (1859-1927) está entre os precursores da Química moderna. Ele inovou ao estudar a condutividade de soluções e foi o formulador da teoria da dissociação eletrolítica, apresentada à comunidade científica em 1884.

Conforme sua teoria, muitos compostos químicos dividem-se em íons quando dissolvidos em água. As partículas carregadas eletricamente chegam a uma soma de cargas positivas e negativas semelhante, tornando a solução eletricamente neutra. Soluções com íons têm a propriedade de conduzir corrente elétrica.

As partículas carregadas, denominadas ânions – quando negativas – e cátions – quando positivas –, formam-se das estruturas químicas das substâncias solubilizadas, assim como os ácidos, as bases e os sais estudados neste capítulo. Esses compostos são chamados de **eletrólitos**.

$$HCl \xrightarrow{H_2O} H^+ + Cl^-$$

ácido clorídrico — água — cátion hidrogênio — ânion cloreto

$$NaOH(s) \xrightarrow{H_2O} Na^+(aq) + {}^-OH(aq)$$

hidróxido de sódio — água — cátion sódio — ânion hidroxila

$$NaCl(s) \xrightarrow{H_2O} Na^+(aq) + Cl^-(aq)$$

cloreto de sódio — água — cátion sódio — ânion cloreto

Ele recebeu o Prêmio Nobel de Química em 1903.

Svante August Arrhenius, em retrato pintado por Richard Bugle, 1910.

> **Glossário**
>
> **Eletrólito:** substância que, ao ser dissolvida em determinado solvente, gera uma solução com uma condutividade elétrica maior que a condutividade do solvente puro. Isso ocorre quando essa substância produz íons na solução, seja por dissociação, típica de sais e bases, seja por ionização, característica de ácidos.

① Com base nas afirmações de Arrhenius, faça uma pesquisa na internet e explique o motivo de a água que bebemos conduzir corrente elétrica. Quanto à relação das enchentes com a fiação elétrica, explique por que não devemos caminhar em locais alagados nessa situação.

Função óxido

Os dois exemplos mais característicos de **óxidos** são a água (H_2O), presente em quase tudo que há em nosso planeta, e o gás carbônico (CO_2), utilizado, por exemplo, no processo da fotossíntese.

Os óxidos podem ser formados pela combinação de oxigênio com quase todos os elementos da Tabela Periódica, metais e não metais. Eles são encontrados na forma de inúmeros minerais, destacando-se o minério de ferro (Fe_2O_3), chamado de **hematita**, e o minério de alumínio ($Aℓ_2O_3$), denominado **bauxita**. Esses minérios são utilizados na obtenção de ferro e de alumínio metálicos.

Podemos definir os óxidos como **compostos binários** formados por oxigênio e por outro elemento químico diferente do flúor.

A ferrugem é o resultado de um processo de corrosão que ocorre quando o ferro reage com o oxigênio do ar em presença de umidade.

Glossário
Compostos binários: formado por dois elementos químicos.

Viver

Solo ácido

Em algumas regiões do Brasil, o solo tem alto nível de acidez, com pH menor que 5,5, caracterizando-se por grande concentração de íons de hidrogênio e alumínio – cujos efeitos tóxicos comprometem a fertilidade – e por escassez de nutrientes essenciais ao desenvolvimento de culturas agrícolas.

Os solos podem ser naturalmente ácidos por várias razões: pobreza de elementos minerais em seu material de origem; ação do intemperismo (por exemplo, a chuva pode lavar o solo, removendo elementos como o potássio, o cálcio, o magnésio e o sódio); ou utilização de fertilizantes químicos.

Os solos ácidos precisam da aplicação de corretivos que elevem seu pH. O método mais comum é a calagem – aumento do pH do solo por adição de substâncias que neutralizam essa acidez, como a cal virgem (CaO). Nesse caso, a acidez diminui pela reação do óxido de cálcio (CaO) com a água do solo, gerando hidróxido de cálcio, $Ca(OH)_2$, que reage com os íons H^+ dos ácidos, formando água e deixando íons Ca^{2+} no solo.

Assim, a calagem neutraliza ou reduz a acidez do solo, além de fornecer cálcio, que servirá como nutriente, aumentando a produtividade das culturas e, consequentemente, a rentabilidade agrícola.

1. No texto são citadas duas substâncias e as respectivas fórmulas químicas. Considerando-se que uma delas reage com a água originando a outra, represente a equação química que descreve essa reação.

Esculturas da natureza

Você já viu em filmes, fotografias ou ao vivo aquelas rochas pontudas que se formam no interior de cavernas? Algumas delas saem do solo, outras do teto. Essas rochas, chamadas de **estalactites** (formadas no teto) e **estalagmites** (formadas no solo), originam-se em cavernas onde circula água rica em bicarbonato de cálcio, um sal de fórmula $Ca(HCO_3)_2$. Essa água, que circula na superfície terrestre, sofre brusca diminuição de pressão ao ingressar na caverna, o que leva à perda de dióxido de carbono, transformando parte do bicarbonato em carbonato de cálcio, $CaCO_3$.

Observe essa transformação a seguir:

$$Ca(HCO_3)_2(aq) \longrightarrow CO_2(g) + CaCO_3(s) + H_2O(\ell)$$

bicarbonato de cálcio — gás carbônico ou dióxido de carbono — carbonato de cálcio — água

O carbonato de cálcio, sendo menos solúvel, precipita (forma depósitos na forma sólida), o que geralmente acontece em saliências por onde a água pinga, produzindo assim as estalactites.

A água que goteja do teto tende, mais uma vez, a precipitar o carbonato de cálcio, dessa vez no solo, formando as estalagmites.

As imagens desta página não estão representadas na mesma proporção.

Estalagmites e estalactites.

Agora, faça as atividades a seguir.

1. Pesquise, no Cadastro Nacional de Cavernas do Brasil (www.cavernas.org.br), quantas cavernas são catalogadas no país e quais são as maiores e as mais profundas.

2. Qual é a importância de preservar as cavernas e como o ser humano pode contribuir para que isso ocorra?

3. O que são animais troglóbios?

Saúde em foco

Tratamento de gastrite

Muitas pessoas dizem que não podem ingerir alimentos ácidos, pois passam mal. Você sabe o motivo disso? Você já ouviu alguém dizer que tem gastrite? O que é essa doença?

A gastrite é uma inflamação que ocorre no revestimento gástrico, ou seja, no revestimento interno do estômago. Entre os sintomas dessa doença destaca-se a dor ou desconforto abdominal e, em alguns casos, náusea e vômito. A parede que reveste o estômago é bastante resistente à irritação, principalmente por resistir ao suco gástrico que possui um ácido bastante corrosivo.

Um dos sintomas da gastrite é dor na região abdominal.

Porém, quando a pessoa tem essa doença, a resistência fica comprometida e os sintomas aparecem. Há dois tipos de gastrite, a erosiva e a não erosiva. A não erosiva possui a característica de apenas causar alterações no revestimento gástrico. Já a erosiva é mais grave, pois apresenta corrosão desse revestimento.

Uma das formas de tratar essa doença é por meio da utilização de medicamentos para reduzir a acidez estomacal. Um bastante utilizado é composto por duas bases: o hidróxido de magnésio e o hidróxido de alumínio. Eles neutralizam o ácido presente no suco gástrico, ajudando no tratamento da doença.

Utilize o texto ao lado como referência e faça uma pesquisa na internet a respeito do tema para responder às questões a seguir.

1. Qual é a fórmula e o nome do ácido presente no suco gástrico?

2. Qual é a fórmula das bases citadas no texto e que reduzem a acidez estomacal?

3. Quais são os principais fatores causadores dessa doença?

Ambiente em foco

A chuva é ácida? Isso tem alguma relação com ácidos ou óxidos?

Você sabia que a chuva é naturalmente ácida? Então por que dizem que ela é prejudicial ao planeta?

A chuva é naturalmente ácida em razão do ácido carbônico resultante da reação da água com um óxido presente na atmosfera, o gás carbônico, mas não é isso que afeta o equilíbrio ambiental. O problema está no aumento da acidez da chuva em razão de óxidos, enxofre e nitrogênio serem liberados na atmosfera.

Os veículos automotivos e as indústrias em geral jogam na atmosfera produtos poluentes: os gases dióxido de enxofre e monóxido de nitrogênio.

O dióxido de enxofre (SO_2) reage com o oxigênio da atmosfera, formando o trióxido de enxofre (SO_3).

Floresta atingida por chuva ácida. Polônia, 2009.

A água da chuva, ao entrar em contato com o dióxido de enxofre e com o trióxido de enxofre, reage produzindo ácido sulfuroso (H_2SO_3) e ácido sulfúrico (H_2SO_4). Ao atingir a superfície terrestre, a chuva espalha esses ácidos pelo solo, pela água de rios, represas, lagos e mares e pelas plantações. O mesmo ocorre com os gases de nitrogênio, conforme pode ser visto nas reações abaixo.

Por causa disso, o solo perde a fertilidade, os animais têm seu hábitat alterado, e até monumentos são destruídos progressivamente pela ação corrosiva do ácido presente na chuva.

Hoje a legislação regulamenta as emissões das indústrias, obrigando-as a recolher esses gases e neutralizá-los por meio de reações químicas, reduzindo, assim, os impactos ambientais.

Não somente a atividade humana é responsável pela emissão de gases de enxofre na atmosfera. Há também uma fonte natural relevante: os vulcões, que lançam grande quantidade desse material na atmosfera.

Reações químicas que formam a chuva ácida

a) Chuva naturalmente ácida:

$CO_2(g) + H_2O(\ell) \longrightarrow H_2CO_3(aq)$

b) Chuva ácida causada pelos óxidos de nitrogênio (N_xO_y):

- Reação entre N_2 e O_2 nos motores dos automóveis (por causa da temperatura elevada):

$N_2(g) + 2\,O_2(g) \longrightarrow 2\,NO_2(g)$

- Reação do óxido com água:

$2\,NO_2(g) + H_2O(\ell) \longrightarrow HNO_2(aq) + HNO_3(aq)$

c) Chuva ácida causada pela queima de combustíveis que contêm enxofre como impurezas (gasolina, óleo diesel e carvão):

- Queima do enxofre:

$S(s) + O_2(g) \longrightarrow SO_2(g)$

- Transformação do SO_2 em SO_3:

$2\,SO_2(g) + O_2(g) \longrightarrow 2\,SO_3(g)$

- Reações dos óxidos com água:

$SO_2(g) + H_2O(\ell) \longrightarrow H_2SO_3(aq)$

$SO_3(g) + H_2O(\ell) \longrightarrow H_2SO_4(aq)$

① Utilize o texto acima como referência para responder à questão no início do texto: A chuva é ácida? Isso tem alguma relação com ácidos ou óxidos?

Atividades

1. Defina função química.

2. Como se caracteriza a função ácido?

3. Como são classificados os ácidos quanto à presença ou não de oxigênio em suas moléculas?

4. Represente as equações químicas de ionização em água dos ácidos sulfídrico $H_2S(g)$, fosfórico $H_3PO_4(\ell)$ e clórico $HC\ell O_3(\ell)$, conforme o exemplo a seguir:

$$HBr(\ell) \xrightarrow{H_2O} H^+(aq) + Br^-(aq)$$

5. Como se caracteriza a função base?

6. Represente as equações químicas de dissociação em água das bases hidróxido de magnésio $Mg(OH)_2(s)$, hidróxido de alumínio $A\ell(OH)_3(s)$ e hidróxido de chumbo IV $[Pb(OH)_4(s)]$, conforme o exemplo a seguir:

$$KOH(s) \xrightarrow{H_2O} K^+(aq) + {}^-OH(aq)$$

7. Como se caracteriza a função sal?

8. Qual é a reação mais comum de obtenção de um sal?

9. Como se caracteriza a função óxido?

10. Qual elemento, ligado ao oxigênio, forma um composto binário e não pode ser classificado como um óxido?

11. Observe a escala de pH a seguir e os espaços destinados ao preenchimento dos números relativos aos itens abaixo:

Na figura há dois retângulos, definidos por **conjunto A** e **conjunto C**, que estão em determinada faixa de pH. O conjunto B refere-se ao pH 7. Considerando que cada imagem ao lado representa uma solução, indique quais soluções pertencem a cada conjunto baseando-se no pH de cada uma delas.

Representação simplificada em cores-fantasia e tamanhos sem escala.

sabão em pó — cal

água potável

chuva ácida

amônia

vinagre

12 A cal hidratada, Ca(OH), é um dos principais constituintes das argamassas por fornecer benefícios para a edificação. Ela tem excelente poder aglomerante, assim como o cimento, que une os grãos de areia das argamassas. Também tem extraordinária capacidade de reter água em torno de suas partículas, formando uma dupla perfeita com o cimento. A resistência das argamassas à base de cal hidratada é suficiente para a compressão e aderência, tanto para ser usada em assentamentos quanto revestimentos, atendendo às normas técnicas.

O texto acima trata da vantagem de utilização da cal hidratada em argamassas. A respeito dessa substância:

a) identifique a que função química ela pertence;

b) represente a fórmula do sal de bromo que poderia ser formado com o mesmo cátion metálico presente na cal.

13 Observe as imagens e avalie o efeito do pH na vida dos peixes no lago.

Representação simplificada em cores-fantasia e tamanhos sem escala.

pH entre 6,5 e 7,5

pH entre 5,5 e 6,5

pH entre 4,0 e 5,0

pH inferior a 4,0

Ilustrações: Dawidson França

14 Observe o pH de algumas amostras no quadro a seguir. Considere os valores de pH descritos e responda às perguntas.

AMOSTRA	pH
água de chuva	6,5
sangue	7,4
suco de tomate	4,1
solução diluída de hidróxido de sódio	14
leite	6,7
suco de laranja	3,5
urina	6,0

a) Qual é a amostra mais básica?

b) Qual é a amostra mais ácida?

c) Qual delas tem pH mais próximo da água pura?

15 Observe as imagens a seguir:

As imagens desta página não estão representadas na mesma proporção.

Todas as substâncias representadas nas imagens têm algo em comum, além da matéria-prima de origem. Identifique o fenômeno ocorrido caracterizando-o no estudo das funções químicas.

Caleidoscópio

As reações químicas fazem parte da vida. Elas estão presentes em nosso cotidiano, em situações que, muitas vezes, nem fazemos ideia! Veja alguns exemplos.

Fermentação

Alimentos como queijo e pão são exemplos do uso das reações da fermentação. Estima-se que os primeiros a usar fermento em pães tenham sido os egípcios por volta de 2600 a.C.

Fotossíntese

Os pigmentos fotossintéticos das folhagens dos vegetais convertem o CO_2 da atmosfera em glicose, na presença de luz, para a sua subsistência, água e oxigênio.

$$6\ CO_2(g) + 12\ H_2O(\ell) \rightarrow C_6H_{12}O_6(aq) + 6\ H_2O(\ell) + 6\ O_2(g)$$

Nesse processo, açúcares como a glicose ($C_6H_{12}O_6$) são convertidos em gás carbônico e etanol. O gás CO_2, ao se expandir, provoca o inchamento da massa.

$$C_6H_{12}O_6(aq) \rightarrow 2\ C_2H_5OH(\ell) + 2\ CO_2(g)$$

Queima de combustível (etanol)

Grande quantidade de energia é liberada com a queima de combustível. Nesse tipo de reação, o combustível reage com o oxigênio do ar, liberando muita energia, CO_2 e água.

$$C_2H_6O(\ell) + 3\ O_2(g) \rightarrow 2\ CO_2(g) + 3\ H_2O(g)$$

102

Amadurecimento das frutas

Muitas reações químicas ocorrem no processo de amadurecimento das frutas. Uma delas é a quebra da molécula de amido em moléculas menores de açúcar, como a glicose ($C_6H_{12}O_6$).

$$(C_6H_{10}O_5)_n(aq) + n\, H_2O(\ell) \rightarrow n\, C_6H_{12}O_6(aq)$$

Chuva ácida

Poluentes como o SO_2, quando combinados com vapores na atmosfera, geram compostos ácidos, provocando o fenômeno da chuva ácida. No caso do SO_2, os produtos resultantes são o ácido sulfuroso (H_2SO_3) e o ácido sulfúrico (H_2SO_4).

$$SO_2(g) + H_2O(\ell) \rightarrow H_2SO_3(aq)$$

$$SO_2(g) + \frac{1}{2} O_2(g) \rightarrow SO_3(g)$$

$$SO_3(g) + H_2O(\ell) \rightarrow H_2SO_4(aq)$$

Ferrugem

Objetos ditos "enferrujados" passaram por um processo em que o ferro (Fe) reage com o oxigênio do ar na presença de umidade (H_2O). O aspecto de ferrugem é devido à presença de hidróxido de ferro $Fe(OH)_3$ e de óxido de ferro Fe_2O_3.

$$2\, Fe(s) + \frac{3}{2} O_2(g) + 3\, H_2O(\ell) \rightarrow 2\, Fe(OH)_3(s)$$

$$2\, Fe(s) + 3\, O_2(g) \rightarrow 2\, Fe_2O_3(s)$$

Vamos investigar?

Busque evidências de transformações químicas em seu cotidiano, pesquise as reações químicas envolvidas. Compartilhe suas descobertas com os colegas.

Retomar

1. Em um laboratório há três frascos representados por **A**, **B** e **C**. Sabendo-se que nesses frascos há óleo incolor, água e água com sal, foram realizados os seguintes experimentos para distingui-los.

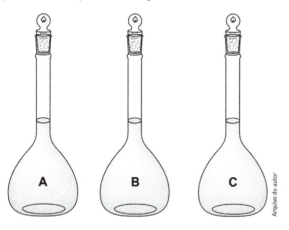

I. Uma amostra do frasco **B** foi reunida com amostras do frasco **A** e do frasco **C**, formando uma mistura heterogênea.

II. Uma amostra do frasco **A** foi reunida com uma amostra do frasco **C**, formando uma mistura homogênea.

III. 100 mL de amostra do frasco **C** apresentaram massa igual a 100 g.

IV. 100 mL de amostra do frasco **A** apresentaram massa igual a 105 g.

Com base nos testes feitos, identifique o conteúdo dos três frascos.

2. No quadro a seguir, são fornecidas as temperaturas de fusão e ebulição de três substâncias (valores arredondados).

Substância	Temperatura de fusão (°C)	Temperatura de ebulição (°C)
Água	0	100
Álcool	−120	80
Éter	−115	35

Considere que essas três substâncias são armazenadas em um almoxarifado onde a temperatura alcança 40 °C no verão. Elas podem ser colocadas em um *freezer* onde a temperatura é igual −26 °C ou apenas em uma estante à temperatura ambiente. Identifique onde cada substância deve ser armazenada com segurança e de forma que, quando forem utilizadas, estejam no estado líquido. Explique.

3. Desde a Antiguidade, filósofos pensavam a respeito da composição da matéria. Na Grécia Antiga, Demócrito e Leucipo afirmavam que a matéria era formada por pequenos corpos indivisíveis denominados átomos. Os modelos atômicos vieram mais tarde, com base em experimentos realizados por cientistas para explicar a estrutura do átomo. Muitos cientistas desenvolveram suas teorias, que, com o passar do tempo, foram evoluindo.

Considere a representação de quatro desses modelos a seguir.

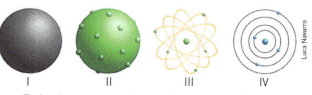

Relacione corretamente essas imagens aos cientistas responsáveis pelos modelos atômicos.

a) Rutherford   c) Bohr
b) Dalton   d) Thomson

4. A radioatividade tem muitas aplicações importantes em nosso dia a dia. Um exemplo disso é que ela pode eliminar microrganismos, por isso é utilizada para esterilizar equipamentos médicos, alimentos e soros. Esse processo não deixa resíduos que podem fazem mal a saúde humana e tem a vantagem de esterilizar sem utilizar calor, o que poderia deteriorar os materiais.

Explique por que essa técnica evita que os materiais submetidos à radiação façam mal a saúde das pessoas, diferencinado-se daqueles que entram em contato direto com substâncias radioativas.

5. A hemorragia que pode ocorrer após o parto é uma complicação frequente e pode colocar em risco a vida da mulher. O ácido tranexâmico é uma substância usada para diminuir a perda de sangue em cirurgias. Sua fórmula é indicada a seguir. As letras **X** e **Y** correspondem a elementos químicos do segundo período da Tabela Periódica.

ácido tranexâmico

De acordo com as informações relativas a **X** e **Y** e com base no conceito de ligações químicas, represente no caderno essa molécula com todos os seus elementos químicos e ligações realizadas.

6. O hipoclorito de sódio é uma substância muito utilizada no tratamento da água para eliminar microrganismos que possam causar danos à saúde.
Sua fórmula é NaOCℓ e nela há uma ligação iônica e uma ligação covalente. Com base nessa informação, represente no caderno a estrutura dessa substância.

7. Dois experimentos foram realizados colocando-se inicialmente quantidades iguais de material nos dois pratos de uma balança. Feito isso, 50% da quantidade de matéria do prato da esquerda foi submetida à combustão na presença de oxigênio do ar, havendo alteração no equilíbrio deles.

Experimento I – utilizou-se palha de aço

Experimento II – utilizou-se carvão

Considerando-se que a palha de aço e o carvão são compostos exclusiva e respectivamente por ferro e carbono e com base nas reações a seguir, explique o motivo de os pratos das balanças sofrerem alteração na posição de equilíbrio de forma inversa após a queima de 50% dos materiais.

$4\ Fe(s) + 3\ O_2(g) \rightarrow 2\ Fe_2O_3(s)$

$C(s) + O_2(g) \rightarrow CO_2(g)$

8. O físico alemão Wilhelm Conrad Roentgen identificou, em 1885, um tipo de radiação em seu laboratório quando utilizava uma ampola de raios catódicos. Ele observou que a radiação, além de tornar escuros os filmes fotográficos, não atravessava os ossos. Nessa época, ele comunicou à sociedade científica que era possível ver dentro do corpo humano sem cortá-lo.

Observe a imagem de uma radiografia, exame de raios X, de uma pessoa que foi operada após uma fratura na perna.

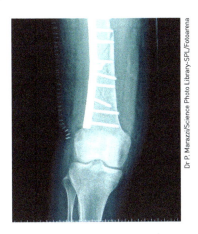

Analise a imagem interpretando o que você vê. Explique-a com base nos fundamentos teóricos do assunto.

105

Visualização

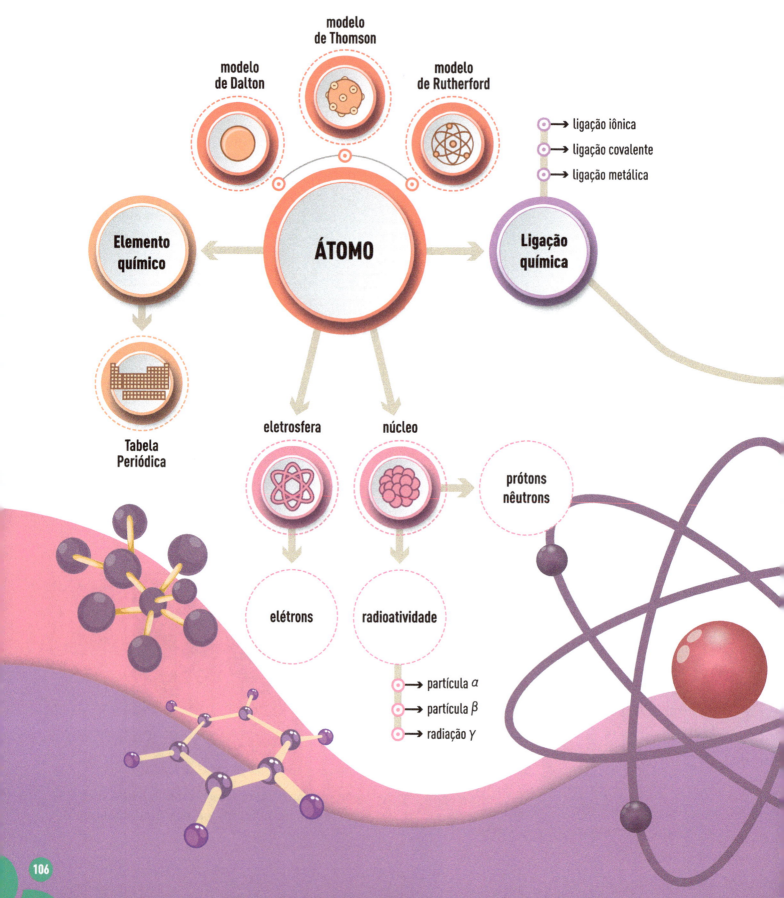

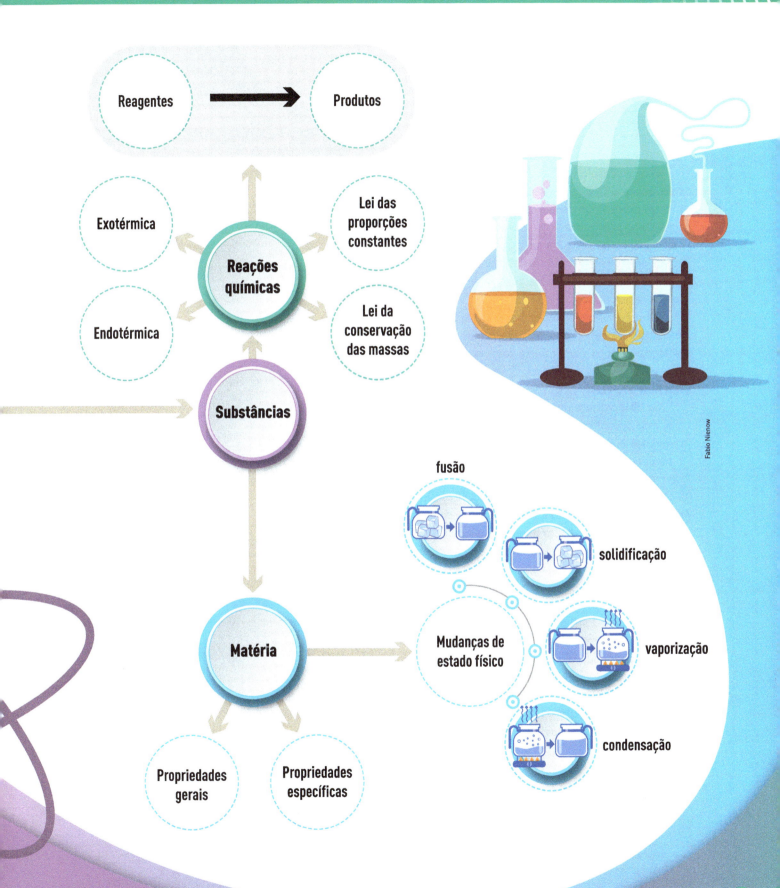

UNIDADE 2

> **Antever**

Provavelmente você já deve ter lido ou ouvido falar sobre o DNA em jornais, revistas e até mesmo em programas de televisão e novelas. Afinal, esse composto químico que constitui nosso material genético é objeto de estudos e pesquisas que envolvem, por exemplo, testes de paternidade, doenças, clonagem e transgênicos, entre outros temas relacionados à vida atual.

Observe a família retratada na imagem. Você consegue perceber semelhanças físicas entre as pessoas? Agora compare-as com as pessoas a sua volta. Ainda é possível observar semelhanças? De que tipo?

Se observarmos pessoas de qualquer lugar do planeta, encontraremos elementos indicativos de que todos nós pertencemos a uma mesma espécie, a humana – *Homo sapiens*. Mas é a manifestação do material genético que nos torna únicos.

É o material genético de cada tipo de ser vivo que faz com que, em um mesmo grupo, como o dos mamíferos, uma girafa tenha mais pelos, um grande pescoço e seja quadrúpede, e os humanos tenham menos pelos e postura ereta, por exemplo.

No entanto, assim como ocorre com indivíduos de várias espécies, os seres humanos não são idênticos. Como na família retratada na fotografia, os olhos de uma pessoa podem ser puxados, outros mais arredondados; alguns são altos, outros, baixos; cabelos podem ser lisos, crespos ou ondulados etc.

Essas características também são determinadas pela herança genética ao longo das gerações, isto é, são consequências da hereditariedade.

Você sabe o que são características hereditárias?

Pais transmitem suas características aos filhos. Todas as pessoas compartilham características entre si, mas as semelhanças são maiores quanto mais próximo é o parentesco.

Hereditariedade

CAPÍTULO 5
Conceitos de hereditariedade

É comum em reuniões familiares ouvirmos comentários do tipo: "Nossa! 'Puxou' ao pai! Mas o nariz veio da mãe!"; "Esses olhos são do avô!". Há até ditados e expressões populares associados ao parentesco: cara de um, focinho de outro; tal pai, tal filho; entre outros.

Genética é a parte da Biologia que estuda os mecanismos envolvidos na transmissão de características biológicas de geração para geração, a herança genética ou hereditariedade. Chamamos de **ancestrais** as gerações que vieram antes, dos quais nós, que somos **descendentes**, herdamos características.

Nas relações de parentesco, pais e avós são ancestrais, e filhos e netos são descendentes. Assim, os parentes têm ancestrais em comum: irmãos e primos têm os mesmos avós, por exemplo. Essas relações de parentesco são representadas graficamente em **heredogramas** ou árvores genealógicas, esquemas que utilizam símbolos padronizados.

Neles, as mulheres (ou fêmeas das demais espécies) são representadas por círculos, e os homens (ou machos de outras espécies) por quadrados. Os casamentos ou uniões que geram descendentes são indicados por linhas horizontais, ligando um círculo a um quadrado. Os descendentes desta união são ligados entre si e a seus pais, representados em um nível abaixo, e assim sucessivamente. Veja o exemplo a seguir, de uma menina chamada Joana:

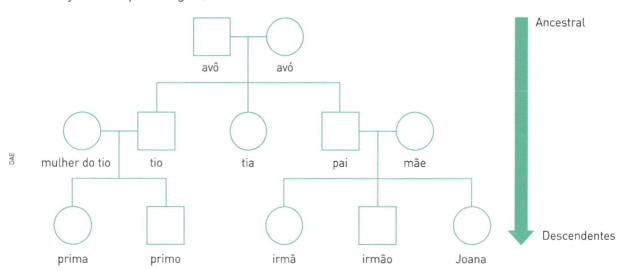

Organização dos ancestrais e dos descendentes em um heredograma ou árvore genealógica.

zoom
- Como herdamos as características genéticas de nossos pais?
- Qual é a relação entre a molécula de DNA e a transmissão de certas características (cor da pele, tipo de sangue, tipo de cabelo etc.) de pais para filhos?

Em um nível mais amplo, todos os seres vivos do planeta – incluindo nossa espécie – têm um ancestral comum na história da evolução da vida, o que será visto com mais detalhe no Capítulo 7.

Cromossomos

Representações simplificadas em cores-fantasia e tamanhos sem escala.

Como já estudamos, uma das principais características da célula **eucariótica** é ter material genético no interior de um núcleo de forma variável, bem individualizado e separado do restante da célula por um envoltório, a carioteca.

Quando uma célula se divide, seu material genético, formado principalmente por DNA (**cromatina**), se associa a proteínas e se torna cada vez mais espiralizado (como se estivesse torcido), condensado ou compactado. Nessa associação, torna-se visível e perde a aparência relativamente homogênea típica de células que não estão em divisão. Quando a molécula de DNA se condensa, ela fica mais curta, espessa e adquire a forma de minúsculos bastões, denominados **cromossomos**. Logo, cada cromossomo é uma molécula de DNA espiralizada, condensada ou compactada.

A informação genética está contida quimicamente nas moléculas de DNA (do inglês *deoxyribonucleic acid*; a sigla em português é ADN, ácido desoxirribonucleico). A estrutura molecular do DNA, quando foi descoberta e estudada, ficou conhecida por sua conformação em dupla hélice.

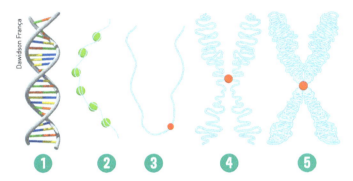

Representação esquemática do aspecto do material genético ao longo do ciclo celular, no interior do núcleo. Moléculas de DNA **(1)** se duplicam e espiralizam (enrolando-se) progressivamente **(2, 3 e 4)** até individualizarem-se em estruturas chamadas cromossomos **(5)**. De **(1)** até **(4)** está representada somente a espiralização, mas lembre-se de que o material genético sofre duplicação antes de se dividir. Note que, em **(4)**, o cromossomo que está se formando tem duas metades, ou seja, sofreu duplicação antes de espiralizar. O processo de duplicação e espiralização sempre antecede a divisão celular.

Há dois tipos de **divisão celular**: mitose e meiose. A **mitose** dá origem a duas células-filhas, formadas de uma célula-mãe e idênticas a ela, com o mesmo número de cromossomos e o mesmo material genético. Essas células são chamadas de **somáticas** e são responsáveis por formarem tecidos e órgãos que constituem os organismos multicelulares.

Em geral, as células somáticas da maioria dos eucariontes são **diploides**, isto é, têm dois cromossomos de cada tipo, que formam um par – um é de origem materna e outro de origem paterna, herdados na fecundação. Essas células são representadas por **2n**, em que **n** é o número de cromossomos em cada lote. Os cromossomos que pertencem ao mesmo par são chamados de cromossomos **homólogos**. Já os que não pertencem ao mesmo par são chamados de **não homólogos** ou **heterólogos**.

Na **meiose**, ocorre a formação de células reprodutivas – os **gametas** – que têm metade do número de cromossomos das células que os originaram. Além da redução do número de cromossomos, na meiose ocorre a troca aleatória de fragmentos de cromossomo, o que possibilita a formação de novas combinações genéticas e aumenta a variabilidade da espécie. As células reprodutivas da maioria dos eucariontes são **haploides**, com apenas um cromossomo de cada tipo, representadas por **n**.

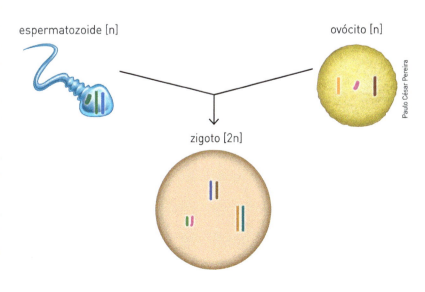

Cariótipo é o conjunto de cromossomos cuja quantidade, tamanho e forma são característicos de uma espécie e comum a todos os indivíduos que a formam. Logo, indivíduos de espécies diferentes têm cariótipos diferentes.

Nas células somáticas humanas são encontrados **46 cromossomos**, 23 pares de origem materna e 23 de origem paterna. Nesse caso, 22 pares são semelhantes em ambos os sexos e são denominados **autossomos**. O outro par compreende os **cromossomos sexuais X** ou **Y**, que têm morfologia distinta.

O homem tem 22 pares de autossomos e um par de cromossomos sexuais, formado por um cromossomo X e um cromossomo Y. Sua representação genética é 44A + XY. Ele produz dois tipos de espermatozoides, que carregam 22 autossomos e um cromossomo sexual, que pode ser o X ou o Y.

De forma semelhante, a mulher tem 22 pares de autossomos e um par de cromossomos sexuais, formado por dois cromossomos X, e é representada como 44A + XX. Ela produz apenas um tipo de ovócito, com 22 autossomos e um cromossomo sexual X.

A determinação genética do sexo biológico do indivíduo ocorre no momento da fecundação. O ovócito contém o cromossomo X e o espermatozoide pode conter o cromossomo X ou o Y. Veja no esquema ao lado como é determinado o sexo biológico do bebê.

Se o espermatozoide que contém o cromossomo X fecundar o ovócito (X), a célula-ovo originará um embrião do sexo biológico feminino (XX). Já se o espermatozoide com o cromossomo Y fecundar o ovócito (X), o sexo biológico do embrião será masculino (XY).

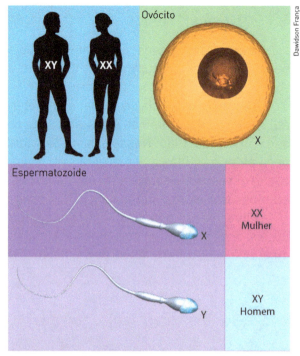

Representação simplificada em cores-fantasia e tamanhos sem escala.

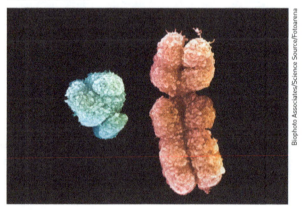

Os espermatozoides carregam cromossomos X ou Y. O sexo biológico do embrião depende de qual espermatozoide fecunda o ovócito.

Cromossomos Y e X. Observe que o cromossomo Y, à esquerda, é bem menor do que o cromossomo X, à direita. Fotografia obtida por microscópio eletrônico e colorizada artificialmente. Ampliação aproximada de 11 000 vezes.

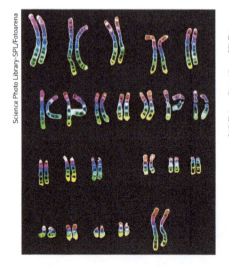
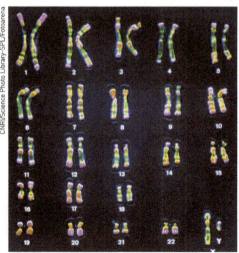

Cariótipos humanos. A montagem de um cariótipo envolve a fotografia da imagem de um microscópio eletrônico, que posteriormente é revelada e ampliada possibilitando a identificação dos pares de homólogos para, finalmente, montá-los em um formulário adequado, onde são colocados lado a lado, alinhando os pares. À esquerda, encontra-se um cariótipo feminino, no qual há os dois cromossomos sexuais XX. À direita, está um cariótipo masculino, com os dois cromossomos sexuais XY.

Genes

Os genes estão nos cromossomos e representam a unidade fundamental da hereditariedade. O lugar que o gene ocupa no cromossomo é chamado de *locus* gênico.

Os genes que estão associados à mesma característica e ocupam o mesmo *locus* em cromossomos homólogos são denominados **genes alelos**.

Cada gene é formado por um fragmento específico de DNA. Os genes determinam quais proteínas nosso organismo será capaz de produzir. Essas proteínas, em geral enzimas, atuam catalisando – acelerando – as reações bioquímicas que caracterizam o metabolismo das células e são responsáveis pelo funcionamento de todo o organismo.

Quando estão localizados nos cromossomos de células reprodutivas, como o ovócito e o espermatozoide, os genes podem ser transmitidos de uma geração para outra no processo de **reprodução sexuada**.

Nos organismos em que a reprodução é assexuada não há gametas, por isso o material genético é passado para a próxima geração através da mitose, divisão celular que origina células idênticas, com o mesmo material genético.

A informação genética que é típica de todos os organismos de uma espécie constitui o seu **genoma**. O projeto Genoma Humano, que fez o sequenciamento de nossa espécie, mostrou que o ser humano tem cerca de 30 mil genes distribuídos entre os 23 pares de cromossomos.

Locus: local definido no cromossomo ocupado pelo gene.

Genes alelos ocupam o mesmo *locus* em cromossomos homólogos.

Representação esquemática do *locus* gênico.

Representação esquemática da localização de genes alelos em um par de cromossomos homólogos.

Modelar

Cromossomos homólogos

Material:
- 8 canudos de papel;
- tintas vermelha e azul.

Procedimentos

1. Pinte quatro canudos de cor azul e quatro de vermelho.
2. Monte pares com um canudo de cada cor e corte um pequeno pedaço dos canudos de cada par, deixando-os do mesmo tamanho, mas variando entre os pares.
3. Faça um nó na região central ou próximo à extremidade de cada canudo. Os dois canudos do mesmo par devem ter o nó na mesma posição.
4. Organize os pares de cromossomos e registre como ficou.

1. Por que o tamanho dos canudos e a posição do nó devem ser iguais nos canudos do mesmo par?

2. O que representam as cores diferentes no modelo? Considere nossa espécie como referencial.

Características genéticas, congênitas e adquiridas

As características **genéticas** são herdadas dos gametas de nossos pais biológicos quando ocorre a fecundação e se forma o zigoto, que originará um embrião e, posteriormente, um feto e um recém-nascido. Essas características podem ser passadas aos descendentes quando o indivíduo se torna adulto.

Características **adquiridas**, por sua vez, não são herdadas nem passadas adiante, resultam de interações com o ambiente. Quando a característica é adquirida ainda no período intrauterino, antes do nascimento, diz-se que ela é **congênita**. Apesar de o indivíduo afetado nascer com a característica congênita, ela não foi herdada geneticamente, portanto, não será passada à descendência.

Como exemplo, considere os seguintes casos de surdez: de origem genética, por lesão auditiva em acidente e por ação do vírus da rubéola na mãe. Somente no primeiro caso a característica (surdez) pode ser transmitida aos descendentes. Os outros dois casos são exemplos de características adquiridas, sendo o último uma característica congênita.

Código genético

De modo simplificado, podemos dizer que código genético é o modo como o material genético – o DNA – se expressa ao dar origem às proteínas que serão "fabricadas" nas células em resposta à informação contida nos genes. O código é considerado universal porque o DNA se expressa do mesmo modo em todos os seres vivos. Esse processo depende da participação dos ribossomos, que "traduzem" a informação do DNA em proteínas.

Mutação gênica

É qualquer alteração permanente do DNA. Quando ocorrem mutações em células reprodutivas (os gametas), as mudanças podem ser transmitidas às gerações futuras. As mutações que afetam as células somáticas, embora não sejam transmitidas aos descendentes, podem resultar em problemas, como certos tipos de câncer.

As alterações na forma das hemácias na anemia **falciforme**, por exemplo, resultam de uma mutação em um dos genes que determinam a produção da proteína hemoglobina. Os indivíduos com esse tipo de anemia carregam o gene mutante e consequentemente a anormalidade na hemoglobina, que se traduz em hemácias com forma de foice.

Glossário

Falciforme: que tem forma de foice. Na anemia falciforme, as hemácias defeituosas adquirem forma semelhante a uma foice.

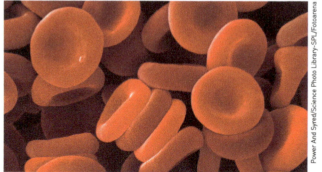

Sangue periférico de um paciente normal. As hemácias têm morfologia característica, em forma de disco. Fotografia obtida por microscópio eletrônico e colorizada artificialmente. Ampliação aproximada de 2 800 vezes.

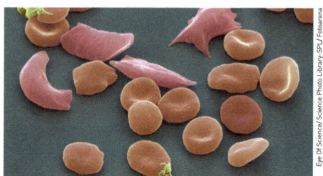

Sangue periférico de um paciente com anemia falciforme. As hemácias apresentam deformações. Fotografia obtida por microscópio eletrônico e colorizada artificialmente. Ampliação aproximada de 1 500 vezes.

O conjunto de genes de um indivíduo constitui seu **genótipo**, como os genes da cor dos olhos, da cor e forma dos cabelos, da altura e cor da pele, entre tantos outros – lembre-se de que são quase 30 mil. Já a expressão visível ou detectável do genótipo corresponde a seu **fenótipo**. O fenótipo resulta da interação do genótipo com o ambiente, por exemplo, o clareamento natural do tom da cor de cabelo em função do tempo de exposição ao Sol.

Em muitas características genéticas há uma relação de dominância entre os alelos envolvidos. Nesse caso, chamamos de **dominante** o gene alelo que consegue se expressar mesmo na presença do alelo **recessivo**. O alelo recessivo só se manifesta na ausência do dominante.

> **zoom**
> Todos os genes que herdamos de nossos pais se manifestam?

Nos estudos sobre Genética, os genes são representados, em geral, por letras. Por convenção, adota-se a letra inicial da característica determinada pelo alelo recessivo, que é representado por letra minúscula. O alelo dominante, por sua vez, é representado pela mesma letra, mas maiúscula. Vale lembrar que o alelo dominante e o recessivo correspondem apenas a versões distintas de um mesmo gene, ou seja, um fragmento do DNA.

O indivíduo que tem genes alelos idênticos para determinada caraterística é denominado **homozigoto**. Chamamos de **heterozigoto** o indivíduo que tem genes alelos diferentes para determinado caráter.

Exemplos de fenótipos de traços humanos determinados por genes dominantes é a pigmentação normal da pele, a capacidade de enrolar a língua em "U" e o nariz aquilino. Em contrapartida, os homozigotos recessivos para esses genes seriam albinos (sem pigmentação na pele), não poderiam enrolar a língua em "U" e teriam o nariz reto.

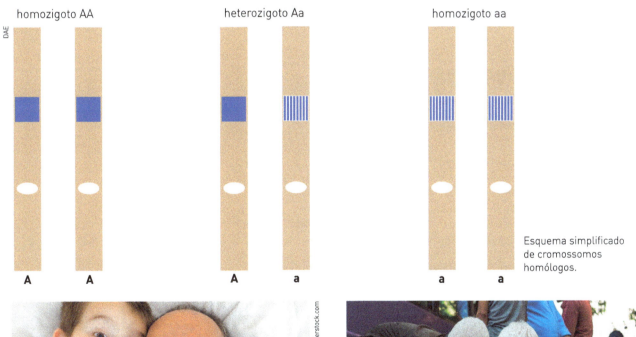

Esquema simplificado de cromossomos homólogos.

A capacidade de dobrar a língua em "U" é determinada por um gene dominante.

Família indiana albina. Essa característica se manifesta em homogizotos recessivos.

A análise de heredogramas

O mecanismo de incidência de determinada característica genética em uma família pode ser analisado pelos heredogramas ou genealogias. Os algarismos romanos I, II e III à esquerda representam as gerações.

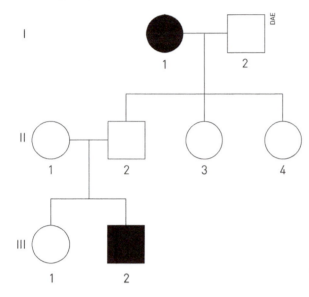

Esse heredograma representa a seguinte situação: Joana (I-1), que é afetada por uma doença genética, é casada com Pedro (I-2), indivíduo normal em relação a essa característica. O casal tem um filho (II-2) e duas filhas (II-3 e II-4), todos normais para essa característica. O filho (II-2) casa-se com Estela (II-1), também normal. Deste casamento resulta um casal de filhos em que a filha (III-1) é normal e o filho (III-2) é afetado pela mesma doença da avó, Joana. A doença em questão é recessiva, pois só se manifesta em homozigose, isto é, nos homozigotos recessivos. O filho II-2 é heterozigoto e carrega o gene dominante herdado do pai e o recessivo herdado da mãe. Sua esposa II-1 também é heterozigota. Ambos são normais para a característica, mas passaram o gene recessivo ao filho III-2.

 **Conviver**

Construção de heredograma

Material:

- canetas coloridas, tesoura, cola, barbante, cartolina ou E.V.A. e papel pardo.

Com base no que vocês já conhecem de hereditariedade, construam heredogramas e os analisem, realizando os seguintes passos:

1. Cada grupo deve confeccionar símbolos (círculos e quadrados) utilizados em heredogramas com E.V.A. ou cartolina. É importante ter pelo menos seis de cada tipo.

2. Depois discutam e escrevam, em uma folha de papel à parte, a história de uma família (ao longo de pelo menos três gerações) envolvendo uma determinada característica escolhida por vocês, de modo que seja informado quem é afetado ou não por ela.

3. Utilizando os símbolos confeccionados, representem o heredograma que expressa a história da família colando no papel pardo os símbolos. Usem barbante ou caneta colorida para fazer as conexões.

4. Mostrem à turma seu heredograma. Os outros grupos devem analisá-lo, interpretar o que foi apresentado e escrever em uma folha a história da herança dessa característica.

5. O grupo que se apresentou lê em voz alta a história original para compará-la com as análises dos demais grupos.

6. Juntos, analisem os equívocos que podem ter ocorrido na construção ou na interpretação dos heredogramas.

Atividades

1. De modo simplificado, qual é a natureza química (o tipo de molécula) e a localização dos genes?

2. Como os genes regulam nosso organismo?

3. Relacione corretamente as informações a seguir.

   a) código genético
   b) mutação
   c) genoma
   d) cariótipo

   I. Alteração permanente do DNA.
   II. Conjunto das características cromossômicas de cada espécie.
   III. Modo que o material genético se expressa para codificar a síntese de uma proteína na presença dos ribossomos.
   IV. Conjunto de toda a informação genética de uma espécie.

4. Complete corretamente as lacunas.

   As células somáticas, normalmente, são ///////////, pois têm em seu núcleo **2n** cromossomos; já as células reprodutivas são denominadas ///////////, pois têm **n** cromossomos. No caso da espécie humana, **2n** corresponde a /////////// cromossomos ou /////////// pares de cromossomos.

5. Estudos que levaram ao sequenciamento do genoma completo do melanoma – um tipo bastante agressivo e letal de câncer de pele – confirmaram a importância de cuidados com a exposição do corpo aos raios solares. A radiação ultravioleta aumenta o número de mutações genéticas que podem causar a doença.

   Sabendo disso, responda:
   a) O que são mutações genéticas?
   b) Mutações que ocorrem nas células da pele são passadas aos descendentes? Explique.

6. O que são genes alelos?

7. Na espécie humana, as células dos tecidos do corpo têm 23 pares de cromossomos homólogos. Em que momento de nosso desenvolvimento herdamos esses cromossomos?

8. Esquematize seis pares de cromossomos homólogos e indique um par de genes alelos em cada um deles. Utilize cores diferentes para representar os cromossomos de origem materna e paterna e os genes alelos.

9. Leia o trecho do texto a seguir e responda à questão.

   > [...] No Brasil, o acidente ocular é a principal causa de cegueira em um dos olhos. O Conselho Brasileiro de Oftalmologia estima que os acidentes ocupacionais oculares correspondam a 150 mil casos por ano, com maior frequência entre homens na faixa etária de 20 a 40 anos, quando se está no auge da produtividade. Como este órgão é muito sensível, uma contusão ou descuido pode ter desfechos dramáticos. Apesar dos grandes avanços da medicina na área oftalmológica, os danos nem sempre são reversíveis. [...]

   OpticaNet, 27 jul. 2016. Disponível em: <https://opticanet.com.br/secao/saude/10301/acidente-ocular-e-a-principal-causa-de-cegueira-em-um-dos-olhos-no-brasil>. Acesso em: 21 out. 2018.

   Considere uma pessoa que ficou cega em decorrência de um acidente com produtos químicos. Há chance dessa pessoa transmitir essa cegueira aos descendentes? Explique.

10. Dizemos que determinado gene é dominante quando sua expressão no fenótipo:
    a) só ocorre em heterozigotos.
    b) só ocorre em homozigose.
    c) ocorre mesmo nos heterozigotos.
    d) depende de características congênitas.
    e) reproduz uma característica provocada pelo ambiente.

11. Qual dos gametas determina o sexo do bebê? Como isso ocorre?

117

CAPÍTULO 6
A contribuição de Mendel

Já sabemos que nem todas as características que distinguem os seres vivos de uma mesma espécie são determinadas geneticamente ou herdadas de ancestrais. Contudo, ao observarmos a natureza em geral e a população humana, constatamos que determinadas características têm um potencial de expressão maior do que outras.

Na população humana, por exemplo, há maior quantidade de pessoas com a pele pigmentada do que com albinismo – característica em que o indivíduo não produz **melanina** e não tem pigmentação na pele.

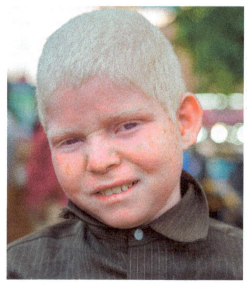

O indivíduo albino não produz melanina, por isso não apresenta pigmentação na pele, nos cabelos e na íris dos olhos.

Glossário
Melanina: pigmento produzido por células chamadas melanócitos. Sua tonalidade varia de amarelada a preta. A melanina é encontrada na pele, no cabelo, na íris dos olhos e até no cérebro.

- Como herdamos a capacidade de produzir melanina?
- Pessoas que produzem melanina podem ter descendentes albinos? E o contrário?

Essas e outras perguntas semelhantes só puderam ser respondidas com os estudos de Genética.

Mendel: o pioneiro

O monge austríaco Gregor Johann Mendel (1822-1884), filho de pequenos agricultores, desde criança gostava de observar a reprodução dos animais e a formação de sementes nas plantas. Ele ficava intrigado em constatar como os filhos se pareciam com os pais, mas nunca eram exatamente iguais a eles.

O interesse de Mendel por plantas e animais sobreviveu à infância e à adolescência e se tornou sua principal ocupação, inclusive depois de ingressar no mosteiro. Inicialmente, trabalhou com abelhas e ratos, porém, depois de um tempo, passou para o cultivo de ervilhas. Foi então que Mendel deu início a seu célebre experimento, em 1856.

Sua primeira monografia foi publicada em 1866, mas, por causa do caráter quantitativo e estatístico de suas pesquisas e do impacto do trabalho de Darwin (1859) sobre a origem das espécies, pouca atenção foi dada a ele. Só em 1900 o trabalho de Mendel foi redescoberto por outros pesquisadores que obtiveram, com estudos independentes, evidências a favor dos princípios que ele enunciou. A Genética só ficou conhecida e categorizada oficialmente como um ramo de estudo da Biologia em 1905, quando o cientista inglês William Bateson (1861-1925) usou o termo, derivado da palavra grega *genno* (fazer nascer), cerca de quarenta anos após a clássica publicação dos resultados obtidos por Gregor Mendel.

Gregor Johann Mendel (1822-1884).

Os experimentos de Mendel

As principais constatações de Mendel foram feitas com base em experimentos com ervilhas, no próprio mosteiro onde vivia. Esses experimentos foram extremamente importantes para que hoje conhecêssemos alguns dos mecanismos da hereditariedade. Seu trabalho obteve sucesso, entre outros fatores, pela própria escolha do objeto de estudo: a ervilha-de-cheiro, *Pisum sativum*, planta de fácil cultivo, com ciclo de vida curto e flores hermafroditas que podem se reproduzir por autofecundação e produzir muitos descendentes. Além disso, esse vegetal apresenta características contrastantes, facilmente observáveis, sem aspectos intermediários. Veja no quadro a seguir algumas dessas características.

Características	Aspectos	
cor da semente	amarela	verde
textura da semente	lisa	rugosa
cor da vagem	verde	amarela
forma da vagem	lisa	ondulada
altura da planta	alta	baixa
cor da flor	púrpura	branca

Escolhida a espécie, Mendel selecionou e analisou cada par de características que identificou. Trabalhou sempre com um número grande de indivíduos de várias gerações. Nos primeiros cruzamentos, teve o cuidado de escolher exemplares puros, observando-os por várias gerações resultantes da autofecundação, para confirmar se realmente só dariam origem a indivíduos semelhantes entre si e aos progenitores cruzantes.

Ao realizar a fecundação cruzada da parte masculina de uma planta que produzia semente amarela com a feminina de uma planta que produzia semente verde (geração parental, ou **P**), observou que os descendentes, que chamou de geração **F1**, eram somente de plantas que produziam sementes amarelas. Autofecundando esses exemplares, ou seja, F1 com F1, obteve a geração seguinte, chamada de **F2**, que apresentou a proporção de três plantas que produziam sementes amarelas para uma verde, ou seja, 3:1 (lê-se três para um).

Com base nessas observações, Mendel considerou as sementes verdes recessivas e as amarelas, dominantes. Afinal, em F2 havia plantas que produziam sementes verdes cujas plantas progenitoras só produziam sementes amarelas. Isso quer dizer que as plantas da geração F1 tinham genes para verde, que não se expressaram na presença do gene para sementes amarelas.

Portanto, nas plantas da geração F1 havia, simultaneamente, genes para sementes amarelas e verdes, mas somente o gene para sementes amarelas foi expresso, o que o caracterizou como gene dominante. Por convenção, utiliza-se a letra **v** porque o verde é o fenótipo recessivo. **V** indica o gene para sementes amarelas e **v**, para sementes verdes.

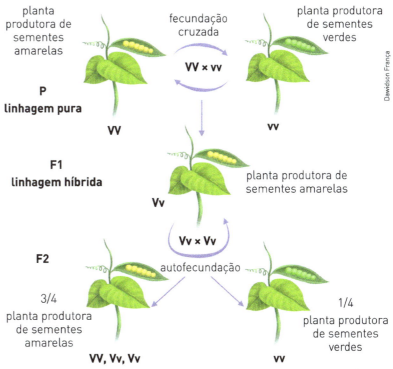

Representação esquemática do experimento de Mendel com ervilhas.

Representação simplificada em cores-fantasia e tamanhos sem escala.

Analisando as outras características da planta seguindo esse mesmo princípio, Mendel concluiu que em todos os casos havia a mesma proporção de 3:1.

Com esse experimento, Mendel deduziu que:
- as características hereditárias são determinadas por um par de fatores herdados do pai e da mãe na mesma proporção;
- esses fatores se separam na formação das células reprodutivas;
- indivíduos de linhagem pura produzem gametas geneticamente iguais em relação ao par de genes em questão, ao passo que híbridos produzem dois tipos distintos, na mesma proporção.

Hoje sabemos que os "fatores" que Mendel identificou são **genes alelos** que se separam na **meiose**; que as linhagens "puras" são formadas por indivíduos **homozigotos** e os "híbridos" são **heterozigotos**.

A Genética no Brasil

Depois de Mendel, diversos estudiosos avançaram no território – até então desconhecido – da Genética, incluindo brasileiros. Os geneticistas de nosso país estão entre os melhores do mundo e têm contribuído expressivamente em várias áreas. Um dos pioneiros e mais brilhantes nesse campo foi Crodowaldo Pavan (1919-2009), que até bem próximo do fim da vida ainda pesquisava as áreas de genética de populações, genética celular e controle biológico de pragas da agricultura.

Crodowaldo Pavan (1919-2009).

Aplicando as ideias de Mendel

Como nas ervilhas, as características genéticas são herdadas pelos cruzamentos nas espécies com reprodução sexuada. Na espécie humana, por exemplo, o albinismo pode ser resultado do cruzamento entre dois heterozigotos.

Neste exemplo, o casal 1 e 2, de pigmentação normal, teve uma filha albina (4) e três filhos com pigmentação normal (3, 5 e 6). Com base nesse heredograma, podemos concluir que o casal 1 e 2 apresenta genótipo heterozigoto – **Aa** – e a filha nº 4 apresenta genótipo homozigoto recessivo – **aa**, herdando o gene **a** de cada um dos pais, que são normais. Logo, os pais têm fenótipo dominante e genótipo heterozigoto para o albinismo.

Quanto à filha nº 5 e aos filhos 3 e 6, só podemos afirmar que apresentam um gene dominante **A**, que pode ter vindo do pai ou da mãe. E como não temos certeza do outro gene que recebeu, representamos como **A_**.

Conclui-se, portanto, que o albinismo é uma característica recessiva.

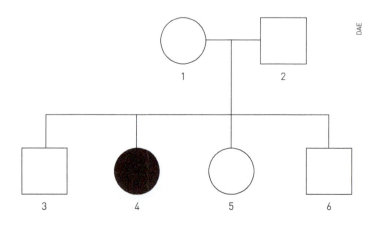

Representação esquemática de um heredograma para demonstrar as ideias de Mendel.

Modelar

Representando um cruzamento

Que tipo de cruzamento é usado para detectar o genótipo de um indivíduo com fenótipo dominante?

Material:

- 30 contas ou miçangas de cor amarela para representar sementes de ervilhas amarelas;
- 50 contas ou miçangas na cor verde para representar ervilhas verdes;
- 4 potes de plástico ou vidro com tampa;
- pires ou tampas de vidro de maionese ou similar;
- caneta tipo marcador permanente ou etiquetas adesivas.

Procedimentos

1. Identifique com caneta do tipo marcador ou etiqueta adesiva os potes 1, 2, 3 e 4 e os pires A e B.
2. Coloque 20 contas ou miçangas amarelas no pote 1 para representar os indivíduos homozigotos dominantes.
3. Coloque 10 contas ou miçangas amarelas e 10 verdes juntas no pote 2 para representar os indivíduos heterozigotos.
4. Coloque 20 contas ou miçangas verdes no pote 3 e outras 20 contas ou miçangas verdes no pote 4 para representar indivíduos homozigotos recessivos.
5. Balance os potes com as contas ou miçangas. Um aluno deve retirar uma miçanga do pote 1 e uma miçanga do pote 3 e colocar no pires A. Em seguida, deve repetir essa ação sucessivamente até que terminem todas as miçangas dos potes 1 e 3.
6. A seguir, outro aluno deve retirar uma miçanga do pote 2 e uma miçanga do pote 4 e colocar no pires B. Ele deve repetir a ação sucessivamente até que terminem todas as miçangas dos potes 2 e 4.
7. Agora conte as miçangas duas a duas.
8. Anote a quantidade de duplas em uma folha separando-as em 2 grupos:
   - amarela-amarela
   - amarela-verde

Reflitam e respondam às questoes.

1. Qual é o genótipo dos indivíduos representados nos potes 1, 2 e 3?

2. E no pires B?

3. Sabendo que o gene **V** é dominante em relação a **v**, e que as miçangas representam as ervilhas estudadas por Mendel, qual será o fenótipo das ervilhas resultantes dos cruzamentos dos potes 1 × 3 e 2 × 4? E o genótipo?

Ampliar

Gattaca – Experiência Genética
Estados Unidos, 1997. Direção: Andrew Niccol, 106 min.

A Ilha
Estados Unidos, 2005. Direção: Michael Bay, 136 min.

Com a palavra, a especialista

Quem é
Mayana Zatz.

O que faz
É professora titular de Genética, coordenadora do Centro de Estudos do Genoma Humano do Instituto de Biociências da Universidade de São Paulo (USP) e pesquisadora na área de células-tronco.

Pesquisa Fapesp: Em termos de tratamento [das] doenças degenerativas neuromusculares, você viu mudanças efetivas nestes anos?

Mayana: Acho que justamente a grande esperança agora são as células-tronco, por isso batalhei tanto por elas. Se falou muito em terapia gênica [...] mas eu a vejo muito mais distante do que a terapia celular, porque esta é mais fácil, acho que é um aprimoramento dos transplantes. Na terapia gênica tem que se manipular o gene, ter certeza de que se vai chegar no gene, enquanto na terapia celular há uma substituição de tecido. [...]

Pesquisa Fapesp: Células-tronco é um assunto complexo. Você não acha que as pessoas estão confundindo os estudos com células embrionárias humanas [...] com os experimentos clínicos que já estão sendo feitos com células-tronco adultas?

Mayana: É uma pergunta muito importante. Em termos de terapias, a única certeza que há hoje é o uso de células-tronco adultas, da medula óssea e do cordão umbilical, para tratamento das doenças hematológicas, anemias e leucemias. A gente sabe com certeza que as células-tronco do cordão são melhores que as da medula. Mas é preciso que haja bancos públicos de cordão umbilical. Não adianta nada guardar o cordão do próprio filho. Fora isso, tudo o que está sendo feito agora é tentativa terapêutica. Não é tratamento com célula-tronco adultas. As pessoas estão confundindo tentativa terapêutica com tratamento. Quando aparece na televisão que injetaram células-tronco adultas numa mulher que teve AVC (acidente vascular cerebral), isso é uma tentativa terapêutica. Ninguém sabe como seria a recuperação dessa mulher se ela não tivesse recebido as células-tronco. O mesmo raciocínio vale para os estudos com cardíacos. Tudo isso é experimental. [...]

Pesquisa Fapesp: Quais doenças podem ser as primeiras a se beneficiar de tratamentos baseados nos estudos com células-tronco embrionárias?

Mayana: As doenças neuromusculares, que a gente estuda, talvez sejam as mais simples e as primeiras a se beneficiar dos estudos. Apesar de haver muitos músculos no organismo, é muito mais fácil substituí-los do que fazer um órgão. Nessas doenças, ocorre uma degeneração natural do músculo. Por isso, tentamos substituí-lo por um músculo normal. Para mim, isso é uma coisa factível num período de tempo não muito longo. Agora, antes de fazer qualquer tratamento, é preciso ter certeza de que você vai injetar células-tronco embrionárias no corpo que já estejam encaminhadas, comprometidas, a virar músculo. [...]

Pesquisa Fapesp: Você já parou para pensar que talvez seja a cientista mulher mais conhecida do Brasil?

Mayana: Nunca pensei nisso. Mas é gozado. Uma vez, o Leopoldo de Meis (do Instituto de Ciências Biomédicas da Universidade Federal do Rio de Janeiro) me disse que escreveu um livro, entrevistando crianças e mostrando como é a imagem que elas têm dos cientistas. As crianças pintam os cientistas cheios de coisas loucas, fumaça por todo o lado. A gente pelo menos tem que desmistificar, mostrar que cientista pode ser mulher. Não precisa ser aquela coisa maluca.

Mayana Zatz: Um olho na razão, outro no coração. *Revista Pesquisa Fapesp*, abr. 2005. Disponível em: <http://revistapesquisa.fapesp.br/2005/04/01/um-olho-na-razao-outro-no-coracao>. Acesso em: 19 nov. 2018.

Ciência em foco

Bioética

A grande polêmica relacionada ao avanço científico e tecnológico não diz respeito às potencialidades do ser humano, mas às suas responsabilidades. As pesquisas podem seguir, teoricamente, diversas direções, mas na prática nem todos os caminhos trazem benefícios para a humanidade.

Dessa forma, o problema não está no uso de novas tecnologias moralmente rejeitadas pela sociedade, mas no controle ético que deve ser exercido.

A palavra **bioética** é originada nas palavras gregas *bios* (vida) e *ethos* (uso, costume, hábito) e foi utilizada pela primeira vez em 1971 pelo médico e biólogo norte-americano Van Rensselaer Potter, em seu livro *Bioética: ponte para o futuro*; ela expressa a tentativa de estabelecer uma ligação entre os valores éticos e os fatos biológicos.

A bioética não se restringe à Biologia, envolve vários outros campos do conhecimento, como Medicina, Filosofia, Sociologia e Direito. O campo da bioética investiga as condições necessárias para conduzir a vida de forma responsável. Questões delicadas como a fertilização *in vitro*, o aborto, a clonagem, a eutanásia, o consumo de transgênicos, o uso de animais em pesquisas, são temas abordados pela bioética.

Para debater

A primeira normatização sobre a ética de pesquisa com seres humanos foi o Código de Nuremberg, de 1948, resultado do julgamento de crimes cometidos contra a humanidade pelo regime nazista. Sua revisão pela Assembleia Geral da Associação Médica Mundial, em 1965, resultou na Declaração de Helsinque, documento de referência internacional, atualizado cinco vezes, que estabelece diretrizes para as pesquisas médicas de modo a preservar a integridade física e moral dos voluntários.

O médico alemão Josef Mengele atuou no regime nazista. Ele trabalhava nos campos de concentração e praticava "experimentos" cruéis com os prisioneiros, como injetar tinta azul nos olhos de crianças, unir veias de gêmeos, manter pessoas em tanques de água gelada para testar a resistência à hipotermia, amputar membros e coletar milhares de órgãos.

Depois da guerra, Mengele mudou de nome e fugiu para o Brasil, onde viveu sob outra identidade. Ele morreu em 1979 sem nunca ter sido levado a julgamento como criminoso de guerra.

Josef Mengele (1911 – 1979).

1. Pesquisem informações em livros de História e outras fontes sobre as ideias defendidas pelos nazistas e seus "experimentos".

2. Discutam a importância de a sociedade ficar atenta aos riscos éticos e morais dos experimentos da biotecnologia atual. Que lições, nesse sentido, o nazismo nos deixou?

3. Com a biotecnologia, os cientistas pretendem, no futuro, identificar, por exame genético, doenças que ainda não se manifestaram, mesmo antes do nascimento, e curar outras, como diabetes, hipertensão, câncer e aids.
   a) Existe o risco de que todo esse conhecimento cause um novo tipo de discriminação e preconceito, já que provavelmente um dia será possível saber quais serão as deficiências físicas de uma pessoa antes mesmo de ela nascer?
   b) Como evitar novas formas de preconceito e discriminação sem desperdiçar os avanços da medicina?

Viver

O DNA e o teste de paternidade/maternidade

O teste de DNA determina a paternidade/maternidade biológica de crianças com probabilidade de 99,99% de acerto. O exame geralmente é feito por análise de glóbulos brancos do sangue do suposto pai ou mãe e da criança, cuja filiação é investigada, ou até de parentes consanguíneos.

O teste é feito em laboratório e examina apenas trechos bem específicos do DNA, chamados de polimórficos, porque variam muito de pessoa para pessoa. São utilizados *kits* padronizados que verificam sempre os mesmos trechos, porque é extremamente improvável que duas pessoas tenham as mesmas repetições em todos eles. Uma exceção são os gêmeos univitelinos, que têm o mesmo genótipo. Metade dos trechos analisados no DNA do filho devem estar presentes também no DNA do pai, e metade no da mãe.

O exame de DNA na investigação de maternidade e paternidade é gratuito para pessoas de baixa renda.

O direito à paternidade – Programa Pai Presente

Você sabia que, no Brasil, todas as pessoas têm o direito de ter sua paternidade reconhecida? Leia o texto a seguir.

O direito à paternidade é garantido pelo artigo 226, §7º, da Constituição Federal de 1988. O programa Pai Presente, coordenado pela Corregedoria Nacional de Justiça, objetiva estimular o reconhecimento de paternidade de pessoas sem esse registro.

A declaração de paternidade, isto é, o documento que afirma quem é o pai de uma pessoa, pode ser feita espontaneamente pelo pai ou solicitada por mãe e filho. Em ambos os casos, é preciso comparecer ao cartório de registro civil mais próximo do domicílio para dar início ao processo.

[...] A partir da indicação do suposto pai, feita pela mãe ou filho maior de 18 anos, as informações são encaminhadas ao juiz responsável. Este, por sua vez, vai localizar e intimar o suposto pai para que se manifeste quanto a paternidade, ou tomar as providências necessárias para dar início à ação investigatória.

Caso o reconhecimento espontâneo seja feito com a presença da mãe (no caso de menores de 18 anos) e no cartório onde o filho foi registrado, a família poderá obter na hora o novo documento.

Cartaz do programa Pai Presente.

Disponível em: <www.cnj.jus.br/programas-e-acoes/pai-presente>. Acesso em: 21 out. 2018.

1. Debata com os colegas a importância social de programas como o Pai Presente.
2. Citem outros exemplos de como a biotecnologia pode ser utilizada em casos relacionados à justiça e à legislação em geral.

Atividades

1. Após a leitura do texto a seguir, responda às questões e faça o que se pede.

> [...] A investigação forense dos restos mortais após um conflito armado e outras situações de violência armada possui dois objetivos. O primeiro é recuperar e examinar os restos para a investigação penal, que inclui determinar a causa e a maneira da morte; e o segundo é identificar os restos e, caso possível, entregá-los à família da pessoa morta. Este último objetivo ajuda os familiares a descobrirem o que aconteceu com seu parente e permite que os restos mortais sejam tratados apropriadamente dentro do contexto cultural, possibilitando que as famílias façam seu luto. [...] Nos últimos anos, as técnicas utilizadas para identificar restos mortais foram ampliadas e melhoradas, tornando-se mais complexas com o surgimento de tecnologias baseadas na análise de DNA. Em situações em que o DNA pode ser analisado, comparado e finalmente vinculado com o DNA dos parentes das pessoas desaparecidas, a identidade dos restos mortais pode ser comprovada sem nenhuma dúvida científica ou legal. Da mesma forma, a análise de DNA pode também provar que não existe nenhum parentesco. [...] O DNA mitocondrial (mtDNA) é uma pequena cadeia circular de DNA [...]. É encontrado nas organelas que produzem energia das células, as mitocôndrias. A vantagem de utilizar DNA mitocondrial é que ele está presente de forma múltipla nas células, sendo, portanto, fácil de recuperar de restos que não estejam bem conservados. O DNA mitocondrial é herdado somente da mãe. Isto significa que os restos mortais de uma pessoa podem ser comparados com amostras da sua mãe ou avó materna, uma irmã ou tios por parte de mãe, ou mesmo com parentes mais distantes desde que pertençam à linhagem materna. [...]
>
> Comitê Internacional da Cruz Vermelha. *Pessoas desaparecidas, análise de DNA e identificação de restos mortais.* Disponível em: <https://shop.icrc.org/icrc/pdf/view/id/845>. Acesso em: 21 out. 2018.

No Brasil e em países como a Argentina, a análise do DNA mitocondrial tem sido utilizada no reconhecimento de ossadas de desaparecidos políticos. Como isso é possível?

2. De acordo com o heredograma a seguir, identifique em cada geração indicada por I, II e III quais são os homens e quais são as mulheres. Depois, responda qual dos dois fenótipos representados – pintado e não pintado – tem mais chance de ser recessivo. Justifique sua resposta.

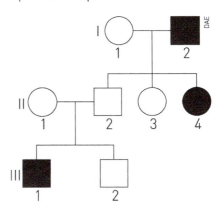

3. "Cada caráter é condicionado por um par de fatores que se separam na formação dos gametas." Ao enunciar essa lei, Mendel já admitia, embora sem conhecer, a existência de quais estruturas e de que processo de divisão celular? Utilize os conceitos atuais para explicar a afirmação de Mendel.

4. Nas flores conhecidas como copo-de-leite a transmissão hereditária da cor das pétalas ocorre por herança mendeliana simples, ou seja, há apenas um par de genes envolvidos com dominância completa.

De um cruzamento experimental de copos-de-leite vermelhos, resultou uma geração F1 bastante numerosa, em uma proporção de 3 descendentes vermelhos para cada branco (3:1). Ao analisar o genótipo da F1, os cientistas constataram que apenas um em cada três descendentes vermelhos era homozigoto para essa característica. Considerando esses dados, responda às questões.

a) Qual é a característica dominante?
b) Qual é o genótipo dos indivíduos de flores brancas?
c) Como deve ser a proporção genotípica da F1 desse cruzamento experimental?

CAPÍTULO 7
Teorias evolucionistas

Representação simplificada em cores-fantasia e tamanhos sem escala.

A imagem à esquerda representa o conceito de fixismo, em que as espécies seriam imutáveis. À direita está representado o pensamento evolucionista, teoria que considera as espécies atuais o resultado de mudanças lentas e sucessivas das espécies do passado.

Até meados do século XVIII, predominava a ideia de que as espécies eram fixas e imutáveis, que cada uma teria surgido de maneira independente e mantido sempre as mesmas características, sem se modificar ao longo do tempo. Esse pensamento correspondia ao **fixismo**.

A partir do século XIX, alguns cientistas começaram a defender a hipótese de que as espécies se modificam e evoluem com o passar do tempo, e tentaram explicar de que maneira essa evolução poderia ocorrer. Esses cientistas eram adeptos do **evolucionismo**.

Evolucionistas defendem a hipótese de que todos os seres viventes atuais compartilham um ancestral comum.

Lamarckismo

Jean-Baptiste Lamarck (1744-1829) acreditava que os seres vivos evoluíam e se modificavam de acordo com as mudanças do ambiente. Sua teoria era fundamentada em duas leis: a lei do **uso e desuso dos órgãos** e a lei da **herança dos caracteres adquiridos**.

Segundo a lei do uso e desuso dos órgãos, quanto mais um órgão fosse utilizado, mais se desenvolveria; em contrapartida, se fosse pouco utilizado, atrofiaria. Sabemos que algumas características podem, de fato, sofrer alterações de acordo com fatores do ambiente, como a cor da pele, que, se for muito exposta ao Sol, pode adquirir um tom mais escuro. Entretanto, o que se herda é a capacidade de produzir o pigmento e distribuí-lo na pele, ou seja, o que se transmite hereditariamente é o genótipo e não o fenótipo. Além disso, há características sobre as quais o ambiente exerce pouca ou nenhuma influência, como os tipos sanguíneos A, B, AB e O.

Jean Baptiste Lamarck (1744-1829).

A lei da herança dos caracteres adquiridos afirma que a característica adquirida pelo uso ou desuso seria transmitida aos descendentes. Essa lei também não se sustenta, afinal somente uma modificação no material genético pode ser transmitida às gerações futuras e, mesmo assim, apenas se ela ocorrer nos genes das **células germinativas**, que dão origem aos gametas.

zoom

- Como os cientistas explicaram anteriormente a evolução?
- Que fatores são considerados hoje para explicar essa teoria?
- O que significa seleção natural?

126

Na verdade, Lamarck tentava explicar a modificação dos seres vivos com base nas necessidades de se adaptarem a determinados ambientes. Assim, quando surgisse uma necessidade específica, o ser desenvolveria características que, de alguma maneira, seriam transmitidas para as futuras gerações.

Um exemplo clássico que ilustra essa teoria é a explicação de como as girafas teriam adquirido

Segundo o lamarckismo, o fato de a girafa esticar continuamente o pescoço para alcançar folhas de árvores teria causado o alongamento dele.

seus longos pescoços. De acordo com o lamarckismo, os ancestrais das girafas seriam animais de pescoço curto que se alimentavam de vegetação rasteira. Com o passar do tempo, essa vegetação começou a ficar escassa e alguns deles passaram a se alimentar de folhas de árvores em ramos cada vez mais altos. Para alcançar essas folhas, o animal precisava esticar o pescoço, que assim se tornou um pouco mais comprido. Essa característica teria passado à prole, que continuaria a esticar o pescoço para alcançar folhas mais altas e, ao longo de várias gerações, isso teria resultado em animais de pescoço longo, como os que conhecemos atualmente.

Darwinismo

O naturalista Charles Darwin (1809-1882) embarcou no navio Beagle, a serviço da Inglaterra, para uma viagem de mapeamento e pesquisas ao redor do mundo, que durou cinco anos.

Durante essa expedição, Darwin fez o levantamento da flora e da fauna de vários lugares por onde passou e coletou organismos de diversas espécies para seus estudos. Uma de suas paradas ocorreu em um conjunto de ilhas do Oceano Pacífico, chamadas Galápagos, onde verificou que cada ilha tinha uma fauna característica, principalmente de pássaros, tartarugas e lagartos.

Darwin observou, por exemplo, que os pássaros eram semelhantes, mas tinham bicos de formatos diferentes. Notou também que a forma do bico estava relacionada ao tipo de alimento disponível em cada ilha. Assim, ele constatou a variabilidade de características entre os organismos, mas não sabia explicar a origem dessa variabilidade.

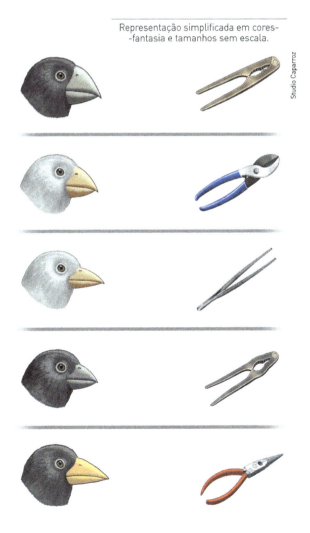

Representação simplificada em cores-fantasia e tamanhos sem escala.

Nas ilhas com alimento de consistência macia, como frutos e brotos vegetais, predominam pássaros com bicos pequenos e delicados; nas ilhas em que há sementes como alimento, predominam pássaros com bicos grandes e maciços.

A luta pela sobrevivência

Depois de ler um ensaio sobre o princípio da população de Malthus – segundo o qual a produção de alimentos acontece em progressão aritmética e as populações crescem em progressão geométrica –, Darwin propôs que, apesar do grande número de nascimentos, as populações tendem a se manter constantes. De acordo com ele, embora nem todos os membros de uma população sobrevivam, sempre haveria indivíduos mais aptos, isto é, mais bem adaptados do que outros e, portanto, com maiores chances de sobrevivência.

Se as condições do ambiente permanecem constantes, as espécies também permanecem. Se o ambiente muda, a espécie que era adaptada a ele pode deixar de sê-lo; no entanto, alguns indivíduos da população podem se mostrar mais bem adaptados às características do novo meio e, consequentemente, deixar mais descendentes. Nas gerações seguintes, eles serão a maioria, e, com o passar de muitos anos, a espécie terá se modificado. Se a modificação do ambiente ocorrer de modo que nenhum indivíduo sobreviva, a espécie entrará, então, em **extinção**.

Charles Darwin (1809-1882) e Alfred Russel Wallace (1823-1913).

Ampliar

Infográfico – Charles Darwin e a origem das espécies
https://escolainterativa-diaadia-pr-gov-br.escoladigital.org.br/odas/charles-darwin

A origem das espécies,
de Charles Darwin (Martin Claret).
Obra-prima do evolucionista Charles Darwin, em que desenvolve todos os preceitos de sua teoria da evolução.

Assim surgiu, em 1838, o conceito de **seleção natural**: os organismos com características que possibilitam melhor adaptação ao ambiente têm maiores chances de chegar à fase adulta e deixar descendentes. Dessa forma, essas características tendem a ser preservadas, enquanto as que diminuem a adaptabilidade dos organismos tendem a ser eliminadas.

O naturalista britânico Alfred Russel Wallace (1823-1913) chegou de forma independente às mesmas conclusões do trabalho de Darwin: a concepção de seleção natural. Quando Darwin tomou conhecimento desse fato, ambos comunicaram conjuntamente os resultados de seus estudos em julho de 1858 à *Linnean Society* de Londres, e logo a seguir publicaram-nos na revista dessa mesma sociedade.

Até a segunda metade do século XIX, a ideia lamarckista de herança de características adquiridas pelo uso e pelo desuso conviveu com a ideia de evolução por seleção natural. Em 1883, August Weissmann realizou o seguinte experimento com camundongos em seu laboratório:

Cada vez que um camundongo nascia, tinha a cauda cortada. Os camundongos cresciam sem cauda e se reproduziam. A cada nova prole, a cauda era novamente cortada, por sucessivas gerações. Weissmann observou que os camundongos nasciam com caudas do mesmo tamanho da geração anterior antes de serem cortadas, logo comprovou que a caraterística adquirida não era passada à descendência.

Representação simplificada em cores-fantasia e tamanhos sem escala.

Ao longo de 20 gerações de camundongos, Weissmann cortou as caudas dos indivíduos que nasciam e deixou que se reproduzissem. Ainda assim, os camundongos continuavam nascendo com caudas do mesmo tamanho que nas gerações anteriores, desmentindo a ideia de que os caracteres adquiridos eram transmitidos.

Quadro comparativo entre as ideias de Lamarck e de Darwin

> **zoom**
> - Qual é a importância do trabalho de Lamarck e de Darwin na história da evolução?
> - Considerando o contexto histórico, você acha que houve resistência da sociedade às ideias defendidas por eles?

	Lamarck	Darwin
Principal obra	*Filosofia zoológica* (1809)	*A origem das espécies* (1859)
Evolucionista ou fixista	Evolucionista	Evolucionista
Seleção de características	Lei do uso e desuso: características adaptativas surgem por necessidades criadas no ambiente.	Seleção natural: indivíduos com características adaptativas vantajosas em um ambiente têm mais chance de sobreviver e se reproduzir.
Transmissão de características	Características adquiridas pelo uso são transmitidas aos descendentes.	Indivíduos mais aptos se reproduzem e transmitem suas características aos descendentes. Não soube explicar o mecanismo de herança.
Papel do meio	O meio induz o surgimento da adaptação.	O meio seleciona as adaptações já existentes.

Neodarwinismo

Também chamado de **teoria sintética da evolução**, o **neodarwinismo** reúne as ideias de Darwin e os novos conhecimentos científicos, especialmente no campo da Genética. Além da seleção natural, essa teoria reconhece que os principais fatores evolutivos são as **mutações** e a **recombinação gênica**, entre outros.

O neodarwinismo só foi elaborado após a reconsideração dos trabalhos de Mendel em Genética. Além disso, foi fundamental o aprofundamento do conceito de gene, pois com base nesse conhecimento foi possível determinar os principais fatores responsáveis pela variedade dos seres vivos – as mutações e a recombinação gênica –, aspectos que Darwin desconhecia quando desenvolveu sua teoria.

A importância da adaptação ao meio ambiente

Imagine o que aconteceria com plantas adaptadas a um tipo de ambiente com bastante água disponível, caso algum fenômeno provocasse a escassez permanente de água ou mesmo se houvesse um período temporário de seca. Apenas as plantas com características que evitassem perda de água excessiva sobreviveriam às novas condições ambientais. As características que possibilitariam sua sobrevivência poderiam ser um revestimento impermeável, que evita perda excessiva de água para o ambiente; raízes mais compridas, que facilitam a absorção de água em solo mais profundo; tecidos armazenadores de água e a perda de folhas.

Xique-xique, cacto típico do sertão nordestino do Brasil.

É possível concluir, portanto, que, diante de novas e diferentes exigências do ambiente, só os mais aptos àquele determinado meio sobrevivem. Nesse exemplo, provavelmente sobreviveriam as plantas adaptadas à seca. A sobrevivência em determinado ambiente está relacionada ao fato de a espécie estar adaptada às condições oferecidas por esse meio. A adaptação depende das características naturais de cada espécie, que podem ou não ser vantajosas, favorecer ou dificultar a sobrevivência dos indivíduos.

Se o ambiente é modificado, as características que antes eram vantajosas podem deixar de ser. Diante de alterações ambientais, um ser — antes bem-adaptado — pode ser desfavorecido e ter sua sobrevivência comprometida.

Um determinado inseto cuja aparência é frágil, mas consiga ficar camuflado em uma árvore, como o bicho-pau, pode escapar de ser devorado por predadores. Desta maneira, esse inseto leva vantagem em relação a outro que também busque refúgio na mesma árvore, porém tenha cores vivas e chame a atenção dos predadores.

Quando uma espécie têm características que a favorecem em determinado meio, ela tem mais chances de sobreviver, reproduzir-se e, assim, garantir sua continuidade na natureza e deixar mais descendentes. Quando, ao contrário, as características da espécie não a favorecem no ambiente em que vive, ela tende a desaparecer.

> **zoom**
> - Ser mais apto significa ser mais forte? Pense em diferentes seres que estão muito bem adaptados na natureza.

O bicho-pau é um inseto que se camufla nas árvores. A capacidade de se camuflar é uma vantagem adaptativa.

Mecanismos evolutivos

Cada população apresenta um **conjunto gênico** que, sujeito a mecanismos evolutivos, pode ser alterado. Os fatores evolutivos que atuam sobre o conjunto gênico da população podem agir sobre a variabilidade genética das populações.

> **Glossário**
> **Conjunto gênico:** totalidade dos genes presentes em uma população.

Mutações

Mutações, como já vimos, são alterações no material genético, o DNA. A mutação é uma das principais fontes de variação hereditária.

As mutações não ocorrem para adaptar o indivíduo ao ambiente; elas acontecem ao acaso e, por seleção natural, são mantidas na população quando têm função adaptativa (seleção positiva) ou nula; caso contrário, são eliminadas (seleção negativa).

As mutações podem ocorrer em células somáticas ou em células germinativas. Neste último caso podem ser transmitidas aos descendentes, visto que são as células precursoras dos gametas.

Embora não leve ao surgimento de novos genes como as mutações, é importante lembrar do papel da **recombinação gênica**. Esse processo reorganiza os genes já existentes nos cromossomos. Ele ocorre durante a meiose, na formação dos gametas, possibilitando grande número de combinações gênicas, dando origem a gametas geneticamente diferentes. Por meio da recombinação gênica, uma população pode ter sua variabilidade genética aumentada sem a adição de novos genes.

> **Ampliar**
>
> **Darwin e a evolução,**
> de Steve Parker (Scipione – Coleção Caminhos da Ciência).
> O livro narra a vida e a obra do naturalista inglês Charles Darwin.
>
> **Evolução e biodiversidade: o que nós temos com isso?,**
> de Beatriz Marcondes e Maria Elisa Marcondes Helene (Scipione – Coleção Ponto de Apoio).
> As autoras explicam a relação entre biodiversidade e a evolução.
>
> **Criação**
> Reino Unido, 2009. Direção: Jon Amiel, 108 minutos.
> O filme conta a história de Charles Darwin no período em que escreveu o livro A origem das espécies, que fundamentou a teoria da evolução por seleção natural.

Seleção natural

A **seleção natural** é definida como um conjunto de fatores ambientais que atuam nas populações, tanto no sentido positivo, ou seja, na sobrevivência diferencial e capacidade reprodutora diferencial, como no negativo, por mortalidade diferencial.

Ela favorece a sobrevivência dos detentores de dada característica que proporcione melhor adaptação ao meio ou elimina os indivíduos cujas características os coloquem em desvantagem nesse meio.

Amplitude da variabilidade conforme a força da seleção natural

Os gráficos ilustram duas situações hipotéticas: à esquerda, a seleção forte faz predominar indivíduos de médio porte. Já à direita, a seleção fraca possibilita a existência de uma quantidade maior de indivíduos de tamanhos variados.

A natureza seleciona o mais apto, ou seja, o que tem mais chances de sobreviver, deixar descendentes e garantir a continuidade da espécie. As características vantajosas dos sobreviventes vão se perpetuando e acumulando na espécie. A seleção natural age constantemente. A cada modificação no ambiente, a população pode diminuir ou mesmo desaparecer. Se ocorre o contrário, isto é, se a população suporta as novas condições e se mostra adaptada, pode sobreviver, deixar descendentes e aumentar em número.

Anemia falciforme e malária

Um caso clássico de seleção natural relacionado à espécie humana refere-se à incidência da malária na África. Para completar seu ciclo de vida no sangue do hospedeiro, o protozoário parasita (plasmódio) instala-se dentro das hemácias, onde se reproduz e dá continuidade à infestação.

Algumas doenças que causam alterações nas hemácias, alvo principal do plasmódio, funcionam como proteção contra a malária. A anemia falciforme, doença muito comum na África, é uma delas.

De origem genética, essa doença pode ser transmitida aos descendentes. A hemácia se deforma quando a concentração de gás oxigênio é baixa e adquire forma de foice. O quadro pode se tornar grave e causar a morte do portador. Em muitos casos, a pessoa pode carregar o traço falciforme, situação em que apenas parte das hemácias são falciformes.

Nas pessoas com hemácias normais, o plasmódio realiza o ciclo vital completo, causando a malária. Quando o protozoário parasita penetra na hemácia falciforme, entretanto, ela se rompe antes que ele consiga se reproduzir. Isso fez com que o número de casos de anemia falciforme fosse proporcionalmente maior na África, como efeito da seleção natural.

Quem tem o traço falciforme não contrai malária e não morre por anemia. Essas pessoas, na África, levam vantagem em relação às que não têm anemia falciforme e às que têm a forma grave da doença. Elas sobrevivem e transmitem suas características aos descendentes. Porém, em outros lugares onde a incidência da malária é menor do que na África, é mais vantajoso não ter anemia falciforme ou traço falciforme. Isso mostra a relação entre as condições ambientais e a ação da seleção natural sobre a variabilidade genética nas populações.

Resistência de bactérias a antibióticos – Seleção artificial

Inicialmente, as bactérias estão adaptadas a determinada condição ambiental. Se introduzirmos no meio certa quantidade de algum antibiótico, haverá grande mortalidade de indivíduos, mas alguns poucos, que já apresentavam mutações que lhes conferiam resistência a essa substância, sobreviverão. Estes, por sua vez, ao se reproduzirem, originarão indivíduos resistentes ao antibiótico. À medida que aumenta o número de bactérias com resistência a determinado antibiótico, este perde sua eficácia no combate a elas.

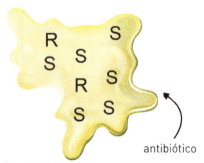

População inicial, com indivíduos sensíveis (S) e indivíduos resistentes (R) a um antibiótico.

Eliminação dos indivíduos sensíveis.

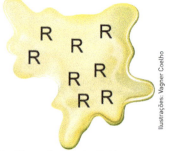

Proliferação dos indivíduos resistentes, que passam a constituir uma nova população.

Esquema simplificado do mecanismo de seleção de bactérias resistentes.

Especiação

Mecanismos de especiação são os que determinam a formação de espécies novas. Vamos tomar como exemplo uma população existente em determinada área geográfica em dado momento.

Suponhamos que o ambiente onde essa população vive sofra alterações bruscas, como modificações climáticas ou eventos geológicos (terremotos, formações de montanhas etc.). Essas alterações podem causar o surgimento de faixas de território que separem a população original em áreas isoladas, formando uma barreira geográfica.

As barreiras geográficas impedem a troca de genes entre os indivíduos das populações por elas separadas.

Além disso, as condições do ambiente, nas áreas separadas pela barreira, dificilmente são as mesmas, o que determina diferentes pressões seletivas. Isso significa que características vantajosas para a sobrevivência em um dos ambientes não serão necessariamente vantajosas no outro.

O conjunto gênico de cada uma das populações assim separadas vai se modificando ao longo do tempo, podendo levar ao isolamento reprodutivo, isto é, caso seus descendentes voltem um dia a conviver, podem não ser mais capazes de cruzar entre si e gerar descendentes férteis. Quando isso ocorre, considera-se que essas populações pertencem a espécies distintas.

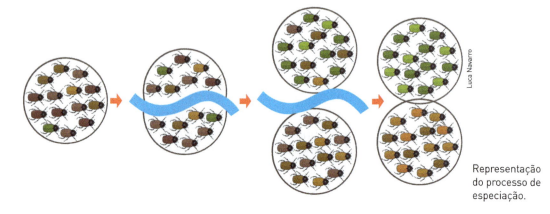

Representação do processo de especiação.

Atividades

1. Em relação à biodiversidade, em que diferem basicamente o fixismo e o evolucionismo?

2. Quais são as duas leis que Lamarck utilizou para explicar a evolução? O que se sabe sobre elas atualmente?

3. É correto afirmar que, segundo a teoria da seleção natural, os mais fortes sobrevivem?

4. O que são mutações? Que relação esse fenômeno tem com a evolução?

5. Para Lamarck, assim como para Darwin, o ambiente exercia papel central na evolução biológica. Qual é a principal diferença entre o pensamento lamarckista e o darwinista em relação ao papel desempenhado pelo ambiente na evolução?

6. Que relação há entre seleção natural e variabilidade?

7. Leia o texto a seguir.

> A bactéria KPC (*Klebsiella pneumoniae carbapenemase*), a "superbactéria", foi identificada pela primeira vez nos Estados Unidos, em 2000, depois de ter sofrido uma mutação genética, que lhe conferiu resistência a múltiplos antibióticos (aos carbapenêmicos, especialmente) e a capacidade de tornar resistentes outras bactérias. Essa característica pode estar diretamente relacionada com o uso indiscriminado ou incorreto de antibióticos.
> [...]
> A KPC pode causar pneumonia, infecções sanguíneas, no trato urinário, em feridas cirúrgicas, enfermidades que podem evoluir para um quadro de infecção generalizada.
> [...]
> A resistência aos antibióticos não é um fenômeno novo nem específico da espécie Klebsiella.
> Felizmente, esses germes multirresistentes não conseguem propagar-se fora do ambiente hospitalar.
>
> Drauzio Varella. Bactéria KPC, a superbactéria. Disponível em: <http://drauziovarella.com.br/clinica-geral/infeccao-hospitalar>. Acesso em: 21 out. 2018.

Os antibióticos são compostos químicos de origem natural ou sintética (medicamentos) que atuam no combate às bactérias. Explique como a automedicação e o uso inadequado desse medicamento podem, depois de algum tempo, resultar na sua ineficácia.

8. Considerando os principais aspectos do neodarwinismo, observe o esquema a seguir.

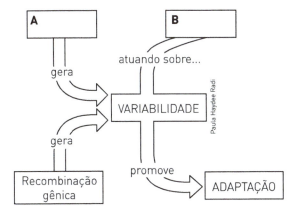

a) A quais conceitos **A** e **B** se referem no esquema?

b) Que fator é fundamental para a recombinação gênica em animais e plantas?

9. Pedro perguntou ao professor:

> Os gafanhotos tornaram-se verdes para se camuflar na grama ou os que eram verdes se multiplicaram por se camuflar melhor?

Explique a diferença entre as duas alternativas. Qual delas é correta?

10. Leia o trecho a seguir do livro *A origem das espécies*, de Charles Darwin. Em seguida, responda às questões.

> [...] Como, de cada espécie, nascem muito mais indivíduos do que o número capaz de sobreviver e como, consequentemente, ocorre uma frequente retomada da luta pela existência, segue-se daí que qualquer ser que sofra uma variação, mínima que seja, capaz de lhe conferir alguma vantagem sobre os demais, dentro das complexas e eventualmente variáveis condições de vida, terá maior condição de sobreviver.
>
> Charles Darwin. *A origem das espécies*. Disponível em: <http://ecologia.ib.usp.br/ffa/arquivos/abril/darwin1.pdf>.

a) A que processo Darwin se refere no texto?

b) Considerando a teoria darwinista clássica e o neodarwinismo, apresente um ponto comum e uma diferença entre as duas possíveis explicações para o processo evolutivo.

Retomar

1. Reveja os conceitos de **gene, código genético, mutação** e **genoma** e escreva um pequeno texto relacionando-os corretamente.

2. Observe a figura e indique quais alternativas são verdadeiras.

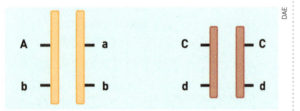

a) Cromossomos homólogos estão representados por cores diferentes.
b) O gene alelo **A** ocupa o mesmo *locus* gênico que o gene alelo **b**.
c) Os genes alelos **C** e **C** ocupam diferentes *loci* gênicos.
d) O par de alelos **Aa** é heterozigoto.
e) O par de alelos **bb** é heterozigoto.
f) O gene alelo **d** é recessivo.
g) O gene alelo **A** é dominante.

3. Os esquemas a seguir representam duas células – uma diploide e outra haploide – de determinada espécie. Analise-os e faça o que se pede.

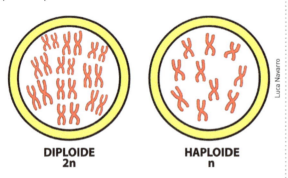

DIPLOIDE 2n — HAPLOIDE n

a) Classifique as células em somáticas e reprodutivas (gametas).
b) Quantos cromossomos há nas células somáticas e nas células reprodutivas (gametas) dessa espécie? Justifique sua resposta.

4. Em 2017 foi noticiado que o Sistema Único de Saúde (SUS) deveria oferecer testes aos casais que quiserem saber se há maior risco de gerarem um bebê com alguma doença de causa genética. Um desses testes é a análise dos cariótipos.

Sabendo disso, responda às questões.

a) O que é um cariótipo?
b) O que a análise desse teste permite identificar?

5. Explique a relação entre genótipo, fenótipo e ambiente.

6. Um gene é considerado recessivo quando sua expressão no fenótipo:
a) só ocorre em homozigoze.
b) só ocorre se estiver em dose simples.
c) independe de seu alelo.
d) só depende de características congênitas.
e) ocorre em 50% da prole.

7. No heredograma a seguir, os indivíduos pintados de preto têm uma anomalia determinada por um gene dominante. Analise-o e faça o que se pede.

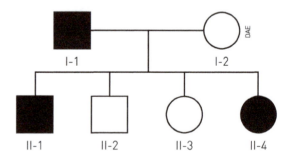

a) Identifique os indivíduos que são homozigotos.
b) Identifique os indivíduos que são heterozigotos.
c) Se o indivíduo II-4 casar-se com uma portadora da mesma doença, qual será o genótipo e o fenótipo de seus descendentes?
d) Qual é a propabilidade do casal do item anterior ter um filho normal?

As imagens desta página não estão representadas na mesma proporção.

8 As ervilhas são plantas da família das leguminosas, seu fruto tem forma de vagem e suas flores são hermafroditas (ou seja, têm órgãos reprodutores masculinos e femininos).

A planta da ervilha pode chegar a 1m de altura.

a) Mencione duas possíveis razões que levaram Mendel a optar pelas ervilhas em seu trabalho.

b) Pesquise as vantagens de usar a mosca-de-fruta (*Drosophila melanogaster*) em vários estudos da Genética. Compartilhe com os colegas as informações obtidas.

9 Os morcegos têm membros superiores com formato de asas membranosas, o que os torna os únicos vertebrados mamíferos naturalmente capazes de voar. Atuam na polinização e dispersão das sementes de diversas plantas e podem, inclusive, recuperar áreas desmatadas. As espécies com hábito alimentar insetívoro auxiliam no controle de insetos noturnos no campo e nas cidades.

Acerca desses animais, analise as duas afirmações a seguir.

- O morcego tem asas para voar.
- O morcego voa porque tem asas.

Do ponto de vista evolutivo, qual das explicações é lamarckista? Justifique explicando o que ocorreu na evolução desses animais à luz da seleção natural.

10 A teoria moderna da evolução, ou teoria sintética da evolução, incorporou quais conceitos à teoria original proposta por Darwin?

11 Observe a imagem a seguir e responda às questões.

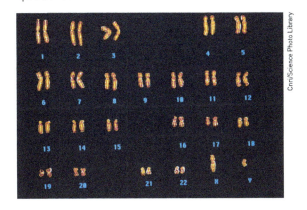

a) O que a imagem representa?

b) Qual é o sexo biológico do indivíduo retratado? Justifique sua resposta com base na imagem.

12 Observe sua orelha e a de um colega. Seus lóbulos são soltos ou presos?

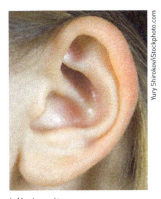
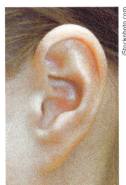

Lóbulo solto.   Lóbulo preso.

Sabendo que essa característica é controlada por um par de genes alelos e que o alelo responsável pelo lóbulo solto é dominante, enquanto o responsável pelo lóbulo preso é recessivo, responda às questões.

a) Qual deve ser o genótipo de um indivíduo de lóbulo preso? Por quê?

b) Que genótipo deve ter um indivíduo de lóbulo solto e filho de mãe com lóbulo preso? Por quê?

135

Visualização

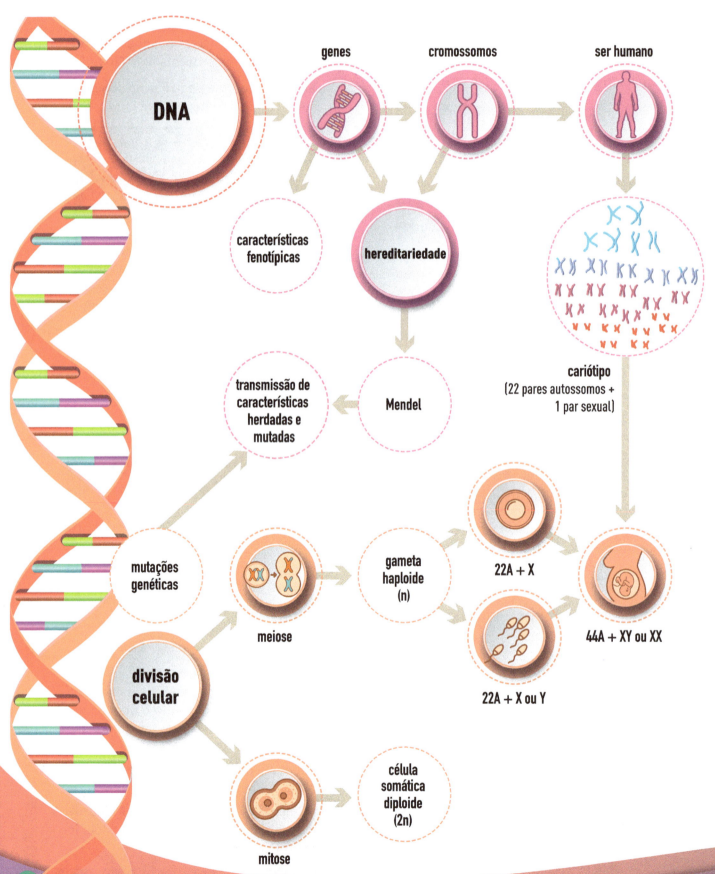

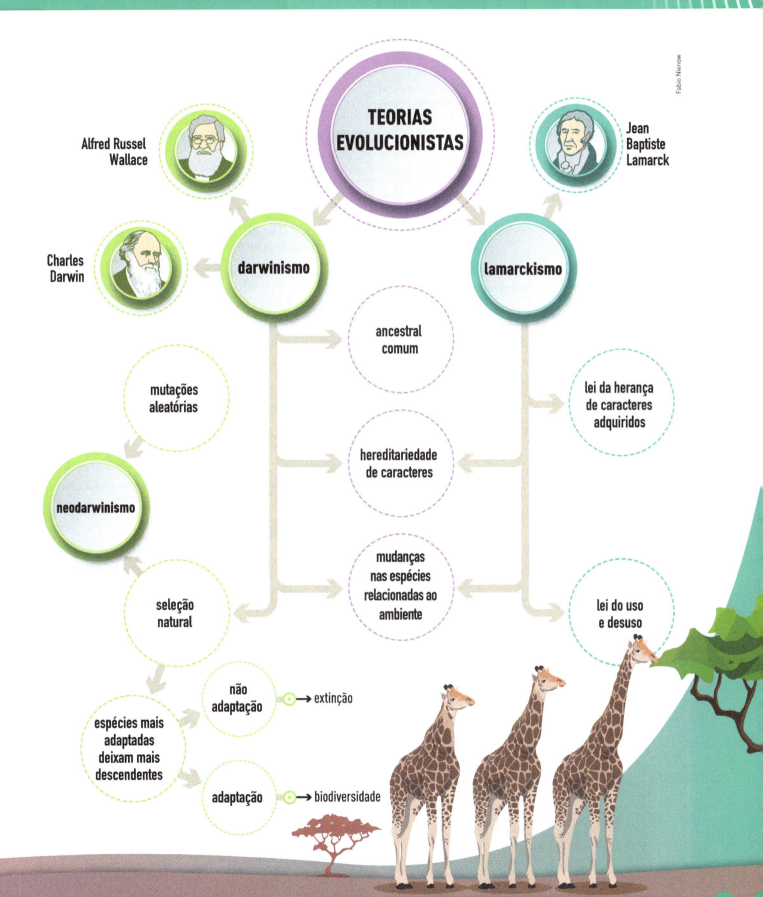

UNIDADE 3

> **Antever**

Biodiversidade ou diversidade biológica são termos que remetem ao conceito de vida. De modo simplificado, a biodiversidade pode ser compreendida como a variedade de seres vivos encontrada no ambiente, e pode ser mensurada de modo local ou global, abrangendo o número de espécies e as variações encontradas nas populações de uma mesma espécie. Há lugares no planeta Terra em que a biodiversidade é maior e mais evidente, enquanto em outras regiões quase não notamos a presença de vida. Observe na ilustração a seguir uma pequena amostra da biodiversidade planetária.

1 As formas de vida atuais sempre existiram no planeta?

2 Além do que está escrito na introdução, para você, o que é a biodiversidade?

3 Por que é importante garantir a biodiversidade?

4 Que ameaças existem contra a diversidade na Terra? E no Brasil?

Representação da diversidade de seres vivos de diferentes ambientes em todo o mundo.

Evolução e biodiversidade

As imagens desta página não estão representadas na mesma proporção.

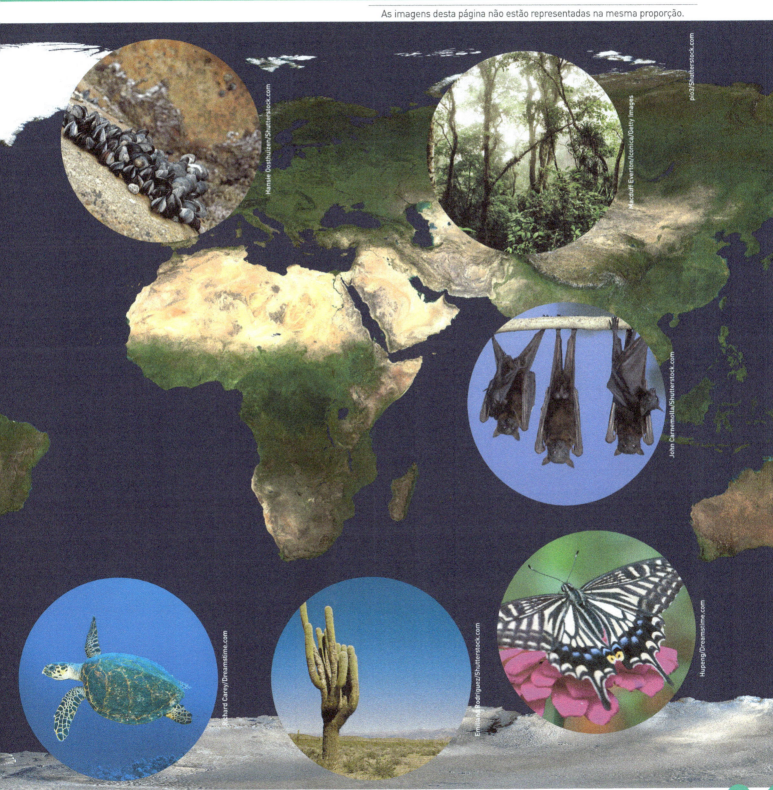

CAPÍTULO 8
Diversidade biológica

A **biodiversidade** ou **diversidade biológica** pode ser compreendida considerando-se tanto a variedade de formas de vida no planeta quanto as variações entre indivíduos que pertencem à mesma espécie.

Assim, o grau de variabilidade encontrado em biomas, ecossistemas, **comunidades**, **populações** e indivíduos tem relação direta com o grau de biodiversidade.

Desde as viagens de estudo e explorações ocorridas no século XIX, de cientistas como Charles Darwin e Alfred Russel Wallace, observou-se que existe uma grande diferença entre biomas de regiões distintas e, mesmo dentro dos biomas, ecossistemas também divergem em suas características físicas e composição de espécies.

Alguns padrões gerais foram constatados. Por exemplo, a região tropical apresenta uma maior biodiversidade quando comparada a outras regiões do mundo.

Vamos analisar a biodiversidade em diferentes níveis e, para isso, usaremos de exemplo a biodiversidade em aves.

> **Glossário**
> **Comunidade:** grupo de diferentes populações que vivem no mesmo local em um determinado período de tempo.
> **População:** conjunto de indivíduos de uma mesma espécie que vive em uma determinada área geográfica em um certo período de tempo.

Diversidade genética

Como visto nos estudos de evolução e genética da Unidade 2, os indivíduos são geneticamente diferentes entre si graças às mutações e à reprodução sexuada.

A diversidade genética é um fator fundamental para a sobrevivência das espécies e para os mecanismos evolutivos. Ela está diretamente relacionada ao potencial adaptativo e a maiores chances de sobrevivência de uma espécie.

O problema de redução da variabilidade genética é comum em populações pequenas e isoladas.

Ararinha-azul.

Podemos usar o exemplo da ararinha-azul (*Cyanopsitta spixii*), ave que habitava o nordeste brasileiro, mas agora é considerada extinta na natureza. Para reverter a situação, é possível tentar introduzir na natureza indivíduos criados em cativeiro. O grande desafio, além da adaptação ao ambiente natural, é buscar a maior diversidade genética possível. Se apenas indivíduos geneticamente próximos forem introduzidos para reiniciar a população natural, as chances de sobrevivência diminuirão. Uma doença, por exemplo, poderia matar todos os indivíduos, já que eles seriam geneticamente parecidos e suscetíveis.

Diversidade de espécies

Novas espécies de aves ainda estão sendo identificadas e o conhecimento sobre a distribuição geográfica de muitas espécies tem se ampliado graças ao trabalho de observadores de pássaros, **ornitólogos** e às coleções de museus.

Esses dados permitem documentar e analisar padrões, estimar a diversidade de espécies e examinar as que são geograficamente restritas (endemismo). Também permitem investigar a localização de *hotspots* de biodiversidade, as espécies em risco de extinção e orientar a prioridade no estabelecimento de áreas de conservação.

A diversidade de espécies de aves é usada como indicador de qualidade ambiental por elas serem um grupo diverso, bem estudado, de fácil amostragem (pelo canto, cor e forma) e que apresenta respostas diversas às variações ambientais.

> **Glossário**
> **Ornitólogo:** é o pesquisador especializado no ramo da biologia dedicado ao estudo das aves.

Pavão.

Pinguim-macaroni.

Tuiuiú.

Trinta-réis-real.

Harpia.

Tucano.

Diversidade de comunidades e ecossistemas

As aves são integrantes de diferentes comunidades, interagindo com outros seres vivos em relações interdependentes. Elas atuam como polinizadores e dispersores de sementes, desempenhando papel na manutenção da diversidade das comunidades de plantas. Também podem atuar no controle populacional de suas presas, como os insetos. A diversidade dessas comunidades leva em conta não só as espécies de aves, mas todos os seres vivos envolvidos.

As comunidades estão inseridas e adaptadas ao meio físico, caracterizando os ecossistemas. Você pode constatar que nesses ecossistemas há uma variedade de comunidades adaptadas às condições ambientais específicas (clima, tipos de plantas, predadores, alimento disponível etc.).

Diferentes ecossistemas têm diferentes comunidades e, consequentemente, uma biodiversidade específica. Conhecer um ecossistema e suas relações implica conhecer sua biodiversidade.

Beija-flor.

Riqueza e abundância

Para conhecer e avaliar a biodiversidade, os cientistas consideram dois fatores que se inter-relacionam:
- **riqueza**, definida como o número de espécies encontradas em uma região;
- **abundância**, que é o tamanho da população de uma espécie em uma determinada região.

Vejamos um exemplo a seguir.
- Na região 1, considere uma amostra de 20 indivíduos distribuídos em 4 espécies com 5 indivíduos cada.
- Na região 2, considere outra amostra também com 20 indivíduos em 4 espécies, mas uma das espécies apresenta 14 indivíduos e as outras, apenas 2 indivíduos cada.

> - A biodiversidade pode ser medida?
> - Riqueza e abundância de espécies são a mesma coisa?

Representação simplificada em cores-fantasia e tamanhos sem escala.

Duas regiões com a mesma composição de espécies, mas com abundâncias diferentes.

Perceba que a riqueza de espécies é a mesma nas duas comunidades (4 espécies), mas a comunidade 1 possui abundância mais equilibrada entre as espécies. Na comunidade 2, a espécie A possui uma abundância muito maior, sendo considerada a espécie dominante. Esse termo refere-se apenas à maior quantidade de indivíduos e não possui relação com qualquer outra característica nem significa que a espécie dominante é melhor que as outras.

Logo, quando consideramos a riqueza e abundância de espécies, a região 1 possui maior biodiversidade que a região 2.

Aspectos evolutivos e ambientais

Vimos até agora que a biodiversidade ocorre em diversos níveis. Na unidade anterior, estudamos como essa diversidade se originou e de que maneira o ambiente atua nesse processo, por meio da seleção natural.

> Quais são as evidências de que as espécies evoluem?

A evolução é embasada em evidências muito fortes a seu favor, encontradas no estudo comparativo dos organismos, na homologia e na analogia de certos órgãos, na embriologia, no estudo dos fósseis e na comparação de proteínas.

Homologia dos órgãos

As imagens desta página são representações simplificadas em cores-fantasia e tamanhos sem escala.

Uma espécie, ao ocupar diferentes ambientes, estará submetida a condições ambientais distintas. As diversas populações sofrem ações da seleção natural específicas de cada ambiente. No decorrer do tempo, as populações desenvolvem características exclusivas, podendo surgir novas espécies a partir da espécie ancestral. A esse processo denominamos **irradiação adaptativa**.

A diversificação dos mamíferos placentários é um exemplo de irradiação adaptativa. De um ancestral comum e um longo processo evolutivo surgiram novas espécies, adaptadas a diversos tipos de hábitats, terrestres ou aquáticos.

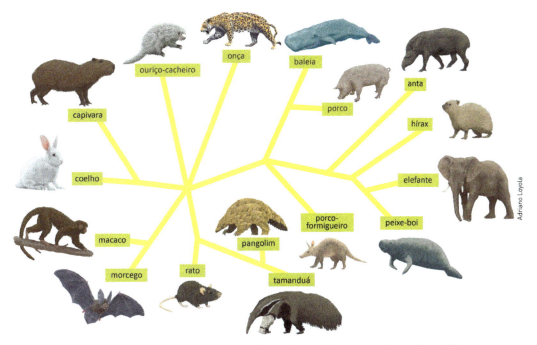

Esquema representativo da irradiação adaptativa dos mamíferos placentários, mostrando sua diversidade.

A homologia dos órgãos está diretamente relacionada à irradiação adaptativa. Por **homologia** entende-se a semelhança entre estruturas de diferentes organismos, devido à mesma origem embriológica. As estruturas homólogas podem exercer ou não a mesma função. Por exemplo, o braço do ser humano, a pata do cavalo, a asa do morcego e a nadadeira da baleia são estruturas homólogas entre si, pois todas têm a mesma origem embriológica.

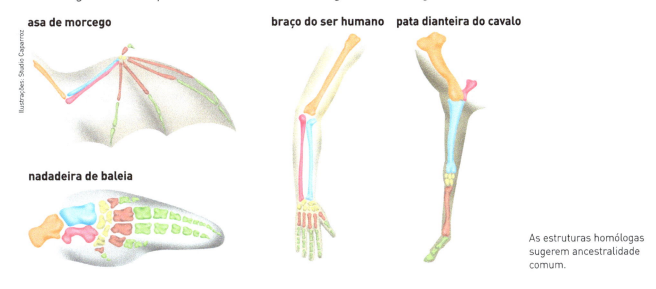

As estruturas homólogas sugerem ancestralidade comum.

Analogia dos órgãos

As imagens desta página são representações simplificadas em cores-fantasia e tamanhos sem escala.

A **analogia** refere-se à semelhança morfológica entre estruturas, em função da adaptação para a "execução da mesma função", embora as origens embriológicas sejam distintas.

As estruturas análogas não refletem em si nenhum grau de parentesco, pois têm origens evolutivas independentes, provenientes de ancestrais diferentes.

Elas são indícios da adaptação de estruturas de diferentes organismos às pressões de seleção natural semelhantes. Trata-se de um processo chamado **convergência evolutiva**.

Por estarem adaptados ao mesmo hábitat ou ambientes parecidos, esses organismos apresentam semelhanças em relação à organização do corpo sem, necessariamente, terem relação direta de parentesco.

Na imagem abaixo, podemos observar, por exemplo, o corpo fusiforme e forma hidrodinâmica, que favorecem a locomoção no ambiente aquático, resultantes desse processo de convergência ao longo da evolução em mamíferos, aves, répteis e peixes.

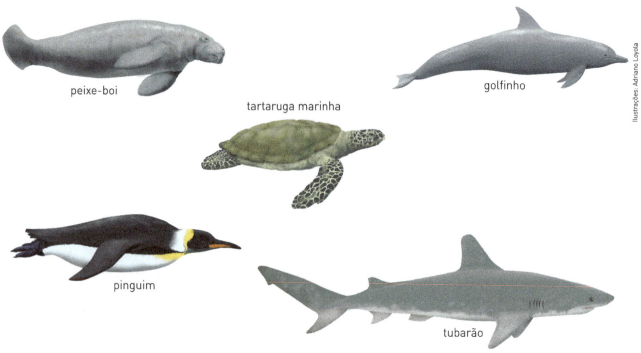

Animais que possuem formato do corpo hidrodinâmico, porém com histórias evolutivas distintas.

Neste caso, as estruturas apresentadas por esses organismos, como nadadeiras, apresentam a mesma "função", mas possuem origens embrionárias distintas, sendo chamados órgãos análogos. Observe um outro exemplo de analogia em relação ao voo.

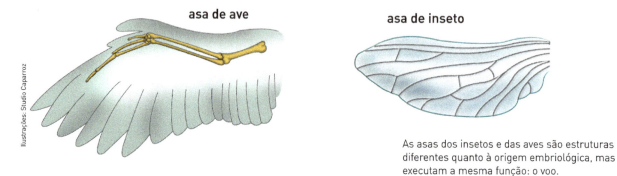

As asas dos insetos e das aves são estruturas diferentes quanto à origem embriológica, mas executam a mesma função: o voo.

Embriologia comparada

Embriologia é ramo da biologia que estuda o desenvolvimento do ser vivo desde a fecundação do ovócito e o desenvolvimento do embrião até seu nascimento.

O estudo comparado da embriologia de diversos vertebrados demonstrou que existe uma grande semelhança no padrão de desenvolvimento inicial, sendo um indício de ancestralidade comum. À medida que o embrião se desenvolve, surgem características individualizantes, e as semelhanças diminuem.

	Tubarão	Salamandra	Lagarto	Gambá	Macaco	Ser humano
Adultos						
Última forma fetal, ou recém-saído do ovo, ou recém-nascido						
Embrião com membros anteriores e posteriores						
Fendas branquiais e membros anteriores formados						
Formação de somitos (segmentos do corpo)						
Últimas clivagens						
Óvulos fertilizados						

Ilustrações: Studio Caparroz

Embriologia comparada de alguns animais. Os animais representados têm muitas diferenças, mas apresentam muitas semelhanças nos estágios embrionários iniciais.

Comparação de proteínas

As proteínas são grandes moléculas formadas pelo encadeamento de aminoácidos arranjados em determinada ordem, definida com base no DNA. Considerando-se esse fato, quanto maior for a semelhança entre as proteínas de indivíduos de diferentes espécies, maior será também o grau de parentesco entre seus materiais genéticos e, consequentemente, entre elas.

Frequentemente, encontram-se, em diferentes espécies, proteínas muito semelhantes, em que a sequência de aminoácidos apresenta poucas diferenças. Essas diferenças acontecem devido às mutações ocorridas no DNA, que são expressas na produção das proteínas, indicando que elas tiveram origem em um mesmo ancestral e sofreram alterações ao longo da evolução das espécies.

Registro fóssil

As imagens desta página não estão representadas na mesma proporção.

Denominam-se **fósseis** quaisquer vestígios da presença de organismos na Terra. As partes duras do corpo dos organismos são as mais frequentemente conservadas nos processos de fossilização, como ossos, conchas e carapaças, mas há casos em que a parte mole do corpo também é preservada. Também são considerados fósseis as impressões deixadas por esses organismos, como pegadas de animais e impressões de folhas, de penas de aves extintas e da superfície da pele dos dinossauros.

A importância do estudo dos fósseis para a evolução está na possibilidade de conhecermos organismos que viveram na Terra em tempos remotos, sob condições ambientais distintas das encontradas atualmente, e que podem fornecer indícios de parentesco entre espécies atuais e extintas. Por isso, os fósseis são considerados indícios importantes da evolução.

Os trilobitas são um exemplo de seres dos quais só temos conhecimento pelos fósseis. Hoje extintos, eram artrópodes marinhos que viveram há cerca de 500 milhões de anos. Os trilobitas mediam aproximadamente 10 cm.

Fóssil de trilobita (*Acanthopyge esp.*), Era Paleozoica, Período Devoniano. Marrocos, 2010.

Luzia

O mais antigo fóssil humano já encontrado nas Américas, que recebeu o nome de Luzia, foi desenterrado em 1975 em Lagoa Santa, na Região Metropolitana de Belo Horizonte, durante uma missão franco-brasileira sob a chancela da Organização das Nações Unidas para a Educação, Ciência e Cultura (Unesco). A reconstituição de seu crânio, de 11 500 anos estimados, revolucionou as teorias sobre a ocupação do continente. O crânio foi submetido a uma tomografia por uma equipe de pesquisadores ingleses. As imagens foram processadas em computador e o rosto foi reconstruído em material sintético. A dona do crânio – "Luzia" – pela análise do material, foi uma jovem mulher que morreu entre os 20 e os 25 de idade.

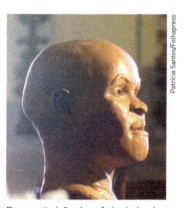

Reconstituição do crânio de Luzia.

Os restos fossilizados de Luzia resistiram quase 12 mil anos. Mas quase sucumbiram ao fogo do terrível incêndio que destruiu o Museu Nacional do Rio de Janeiro em 2 de setembro de 2018. Devido ao intenso calor do incêndio, a cola que mantinha o crânio unido no rosto de Luzia derreteu, deixando-o danificado. Contudo, os cientistas esperam refazer quase totalmente o trabalho de reconstrução anterior.

O museu, vinculado à Universidade Federal do Rio de Janeiro (UFRJ), era o mais antigo do Brasil, e seu prédio já foi residência da família real e imperial. Continha um acervo de cerca de 20 milhões de itens – distribuídos em coleções de geologia, paleontologia, botânica, zoologia, antropologia biológica, arqueologia e etnologia, entre outras – organizado ao longo de mais de dois séculos por meio de coletas, escavações, permutas, aquisições e doações de fontes diversas. Também servia de base para pesquisas de pós-graduação e abrigava uma das maiores bibliotecas especializadas em ciências naturais do Brasil, com mais de 470 000 volumes e 2 400 obras raras.

Museu Nacional do Rio de Janeiro, 2012.

1. Leia o trecho abaixo, analise o gráfico e responda às perguntas.

   [...] Em todo o mundo, cerca 80% das pessoas nos países em desenvolvimento dependem de remédios tradicionais, cuja maioria são derivados de plantas. Ainda que os dados globais para as plantas não estejam disponíveis, as plantas medicinais correm um elevado risco de extinção nessas partes do mundo, onde as pessoas são mais dependentes delas, tanto para saúde como dos rendimentos resultante da coleta silvestre – principalmente África, Ásia, Pacífico e América do Sul [...].

   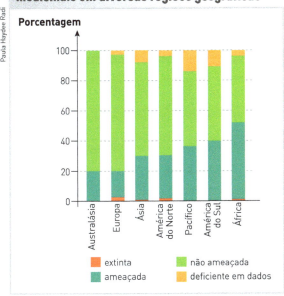

   Fonte: *O panorama da biodiversidade global* 3, p.30. Disponível em: <www.cbd.int/doc/publications/gbo/gbo3-final-pt.pdf>. Acesso em: 23 nov. 2018.

   a) Que exemplo de nível de biodiversidade está destacado no gráfico?
   b) Pesquise se na região onde você mora há plantas medicinais em risco de extinção.

2. Leia o texto a seguir e responda às questões.

   [...] As diversidades cultural e biológica estão intimamente interligadas. A biodiversidade ocupa um lugar central em muitas religiões e culturas, enquanto as cosmovisões influenciam a biodiversidade por meio de tabus e normas culturais que incidem sob a forma como os recursos são utilizados e manejados. [...] Por exemplo:

   • No distrito de Kodagu do estado de Karnataka, Índia, bosques sagrados mantêm significantes populações de árvores ameaçadas, como a *Actinodaphne lawsonii* e a *Hopea ponga*. Esses bosques são também o lar de microfungos raros. [...]

   • Os recifes de coral perto de Kakarotan e Aldeia Muluk, na Indonésia, são periodicamente fechados para a pesca pelos anciãos ou chefes das aldeias. O fechamento dos recifes garante que os recursos alimentares estejam disponíveis durante os períodos de significado social. O comprimento médio e a biomassa de peixes capturados nas duas áreas foram considerados maiores do que os dos peixes das áreas de controle.

   • A quantidade de cascas que se pode coletar da *Rytigynia kigeziensis*, árvore endêmica do Vale Albertine, no oeste de Uganda e essencial para a medicina local, está sujeita a rituais estritos, requisitos específicos para a coleta e a obrigação de se obter licenças está enraizada no nível local. Isto mantém a extração de cascas dentro de limites sustentáveis. [...]

   O panorama da biodiversidade global 3, p. 40. Disponível em: <www.cbd.int/doc/publications/gbo/gbo3-final-pt.pdf>. Acesso em: 23 nov. 2018.

   a) Explique, definindo os conceitos, como, nos exemplos citados acima, tanto a riqueza quanto a abundância da biodiversidade podem ser favorecidas.
   b) Pesquise informações sobre as regiões e espécies citadas. Procure identificar exemplos de casos similares nas comunidades tradicionais brasileiras. Compartilhe com seus colegas os dados obtidos.
   c) Com auxílio de um atlas, localize geograficamente as regiões citadas.

3. Parte da credibilidade da evolução fundamenta-se em evidências que demonstram modificações das espécies. Que evidências fortalecem a teoria da evolução?

4. Os fósseis são provas importantes do processo evolutivo. Por quê?

5. Que relação há entre a semelhança de proteínas de espécies diferentes e o grau de parentesco evolutivo entre essas espécies?

6. De que forma a embriologia comparada pode ser considerada uma prova da evolução?

Evolução da espécie humana

O estudo e a comparação do material genético preservado nos fósseis trazem novas pistas sobre a evolução da espécie humana e das espécies de outros seres vivos.

São inúmeras as hipóteses desenvolvidas sobre o surgimento e a evolução da espécie humana. As pesquisas têm revelado a existência de seres com muitas características semelhantes às do ser humano atual e que podem ter coexistido em regiões distintas na Terra durante certo período de tempo ao longo da evolução.

Com base na análise de fósseis, é possível verificar registros da existência dos *Australopithecus* datados de 2,5 a 3,9 milhões de anos. Espécies de *Australopithecus* possuíam características mescladas entre um chimpanzé e um humano: uma face mais parecida com a dos chimpanzés, mas podiam se locomover sobre os dois pés com corpo ereto, como nós; por outro lado, tinham braços longos, próprios para subir em árvores. Acredita-se que tinham uma dieta como a dos chimpanzés, onívora, mas com base em vegetais.

Estudos apontam que os *Australopithecus* deram origem à linhagem *Homo*.

As espécies mais próximas do ser humano atual – *Homo sapiens* – e também as mais conhecidas são: *Homo habilis*, *Homo erectus* e *Homo neanderthalensis*.

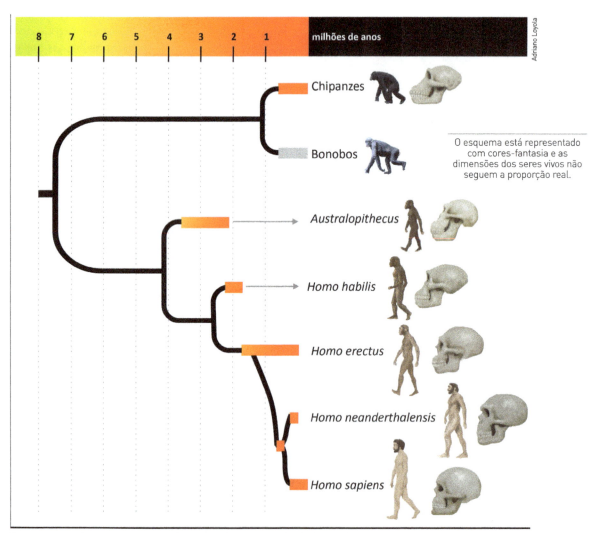

Este diagrama é uma simplificação da evolução da linhagem dos hominídeos. Note que as bifurcações das linhas evolutivas e a posição de cada espécie está localizada de acordo com a barra do tempo. Cada espécie possui uma barra colorida, que corresponde ao período em que habitou a Terra. As únicas espécies ainda viventes atualmente são os chimpanzés, os bonobos e o ser humano.

Homo habilis significa, em português, "homem habilidoso". Surgiu, possivelmente, há 2,1 milhões de anos e viveu até 1,5 milhão de anos atrás. Ele fabricava seus instrumentos, como facas de pedras, e caçava. Tinha, em média, de 1 a 1,35 metro de altura.

Homo erectus significa, em português, "homem em pé", isto é, com a coluna vertebral ereta. Possivelmente, surgiu por volta de 1,8 milhão anos atrás. Estudos recentes indicam que sua extinção pode ter ocorrido há apenas 143 mil anos. Essa foi a primeira espécie a ter proporções corporais parecidas com as do ser humano atual: pernas longas e braços mais curtos em comparação ao torso – adaptações para a locomoção no solo –, além de cérebro maior em comparação aos fósseis mais antigos. Junto dos fósseis dessa espécie foram encontrados vestígios de acampamento com fogo para cozimento dos alimentos.

Homo neanderthalensis, também chamado Homem de Neandertal. Atualmente, os fósseis mais antigos de neandertais na Europa são datados em 430 mil anos. Tinham o corpo robusto. Habilidosos, construíam e utilizavam diversas ferramentas complexas, além de objetos ornamentais e simbólicos. Protegiam-se do frio fazendo fogueiras no interior das cavernas e realizavam funerais.

Acredita-se que o *Homo neanderthalensis* tenha convivido com a nossa espécie, *Homo sapiens*, e que a interação entre as duas espécies possa ter causado a extinção da primeira, há cerca de 30 mil anos.

Homo sapiens significa, em português, "homem inteligente". Essa é a espécie à qual nós, seres humanos, pertencemos. Calcula-se que tenha surgido há cerca de 300 mil anos.

Em 2011, a população da espécie humana alcançou a marca dos 7 bilhões de pessoas, segundo a Organização das Nações Unidas (ONU).

É importante enfatizar que o ser humano não descende diretamente do macaco. A representação clássica de evolução humana como um processo linear, começando com um ser parecido com um chimpanzé e direcionado para chegar no homem é errada. Ela passa a ideia de que nosso ancestral era um macaco (na verdade temos ancestrais comuns com os macacos) e que a evolução seria direcionada para a forma humana atual. Contudo, o ser humano é resultado da evolução, assim como todas as espécies de seres vivos atuais.

Os **hominídeos** passaram por milhões de anos de evolução e foram influenciados tanto pelo ambiente em que se desenvolveram quanto pela competição com outras espécies. E, ao longo da evolução, diferentes espécies humanas chegaram a existir na mesma época.

> **Glossário**
>
> **Hominídeo:** refere-se à classificação da família que inclui tanto a espécie humana atual quanto espécies de alguns dos fósseis encontrados, além dos gorilas, chimpanzés e orangotangos.

As cores e a proporção entre os tamanhos dos seres vivos representados não são as reais.

Representação **incorreta** da evolução humana.

Ampliar

Fundação Museu do Homem Americano

Centro Cultural Sérgio Motta, s/n, Bairro Campestre – São Raimundo Nonato (PI)
<www.fumdham.org.br>

O museu reúne peças históricas encontradas em abrigos antigos, como fósseis e instrumentos utilizados por povoados pré-históricos que habitavam a região da Serra da Capivara (PI).

Em relação ao caminho percorrido por nossos antepassados na Terra, uma das hipóteses dos cientistas é de que o *Homo sapiens* surgiu na região do planeta que atualmente corresponde ao continente africano e realizou longas migrações, que resultaram no povoamento de outras regiões. No entanto, existem outras hipóteses de evolução multirregional, ou seja, populações regionais que evoluíram lentamente até os humanos modernos.

Conviver

A diversidade entre os seres humanos está representada de diversas formas.

Raça ou etnia?

Raça é uma denominação usada comumente para classificar alguns seres vivos, como cães, gatos, bois, cavalos etc. No caso dos seres humanos, o conceito de "raça" não é biológico. Não existem raças biológicas diferentes na espécie humana. Contudo, no contexto dos debates sociais, é válido e importante o uso do termo, principalmente para problematizar e combater o racismo ou qualquer outro tipo de discriminação. Nesse sentido, temos que:

[...] Etnia ou grupo étnico é um grupo social cujos membros consideram ter uma origem e uma cultura comuns [...] pertence a uma etnia ou um grupo étnico quem dele se considera integrante e quem é reconhecido como a ele pertencente pelo grupo e pela sociedade. [...]

Orientações e ações para educação das relações étnico-raciais, Brasília: SECAD, 2006, p. 218. Disponível em: <http://portal.mec.gov.br/dmdocuments/orientacoes_etnicoraciais.pdf>. Acesso em: 31 out. 2018.

[...] raças são, na realidade, construções sociais, políticas e culturais produzidas nas relações sociais e de poder ao longo do processo histórico. Não significam, de forma alguma, um dado da natureza. É no contexto da cultura que nós aprendemos a enxergar as raças. Isso significa que aprendemos a ver negros e brancos como diferentes na forma como somos educados e socializados a ponto de essas ditas diferenças serem introjetadas em nossa forma de ser e ver o outro [...]

Raça, classe e etnia, analisadas em separado, não contemplam a realidade brasileira. Por isso, tem-se utilizado como adequado o termo étnico-racial para essas reflexões, pois, desse modo, leva-se em consideração a multiplicidade de dimensões [...].

Glória de Melo Tonácio et al. *Raça, classe e etnia: o ensino das ciências na educação básica*, 2015. Disponível em <www.abrapecnet.org.br/enpec/x-enpec/anais2015/resumos/R1150-1.PDF>. Acesso em: 31 out. 2018.

Cartaz que "ilustra" a suposta superioridade da raça ariana – utilizado como propaganda nazista. The National WWII Museum.

A ideia de "raça pura", "raça superior" ou "raça inferior" é errônea em relação a qualquer espécie; apesar disso, já foi usada como base para a escravatura humana e a ideologia nazista.

Todos contra o preconceito

Na Constituição Federal de 1988, lê-se:

DOS DIREITOS E DEVERES INDIVIDUAIS E COLETIVOS

Art. 5º Todos são iguais perante a lei, sem distinção de qualquer natureza, garantindo-se aos brasileiros e aos estrangeiros residentes no País a inviolabilidade do direito à vida, à liberdade, à igualdade, à segurança e à propriedade, nos termos seguintes:

XLII — a prática do racismo constitui crime inafiançável e imprescritível, sujeito à pena de reclusão, nos termos da lei [...].

O racismo, portanto, é punido por lei. Infelizmente, ainda hoje, vemos, no dia a dia e nos noticiários de jornais e da TV, pessoas sendo discriminadas pela cor de pele ou etnia. Ao longo da história da humanidade, racistas, como os defensores da escravidão e do **nazismo**, tentaram em vão buscar na Ciência algum respaldo para suas práticas discriminatórias e violentas. Além do lado moral e ético dessa questão, a Biologia mostra que não existem raças humanas diferentes.

Diversas campanhas têm sido feitas para combater o racismo na sociedade. Um exemplo é a da Unicef (2010) e a do Ministério da Saúde (2014). Vejam cartazes usados nas campanhas citadas:

Glossário

Nazismo: regime político autoritário desenvolvido na Alemanha no período entre as duas guerras mundiais; levou ao extermínio de milhões de judeus, além de ciganos, homossexuais, doentes, idosos, pessoas com deficiência, comunistas e prisioneiros de guerra, entre outros. Baseia-se em doutrina formulada por Adolf Hitler (1889-1945), que defendia o racismo e a superioridade da raça ariana, entre outras "ideias".

Cartazes de campanhas contra o racismo.

1. Debatam sobre a necessidade e importância de se combater, na escola e na sociedade, toda forma de discriminação, incluindo a étnico-racial.

2. Busquem informações sobre políticas afirmativas, tais como o sistema de reserva de vagas por cotas nas universidades públicas. Reúnam essas informações e façam um debate sobre a importância e os impactos positivos dessas medidas.

3. Pesquisem sobre iniciativas locais nesse sentido e vejam como a escola pode envolver a comunidade a se engajar no combate coletivo ao preconceito e discriminação em suas múltiplas formas.

Ampliar

Darwin e a evolução,
de Steve Parker (Scipione).

O livro narra a vida e a obra do naturalista inglês Charles Darwin.

Evolução e biodiversidade: o que nós temos com isso?,

de Beatriz Marcondes e Maria Elisa Marcondes Helene (Scipione).

As autoras explicam a relação existente entre biodiversidade e evolução.

Biotecnologia e biodiversidade

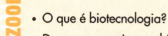
- O que é biotecnologia?
- De que maneira a biotecnologia pode influenciar na biodiversidade?

Apesar de parecer um tema restrito à modernidade, a biotecnologia existe desde a Antiguidade.

Trata-se do uso de organismos vivos para proveito do ser humano. O uso de fungos fermentadores na produção de pão, vinho e cerveja, por exemplo, é biotecnologia.

Pesquisas científicas nesse ramo avançaram significativamente nos últimos anos, como é o caso da Engenharia Genética – técnica de manipulação do material genético de seres vivos – algo que até há pouco tempo parecia impossível. Ela pode silenciar um gene de um parasita nocivo aos seres humanos, ou adicionar genes que condicionam características de interesse, como a produção de vitaminas e de outros nutrientes em plantas que cultivamos para nos alimentar.

Plantas, animais e microrganismos nos quais foram introduzidos (ou removidos) segmentos de DNA são denominados Organismos Geneticamente Modificados (OGM). Quando essa alteração é feita pela inserção de segmentos de DNA de outro organismo, o novo organismo é denominado transgênico.

Logo, todo transgênico é um organismo geneticamente modificado, embora o contrário nem sempre seja verdade.

Transgênico é qualquer organismo que possui genes extraídos de seres de outra espécie. O organismo transgênico mais conhecido no Brasil é, provavelmente, a soja. A soja transgênica foi desenvolvida após a identificação de uma bactéria muito resistente a um herbicida (agroquímico usado para combater ervas daninhas) utilizado frequentemente em grandes lavouras. Após muitos esforços de pesquisa, cientistas conseguiram identificar o gene da bactéria que lhe conferia resistência e implantaram cópias desse gene em células da planta em desenvolvimento. Foi produzida, assim, a soja transgênica resistente ao herbicida glifosato.

> **Ampliar**
>
> **Transgênicos: inventando seres vivos,**
> de Samuel Murgel Branco (Moderna).
>
> O livro trata da história do transgênicos, as técnicas utilizadas e toda a discussão envolvida.

É preciso levar em consideração as diferentes possibilidades proporcionadas pelos transgênicos. Geralmente são considerados positivos nos debates os seguintes aspectos:

- obtenção de espécies (milho, soja, arroz etc.) que requerem menos espaço para serem cultivadas, diminuindo o desmatamento em áreas florestais;
- produção mais eficiente de medicamentos, como é o caso da insulina transgênica;
- criação de alimentos mais nutritivos;
- enfraquecimento de patógenos e parasitas.

Já os aspectos a seguir costumam reforçar argumentos contrários aos transgênicos:

- aplicação de herbicida em excesso nos cultivos de soja, contaminando solo e água, além de prejudicar a saúde de quem se alimenta dessa planta;
- perda de biodiversidade – o que pode afetar negativamente o equilíbrio ecológico ao excluir espécies nativas por competição;
- monopólio da produção – dificuldade para obtenção de sementes, pois, em alguns casos, o produtor não consegue sementes viáveis e precisa comprá-las das grandes empresas.

Estufa de pesquisas em plantas geneticamente modificadas em Saint Louis, Missouri, EUA, 2008. Muitas das sementes de plantas transgênicas cultivadas no Brasil, vêm de grandes empresas norte-americanas.

- riscos à saúde – ainda não há estudos que garantam que o consumo de alimentos transgênicos não provoque algum tipo de dano à saúde, como alergias.

Tecnologia em foco

Transgênicos no Brasil

Brasil lidera expansão do plantio de transgênicos. O que se planta aqui?

Em 2015, a área plantada de transgênicos caiu pela primeira vez em duas décadas no mundo. No ano de 2016, porém, houve uma reversão: a área plantada com sementes geneticamente modificadas aumentou 3%. E o Brasil foi protagonista nessa alta.

De um crescimento mundial de 5,4 milhões de hectares, 4,9 milhões foram plantados no país, onde houve um salto de 11% na área com transgênicos. Nos Estados Unidos, o aumento foi de 3%. Os dados são do Isaaa (Serviço Internacional Para Aquisição de Aplicações Agro-Biotécnicas), uma rede de centros de pesquisa que promove esse tipo de produto.

Segundo a entidade, os EUA são o país com a maior área plantada de transgênicos, com 72,9 milhões de hectares. O Brasil vem em seguida, com 52,6 milhões de hectares.

Nexo. Disponível em: <www.nexojornal.com.br/expresso/2017/05/18/Brasil-lidera-expansão-do-plantio-de-transgênicos.
-O-que-se-planta-aqui>. Acesso em: 1º nov. 2018.

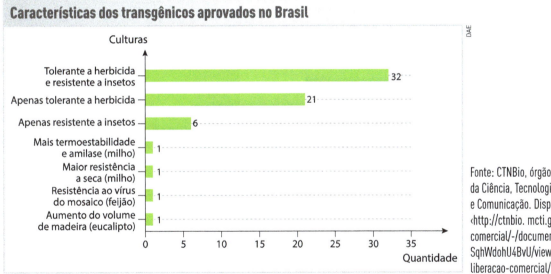

Fonte: CTNBio, órgão do Ministério da Ciência, Tecnologia, Inovações e Comunicação. Disponível em: ‹http://ctnbio.mcti.gov.br/liberacao-comercial/-/document_library_display/SqhWdohU4BvU/view/1684467#/liberacao-comercial/consultar-processo›.

No Brasil, a Lei de Biossegurança (nº 11.105, de 24 de março de 2005) estabelece que a Comissão Técnica Nacional de Biossegurança (CTNBio), órgão ligado ao Ministério da Ciência e Tecnologia (MCT), tem poder exclusivo de aprovar a pesquisa e o uso de organismos geneticamente modificados.

Além disso, cabe à CTNBio criar normas de segurança relacionadas à produção e à manipulação dos organismos geneticamente modificados e, inclusive, fiscalizar se essas normas estão sendo devidamente atendidas. Pela legislação brasileira vigente, as indústrias são obrigadas a colocar no rótulo de alimentos que contenham organismos geneticamente modificados ou deles sejam produzidos o símbolo ao lado:

Em 2015 foi apresentado um projeto de lei para extinguir o uso obrigatório do selo indicativo de transgênicos.

Agora responda às questões e depois compare suas respostas com a de seus colegas.

1. Em geral, quais seriam as vantagens de utilizar sementes modificadas geneticamente?

2. Pesquise e apresente os argumentos dos grupos contrários ao cultivo de transgênicos.

Clonagem

Clonagem é o processo pelo qual são produzidas cópias idênticas de um original, ou seja, clones. Este processo pode acontecer naturalmente, como ocorre com os gêmeos univitelinos, ou de forma artificial como descreveremos a seguir.

A clonagem artificial pode ser terapêutica e reprodutiva. Na **clonagem reprodutiva**, o núcleo de uma célula adulta a ser clonada é separado e introduzido em um ovócito anucleado, ou seja, sem núcleo, portanto sem DNA; depois o embrião é implantado em um útero para gerar o clone.

Temos como exemplo de experimento bem-sucedido a criação da ovelha Dolly, em 1996, feita por pesquisadores da Escócia. Nesse experimento, eles retiraram o núcleo de um óvulo de uma ovelha de certa raça e nele introduziram o DNA retirado de uma célula mamária adulta de uma ovelha de outra raça. O feto resultante dessa junção originou a ovelha Dolly, pertencente à raça da ovelha doadora do DNA.

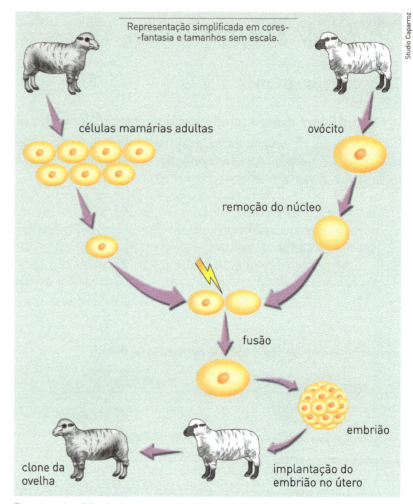

Esquema simplificado do processo de clonagem reprodutiva por transferência de núcleo, pelo qual foi originada a ovelha Dolly em 5 de julho de 1996.

Rigorosamente, entretanto, organismos formados por essa técnica não são clones perfeitos do doador das células somáticas adultas porque, geneticamente, não são 100% idênticos a ele. Isso acontece porque há dois tipos de organismos envolvidos: o doador do material genético da célula adulta, a ser clonado, e o doador de um óvulo que terá seu núcleo retirado.

No citoplasma do óvulo anucleado que recebe o material genético da célula do doador, também há DNA nas mitocôndrias, organelas que ficam no citoplasma das células. Por essa razão, a ovelha Dolly não era um clone perfeito: apesar de herdar da ovelha escura o DNA contido nos cromossomos do núcleo da célula mamária, também herdou da ovelha clara o DNA mitocondrial.

A **clonagem terapêutica** não tem como objetivo gerar clones, e sim tecidos para ajudar indivíduos com funções comprometidas. O procedimento inicial é o mesmo: coloca-se o núcleo de uma célula em outro óvulo, anucleado. Após algumas divisões, essas células serão manipuladas em laboratório para gerar o tecido específico que o doador precisa e, como o material genético é idêntico ao desse doador, a rejeição é quase nula. Isso oferece a chance de cuidar de doenças atualmente sem muitas possibilidades de tratamento, como as neuromusculares, o Alzheimer, as deficiências motoras e visuais, entre outras.

A ovelha Dolly nasceu em 5 de julho de 1996. Em 14 de fevereiro de 2003, com 6 anos de idade, foi diagnosticada com uma grave doença pulmonar e recebeu uma injeção letal.

Viver

Clonagem de plantas *in vitro*

Micropropagação – também conhecida por propagação *in vitro* ou clonagem de plantas, permite a propagação em larga escala de plantas sadias, conservando as mesmas características agronômicas da planta mãe. Muitas vezes a propagação assexuada convencional é um processo lento e apresenta sérios riscos de disseminação de doenças e pragas, que podem comprometer a produção. A micropropagação permite produzir milhares de plantas, livres de doenças em curto espaço de tempo.

A técnica de micropropagação consiste, basicamente, em cultivar em ambiente asséptico (laboratório) segmentos de plantas (gemas, ápices caulinares, meristemas, fragmentos de folhas e raízes, entre outros), em frascos específicos contendo meio nutritivo adequado, proporcionando a produção de milhares de plantas idênticas a planta mãe. [...]

Claudia Ulisses et al. Clonagem vegetal. *Anais da Academia Pernambucana de Ciência Agronômica*, v.17, p.86-91, 2010. Disponível em: <www.journals.ufrpe.br/index.php/apca/article/download/122/111>. Acesso em: 1º nov. 2018.

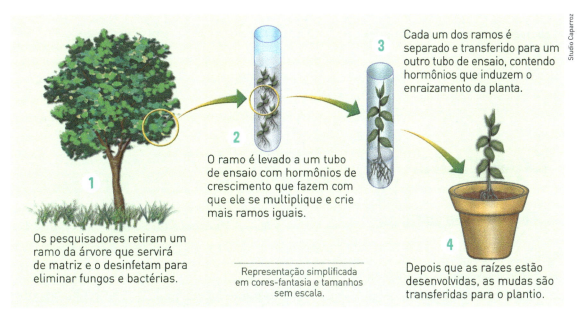

Esquema simplificado de clonagem de plantas.

1. Qual é a vantagem de clonar uma planta?
2. O que aconteceria se uma praga atacasse uma plantação formada de árvores clonadas de um mesmo indivíduo?

Em dezembro de 2001, a ONU elaborou uma Convenção Internacional Contra a Clonagem Reprodutiva de Seres Humanos, deixando claro que a clonagem como forma de reprodução de seres humanos é internacionalmente repudiada e uma ameaça à dignidade do ser humano, da mesma forma que a tortura, a discriminação racial e o terrorismo. No Brasil, a clonagem humana é proibida pela Lei nº 11.105/05.

Ampliar

Clonagem: da ovelha Dolly às células-tronco, de Lygia da Veiga Pereira (Moderna).

3. O que você pensa sobre isso?
4. Debata com os colegas a respeito da clonagem e depois pesquisem como é a legislação sobre clonagem humana em outros países.

Biotecnologia em foco

Clonagem e biodiversidade

A clonagem reduz a variabilidade genética dos seres vivos; contudo, para alguns pesquisadores, ela apresenta-se como uma alternativa para salvar espécies ameaçadas de extinção.

[...] A Embrapa pretende utilizar técnicas de inseminação artificial, fertilizações *in vitro*, e até mesmo clonagem de animais que vierem a morrer para ampliar a população dessas espécies.

[...] foram recolhidas algumas células da pele de um lobo-guará, de um cachorro do mato e de um veado catingueiro que morreram no Zoológico de Brasília. A partir delas, foram isoladas células somáticas (fibroblastos) para a realização de estudos moleculares e posteriormente para a multiplicação por transferência nuclear, conhecida como clonagem. [...]

Embrapa. Disponível em: <www.embrapa.br/busca-de-noticias/-/noticia/18055145/biotecnologia-a-favor-dos-animais-nativos-do-cerrado>. Acesso em: 18 set. 2018.

1. Em que medida as técnicas citadas no texto podem ajudar a evitar a extinção dessas e outras espécies?

Experimentar

Extração de DNA de morango

Essa atividade exige supervisão do professor.

Material:
- polpa de morango congelada;
- recipiente tipo tigela;
- copo alto e transparente;
- filtro de papel;
- detergente incolor;
- sal;
- álcool gelado;
- palito de churrasco;
- água morna.

Procedimentos

1. Em um recipiente, adicionar uma colher rasa de detergente, uma pitada de sal e um pouco de água morna.
2. Adicionar os morangos e amassar para misturar bem.
3. Coar a mistura com o filtro para dentro de um copo alto.
4. Separar uma quantidade de álcool gelado que seja mais ou menos igual ao do líquido que está dentro do copo. Adicionar o álcool aos poucos no copo, de modo que se forme uma camada acima do líquido.
5. Aguardar um pouco e observar.
6. Misture tudo usando o palito e "pesque" o material que se formou entre as camadas. São aglomerados de moléculas de DNA.

1. De onde saíram essas moléculas?
2. Por que não vemos a dupla hélice do DNA?

Atividades

1. O estudo da evolução da espécie humana mostra uma história de luta pela sobrevivência. Alimentar dignamente a humanidade ainda hoje representa um desafio. Infelizmente ainda há populações humanas inteiras morrendo de fome e desnutrição em certas partes do planeta. Entretanto, uma significativa parte da sociedade industrial contemporânea convive com males decorrentes do excesso de comida ingerida em relação ao gasto energético de suas atividades.

   São milhões de obesos no mundo todo, sofrendo com hipertensão arterial, diabetes e outros problemas de saúde.

   a) Na história da evolução de nossa espécie, o que mudou em nosso comportamento, a ponto de gerar esse quadro preocupante entre nós, seres humanos?

   b) Explique como os avanços da medicina contribuíram para o sucesso de nossa espécie no planeta.

2. Não podemos ignorar que somos apenas uma entre as milhões de espécies de seres vivos que habitam a Terra. O destino de nossa espécie também depende de condições e fatores que afetam os demais seres vivos (disponibilidade de alimento, refúgio, parceiros sexuais etc.). Nossa experiência como seres sociais que vivem há cerca de 150 mil anos no planeta, aliada à capacidade de raciocinar e refletir, vem mostrando que a cooperação na espécie humana pode ser uma importante vantagem adaptativa. Em uma sociedade mais igualitária e justa, podemos, juntos, colaborar para a sobrevivência, a dignidade e o bem-estar de nossa espécie.

   A cooperação e o trabalho em grupo podem contribuir para melhor aproveitamento das atividades? Discuta essa questão com os colegas de turma.

3. Leia o texto a seguir.

   Monumento às Três Raças

   Considerada pelos goianienses o cartão postal de Goiânia, é a obra mais expressiva da escultora goiana Neusa Moraes. A obra representa a miscigenação de três raças – o índio, o negro e o branco – trabalhando na construção de uma cidade. Inaugurada no dia 03 de novembro de 1967.

   Maria Madalena Roberto Cabral e Maria Elizia Borges. *Monumento à Goiânia: outro olhar sobre sua trajetória*. Disponível em: <https://seminarioculturavisual.fav.ufg.br/up/778/o/2009.GT1_CABRAL_e_BORGES_-_MONUMENTO_A_GOIANIA_OUTRO_OLHAR_SOBRE_SUA_.pdf>. Acesso em: 1º nov. 2018.

   Agora responda:

   a) Biologicamente, o que está incorreto no texto referente ao monumento?

   b) O que representa o conceito de raça biológica?

   c) A que espécie pertencem todos os "negros, brancos e índios"?

4. Órgãos homólogos apresentam a mesma origem embrionária, podendo ter ou não a mesma função, enquanto os órgãos análogos tendo origem embrionária diferente, pela evolução, apresentam forma e função semelhantes. Analise os exemplos a seguir e indique se são órgãos homólogos ou análogos.

   a) Asa do morcego e nadadeira da baleia.

   b) Pata dianteira do cavalo e asa da ave.

   c) Asa da abelha e asa da ave.

   d) Braço humano e nadadeira da baleia.

5. Por que um agricultor teria interesse em clonar uma planta?

6. Organismo geneticamente modificado é sinônimo de transgênico? Justifique.

157

CAPÍTULO 9
Preservação da biodiversidade

Você já deve ter visto campanhas cujo foco é a preservação da natureza, ou quem sabe participado de alguma. Organizadas por órgãos públicos, organizações civis e até anúncios publicitários, é comum associá-las a belas imagens de ambientes naturais ou de desastres ambientais com frases do tipo "Salve a natureza", "A natureza pede socorro", "Preserve a vida", entre outras similares.

As ações de pequena escala são muito importantes, afinal é preciso que cada um faça sua parte para combater as ameaças à biodiversidade, mas também é necessário garantir um alcance maior, investir e promover políticas públicas, aprovar legislações e programas com esse objetivo, sem deixar de levar em conta o contexto sociocultural das áreas envolvidas.

As imagens desta página não estão representadas na mesma proporção.

Preservar ou conservar?

Embora os termos **preservação** e **conservação** sejam usados de forma indiscriminada em campanhas, como as que citamos anteriormente, há diferenças importantes entre os dois que impactam as ações e condutas a serem praticadas.

Com base na legislação brasileira (Lei nº 9.985, de 18 de julho de 2000), podemos dizer de modo simplificado que:
- **conservar** significa proteger os recursos naturais, permitindo sua exploração e utilização de forma racional e sustentável a fim de garantir sua disponibilidade para as futuras gerações;
- **preservar** significa manter intocável, visando à proteção integral do ambiente natural.

Se a conservação dos recursos da natureza já traz desafios, principalmente quando pensamos na forma de produção e consumo predominante em nossa sociedade, muito mais complexo é garantir a preservação.

Nesse sentido, o **consumo consciente** é algo essencial e se faz urgente. Mais do que reciclar, o desafio é reduzir o consumo e racionalizar nossos gastos, lembrando que todo produto tem em sua composição algum tipo de recurso natural e que gera resíduos tanto na produção quanto no descarte após o consumo, impactando o ambiente.

Quando, como e por que é necessário conservar ou preservar?

O Brasil abriga a maior biodiversidade do planeta. Atualmente ocupamos o primeiro lugar na lista dos 17 países considerados megadiversos. O país apresenta uma riqueza de ambientes únicos no mundo, que abrigam espécies só encontradas aqui. Isso sem contar regiões ainda pouco exploradas e espécies não descritas pela Ciência.

As imagens desta página não estão representadas na mesma proporção.

Onça-pintada.

Araras.

Frutos do guaraná.

Vitórias-régias.

Borboleta.

Pirarucu.

Além disso, é importante atentar para a riqueza social brasileira: são 255 povos indígenas que falam mais de 150 línguas, além das comunidades quilombolas e caiçaras, entre outras igualmente importantes, detentores de cultura e conhecimentos tradicionais, muitos deles relacionados à conservação da biodiversidade.

Essa riqueza natural e cultural é motivo de orgulho, mas também exige responsabilidade, não só com o povo brasileiro, mas com todo o planeta. Vimos que o equilíbrio da biosfera depende da interdependência entre as diferentes formas de vida e que elas não respeitam fronteiras geográficas. Não somos "donos" da biodiversidade, mas sim parte dependente dela.

Sala de aula de Ensino Médio na Aldeia Aiha da etnia Kalapalo. Querência (MT), 2018.

159

Sistema Nacional de Unidades de Conservação da Natureza

Como um marco das ações no país, foi instituído o Sistema Nacional de Unidades de Conservação da Natureza (SNUC), com a promulgação da Lei nº 9.985, de 18 de julho de 2000. O sistema orienta e dá diretrizes para a criação e gestão das **unidades de conservação (UC)** nas três esferas de governo (federal, estadual e municipal), objetivando uma visão integrada das áreas naturais a serem preservadas. Prevê, também, mecanismos para a participação da sociedade na gestão das UC.

O SNUC tem os seguintes objetivos:

- contribuir para a conservação das variedades de espécies biológicas e dos recursos genéticos no território nacional e nas águas jurisdicionais;
- proteger as espécies ameaçadas de extinção;
- contribuir para a preservação e a restauração da diversidade de ecossistemas naturais;
- promover o desenvolvimento sustentável a partir dos recursos naturais;
- promover a utilização dos princípios e práticas de conservação da natureza no processo de desenvolvimento;
- proteger paisagens naturais e pouco alteradas de notável beleza cênica;
- proteger as características relevantes de natureza geológica, morfológica, geomorfológica, espeleológica, arqueológica, paleontológica e cultural;
- recuperar ou restaurar ecossistemas degradados;
- proporcionar meio e incentivos para atividades de pesquisa científica, estudos e monitoramento ambiental;
- valorizar econômica e socialmente a diversidade biológica;
- favorecer condições e promover a educação e a interpretação ambiental e a recreação em contato com a natureza; e
- proteger os recursos naturais necessários à subsistência de populações tradicionais, respeitando e valorizando seu conhecimento e sua cultura e promovendo-as social e economicamente.

> Núcleo de Educação Ambiental do Instituto Chico Mendes de Conservação da Biodiversidade. SNUC. Disponível em: <www.icmbio.gov.br/educacaoambiental/politicas/snuc.html>. Acesso em: 3 nov. 2018.

As unidades de conservação federais, estaduais, municipais e particulares estão distribuídas em doze categorias, que se diferenciam quanto à forma de proteção e usos permitidos. Elas são divididas em duas categorias principais:

- **unidades de proteção integral**, áreas cujo objetivo é preservar a natureza, sendo admitido apenas o uso indireto dos recursos naturais, com algumas exceções;
- **unidades de uso sustentável**, cujo objetivo é compatibilizar a conservação da natureza com o uso sustentável de parte dos recursos naturais.

Para entender como funcionam as diferentes UC, é importante considerar o conceito de **sustentabilidade**.

A palavra sustentar significa ser capaz de se manter. Desse modo, a exploração de um recurso natural exercida de forma sustentável deve garantir que esse recurso estará disponível para as gerações futuras.

Para a Organização das Nações Unidas (ONU), no relatório *Nosso Futuro Comum*, publicado pela Comissão Mundial para o Meio Ambiente e o Desenvolvimento, em 1987:

> Desenvolvimento sustentável é aquele que busca as necessidades presentes sem comprometer a capacidade das gerações futuras de atender suas próprias necessidades.

> ONU. A ONU e o meio ambiente. Disponível em: <https://nacoesunidas.org/acao/meio-ambiente/>. Acesso em: 3 nov. 2018.

Os 5 Ps do desenvolvimento sustentável:

Pessoas – erradicar a pobreza e a fome de todas as maneiras e garantir a dignidade e a igualdade.
Prosperidade – garantir vidas prósperas e plenas, em harmonia com a natureza.
Paz – promover sociedades pacíficas, justas e inclusivas.
Parcerias – implementar a agenda por meio de uma parceria global sólida.
Planeta – proteger os recursos naturais e o clima do nosso planeta para as gerações futuras.

Como é criada uma UC?

Como vimos, as UC têm como objetivo a proteção do meio ambiente. Para a proposição de uma nova UC, são seguidas algumas etapas básicas no processo:

Glossário
Fundiário: relativo a terrenos, terras.

- identificação de áreas de grande relevância ambiental ou necessárias à subsistência de populações tradicionais;
- estudos técnicos sobre fauna e flora, populações locais e situação fundiária;
- consultas públicas para discutir os pontos positivos e negativos e a opinião dos diversos cidadãos envolvidos;
- assinatura do ato legal.

Exemplo de convite para a consulta pública:

CONVITE

A Prefeitura de Muriaé, através da Secretaria Municipal de Meio Ambiente, tem a honra de convidá-lo(a) para participar da **Consulta Pública à População de Muriaé para a Criação de Unidades de Conservação**.

Data: 26/03/2015 (Quinta-feira) | **Horário:** 9h
Local: Sala de Reuniões Profª. Nádia Maria Acar Lipus Gomes, da Secretaria Municipal de Educação - Centro Administrativo Presidente Tancredo Neves, 1º andar

Contamos com sua presença!

Convite de consulta pública da Prefeitura de Muriaé (MG) para discutir a criação de UC.

O que é plano de manejo?

Documento técnico, fundamentado nos objetivos gerais das unidades de conservação, que estabelece o seu zoneamento, as normas de uso de recursos e a implantação das estruturas físicas necessárias à gestão da unidade.

Qual é o papel do Conselho Gestor?

Permitir o diálogo entre representantes de diferentes segmentos da sociedade e a participação desses representantes em processos decisórios da UC.

Tipos de unidade de conservação

As imagens desta página não estão representadas na mesma proporção.

Veja a seguir quais são as 12 categorias de unidades de conservação.

Unidades de Proteção Integral

Estação Ecológica: área destinada à preservação da natureza e à realização de pesquisas científicas.

Praia do Rio Verde e Costão da Jureia, Estação Ecológica de Jureia-Itatins, Iguape (SP), 2014.

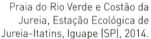

Reserva Biológica: área destinada à preservação da diversidade biológica, onde podem ser efetuadas medidas de recuperação de ecossistemas alterados e de preservação e recuperação do equilíbrio natural, da diversidade biológica e dos processos ecológicos naturais.

Reserva Biológica de Pedra Talhada, Quebrangulo (AL), 2012.

Parque Nacional: área destinada à proteção dos ecossistemas naturais de grande relevância ecológica e beleza cênica, onde podem ser realizadas atividades de recreação, educação e interpretação ambiental, e desenvolvidas pesquisas científicas.

Parque Nacional da Serra da Capivara. Importante área de conservação da Caatinga, onde foram encontrados vestígios arqueológicos pré-históricos, como pinturas rupestres com mais de 50 000 anos de idade. São Raimundo Nonato (PI), 2018.

Monumento Natural: área que tem como objetivo básico a preservação de lugares singulares, raros e de grande beleza cênica. Permite a existência de propriedades privadas em seu interior.

Monumento Natural das Falésias de Beberibe, Beberibe (CE), 2018.

Refúgio de Vida Silvestre: ambiente natural onde se asseguram condições para a existência ou reprodução de espécies ou comunidades da flora local e da fauna residente ou migratória. Permite a existência de propriedades privadas em seu interior.

Refúgio de Vida Silvestre do Rio dos Frades. Porto Seguro (BA), 2015.

Unidades de Uso Sustentável

Área de Proteção Ambiental: área em geral extensa, com certo grau de ocupação humana, dotada de atributos naturais, estéticos e culturais importantes para a qualidade de vida e o bem-estar das populações.

As imagens desta página não estão representadas na mesma proporção.

APA da Serra do Baturité. Guaramiranga (CE), 2018.

Área de Relevante Interesse Ecológico: área de pequena extensão, com pouca ou nenhuma ocupação humana e com características naturais singulares, cujo objetivo é manter ecossistemas naturais de importância regional ou local e regular o uso admissível dessas áreas. Permite a existência de propriedades privadas em seu interior.

Floresta Nacional: área com cobertura florestal onde predominam espécies nativas, cujo principal objetivo é o uso sustentável e diversificado dos recursos florestais e a pesquisa científica.

Floresta Nacional do Tapajós, Belterra (PA), 2017.

Reserva Extrativista: área natural com o objetivo principal de proteger os meios, a vida e a cultura de populações tradicionais, cuja subsistência baseia-se no extrativismo e, ao mesmo tempo, assegurar o uso sustentável dos recursos naturais existentes.

Mulher retira açaí de ramo recém-colhido na Reserva Extrativista Tapajós-Arapiuns, na comunidade da Cabeceira do Amorim do Rio Tapajós, Santarém (PA), 2017.

Reserva de Fauna: área com populações animais de espécies nativas, terrestres ou aquáticas, onde são incentivados estudos técnico-científicos sobre o manejo econômico sustentável dos recursos faunísticos.

Reserva de Desenvolvimento Sustentável: área natural onde vivem populações tradicionais que se baseiam em sistemas sustentáveis de exploração dos recursos naturais.

Reserva Particular do Patrimônio Natural: área privada criada para proteger a biodiversidade a partir de iniciativa do proprietário.

O sistema nacional de unidades de conservação da natureza. Disponível em: <www.mma.gov.br/estruturas/240/_publicacao/240_publicacao05072011052536.pdf>. Acesso em: 20 ago./2018.

Manejo de pirarucu no Rio Japurá. Reserva de Desenvolvimento Sustentável Mamirauá. Maraã (AM), 2014.

Consulte um dicionário para saber o significado dos termos que você desconhece.

Conviver

Distribuição das unidades de conservação no Brasil

O Brasil é um dos países mais ricos em relação à geografia e biodiversidade, apresentando grande complexidade de paisagens e riquezas naturais que são divididas em seis biomas terrestres (Amazônia, Mata Atlântica, Cerrado, Caatinga, Pantanal e Pampa) e das áreas marinhas.

O mapa abaixo mostra a distribuição das UC no território brasileiro. Veja que não existe uma uniformidade em relação à distribuição e ao tamanho das áreas protegidas atualmente.

Fonte: Ministério do Meio Ambiente. *Sistema Nacional de Unidades de Conservação da Natureza (SNUC) – 2016*. Disponível em: <www.mma.gov.br/areas-protegidas/cadastro-nacional-de-ucs/mapas>. Acesso em: jul. 2018.

A tabela abaixo complementa as informações do mapa, listando o número de UC por bioma e a quantidade de UC de proteção integral (PI) ou uso sustentável (US), assim como a área protegida e a porcentagem em relação à área total do bioma.

Unidades de Conservação por bioma					
Bioma	Área total do bioma (km²)	UC	PI	US	PI e US
Amazônia	4 196 943	N°	85	260	345
		Área (km²)	429 284	773 466	1 202 750
		%	10,2%	18,4%	28,6%
Caatinga	844 453	N°	45	135	180
		Área (km²)	14 936	59 593	74 529
		%	1,8%	7,2%	9,0%
Cerrado	2 036 448	N°	128	275	403
		Área (km²)	64 926	112 811	177 737
		%	3,2%	5,5%	8,7%
Mata Atlântica	1 110 182	N°	420	837	1 257
		Área (km²)	28 836	86 700	115 537
		%	2,6%	7,8%	10,3%
Pampa	176 496	N°	13	12	25
		Área (km²)	850	4 217	5 067
		%	0,5%	2,4%	2,9%
Pantanal	150 355	N°	7	17	24
		Área (km²)	4 403	2 487	6 891
		%	2,9%	1,6%	4,6%
Área Marinha	3 642 439	N°	73	104	177
		Área (km²)	120 481	841 926	962 407
		%	3,3%	23,1%	26,4%

Fonte: CNUC/MMA. Disponível em: <www.mma.gov.br/images/arquivo/80229/CNUC_JUL18%20-%20C_Bio.pdf>. Acesso em: nov. 2018.

Respondam às questões abaixo.

1. Qual dos biomas terrestres é o mais protegido? Justifique.

2. Qual bioma terrestre tem a menor área protegida? Por que vocês acham que isso ocorre?

3. Pesquise como funciona a proteção da área marinha.

4. Cada grupo ficará responsável por um bioma terrestre. Façam uma pesquisa sobre quanto de cobertura vegetal ainda resta e comparem com a porcentagem que está protegida em UC. Pesquisem a complexidade desse bioma e os diferentes ecossistemas que o formam, relacionando com as principais UC que o representam.

 Ampliar

WWF Biomas
www.wwf.org.br/natureza_brasileira/questoes_ambientais/biomas/
Site da ONG WWF com informações sobre os biomas brasileiros.

Ministério do Meio Ambiente – Biomas
www.mma.gov.br/biomas.html
Site do Ministério do Meio Ambiente com dados sobre os biomas brasileiros, com mapas, informações sobre a diversidade, preservação etc.

De olho no legado

A conservação da natureza

[...] O conceito de Unidade de Conservação, tal como o entendemos hoje, surgiu com a criação do Parque Nacional de Yellowstone, em 1872 nos Estados Unidos, num contexto de valorização da manutenção de grandes espaços naturais, entendidos como "ilhas" de grande valor cênico, onde o ser humano pudesse contemplar a natureza em busca de paz e fruição espiritual. Outros motivos que levaram à criação desse Parque foram: a preservação de atributos cênicos, a significação histórica e o potencial para atividades de lazer. [...]

Belgian Pool, uma fonte termal no Parque Nacional de Yellowstone (EUA), 2017.

As imagens desta página não estão representadas na mesma proporção.

Seguindo o modelo americano, as iniciativas para a criação de áreas protegidas no Brasil datam de 1876, quando o Engenheiro André Rebouças propôs a criação de dois Parques Nacionais: um na Ilha do Bananal no antigo estado de Goiás e outro em Sete Quedas no estado do Paraná. No entanto, o primeiro Parque Nacional Brasileiro só foi criado em 1937 com o Parque Nacional de Itatiaia, no Rio de Janeiro, e em 1939, com o Parque Nacional de Iguaçu, no Estado do Paraná.

Cataratas do Iguaçu, no Parque Nacional de Iguaçu (PR), 2017.

As primeiras unidades de conservação brasileiras foram criadas a partir da ideia da proteção de monumentos públicos naturais ou da proteção de territórios de singular beleza. Esse conceito evoluiu do enfoque estético e recreativo ao atual, mais biológico, buscando a proteção da biodiversidade. [...]

Ibama. Disponível em: <www.ibama.gov.br/sophia/cnia/diversos/aconservacaodanatureza.pdf>. Acesso em: 3 nov. 2018.

Pense e debata as questões a seguir com os colegas.

1. Quais são os benefícios que uma Unidade de Conservação pode trazer para uma cidade e a população dela? E os desafios ou problemas?

2. Compartilhem com os outros grupos suas ideias.

3. Caso haja algum órgão ambiental na região, organizem uma entrevista ou palestra com um profissional para saber mais sobre Unidades de Conservação.

Terras indígenas

Um outro tipo especial de delimitação de áreas muitas vezes relacionadas à proteção ambiental são as Terras Indígenas (TI). Como visto no mapa abaixo, as TI apresentam uma área relevante quando comparadas às UC.

Segundo a Fundação Nacional do Índio (Funai):

> Terra Indígena (TI) é uma porção do território nacional, de propriedade da União, habitada por um ou mais povos indígenas, por ele(s) utilizada para suas atividades produtivas, imprescindível à preservação dos recursos ambientais necessários a seu bem-estar e necessária à sua reprodução física e cultural, segundo seus usos, costumes e tradições. Trata-se de um tipo específico de posse, de natureza originária e coletiva, que não se confunde com o conceito civilista de propriedade privada.
>
> Funai. Disponível em: <www.funai.gov.br/index.php/nossas-acoes/demarcacao-de-terras-indigenas>. Acesso em: 3 nov. 2018.

Assim, as Terras Indígenas têm como objetivo principal a sobrevivência e preservação dos povos indígenas e sua cultura. Além disso, estudos mostram que as TI são áreas que protegem a biodiversidade local, evitando o desmatamento e outras formas de exploração da terra. Atualmente, segundo o Instituto Socioambiental, existem 720 TI no Brasil, em diferentes fases do processo demarcatório.

Por exemplo, no período de 2000 a 2014, o desmatamento dentro das TI da Amazônia foi inferior a 2%, enquanto a média de área desmatada fora delas foi de 19%.

Fontes: IBGE. Disponível em: <https://ww2.ibge.gov.br/home/presidencia/noticias/21052004biomashtml.shtm>.
Funai: Disponível em <www.funai.gov.br/index.php/servicos/geoprocessamento>. Acesso em: 20 nov. 2018.

O conceito de mosaico

É necessário atentar que as unidades de conservação devem ser analisadas e geridas como um conjunto integrado, não devendo ser vistas como "ilhas isoladas", mas como partes de uma rede voltada à proteção da biodiversidade. O artigo 26 da lei do SNUC (Lei nº 9.985/2000) faz referência a essa ideia:

> Quando existir um conjunto de unidades de conservação de categorias diferentes ou não, próximas, justapostas ou sobrepostas, e outras áreas protegidas públicas ou privadas, constituindo um **mosaico**, a gestão do conjunto deverá ser feita de forma integrada e participativa, considerando-se os seus distintos objetivos de conservação, de forma a compatibilizar a presença da biodiversidade, a valorização da sociodiversidade e o desenvolvimento sustentável no contexto regional.
>
> Lei nº 9.985, de 18 jul. 2000. Disponível em: <www.planalto.gov.br/ccivil_03/leis/l9985.htm>. Acesso em: 3 nov. 2018.

Percebe-se que o mosaico, à luz do SNUC, não se limita aos aspectos físicos da paisagem, mas fundamenta-se em uma gestão integrada das diferentes UC envolvidas, tal qual ocorre na natureza com os ecossistemas interdependentes.

O Mosaico do Espinhaço abrange uma área de quase 2 milhões de hectares – onde estão localizadas Unidades de Conservação como o Parque Estadual do Rio Preto e o Parque Nacional das Sempre-Vivas –, que abriga uma rica diversidade biológica e sociocultural. Veja no mapa as áreas do mosaico e as UC que são administradas de modo integrado.

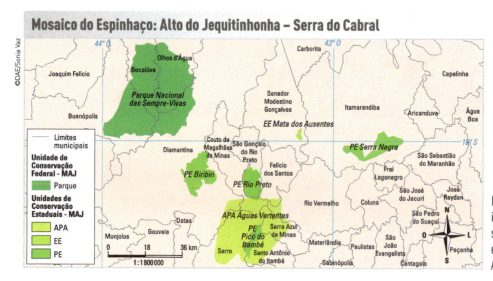

ICMBio. Disponível em: <www.icmbio.gov.br/portal/images/stories/mosaicos/mapa-espinhaco-jequitinhonha.jpg>. Acesso em: 26 nov. 2018.

Paisagem do Mosaico do Espinhaço. São Gonçalo do Rio Preto (MG), 2018.

Corredores ecológicos

A conectividade física entre áreas de UC também é essencial para a manutenção da biodiversidade, impedindo o isolamento de populações. Isso favorece a conservação de espécies vulneráveis, em risco de extinção. Quando as áreas se encontram separadas por interferência humana (estradas, áreas de agricultura, atividade madeireira etc.), a solução são os corredores ecológicos ou de biodiversidade. Trata-se de áreas que ligam os fragmentos florestais ou unidades de conservação isolados.

É importante retomar o conceito ecológico de população, que corresponde ao conjunto de indivíduos de uma mesma espécie que vive em determinada área em dado período de tempo. Os corredores ecológicos aumentam a possibilidade de intercruzamento entre populações de uma espécie que vivem em áreas separadas, o que contribui para o aumento da variabilidade genética.

Esquema simplificado dos corredores ecológicos.

Logo, o objetivo principal dos corredores é permitir o **fluxo gênico**, ou seja, que indivíduos de populações isoladas migrem e troquem genes. Além do deslocamento de animais, os corredores favorecem a dispersão de sementes, a polinização e, em consequência, a manutenção da biodiversidade genética das espécies e até mesmo o aumento da cobertura vegetal e a recuperação de áreas degradadas.

Um exemplo é o Mosaico Capivaras-Confusões, corredor ecológico criado em 2005, pela portaria do Ministério do Meio Ambiente, que interliga o Parque Nacional da Serra da Capivara e o Parque Nacional da Serra das Confusões, no Piauí. Esse corredor ecológico engloba terras de dez municípios, com uma área de 1,5 milhão de hectares de extensão, protegendo uma importante faixa de Caatinga.

zoom

Pesquise outros exemplos de corredores biológicos. Há, inclusive, corredores que interligam países diferentes. Compartilhe com a turma as informações que encontrar.

A importância do diálogo e da participação popular

Áreas naturais protegidas são consideradas, mundialmente, um dos principais instrumentos para a conservação da biodiversidade, sendo que sua criação não impacta apenas a flora e fauna da região protegida, mas também as comunidades que vivem dentro ou próximo a essas áreas.

É muito preocupante quando a implementação de uma UC é realizada de forma pouco democrática ou participativa, ignorando ou desrespeitando as comunidades locais que ali vivem há muitas gerações. A desvinculação das populações do processo de criação de parques e reservas pode ser prejudicial para a conservação e gerar conflitos.

Nas comunidades, há pessoas de diferentes níveis de escolaridade, algumas não alfabetizadas. Não basta propor mecanismos de consulta acessíveis apenas a uma parcela da população, é necessário considerar os interesses dos diversos segmentos envolvidos. A questão é complexa, englobando o aspecto ecológico, econômico, cultural, social e político. E as pressões para a aprovação ou não de determinada UC podem comprometer o alcance dos objetivos iniciais.

169

Pontos de vista

Demarcação de novas Unidades de Conservação

Vimos que a criação de uma nova UC precisa ser discutida com todos os envolvidos, os interessados e aqueles que sofrerão os impactos da demarcação.

Veremos a seguir um exemplo que ocorreu na cidade de Cáceres (MT):

> Em uma Consulta Pública realizada nesse dia 30.07, no auditório Sophia Leite, em Cáceres, produtores rurais, membros da sociedade civil e representantes de ONGs ambientais debateram a proposta de criação de 4 Unidades de Conservação em Cáceres e Poconé. [...]
>
> Pelas propostas apresentadas, seria ampliada a Estação Taiamã e criadas 3 novas unidades de modo a fazer um corredor ecológico entre o Parque Nacional do Pantanal e o Parque Estadual Encontro das Águas. [...]

Abaixo está a opinião de Cézare Pastorello, vereador de Cáceres:

> "[...] O grande defensor do Pantanal é o pantaneiro, principalmente os pecuaristas que já estão consorciados com o bioma há mais de 200 anos. Em que pese as áreas propostas de reserva serem na parte alagada, elas criam uma faixa de entorno, com restrições de uso, que pode prejudicar a pecuária. Então, não há como se discutir a criação dessas unidades apenas sob a ótica conservacionista. É preciso equilíbrio com a questão econômica-social [...]."

O biólogo Daniel Kantek, chefe da Estação Ecológica do Taiamã, tem a seguinte opinião:

> "[...] As áreas propostas não são produtivas, são alagadas na maior parte do ano e não terão impacto nas propriedades. Esse corredor ecológico é importante para o trânsito livre da fauna do pantanal [...]".

Audiência pública realizada pela prefeitura de Anastácio para discutir a criação de novas Unidades de conservação. Anastácio (MS), 2017.

Depoimentos retirados do artigo População de Cáceres rejeita a proposta de novas unidades de conservação. *Folha Comunitária*, 1º ago. 2018. Disponível em: <http://folhacomunitaria.com.br/2018/08/01/populacao-de-caceres-rejeita-a-proposta-de-novas-unidades-de-conservacao/>. Acesso em: 3 nov. 2018.

1. Organizem-se em grupos e debatam sobre os argumentos utilizados pelo biólogo e pelo vereador na discussão da criação das novas UCs do caso citado. O que pensam sobre isso? Acrescentariam algum argumento a favor ou contra a criação das UCs? Compartilhem com a turma as respostas.

2. Pesquisem outros casos envolvendo controvérsias na criação de UCs no Brasil.

Viver

Visitação nos parques nacionais cresce 20% em 2017

O Instituto Chico Mendes de Conservação da Biodiversidade (ICMBio) contabilizou 10,7 milhões de visitantes em 2017 nas unidades de conservação federais (parques, floresta, área de proteção ambiental, reserva extrativistas). Isso significa um crescimento de 20% em relação ao ano de 2016. O aumento é o maior dos 10 anos de criação do ICMBio. Segundo o presidente do órgão, Ricardo Soavinski, o incremento na visitação reflete a melhoria na qualidade dos serviços ofertados e também um maior interesse das pessoas pela natureza e pela recreação em espaços naturais.

ICMBio. Disponível em: <www.icmbio.gov.br/portal/ultimas-noticias/20-geral/9484-visitacao-nos-parques-cresce-20-em-2017>. Acesso em: 3 nov. 2018.

1. Pesquise qual é a Unidade de Conservação mais próxima da sua região. De que tipo ela é? **no caderno**

2. Você já visitou alguma UC?

3. Em sua opinião, é importante existir unidades que permitam a visitação? Por quê?

4. Que tal organizar, com a ajuda do professor, uma visita a algum parque, zoológico ou museu que tenha como proposta a educação ambiental (de preferência visitas agendadas e guiadas por monitores).

Biopirataria

A biodiversidade é importante não só pelos aspectos ambientais, mas também por interesses e motivos científicos e econômicos. Embora, para fins de equilíbrio ambiental, ela seja vista como patrimônio mundial, para fins econômicos é necessário regular o uso dos recursos para evitar a exploração indevida e sem retorno ao país detentor dessa biodiversidade.

Antes da Convenção sobre Diversidade Biológica (CDB) – tratado internacional aprovado no Rio de Janeiro em 1992 – os recursos genéticos de todos os organismos vivos e conhecimentos tradicionais eram considerados patrimônio comum da humanidade, e, portanto, não havia limitação ao acesso a eles.

As matérias-primas extraídas da flora e da fauna de muitos países com rica biodiversidade, como o Brasil, eram levadas com frequência para laboratórios de outros países, onde grandes empresas se beneficiavam com a fabricação de remédios, cosméticos e outros produtos. Essas empresas adquiriam **patentes**, ou seja, direitos exclusivos de produzir e comercializar esses produtos.

Assim, países ricos em biodiversidade, mas pobres em pesquisa científica e tecnológica, disponibilizavam seus recursos naturais a empresas e centros de pesquisa de países ricos. Depois, pagavam preços elevados pelos produtos produzidos a partir desses recursos.

> **Glossário**
> **Patente:** título que garante ao autor de um invento ou descoberta a propriedade sobre ele e seu uso exclusivo.

Após a CDB de 1992, os recursos genéticos deixaram de ser considerados bem comum da humanidade para se tornarem bens nacionais, objeto da soberania dos países em que se encontram. Contudo, apesar de oficialmente ilegal, a prática de uso irrestrito da biodiversidade de outros países continua constituindo-se o que chamamos de **biopirataria**.

Na busca por novas matérias-primas, muitas vezes os biopiratas se utilizam da sabedoria popular, do conhecimento que as comunidades indígenas e os habitantes da região têm sobre a biodiversidade, principalmente sobre ervas e produtos medicinais.

É importante elaborar leis que regulem e fiscalizem a exploração da biodiversidade para que haja divisão dos lucros de modo justo e garantia da preservação das espécies. Contudo, é importante que essa fiscalização seja feita de modo adequado. É preciso diferenciar pesquisadores sérios e éticos de biopiratas, ou seja, o intercâmbio científico da biopirataria.

A exploração ilegal de nossos recursos resulta em danos como perda da biodiversidade, desequilíbrio ecológico, prejuízos socioeconômicos e afeta negativamente o desenvolvimento da pesquisa científica e tecnológica nacional.

Um caso impactante foi o do cupuaçu, fruta nativa da Amazônia. Ele foi alvo de disputa internacional entre brasileiros e uma empresa multinacional com sede no Japão, que patenteou o nome "cupuaçu", registrado como marca nos EUA, Europa e Japão. Após uma acirrada disputa legal, o governo brasileiro conseguiu reverter esse processo. A Lei nº 11.675 estabelece o produto como fruta nacional.

O açaí também foi alvo de patente por parte de uma empresa alemã que pretendia ter exclusividade no uso do nome açaí, o que deixaria o Brasil impossibilitado de vender produtos desse fruto utilizando o nome. Essa situação também foi revertida pelo governo brasileiro.

Infelizmente, dezenas de outros produtos da fauna e da flora brasileiras já estão patenteados no exterior por laboratórios farmacêuticos estrangeiros.

É preciso informar e sensibilizar toda a população, principalmente os grupos diretamente envolvidos, para essa importante questão.

O açaí é um fruto de palmeira nativa da Amazônia.

Atividades

1. Você acredita que o modo de vida em sociedades de consumo é compatível com a conservação de recursos naturais? Explique.

2. O que caracteriza um consumo consciente? Dê um exemplo.

3. Escolha um dos 5 Ps do desenvolvimento sustentável e escreva um pequeno texto sobre sua importância para a conservação do ambiente?

4. Qual a principal diferença entre os dois grupos básicos de Unidades de Conservação.

5. Pesquise um exemplo de cada categoria de Unidade de Conservação, sendo pelo menos uma na região onde você vive. Busque informações sobre a fauna e flora encontrada nessa UC.

6. Analise o mapa do Brasil com as UCs demarcadas e os dados sobre as áreas protegidas. Podemos afirmar que a proteção da Mata Atlântica e do Cerrado é satisfatória? Justifique sua resposta.

7. Qual é a importância das Terras Indígenas tanto em relação a sobrevivência dos povos indígenas quanto à proteção do meio ambiente?

8. Qual a importância dos corredores ecológicos para a manutenção da biodiversidade?

9. (Enem) Várias estratégias estão sendo consideradas para a recuperação da diversidade biológica de um ambiente degradado, dentre elas, a criação de vertebrados em cativeiro. Com esse objetivo, a iniciativa mais adequada, dentre as alternativas a seguir, seria criar:

    a) machos de umas espécies e fêmeas de outras, para possibilitar o acasalamento entre elas e o surgimento de novas espécies.

    b) muitos indivíduos da espécie mais representativa, de forma a manter a identidade e a diversidade do ecossistema.

    c) muitos indivíduos de uma única espécie, para garantir uma população geneticamente heterogênea e mais resistente.

    d) um número suficiente de indivíduos, do maior número de espécies, que garanta a diversidade genética de cada uma delas.

    e) vários indivíduos de poucas espécies, de modo a garantir, para cada espécie, uma população geneticamente homogênea.

10. Foi noticiado:

    Biopirataria entra para o vocabulário dos povos tradicionais da Amazônia

    Combate à modalidade de pirataria é articulado por povos indígenas preocupados com casos semelhantes ao ocorrido com o açaí e o cupuaçu [...].

    Os baniwa (população indígena distribuída entre Brasil, Colômbia e Venezuela) do Amazonas em 2014 iniciaram as ações do Conselho Baniwa e Coripaco de Gestão de Patrimônio Cultural. A princípio criado para a defesa dos saberes tradicionais de agricultura, seus processos e produtos, o conselho não se esquivou da luta contra a biopirataria e das tentativas de apropriação de sua cultura, explica o presidente da Associação Indígena da Bacia do Içana, André Baniwa. "Sabemos de casos de biopirataria acontecidos com outros 'parentes' e é um dever nosso evitar que mais aconteçam. Buscamos mobilizar todos os baniwa para combater essa prática", afirma. [...]

    Portal Amazônia. Disponível em: <http://portalamazonia.com/noticias/biopirataria-entra-para-o-vocabulario-dos-povos-tradicionais-da-amazonia>. Acesso em: 3 nov. 2018.

    a) O que você pensa da fala do presidente da Associação Indígena da Bacia do Içana?

    b) Pesquise outras notícias, charges e tirinhas críticas sobre a biopirataria. Inspire-se nelas e crie você uma charge ou tirinha acompanhada de uma legenda. Compartilhe com os colegas sua produção e montem um mural para divulgar o trabalho de vocês na escola.

CAPÍTULO 10 — Sustentabilidade

Vimos que o conceito de **sustentabilidade** está diretamente ligado ao uso racional dos recursos naturais. Estudos provam que o aumento no consumo ou desperdício de bens naturais como energia, água, minério e recurso da biodiversidade, além da produção de resíduos, vêm provocando graves impactos ambientais, como alterações climáticas, destruição de hábitats naturais e poluição de vários tipos. Tudo isso compromete o equilíbrio natural do planeta.

Engarrafamento em trecho da BR-116 em Novo Hamburgo (RS), 2013.

Quando pensamos em sustentabilidade, temos que contemplar tanto as mudanças de condutas pessoais quanto as ações coletivas e políticas de alcance global, e perceber que o foco deve englobar não só os bens do indivíduo, mas principalmente do coletivo. No debate para enfrentamento dessas questões, surgem propostas que ressaltam a importância do **consumo consciente, ético, responsável e sustentável**. Você sabe o que significam essas expressões e o que elas têm a ver com a vida cidadã? O que pensa, por exemplo, quando vê uma imagem como esta?

As imagens desta página não estão representadas na mesma proporção.

Clientes durante as compras da promoção *Black Friday* em uma loja de São Paulo (SP), 2016.

De onde vem a matéria-prima dos produtos que consumimos? Quanto tempo dura um produto? De onde vem o alimento que comemos? Que tipo de embalagem utiliza? O que acontece com as embalagens e outros resíduos de seu uso, consumo e transporte? Há possibilidade de reciclar ou reutilizar? Essas são perguntas que nem sempre fazemos e que têm relação direta com o impacto ambiental e a busca por sustentabilidade.

O ciclo de vida de um produto

Podemos utilizar modelos para analisar os impactos ambientais de todas as fases da vida de determinado produto, desde a extração da matéria-prima, transporte, produção, até a utilização e o descarte.

O estudo dos ciclos de vida dos diferentes produtos é fundamental para saber como se dá o gasto de matéria-prima, o gasto de energia e os resíduos gerados durante o processo. Isso é essencial para entender como o ritmo atual de consumo no planeta é insustentável e a necessidade de fazer escolhas mais conscientes tanto na hora de comprar quanto na hora de descartar.

Esquema de ciclo de vida do vidro.

O sistema de **logística reversa** prevê um conjunto de procedimentos nos quais o setor produtor se responsabiliza pelo pós-consumo, ou seja, depois que o consumidor já utilizou e precisa se livrar do resíduo, este será encaminhado à empresa produtora onde deve ser reaproveitado ou receber outra destinação ambientalmente adequada. Trata-se de um processo baseado na responsabilidade pelo ciclo de vida dos produtos compartilhada entre fabricantes, importadores, distribuidores, comerciantes, consumidores e poder público.

Infográfico mostrando a logística reversa.

Viver

Logística reversa do óleo de cozinha

O óleo de cozinha, quando retido no encanamento, causa entupimento das tubulações e faz com que seja necessária a aplicação de diversos de produtos químicos para a sua remoção. Se não existir um sistema de tratamento de esgoto, o óleo acaba se espalhando na superfície dos rios e das represas, contaminando a água e prejudicando a vida de muitas espécies que vivem nesses hábitats. Dados apontam que com um litro de óleo é possível contaminar 20 mil litros de água. Se acabar no solo, o líquido pode impermeabilizá-lo, o que contribui com enchentes e alagamentos. Além disso, quando entra em processo de decomposição, o óleo libera o gás metano que, além do mau cheiro, agrava o efeito estufa. [...] O óleo reaproveitado pode ser utilizado na produção de resina para tintas, sabão, detergente, glicerina, ração para animais e até biodiesel. [...]

Sistema Ambiental Paulista. Disponível em: <www.ambiente.sp.gov.br/coleta-de-oleo-de-cozinha/>. Acesso em: 5 nov. 2018.

O esquema está representado com cores-fantasia e as dimensões dos elementos não seguem a proporção real.

Esquema de logística reversa do óleo de cozinha.

A Associação Brasileira das Indústrias de Óleos Vegetais (Abiove) fez parceria com secretarias municipais de meio ambiente para apoiar a coleta dos resíduos pós-consumo dos produtos de suas empresas associadas. Várias instituições públicas e privadas apoiam essa prática.

Agora responda às questões.

1. Pesquise o que pode ser feito com o descarte do óleo de cozinha.
2. Procure identificar se na sua região há pontos de coleta e divulgue-os na escola e comunidade para apoiar a iniciativa.

Consumo ou consumismo?

Embora encontremos diferenças na definição dada em fontes e autores diversos, de modo geral o **consumo** está associado à satisfação de uma real necessidade, para sobrevivência ou bem-estar. O **consumismo** refere-se a um modo de vida e comportamento caracterizados por um exagero no consumo de bens ou serviços, em geral supérfluos.

Frequentemente, o consumismo é reforçado pelo significado simbólico de sucesso e felicidade dado a esses produtos e serviços pelos meios de comunicação de massa. Como se dependêssemos de "ter" determinada roupa, carro, aparelhos eletrônicos diversos e até cultivar a imagem de "ser" uma pessoa realizada e feliz. As redes sociais colaboram na disseminação desses "ideais", aumentando a popularidade de quem faz mais postagens exibindo sinais de "prosperidade e sucesso".

zoom: Há diferença de sentido nesses dois termos? O que significa dizer que alguém é consumista?

Consumo em foco

A influência da publicidade sobre o público infantojuvenil

O debate acerca dos efeitos da publicidade sobre crianças e jovens é polêmico e envolve interesses de grupos variados. Por um lado, há os que defendem uma legislação mais rigorosa para proteger essa faixa etária que consideram mais vulnerável. Outros, geralmente os que têm interesse econômico nesse público consumidor, contestam essa vulnerabilidade ou acham que cabe à família orientar seus filhos para aprenderem a fazer escolhas.

Mas o que é publicidade em termos técnicos?

[...] Como a própria palavra indica, a publicidade tem por objetivo tornar algo conhecido, neste caso, um produto. Para que isso aconteça, estudos e estratégias realizadas por especialistas que pesquisam o consumidor são realizados resultando em abordagens diversas. Por exemplo, "Beba leite" é uma propaganda. Uma publicidade seria "beba leite da marca X". Enquanto que o *merchandising* seria "consumir o leite da marca X" numa cena de novela ou durante um programa ou ainda distribuí-lo para um futuro público consumidor em um ponto de venda. Essas ações estão diretamente relacionadas ao *marketing*, que é o estudo do público-alvo do produto em questão, resultando no estabelecimento de estratégias que tragam como resultado o aumento de venda do produto. O *marketing* estuda o mercado procurando conhecer necessidades e desejos do consumidor. É a partir dos resultados desses estudos que campanhas publicitárias e até políticas são construídas [...].

MEC. Disponível em: <http://portal.mec.gov.br/secad/arquivos/pdf/09_cd_pr.pdf>. Acesso em: 20 nov. 2018.

1. Dividam-se em grupos e façam o que se pede.
   a) Cada grupo deverá ficar atento às propagandas e peças publicitárias dirigidas às crianças, em diferentes veículos (internet, desenhos, filmes, séries televisivas, *outdoors*, revistas etc.). Registre suas impressões.
   b) Já se sentiram impelidos a comprar determinado produto por influência da publicidade? Expliquem.
   c) Após essa etapa, pesquisem e registrem a importância da regulamentação da propaganda e publicidade direcionadas ao público infantojuvenil, bem como os avanços na legislação conquistados por outros países.

2. Dividam a sala em dois grandes grupos. O primeiro grupo será favorável à restrição das propagandas e publicidade dirigidas às crianças. O outro será contra. Cada grupo deve utilizar argumentos consistentes e, ao final, produzir uma síntese do trabalho. Com a ajuda do professor, organizem um debate sobre o tema "Criança e consumo" aproveitando o trabalho dos grupos. Sugestões de temas:
   a) Quanto tempo por dia, em média, as crianças e adolescentes passam diante da TV?
   b) Que tipo de problemas podem ocorrer quando crianças e adolescentes desejam produtos que os responsáveis não podem comprar?
   c) A publicidade dirigida ao público infantojuvenil favorece hábitos alimentares e de consumo voltados para a saúde e sustentabilidade?

3. Analise a tirinha.

   a) Você concorda com o que afirma o personagem sobre qualquer um poder ser "vítima" da propaganda? Por quê?
   b) Justifique sua opinião dando exemplos de sua realidade.

Consumo ético, responsável e consciente

Todas essas expressões incluem a preocupação com aspectos socioambientais em relação ao consumo. Essas adjetivos relacionados ao consumo traduzem o compromisso de reflexão e responsabilidade quanto aos impactos sociais e ambientais que nossas escolhas e comportamentos como consumidores podem causar. Isso exige um exercício constante antes de comprar produtos ou serviços:

- É mesmo necessário? É econômico? Não poluente? É reciclável?
- Sua matéria-prima/ingredientes/componentes são obtidos sem agredir o meio ambiente?
- É seguro para a saúde?
- A empresa respeita os direitos dos seus trabalhadores e dos consumidores?
- Como é feita a publicidade desses produtos? Há respeito à diversidade humana?

Quando for a um mercado, ou mesmo quando estiver em casa, observe se algum produto apresenta **ecorrotulagem**, ou **rotulagem ambiental**. Trata-se de um selo conferido a produtos que geram menos impactos ambientais que seus similares. Por exemplo, produtos que não contêm metais pesados, que utilizam materiais reciclados, eletrodomésticos ou processos poupadores de água e energia etc.

Esses selos ou rótulos fornecem ao consumidor informações para orientá-lo a fazer suas escolhas de compra com maior compromisso e responsabilidade social e ambiental. Veja alguns exemplos:

Selo que identifica os produtos orgânicos.

Símbolo de qualidade ambiental verificada pela ABNT.

Símbolo de consumo baixo de energia para eletrodomésticos.

Consumo sustentável

As imagens desta página não estão representadas na mesma proporção.

Trata-se de uma proposta mais ampla, pois além das inovações tecnológicas e das mudanças nas escolhas individuais de consumo, enfatiza ações coletivas e mudanças políticas, econômicas e institucionais que favoreçam padrões e níveis de consumo mais sustentáveis.

Não se trata de propor apenas estratégias de ação. Trata-se de uma meta a ser alcançada. Não basta a preocupação com a tecnologia dos produtos e serviços e o comportamento individual. É preciso enfrentar e buscar formas de superação dos níveis desiguais de consumo, acesso e distribuição dos recursos. Tanto o "superconsumo" quanto o "subconsumo" causam degradação social e ambiental. Não existe sustentabilidade ecológica sem avanços em relação à justiça e igualdade social. Em alguns lugares e classes sociais impera o desperdício, e em outros a escassez.

Solo seco e quebradiço pela falta de água.

Homem lava a calçada com mangueira. São Paulo (SP), 2007.

[...] O Ministério do Meio Ambiente (MMA) desenvolve políticas públicas que visam promover a produção e o consumo sustentáveis. **Produção sustentável** é a incorporação, ao longo de todo ciclo de vida de bens e serviços, das melhores alternativas possíveis para minimizar custos ambientais e sociais. Já o **consumo sustentável** pode ser definido, segundo o Programa das Nações Unidas para o Meio Ambiente (PNUMA), como o uso de bens e serviços que atendam às necessidades básicas, proporcionando uma melhor qualidade de vida, enquanto minimizam o uso de recursos naturais e materiais tóxicos, a geração de resíduos e a emissão de poluentes durante todo ciclo de vida do produto ou do serviço, de modo que não se coloque em risco as necessidades das futuras gerações. [...]

Ministério do Meio Ambiente. Disponível em: <www.mma.gov.br/responsabilidade-socioambiental>. Acesso em: 6 nov. 2018.

Ampliar

9º Circuito Tela Verde

www.videocamp.com/pt/playlists/9-circuito-tela-verde

A seleção do 9º Circuito Tela Verde traz filmes que convidam ao comprometimento com o meio ambiente, a sociedade e o futuro. A proposta é ampliar os espaços de debate e reflexão crítica acerca das questões socioambientais.

O desperdício de alimentos

Além da perda econômica e do impacto ambiental, o desperdício de alimentos tem um aspecto extremamente perverso do ponto de vista social, considerando-se que milhões de pessoas passam fome no mundo.

Calcula-se que aproximadamente um terço do que é produzido no mundo é desperdiçado. O problema agrava-se ao se constatar que até 2050 a produção de alimentos teria que ter um incremento de 60% para suprir a demanda. Veja no gráfico abaixo como o desperdício ocorre em diferentes etapas.

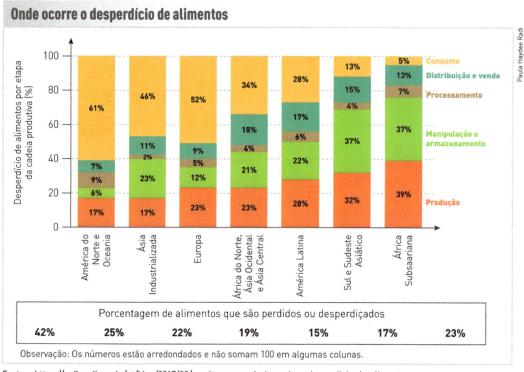

Fonte: <https://wribrasil.org.br/pt/blog/2017/09/receita-para-reduzir-perda-e-desperdicio-de-alimentos>.

Essa análise é importante para detectar onde ocorre o problema e, com isso, propor uma solução mais acertada. Por exemplo, se o desperdício é na manipulação e armazenamento, deve-se buscar soluções no processo ou melhorias tecnológicas. Se o desperdício se dá no consumo, pode-se realizar campanhas de conscientização para a população, cursos de aprimoramento em restaurantes, entre outros.

Acerca desse cenário preocupante, leia o texto abaixo sobre o desperdício de alimentos no Brasil:

[...] O Brasil tem altos níveis de perdas pós-colheita em cultivos de frutas, hortaliças e grãos, o que o coloca entre os 10 países que mais desperdiçam comida no mundo. Atualmente, garantir a segurança alimentar da população mundial é um dos principais desafios globais. Para a Organização das Nações Unidas para a Alimentação e Agricultura, FAO, a população mundial se encontra em um nível alto de insegurança alimentar, já que um terço dos alimentos produzidos para consumo humano (cerca de 1,7 bilhão de toneladas) é perdido ou desperdiçado em todo o mundo. [...]

Centro de Inteligência em Orgânicos. Disponível em: <https://ciorganicos.com.br/noticia/embrapa-discute-relacao-de-perdas-e-desperdicios-com-seguranca-alimentar-e-nutricional/>. Acesso em: 6 nov. 2018.

Pense nos restos de comida, produtos que perdem a validade ou estragam por más condições de armazenamento e conservação, partes não aproveitadas, como cascas, talos etc.

Todos esse desperdício precisa ser minimizado, tanto em atitudes individuais (comprar só o necessário, evitar jogar alimento fora, aproveitar ao máximo todas as partes dos alimentos etc.) como em processos industriais (melhorar os processos envolvidos na cadeia de produção do alimento) e governamentais (fiscalização, campanhas de conscientização e legislações específicas).

O custo ambiental da industrialização de alimentos

Os hábitos alimentares também podem ser geradores de forte impacto ambiental, seja pela quantidade de produtos consumidos, seja pela escolha dos tipos de alimento consumido.

Os alimentos industrializados demandam uma série de procedimentos antes de chegar ao consumidor, como processamento da matéria-prima, uso de produtos químicos, necessidade de embalagem, armazenamento específico etc. Tudo isso exige uma mobilização maior de recursos, gasto maior de energia e produção de resíduos.

As imagens desta página não estão representadas na mesma proporção.

O milho pode ser adquirido na forma natural ou enlatado.

1. Você e sua família consomem mais alimentos naturais ou industrializados? Explique.
2. O ritmo de vida e o acesso aos tipos de alimento têm alguma influência no hábito alimentar? Explique.
3. Organizem-se em grupos e analisem duas embalagens de alimentos diferentes: uma de um produto industrializado (enlatado de milho, uma caixa de biscoito, de suco de fruta, uma lata de refrigerante etc.) e outra de um produto não industrializado (fruta, verdura etc.). Pesquisem informações e esquematizem ou desenhem a cadeia produtiva de cada um dos alimentos recebidos, do plantio até chegar à mesa. Pensem nos recursos que são usados em cada etapa da produção, desde água, solo, combustível, matéria-prima para embalagens, energia elétrica etc. e que tipo de interferência no ambiente cada etapa provoca. Ao final desse trabalho, analisem e justifiquem qual das duas cadeias causa os maiores impactos e como seria possível diminuí-los.
4. Pesquisem os nutrientes contidos em partes dos alimentos que normalmente não são aproveitados (ex. casca de uva).
5. Procurem receitas com o aproveitamento de alimentos e organizem a confecção de uma cartilha para a comunidade. Deem preferência a produtos regionais.

Tudo que é "bom" tem que durar pouco?

Quando falamos em consumo, não há como esquecer dos artefatos eletrônicos, objetos de desejo da grande maioria da população mundial. Eles são os exemplos típicos da **obsolescência programada**, ou seja, a tática de fabricar um produto feito para se tornar obsoleto ou não funcional depois de um certo tempo calculado, levando o consumidor a comprar um produto novo em substituição.

Essa "vida" curta, além de pressionar a população a comprar cada vez mais, causa um grave problema ambiental: o acúmulo de lixo eletrônico. Grande parte desse resíduo poderia ser reaproveitado, porém o custo torna a operação economicamente inviável atualmente.

Lixo eletrônico em Gana, 2018.

E revela uma prática nociva do ponto de vista socioambiental: países ricos que despejam o lixo eletrônico que produzem nos territórios de países pobres. É o caso de centenas de milhares de toneladas de aparelhos eletrônicos provenientes dos Estados Unidos e da Europa que são anualmente despejados em Gana, na África, agravando a situação de insalubridade já comum em regiões de baixa cobertura de saneamento básico.

Reflita:
- Ajudamos a produzir lixo eletrônico? Avaliamos a real necessidade de compra ou troca de aparelhos eletrônicos?
- Pegamos emprestado ou alugamos aparelhos/equipamentos que não usamos com frequência em vez de comprá-los?
- Consertamos produtos em vez de descartá-los e substituí-los por novos?
- Descartamos em coletores próprios esse tipo de resíduo?

Conviver

No caminho para o consumo consciente

Pesquisa feita em 2018 revelou que houve crescimento na adesão a práticas de consumo consciente no Brasil, ainda que de maneira eventual e não contínua:

> [...] O brasileiro prefere claramente o caminho da sustentabilidade ao do consumo. Em um conjunto de alternativas oferecidas aos entrevistados em 10 temas distintos, ao expressar os dez principais desejos dos brasileiros, estão entre os sete primeiros uma clara expressão de preferência por alternativas que caminham para a sustentabilidade. Enquanto o primeiro lugar é ocupado pelo desejo de "estilo de vida saudável" o segundo lugar indica o desejo pelo "carro próprio" (consumo). Os três itens seguintes indicam preferência por caminhos da sustentabilidade: "água limpa, preservando fontes", "alimentos saudáveis, frescos e nutritivos", "tempo para pessoas que gosto. [...]
>
> Os consumidores valorizam, segundo a pesquisa, empresas que cuidam mais das pessoas. Entre as oito principais causas que mais mobilizam o consumidor a comprar um produto de determinada marca, cinco estão ligadas ao cuidado com pessoas: atuar no combate ao trabalho infantil; tratar funcionários da mesma forma, independentemente de raça, religião, sexo, identidade de gênero ou orientação sexual; investir em programas de contratação de pessoas com deficiência; contribuir para o bem-estar da comunidade onde está localizada; e oferecer boas condições de trabalho. [...]
>
> Instituto Akatu. Disponível em: <www.akatu.org.br/noticia/mais-bem-informado-consumidor-brasileiro-valoriza-mais-a-sustentabilidade-que-o-consumismo/>. Acesso em: 6 nov. 2018.

Outra pesquisa mais recente (2017) também mostrou avanços, embora a questão do custo econômico ainda seja um obstáculo no consumo sustentável:

> [...] Produtos recicláveis, que contêm selos ambientais, são valorizados pelos consumidores brasileiros, que acreditam que as discussões relacionadas a meio ambiente tendem a crescer. Em contraponto, diferenças de preços entre produtos "verdes" e os tradicionais, aliados à falta de informações acerca de atributos sustentáveis são as principais barreiras no momento da compra. É o que demonstra a pesquisa *Environment Research* [...] baseada em respostas de 6 500 pessoas em 13 países [...]
>
> O Globo. Disponível em: <https://oglobo.globo.com/economia/defesa-do-consumidor/brasileiro-valoriza-produtos-mais-sustentaveis-embalagens-com-selos-ambientais-22058923#ixzz5P0ZMeYRd>. Acesso em: 6 nov. 2018.

Agora realizem, em grupos, as atividades propostas.

1. É possível avançar no desenvolvimento sustentável sem discutir o consumismo de nossa sociedade? Expliquem.
2. Que características acham que deve ter um consumidor responsável?
3. Elaborem uma cartilha de consumo responsável com dicas para o dia a dia, envolvendo energia elétrica, água, alimentos, descarte de resíduos, meios de transporte etc. Ela deve ser revisada, ilustrada e pode ser reproduzida para a distribuição na escola e comunidade.

Consumo e resíduos

Além da reflexão sobre a real necessidade de consumo, o destino dado aos resíduos produzidos é uma questão essencial no caminho para a sustentabilidade. A proposta dos **5 Rs** vem trazer alternativas para o enfrentamento do problema. É importante notar a hierarquia entre os Rs. É melhor repensar e reduzir antes, do que reutilizar ou reciclar depois.

- 1º R – **Repensar** antes de adquirir algo novo, avaliando se ele realmente é necessário ou se existe alternativa mais sustentável.
- 2º R – **Recusar** produtos e serviços que agridem a saúde e o meio ambiente, conduta essencial na meta para a sustentabilidade.
- 3º R – **Reduzir** o consumo e, consequentemente, a produção de resíduos – evitar o desperdício, o consumismo desenfreado e embalagens desnecessárias.
- 4º R – **Reutilizar** objetos e materiais – devolver garrafas de vidro às fábricas; usar o verso da folha de papel para rascunho; reutilizar frascos para armazenamento; utilizar sacolas retornáveis; trocar e doar roupas, sapatos e livros usados etc.
- 5º R – **Reciclar** materiais como alumínio, plástico e vidro, dentre outros – isso evita o consumo de mais matéria-prima, a poluição do solo e da água, diminui o volume de resíduos e gera trabalho e renda.

As imagens desta página não estão representadas na mesma proporção.

Lixeiras de coleta seletiva de resíduos. Dourados (MS), 2018.

Reutilização de pneus para fazer uma jardineira. Rio das Ostras. (RJ), 2018.

- Pesquisem as formas concretas e possíveis de aplicar os 5 Rs na sua casa e escola. Que tal organizar um evento coletivo envolvendo a comunidade?
- Há coleta seletiva e cooperativas de reciclagem na região? Busquem informações e vejam como colaborar com essas iniciativas.

Sustentabilidade e povos tradicionais

Todas as reflexões que fizemos são necessárias para buscar e efetivar ações que promovam o **desenvolvimento sustentável**. Essa é uma preocupação mundial.

Em 2015, a Cúpula das Nações Unidas sobre o Desenvolvimento Sustentável assumiu uma agenda coletiva composta de dezessete Objetivos de Desenvolvimento Sustentável (ODS) e 169 metas a serem atingidos até o ano de 2030. O Brasil é um dos países que se comprometeram com essa agenda. O desafio é integrar os três pilares do desenvolvimento sustentável: social, econômico e ambiental.

> **Ampliar**
>
> **Fique sabendo — Você sabe o significado dos 5 Rs da educação ambiental?**
>
> https://tvescola.org.br/tve/video/fique-sabendo-voce-sabe-o-significado-dos-5-rs-da-educacao-ambiental
>
> O vídeo explica brevemente a origem e o significado dos 5 Rs.

Já vimos que existem categorias de **Unidades de Conservação de Uso Sustentável**.

Essas UCs admitem a presença de moradores e buscam compatibilizar a conservação da natureza com o uso sustentável dos recursos naturais.

Para a gestão adequada dessas UCs é importante garantir a participação das comunidades que residem nela ou no entorno.

Conciliar os esforços de conservação e ao mesmo tempo garantir a sobrevivência econômica de **povos e comunidades tradicionais**, cuja vida está diretamente ligada ao ambiente natural, é um dos desafios da sustentabilidade socioambiental. Embora apresentem diferenças étnicas e culturais, todos esses grupos têm em comum uma história de baixo impacto ambiental na terra onde vivem há muitas gerações e o interesse em manter ou recuperar o controle sobre o território.

Como exemplos de povos e comunidades tradicionais encontradas vivendo em áreas de UC, temos:

Quilombolas

Chamamos de povos de quilombos, ou populações quilombolas contemporâneas, as comunidades remanescentes dos antigos quilombos. Os quilombos originais eram núcleos organizados em áreas rurais e urbanas por todo o país, formados por negros escravizados fugidos no período entre os séculos XVI e XIX. Representavam uma forma de resistência à escravização e opressão. Também eram aceitos nos quilombos negros recém-libertos e pessoas de outros grupos perseguidos e excluídos pela sociedade. Depois da abolição da escravatura (1888), grande parte preferiu continuar nos povoados que formaram.

> **Glossário**
>
> **Povos e comunidades tradicionais:** grupos culturalmente diferenciados e que se reconhecem como tais, que possuem formas próprias de organização social, que ocupam e usam territórios e recursos naturais como condição para sua reprodução cultural, social, religiosa, ancestral e econômica, utilizando conhecimentos, inovações e práticas gerados e transmitidos pela tradição. (Decreto Federal Nº 6.040 de 7 de fevereiro de 2000)

Rainha do Maracatu no quilombo do Campinho comemora o XVIII Encontro da Cultura Negra. Paraty (RJ), 2016.

Povos indígenas

São constituídos pelos descendentes dos povos que já habitavam o Brasil antes da chegada dos europeus no século XVI. Estima-se que, originalmente, fossem mais de mil povos, somando entre 2 e 4 milhões de pessoas.

Atualmente, encontramos no território brasileiro por volta de 300 povos, com culturas e línguas distintas. Ainda que muitos povos indígenas estabeleçam relações com os não índios, lutam para conservar suas identidades e tradições culturais e étnicas diferenciadas.

As imagens desta página não estão representadas na mesma proporção.

Cacique ensina crianças na tribo indígena Kalapalo (tradição oral), diante da Casa dos Homens, Aldeia Aiha. Parque Indígena do Xingu (MT), 2018.

Caiçaras

São denominados caiçaras os membros de comunidades étnico-culturais organizadas principalmente no litoral dos estados do Rio de Janeiro, São Paulo, Paraná e Santa Catarina.

Essas comunidades incorporaram tradições e hábitos culturais dos indígenas, dos colonizadores portugueses e, em menor grau, de negros africanos que foram escravizados.

Desenvolvem até hoje atividades de agricultura itinerante, pesca, extrativismo vegetal e artesanato.

O nome dessa comunidade tradicional, "caiçara", origina-se da língua indígena tupi-guarani ("caa" = pau, mato + "içara" = armadilha). Trata-se de um tipo de armadilha usada na pesca artesanal, feita de galhos entrelaçados.

Pescador prepara barco para entrar no mar. São Miguel dos Milagres (AL), 2015.

Muitas comunidades tradicionais são vítimas de violência, preconceito e discriminação, incluindo o racismo. Conhecer e valorizar sua cultura e a diversidade é parte importante do processo de combate a essas práticas e comportamentos criminosos.

- Pesquisem outros povos e comunidades tradicionais que vivem no Brasil. Com o auxílio dos professores de Geografia e História, localizem os territórios e Unidades de Conservação onde vivem, aspectos culturais e históricos.
- Se possível, combinem uma visita para entrevistar ou conhecer algum grupo em sua região.

Ampliar

Museu Caiçara, Ubatuba
Rua Pescador Antônio Athanásio da Silva, 273 – Itaguá, Ubatuba, SP
Museu que conta um pouco da cultura caiçara, com objetos, esculturas e fotos antigas.

Conviver

UC e a sociedade

A criação e a posterior gestão das UCs envolvem, além de problemas ambientais, dificuldades de ordem econômica, social e principalmente política. Não são raros os conflitos entre as populações locais, proprietários de terras, empresários, ambientalistas e membros do poder público envolvidos na proposta de criação ou gestão dessas áreas.

Há regiões onde os conflitos chegam ao ponto de violência extrema causando até mortes. Leia um exemplo abaixo.

Apanhadores de sempre-vivas

Coletor de sempre-viva no Parque Nacional das Sempre-Vivas. Diamantina (MG), 2013.

Nas encostas da Serra do Espinhaço, em Minas Gerais, residem há séculos comunidades tradicionais de quilombolas, caboclos e brancos. Eles sobrevivem da agricultura e da coleta de frutos e flores. Todos se reconhecem como apanhadores de sempre-vivas, colhidas em campos de uso comum e que possuem grande valor no mercado de flores ornamentais. Esse nome popularizou-se porque, depois de colhidas e secas, conservam sua forma e coloração.

No começo dos anos 2000, parques estaduais e nacionais de proteção integral foram criados nessas áreas. Os conflitos entre os órgãos ambientais e as comunidades ampliaram-se em 2007, após a proibição de atividade extrativista no interior dos parques, onde se encontram os principais campos de sempre-vivas.

A consulta pública foi realizada, porém foi considerada inadequada por muitos. E o acesso dos apanhadores de flor foi impedido. Essas comunidades lutam hoje por seu modo de vida e território.

Seguem dois textos sobre o caso:

Na atividade de coleta, os moradores costumavam dormir em ranchos, construídos em geral com matérias-primas que lá encontram com facilidade, como madeira e folha de palmáceas. Também era comum dormirem em grutas nas formações rochosas, em "colchões" feitos com capins nativos da serra. Esses momentos coletivos oportunizavam festas e casamentos entre familiais de diversas comunidades. […]

Nos últimos 16 anos, foram criados uma estação ecológica e seis parques – dos quais cinco são estaduais (Rio Preto, Serra Negra, Pico do Itambé, Biribiri e Serra do Cabral); e um é federal (Sempre-Vivas). […]

A criação dos parques se deu sem consulta pública ou qualquer forma de participação social local. A implantação dessas unidades de proteção integral vem sendo realizada desconsiderando-se as formas tradicionais de uso e apropriação territorial e violando os direitos referentes a comunidades tradicionais previstos na legislação brasileira. […] Segundo membros das comunidades, as dificuldades econômicas pelas quais estão passando decorrem da criação dos parques e da fiscalização ambiental severa, muitas vezes hostil. Ressaltam que ficaram sabendo da existência das UCs após a sua criação com o advento das proibições. […]

Fernanda Testa Monteiro e Claudenir Fávero, A luta dos(as) apanhadores(as) de flores sempre-vivas frente à expropriação territorial provocada por unidades de conservação de proteção integral da natureza. Disponível em: <portalypade.mma.gov.br/apanhadores-de-sempre-vivas-biblioteca>. Acesso em: 6 nov. 2018.

[…] Atualmente, os apanhadores de flores lutam pelo seu reconhecimento cultural e econômico com vínculos territoriais demandando o direito de acesso e uso dos recursos dos quais dependem para manter seu modo de vida tradicional. Os apanhadores de flores estão organizados na CODECEX (Comissão em Defesa dos Direitos das Comunidades Extrativistas Apanhadoras de Flores Sempre-vivas), que luta pela recategorização do Parque Nacional das Sempre-vivas para uma Reserva de Desenvolvimento Sustentável (RDS) reconhecendo o direito à coleta de flores como prática tradicional. […] Há indícios de que a atual conservação da região é fruto do trabalho realizado de forma sustentável pelas comunidades ali presentes, principalmente por meio do manejo sustentável das flores, do saber tradicional ligado às fases de vida das flores, coleta e os saberes ligados à produção sustentável de alimentos para subsistência, como nas roças. Isso serve de forte mensagem na luta dos apanhadores de flores para que seu direito de uso seja garantido.

"Nós somos a favor da preservação da natureza e fizemos isso a vida inteira, tanto que eles acharam isso aqui bem cuidado e quiseram fazer um parque. A questão é que nós não queremos ser excluídos da preservação."

(Morador da serra)

Portal Ypadê, Apanhadores de sempre-vivas. Disponível em: <http://portalypade.mma.gov.br/apanhadores-de-sempre-vivas-caracteristicas>. Acesso em: 6 nov. 2018.

1. Com a ajuda do professor, organizem um júri simulado. Formem subgrupos representando os diferentes atores envolvidos no conflito (a comunidade tradicional, os ambientalistas, os representantes do governo local e federal, o júri e o juiz).

   Pesquisem informações, legislação, casos semelhantes e selecionem argumentos para defender suas posições. Escolham quem vai ser o(a) juiz(a), membros do júri, advogados, testemunhas etc.

   Determinem o tempo e as regras de exposição dos argumentos e a deliberação final pelo júri a favor do grupo que apresentar argumentos considerados mais consistentes.

Ampliar

Apanhadores de Sempre-vivas
http://portalypade.mma.gov.br/apanhadores-de-sempre-vivas-biblioteca

Cinco artigos que tratam dos apanhadores de sempre-vivas.

Sempre Viva
www.canal.fiocruz.br/video/index.php?v=Sempre-Viva-CAE-0007
Canal Saúde, Fundação Oswaldo Cruz, 24 min.

Curta-metragem que aborda a luta de populações tradicionais do Vale do Espinhaço (MG).

Unidades de Conservação de Uso Sustentável

As imagens desta página não estão representadas na mesma proporção.

Reserva Extrativista (Resex) Chico Mendes (AC)

Criada em 1990, a Resex Chico Mendes fica no estado do Acre, na divisa com Peru e Bolívia. É uma das pioneiras na questão do uso sustentável. A população tradicional residente na reserva pode explorar as riquezas da Floresta Amazônica, como a extração de látex, coleta de castanha-do-brasil, extração de óleo de copaíba e andiroba e de mel de abelhas nativas, entre outros produtos.

Além do extrativismo, os moradores possuem criação de animais e sistemas agroflorestais para a sua subsistência.

Floresta Nacional do Tapajós (PA)

Localizada no oeste do Pará, é considerada modelo para outras Unidades de Conservação que estão iniciando suas atividades de manejo florestal madeireiro comunitário e familiar.

> [...] A população tradicional se organiza para esta atividade por meio da Cooperativa Mista da Floresta Nacional do Tapajós (COOMFLONA) [...] Em 2009 a cooperativa recebeu o Prêmio Chico Mendes, categoria Negócios Sustentáveis, pela produção e comercialização sustentável de produtos da floresta, ajudando a proteger a vegetação além de garantir às famílias que vivem na floresta geração de renda e inclusão social. [...]
>
> Instituto Chico Mendes. Disponível em: <www.icmbio.gov.br/portal/populacoestradicionais/producao-e-uso-sustentavel/uso-sustentavel-em-ucs/244-floresta-nacional-do-tapajos6>. Acesso em: 6 nov. 2018.

Cedro caído e cortado para manejo sustentável na trilha do Piquiá na Floresta Nacional do Tapajós. Belterra (PA), 2017.

Reserva de Desenvolvimento Sustentável estadual do Rio Iratapuru (AP)

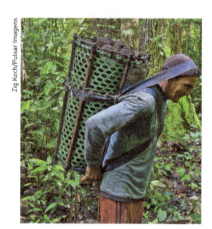

Coleta de castanha-do-pará. Reserva de Desenvolvimento Sustentável do Rio Iratapuru. Laranjal do Jari (AP), 2017.

Criada em 1997 com aproximadamente 806 mil hectares, a UC interliga o Parque Nacional Montanhas do Tumucumaque e a Reserva Extrativista do Rio Cajari (AP), e por isso é uma área de grande importância no Corredor da Biodiversidade do Amapá, que engloba 12 UCs e mais de 10 milhões de hectares.

Estudos científicos na região registraram a ocorrência de espécies raras e ameaçadas de extinção. Os moradores exploram principalmente a castanha-do-brasil, mas também outras espécies como a andiroba, a copaíba e o camu-camu, e a pesca.

Reserva Particular do Patrimônio Natural (RPPN) Santuário do Caraça

Essa categoria de unidade de conservação é criada pela vontade do proprietário, ou seja, sem desapropriação de terra. Além de preservar belezas cênicas e ambientes históricos, essas UCs têm por objetivos a proteção de recursos hídricos, o manejo de recursos naturais e pesquisas científicas. São permitidas atividades recreativas, turísticas, de educação e pesquisa, desde que autorizadas pelo órgão ambiental responsável pelo seu reconhecimento.

A RPPN Santuário do Caraça é um trecho da Serra do Espinhaço, nos municípios de Catas Altas e Santa Bárbara (MG).

1. Analise a charge e escreva um pequeno texto relacionando consumo, publicidade e sustentabilidade.

2. Os direitos básicos do consumidor estão sintetizados no artigo 6º do Código de Defesa do Consumidor:
   - proteção da vida, saúde e segurança;
   - educação para o consumo;
   - informação adequada e clara sobre produtos e serviços;
   - proteção contra a publicidade enganosa e abusiva e métodos comerciais ilegais;
   - proteção contra práticas e cláusulas abusivas nos contratos;
   - prevenção e reparação de danos patrimoniais e morais;
   - adequação e prestação eficaz dos serviços públicos em geral;
   - acesso à justiça e aos órgãos administrativos e facilitação da defesa em favor do consumidor.

   Escolha um dos direitos da lista e crie um cartaz com imagem e um pequeno texto alertando sobre a importância dele.

3. A sustentabilidade, como princípio orientador de ações, políticas públicas, programas sociais e propostas, é cada vez mais comum nos fóruns internacionais e nacionais. Esse princípio atenta para a importância de atender às demandas do desenvolvimento dos diferentes países sem comprometer as gerações futuras e suas próprias necessidades. Isso se estende para os campos econômico, social e ambiental. Por que a pesquisa e o investimento em fontes de energia renovável e limpa costumam fazem parte das ações pautadas na sustentabilidade adotadas por vários países?

4. Costuma-se afirmar que quanto maior o desenvolvimento econômico de um país, mais recursos seus habitantes consomem e mais resíduos produzem.
   a) Explique por que ações para o desenvolvimento sustentável são urgentes e necessárias.
   b) O que o cidadão pode fazer no seu cotidiano para contribuir com essas ações?
   c) Como a aplicação dos 5 Rs pode colaborar nessa questão?

5. Na região conhecida como Salgado Paraense estão localizadas as reservas extrativistas Mãe Grande de Curuçá, São João da Ponta, Caeté-Taperaçu, Tracuateua, Araí Peroba, Gurupi-Piriá, Chocoaré-Mato Grosso e Soure. Predomina, entre as populações tradicionais, a atividade de artesanato, associada à pesca artesanal e à cata do caranguejo.
   a) A que grupo de unidade de conservação pertencem as Resex?
   b) Como se caracteriza essa categoria Resex?
   c) Por que as atividades econômicas citadas são autorizadas nessas áreas?

6. Qual é a vantagem ambiental da presença de povos e comunidades tradicionais nas unidades de conservação?

7. O telefone celular possui em média um ciclo de vida de três anos. Em alguns países, as autoridades estão multando fabricantes por forçarem os clientes a realizar atualizações de *software* que os tornam mais lentos, acelerando assim a sua substituição por produtos mais novos. Relacione essas informações com a "obsolescência programada". Pesquise sobre o ciclo de vida de outros produtos e compare com o do celular. Debata com os colegas o que pensam sobre os dados obtidos.

Caleidoscópio

Ameaças à Bacia Amazônica

O texto ficcional a seguir narra, em primeira pessoa, a história de uma jovem moradora das florestas amazônicas. No trecho, ela relata seu assombro ao se deparar com um madeireiro cortando árvores. O espanto da garota é grande pelo fato de aquela floresta fazer parte de um grande santuário natural, o Parque Nacional de Anavilhanas, onde diversas espécies da fauna e da flora encontram refúgio. Além da extração de madeiras, a biodiversidade e a vida de comunidades na Bacia Amazônica sofrem impactos de inúmeras ações humanas, como mostra o infográfico.

MEU AMOR PELAS ANAVILHANAS foi coisa de mergulho: caí inteira. Nunca tinha sentido antes essa vontade de me despejar toda em um só lugar. Deixei os ouvidos adormecerem debaixo da água e, pouco a pouco, o limo foi brotando em meu corpo, me dizendo: fica, fica... Da primeira vez, não fiquei. Então, tive de voltar. Agora só quero deixar que o limo tome conta de mim, porque ganhar manto de limo é coisa mágica, que não acontece em nenhum outro lugar. A gente recebe o manto e fica toda esverdeada. Esse limo é assim: escolhe quem quer e faz jura de tempo: sempre.

Um bem-te-vi me confunde com planta e pousa em meu ombro, me colorindo com delicadeza. Aceito o seu carinho de plumas, mas nosso encontro dura pouco. Um rangido chega da floresta, rasgando o ar e afastando toda a beleza para longe. Um grito seco vem da floresta, e imploro ao tempo que pare o rangido. O som de serra metálica chega nervoso, sem espera, sem depois. Toco a água em despedida e visto os pés para enfrentar o mato. Não entendo de terra. Preciso andar com cuidado para não despertar os bichos. Na terra pode haver cobra, formiga, escorpião. Olho tudo de longe. Árvores caem sobre árvores e a terra vai ficando pelada. Não suporto tanto fim.

Quem é esse que abraça o cedro como se fosse um cipó? Agarra a última árvore como se abraçasse gente. A serra segue rangendo, derrubando tempo e história. Muita raiz arrancada, muita vida empilhada no chão. As toras são levadas rio abaixo e a floresta se veste de escuro. É dia de luto.

Flávia Lins e Silva. *Mururu no Amazonas*. Rio de Janeiro: Manati, 2010. p. 37-38.

A remoção da vegetação prejudica os rios, pois as chuvas carregam terra para dentro deles, deixando suas águas turvas e seu leito cada vez mais raso.

Estima-se que cerca de 80% da madeira extraída da Bacia Amazônica seja ilegal, ou seja, não é retirada de maneira sustentável, que possibilite sua recuperação. Após a remoção da madeira, grandes áreas da Floresta Amazônica costumam ser convertidas em lavouras para o cultivo de soja.

Retomar

1. Uma das mais graves ameaças à biodiversidade é a introdução de espécies exóticas em ecossistemas e biomas. Trazidas de outras regiões do país ou até do exterior de forma acidental ou intencional, podem tornar-se invasoras e, na disputa por alimento e espaço, levar vantagem e diminuir drasticamente as chances da sobrevivência de espécies nativas. Podem ser organismos de diferentes tipos: fungos, plantas, animais e até microrganismos

   a) Que níveis da biodiversidade podem ser afetados pela introdução de espécies desse tipo? Explique.

   b) Pesquise casos de espécies exóticas invasoras. Compartilhe com os colegas as informações obtidas e procurem identificar se há casos na região onde moram.

2. Esta representação é muito usada para ilustrar textos sobre a evolução do ser humano.

   Contudo, ela ajuda a reforçar um equívoco comum quando falamos da evolução de nossa espécie. Qual é esse equívoco?

3. Pedro tem a pele negra, grandes olhos escuros e cabelos crespos. Sua namorada Sandra é filha de japoneses e tem a pele amarelada, cabelos bem lisos e olhos amendoados. Biologicamente, está correto dizer que esse casal é formado por pessoas de raças diferentes? Explique.

4. Explique por que o consumismo não favorece o alcance das metas de desenvolvimento sustentável.

5. Escolha uma categoria de cada um dos tipos básicos de Unidades de Conservação (Proteção e Sustentabilidade). Caracterize-os e busque dois exemplos no Brasil. Desenhe um mapa e localize-os.

6. Leia:

   Parque Nacional do Cabo Orange

   [...] O PNCO foi criado pelo Governo Federal em 15 de julho de 1980, através do Decreto nº 84.913. Tem uma área de 619 000 hectares. Está localizado no extremo norte do estado do Amapá, na fronteira com a Guiana Francesa. [...] O parque faz limites com a foz do Rio Oiapoque e tem uma faixa costeira de 200 km de extensão e que adentra ao mar em 10 km. O PNCO abrange partes dos municípios de Oiapoque e Calçoene [...]. Além da Terra Indígena Uaçá, o Quilombo do Cunani é uma localidade onde existe sobreposição territorial. A margem esquerda do Rio Cunani está localizada dentro do PNCO, e esta também é parte da área que a comunidade reinvidica como território quilombola. [...]

   Cultura e biodiversidade: uma comparação entre a gestão do Parque Nacional do Cabo Orange, no Brasil, e a do Parque Nacional da Vanoise, na França. Disponível em: <https://journals.openedition.org/confins/7828#tocto1n2>. Acesso em: 8 nov. 2018.

   a) Podemos dizer que a biodiversidade também inclui a cultura de um país? Justifique.

   b) Com ajuda de um atlas ou outra fonte confiável de pesquisa, localize no mapa do Brasil ou da América onde fica o Parque Nacional do Cabo Orange.

   c) Pesquise informações sobre a história e cultura das comunidades tradicionais que vivem no referido parque.

7. Foi noticiado em 2018:

   Lobo-guará é avistado em condomínio residencial na Grande BH

   Apesar de inusitado, os moradores do corredor ecológico Vale da Mutuca já estão acostumados e lutam pela preservação do ecossistema [...]

O Vale da Mutuca é um corredor ecológico que liga o ecossistema da Bacia do Rio Paraopeba à Bacia do Rio das Velhas. [...]

Estado de Minas. Disponível em: <www.em.com.br/app/noticia/gerais/2018/10/09/interna_gerais,995938/lobo-guara-e-avistado-em-condominio-residencial-na-grande-bh-veja-vid.shtml>. Acesso em: 20 nov. 2018.

a) Qual é a importância de um corredor ecológico?
b) Localize no mapa do Brasil a região onde fica o corredor citado.

8 O que a charge a seguir aborda? Explique.

9 Quanto maior o consumo de nossa sociedade, maior a produção de lixo, principalmente nas áreas urbanas. O problema se agrava quando não há o descarte e destino adequados aos diferentes resíduos.

Nesse sentido, pesquise e sugira o que pode ser feito para evitar o desperdício e o impacto ambiental do descarte de:

a) restos de alimentos;
b) embalagens de papel.

A proporção entre as dimensões das estruturas representadas não é a real.

10 Observe as imagens a seguir.

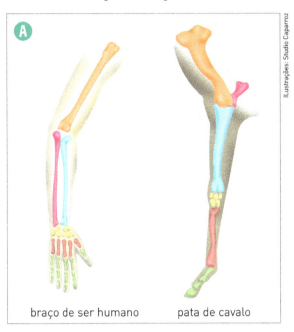

braço de ser humano — pata de cavalo

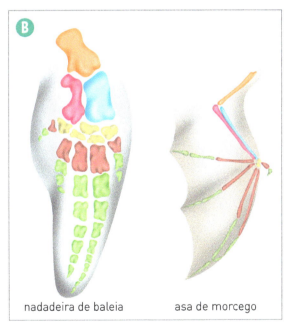

nadadeira de baleia — asa de morcego

a) O que as estruturas em destaque representam?
b) Considerando a evolução dos seres vivos, o que a semelhança entre essas estruturas indica?
c) Cite outro exemplo de estruturas encontradas em seres vivos que apresentem a mesma relação.

193

Visualização

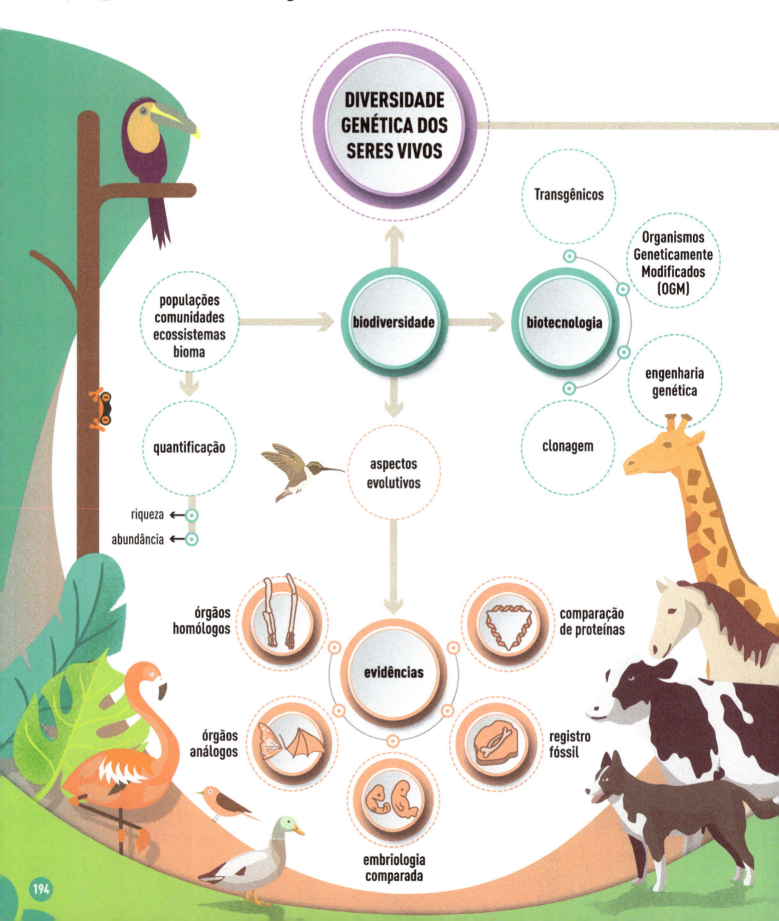

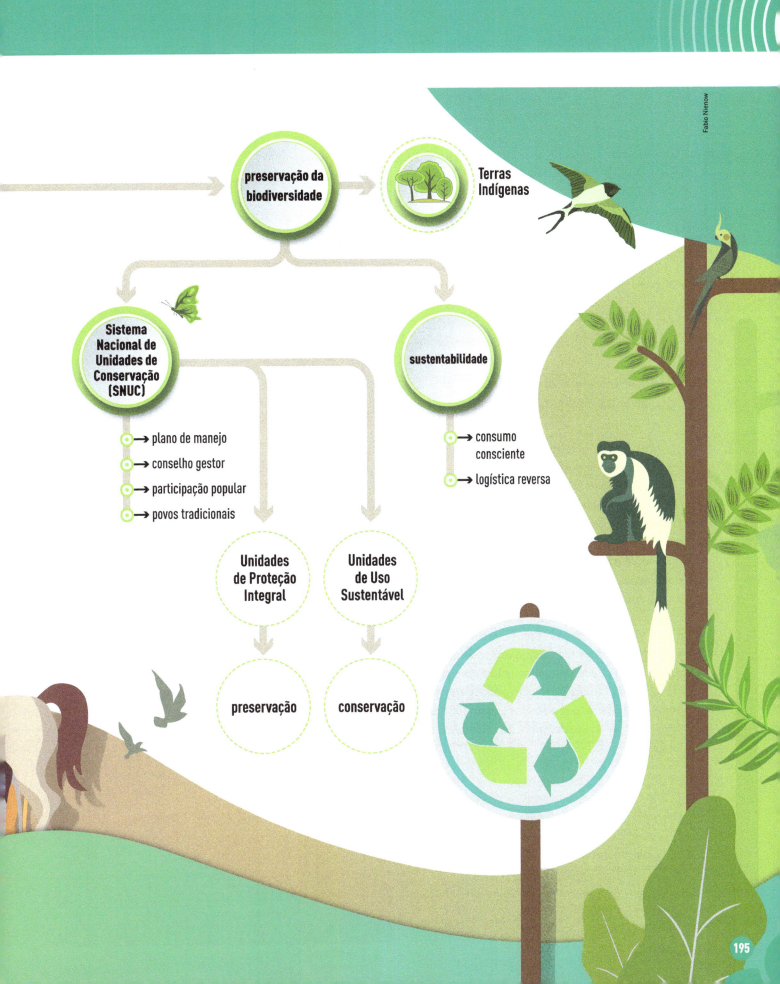

UNIDADE 4

> **Antever**
>
> **1** Qual é o astro apresentado na imagem? Elabore uma hipótese para explicar o que significam essas faixas de cores diferentes.
>
> **2** Esse astro possui luz própria? Explique sua resposta.
>
> **3** Você considera esse astro importante para nós? O que você sabe dele?
>
> Você já fez um exame de raios X? Já usou um forno de micro-ondas?
>
> Sabia que as micro-ondas emitidas pelo forno são semelhantes à luz, mas que não podemos enxergá-las? Quando ouvimos aquele estalo da máquina de raios X, é o momento que esses raios, que também não vemos, são emitidos em direção a nossos ossos.
>
> As micro-ondas, os raios X e a luz visível são tipos de radiação; existem ainda radiações de outros tipos emitidas pelo Sol. A luz solar nos permite ver as cores e tudo o que nos rodeia; outras radiações também são fundamentais para a vida. No entanto, há algumas que podem nos fazer mal. Lembre-se de que devemos passar filtro solar para proteger a pele da radiação ultravioleta, que também vem do Sol.

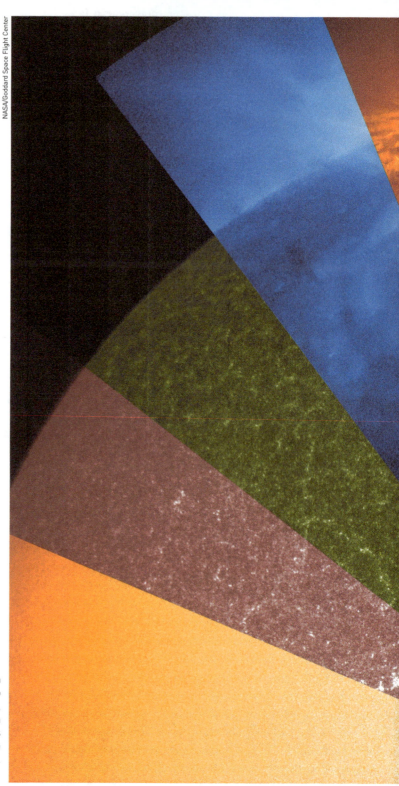

Imagem que mostra faixas coloridas de acordo com comprimentos de onda das radiações solares. Embora o olho humano não consiga ver a maioria dessas radiações, equipamentos do Observatório Dinâmico Solar (sigla SDO em inglês) da Nasa convertem a ampla gama de comprimentos de onda das radiações solares invisíveis a olho nu em uma imagem que os humanos podem ver.

Universo e seus astros

CAPÍTULO 11
Nossa localização no espaço

Como observar corpos celestes no céu

Quando olhamos para o céu iluminado pelo Sol durante o dia, podemos observar nuvens, pássaros, aviões e às vezes enxergamos até a Lua. E à noite? Você já observou o céu em uma noite sem nuvens? O que você viu?

Olhando para o céu vemos aquilo que está na atmosfera terrestre, que é a camada de ar que envolve o nosso planeta. Mas também enxergamos astros que estão no espaço sideral, ou seja, fora do planeta Terra. E ainda existem vários astros que só conseguimos observar com nossos olhos utilizando equipamentos como **lunetas** e **telescópios**. Às vezes precisamos desses equipamentos porque os astros estão muito distantes de nós, em outros momentos é porque eles possuem pouco brilho ou são muito pequenos, mesmo estando próximos.

Glossário

Luneta e telescópio: a luneta é um tipo de telescópio. São instrumentos ópticos usados para observação a longas distâncias. Em geral as lunetas são mais compridas que os telescópios, e suas imagens possuem uma definição inferior.

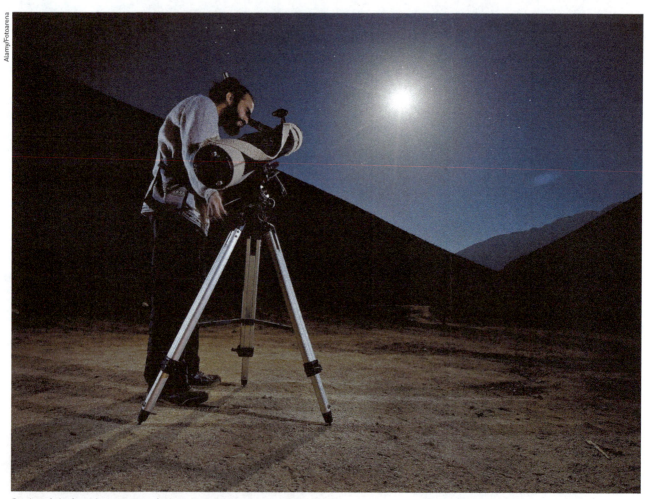

O telescópio é um instrumento óptico usado para observar astros distantes da Terra.

No nosso planeta existem lugares especialmente construídos para observar os astros. Esses lugares chamam-se observatórios. Neles há diversos tipos de telescópios usados para observar astros que estão a grandes distâncias do nosso planeta.

Laboratório Nacional de Astrofísica (LNA), na cidade de Brasópolis (MG). Os observatórios ficam em regiões altas e secas para minimizar as dificuldades trazidas pelas nuvens.

Atualmente os principais telescópios encontram-se fora do planeta Terra, como o telescópio Hubble. São esses telescópios que conseguem obter as imagens mais distantes que temos do espaço sideral.

Os telescópios registram as imagens dos astros de modo semelhante à uma máquina fotográfica. Você já tentou fotografar a Lua ou alguma estrela brilhante? Às vezes as pessoas ficam maravilhadas com a imagem da Lua cheia ou com as estrelas do céu e tiram fotografias, mas nem sempre elas ficam boas. Quais seriam os motivos?

zoom Será que o tamanho dos telescópios e a presença da atmosfera interferem na capacidade de observação do céu? Explique.

💡 Ampliar

Hubble: 15 anos de descobertas
Estados Unidos, 2005, 83 min.
Direção: Lars Lindberg Christensen.
Documentário sobre a história do telescópio Hubble.

Telescópio Hubble sobre a Terra.

Os astros principais

Qual é o astro mais visível no céu?

Além de ser o mais visível, ele é o mais importante, pois dele recebemos luz e calor, fundamentais para enxergarmos e para o crescimento das plantas, que são a base da alimentação de maior parte dos demais seres vivos. Este astro é o Sol.

É graças ao movimento de rotação e de translação do nosso planeta que existe o dia e a noite; pela inclinação do seu eixo, temos as estações do ano, mas nada disso aconteceria sem o Sol.

O Sol é uma estrela, e por isso possui luz própria. A sua gravidade é tão grande que atrai a Terra e vários outros astros, mantendo-os em **órbita** em torno de si. É por esse motivo que o conjunto desses astros é chamado de Sistema Solar, o sistema da estrela Sol.

A Lua certamente é o segundo astro mais fácil de observar no céu. Nas fases crescente e decrescente ela até pode ser vista durante parte do dia, enquanto na fase cheia ela é facilmente vista à noite.

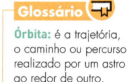

Glossário

Órbita: é a trajetória, o caminho ou percurso realizado por um astro ao redor de outro.

Vista do céu com a presença do Sol e da Lua.

Além desses astros, muitas vezes enxergamos pontos brilhantes no céu e falamos que são estrelas. Mas você sabia que os planetas no céu noturno parecem estrelas?

Observe a imagem ao lado, ela apresenta o céu em uma noite de lua cheia.

Você sabe localizar onde está a Lua? Será que algum desses pontos brilhantes é um planeta?

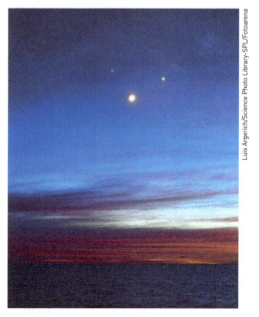

zoom
Será que há outros astros no céu durante o dia além do Sol? Atenção! Jamais olhe diretamente para o Sol!

Pôr do Sol e a Lua no céu.

Viver

Corpos celestes

Você já observou o espaço sideral por fotografias ou imagens? Sabe o nome de alguns corpos celestes? Vamos ver!

Leia o quadro a seguir e copie em seu caderno sob forma de lista os termos que você conhece ou dos quais já ouviu falar. Caso saiba algum nome que não esteja no quadro, anote também.

Sol	Lua	Marte	Via Láctea
Júpiter	Ceres	meteoro	cometa
Cruzeiro do Sul	galáxia	Titã	satélite
planeta	estrela	estrela cadente	Órion
buraco negro	constelação	Sírius	...

Depois observe sua lista e analise:

1. Quais astros você já observou no céu?
2. Qual astro você considera o mais próximo da Terra? E qual é o mais distante?
3. Existem astros do mesmo tipo? Quais?

Os planetas vistos da Terra

A humanidade vem observando o céu há milhares de anos. Com o passar do tempo, sociedades antigas viram que os astros se comportam de modo diferente, com movimentos distintos.

Com essas informações, passaram a diferenciar os planetas das estrelas, porque eles realizam movimentos diferentes no céu. É por isso que a palavra **planeta** significa "errante" – característica daquele que erra, que vagueia. Olhando o céu é possível localizar cinco planetas: Mercúrio, Vênus, Marte, Júpiter e Saturno. Entretanto, os horários e épocas para observá-los variam.

Você já viu fotografias desses astros?

As imagens desta página não estão representadas na mesma proporção.

Mercúrio.

Marte.

Júpiter.

Vênus.

Saturno.

Imagens dos planetas observáveis a olho nu, mas obtidas por modernos telescópios e compostas em programas de computador.

É importante deixar claro que a olho nu, sem lunetas ou telescópios, não conseguimos enxergar os detalhes mostrados nas fotografias. Acabamos vendo pontos brilhantes semelhantes às estrelas.

Retome a fotografia do céu noturno vista anteriormente, nela há dois planetas. Júpiter é o maior ponto logo acima da Lua. Vênus é o maior ponto à direita, um pouco inclinado para baixo. Ou seja, vistos da superfície do nosso planeta, os demais planetas são pontos brilhantes no céu, semelhantes às estrelas.

Uma forma de identificar os planetas olhando para o céu é acompanhar matérias sobre Astronomia nos jornais, pois eles sempre divulgam alinhamentos ou quando teremos planetas próximos da Lua mais fáceis de identificar. Esses assuntos viram notícia porque não acontecem todos os dias. Por exemplo, a imagem ao lado foi obtida em abril de 2002, quando aconteceu o grande alinhamento dos planetas.

Graças à observação dos planetas no céu a humanidade pode inferir a distância deles em relação à Terra e ao Sol, os seus movimentos e outras características.

Mercúrio é o planeta mais próximo do Sol, e por esse motivo é difícil de observá-lo no céu. Ele pode ser visto durante o nascer e o pôr do Sol, mas só em épocas específicas do ano. Mesmo assim, o excesso de luz solar dificulta sua observação.

Vênus é o segundo planeta e, por isso, também é visto sempre próximo ao Sol, mas a uma distância em que não fica ofuscado como Mercúrio. O segundo planeta também é conhecido como Estrela-d'Alva, porque é um ponto brilhante visível no alvorecer, ou seja, no nascer do Sol. Também é conhecido como estrela Vésper, por sua presença no entardecer. Depois do Sol e da Lua, Vênus é o ponto mais brilhante no céu.

A **Terra**, planeta no qual vivemos, é o terceiro mais próximo do Sol, sendo seguido por Marte, Júpiter, Saturno, Urano e Netuno.

Júpiter é mais brilhante que Marte no céu noturno, ficando logo atrás de Vênus em luminosidade. Isso ocorre porque, apesar de Marte estar muito mais próximo da Terra (8 vezes mais próximo), Júpiter é cerca de 20 vezes maior do que Marte. Imagine que, se uma pessoa tem 1,5 m de altura, 20 vezes maior seria uma altura de 30 m, o que equivale a um prédio de 10 andares. Em outras palavras, considerando que uma pessoa de 1,5 m é Marte, o prédio seria Júpiter!

Mercúrio, Vênus, Marte, Júpiter e Saturno estiveram alinhados entre abril e maio de 2002.

zoom

Vamos compreender as distâncias de Marte e Júpiter em relação à Terra usando a sala de aula! Escolha uma carteira que esteja ao lado da sua e imagine a seguinte proporção: você é a Terra e a pessoa que está na carteira ao lado é Marte. Agora, descubra em qual carteira estará a pessoa que é Júpiter.

Os planetas no Sistema Solar

Você acha que são grandes as distâncias entre os planetas do Sistema Solar? Você consegue estimar a distância da Terra ao Sol?

As distâncias no Sistema Solar são tão grandes que os cientistas criaram uma nova forma de expressá-las para facilitar a compreensão. Foi criada a Unidade Astronômica, cuja sigla é **ua**.

Uma Unidade Astronômica (1 ua) é a distância entre o Sol e a Terra. Desse modo, se um planeta está mais perto do Sol do que nós, a distância dele é menor do que 1 ua.

Já para o planeta que estiver mais longe do que a Terra, essa distância é maior que 1 ua.

Observe na tabela abaixo as distâncias dos planetas ao Sol.

Planeta	Mercúrio	Vênus	Terra	Marte	Júpiter	Saturno	Urano	Netuno
Distância média ao Sol (ua)	0,387	0,723	1	1,524	5,203	9,539	19,18	30,06

Perceba que na tabela acima os planetas foram colocados em ordem: do mais próximo do Sol ao mais distante.

A proporção entre as dimensões dos astros representados, a distância entre eles e as cores utilizadas não correspondem aos dados reais.

Esquema do Sistema Solar, com representação do Sol, os oito planetas, o cinturão de asteroides e os planetas-anões.

Os planetas são divididos em dois tipos: os rochosos e os gasosos. Os quatro primeiros planetas mais próximos do Sol – Mercúrio, Vênus, Terra e Marte – são rochosos. Já os quatro mais distantes – Júpiter, Saturno, Urano e Netuno – são gasosos. Pesquisadores acreditam que Urano e Netuno possam ter um pequeno núcleo rochoso gelado.

Nos planetas rochosos predomina a matéria no estado sólido, possuindo em sua superfície rochas e em seu interior metais pesados. Já nos gasosos há muita água e outras substâncias, todas sob forma de gás, ou seja, nesses planetas não há solo no qual poderíamos aterrizar uma espaçonave.

Sabemos que um material no estado gasoso ocupa mais espaço que no estado sólido, isso explica por que os planetas gasosos são maiores que os rochosos, ou seja, possuem diâmetros maiores.

Planeta	Mercúrio	Vênus	Terra	Marte	Júpiter	Saturno	Urano	Netuno
Diâmetro (km)	4 878	12 100	12 756	6 786	142 984	120 536	51 108	49 538

Independentemente de serem rochosos ou gasosos, todos os planetas que compõem o Sistema Solar realizam seus movimentos de modo semelhante à Terra, isto é, executam os movimentos de rotação e translação, porém, com durações diferentes.

Veja na tabela abaixo o período de rotação e translação de cada planeta.

Planeta	Mercúrio	Vênus	Terra	Marte	Júpiter	Saturno	Urano	Netuno
Período de rotação	58,6 d	−243 d	23h56	24h37	9h48	10h12	−17h54	49h06
Período de translação	87,6 d	224,7 d	365,25 d	686,98 d	11,86 a	29,46 a	84,04 a	164,8 a

*(d = dias terrestres, a = anos terrestres).

Perceba que Urano e Vênus têm rotações com sinal negativo. O que será que isso significa?

Colocar o sinal negativo é uma forma de explicar que esses dois planetas giram em sentido oposto ao da Terra. Se no nosso planeta o Sol nasce no Leste e se põe no Oeste por causa da rotação, em Vênus acontece o contrário, o Sol nasce no Oeste e se põe no Leste.

O modo e a velocidade com a qual cada planeta gira em torno de si mesmo varia bastante. Já a translação, ou seja, o movimento que os planetas fazem em torno do Sol, segue um padrão: demoram mais tempo para dar uma volta completa quanto mais distante estão do Sol.

Montando um Sistema Solar em escala

Quase sempre que vemos imagens do Sistema Solar, ele não está em escala. Isso significa que a imagem não reproduz em proporção o tamanho dos planetas nem a distância deles ao Sol. Por isso é muito importante construirmos um Sistema Solar em escala reduzida.

Material:
- folhas sulfite;
- réguas;
- 5 rolos de barbante de 1000 m;
- 16 envelopes;
- tesoura;
- cola branca;
- caneta.

Procedimentos

1. A turma se dividirá em duas equipes: uma ficará responsável pelos valores dos diâmetros dos planetas; a outra, pelos valores das distâncias de cada planeta até o Sol (os valores serão passados pelo professor para cada grupo).

2. A equipe responsável pelos diâmetros recortará círculos nas folhas sulfite com os valores correspondentes aos planetas; a equipe das distâncias cortará barbantes que vão representar a distância de cada planeta até o Sol.
3. Cada círculo e cada pedaço de barbante deverá ser guardado em um envelope individual. Coloque um código secreto em cada envelope que identifique o planeta a que se refere. O importante é que o outro grupo não saiba o código.
4. Troquem os envelopes e tentem descobrir de qual planeta é o círculo de papel ou o pedaço de barbante. Tanto os diâmetros como as distâncias estão na mesma escala. Use os valores apresentados nas tabelas como referência.
5. Depois de finalizados os desafios, montem juntos o Sistema Solar e em escala!

Após a montagem, reflita sobre as questões:

1. O que você entendeu da afirmação de que as imagens do Sistema Solar não estão em escala?
2. Algumas pessoas afirmam que o Sistema Solar está repleto de espaços vazios. Você concorda? Explique.
3. Nessa escala, qual você acha que seria o diâmetro do Sol?

O surgimento do Sistema Solar

A formação do Sistema Solar explica por que os planetas são divididos entre rochosos e gasosos, assim como explica os seus movimentos de translação em torno do Sol. Estima-se que o processo de formação do Sistema Solar iniciou-se há aproximadamente cinco bilhões de anos.

Veja a hipótese mais aceita de como o Sistema Solar foi formado na imagem a seguir.

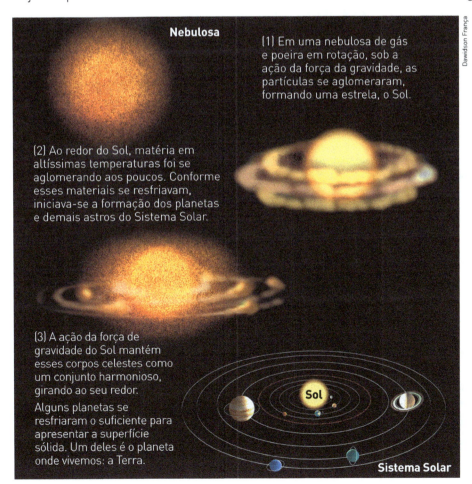

A proporção entre as dimensões dos astros representados, a distância entre eles e as cores utilizadas não correspondem aos dados reais.

Os astros menores do Sistema Solar

Satélites

Além dos planetas, da Lua e do Sol, outros astros que compõem o Sistema Solar também podem ser observados **a olho nu** durante o céu noturno.

A Lua é o único satélite natural que podemos observar sem o auxílio de lunetas e telescópios. Os satélites naturais são astros menores que giram em torno dos planetas graças à força gravitacional. Da mesma forma que a Terra gira em torno do Sol, a Lua gira em torno da Terra.

Entre os planetas do Sistema Solar, apenas Mercúrio e Vênus não possuem satélites naturais.

Além da Lua, é possível observar diretamente os **satélites artificiais** e até a Estação Espacial Internacional, que também está próxima da Terra.

Trajetória da Estação Espacial Internacional (ISS) captada viajando pelo céu diante dos magníficos braços espirais da Via Láctea, 2017.

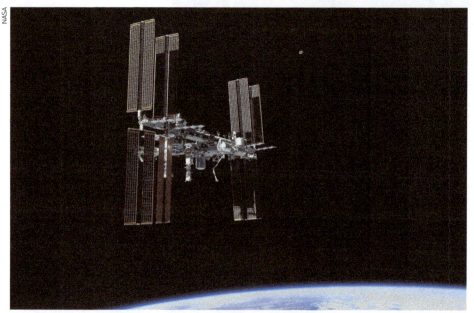

Estação Espacial Internacional (ISS, sigla em inglês).

Glossário

A olho nu: enxergar sem o auxílio de equipamentos.

Satélites artificiais: são equipamentos lançados ao espaço para ficar orbitando o planeta Terra. Possuem diferentes fins, como comunicação, monitoramento, entre outros.

Cometas

Além dos planetas, outros astros observáveis orbitam o Sol, entre eles os cometas. Conhecidos por terem cauda, eles são astros formados por rocha, gelo e poeira e têm dimensões variadas. Seus percursos em torno do Sol são muito diferentes dos realizados pelos planetas, como é possível ver na imagem.

O Cometa Halley, por exemplo, passa próximo à Terra a cada 75 anos. Sua última aparição foi no ano de 1986. Com que idade você estará quando o cometa voltar a se aproximar da Terra?

A proporção entre as dimensões dos astros representados, a distância entre eles e as cores utilizadas não correspondem aos dados reais.

Fotografia do Cometa Halley quando passou pela região do Sistema Solar, próximo da Terra, em 1986.

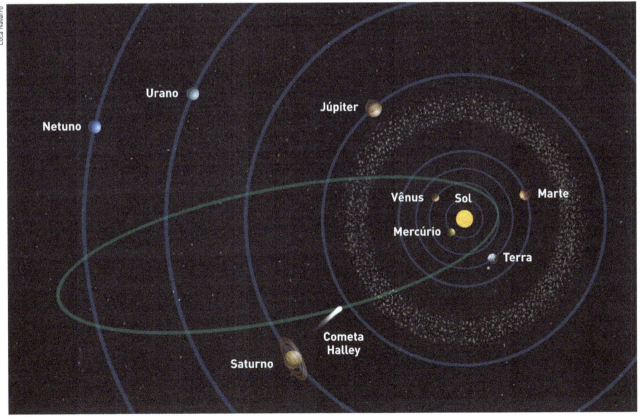

Representação do Sistema Solar com a trajetória do Cometa Halley e o cinturão de asteroides.

De olho no legado

O Brasil na Era Espacial

A história dos conhecimentos astronômicos registrou um grande avanço com a invenção do telescópio no século XVII. Muitas informações são atualmente coletadas por telescópios espaciais, como o Hubble, que ficam em órbita da Terra, e por radiotelescópios, que captam ondas de rádio emitidas pelas estrelas. Os lançamentos de satélites, naves e sondas espaciais possibilitaram ampliar ainda mais o conhecimento do espaço.

No dia 4 de outubro de 1957 foi realizado o lançamento do primeiro satélite feito pelo ser humano, o Sputnik I, da então União Soviética. Esse acontecimento marcou o início da Era Espacial.

No Brasil, a primeira base espacial foi inaugurada em 1965, na Barreira do Inferno, perto de Natal, capital do estado do Rio Grande do Norte. Sondas espaciais têm sido lançadas dessa base para estudar as camadas altas da atmosfera.

Ilustração do Brasilsat.

Na década de 1970 criou-se o Instituto Nacional de Pesquisas Espaciais (INPE), a Missão Espacial Completa Brasileira (MECB) foi aprovada e se estabeleceu a base de lançamento de foguetes em Alcântara, no Maranhão.

O Brasil tem um acordo assinado com a China para a construção de satélites de **sensoriamento remoto**; possui satélites de telecomunicação de fabricação própria, os Brasilsat, colocados em órbita na década de 1980, com o apoio de empresas internacionais. Graças aos Brasilsat, podemos telefonar para os lugares mais distantes do planeta e receber imagens televisivas transmitidas de pontos longínquos.

Além de proporcionar um eficiente sistema de comunicação, os satélites artificiais possibilitam monitorar e conhecer o ambiente, pois o sensoriamento torna possível a obtenção de informações com alto índice de precisão sobre a superfície terrestre por meio de dados coletados a distância, ou seja, sem interferência direta no ambiente.

Dados informativos precisos são fundamentais para a tomada de decisões dos gestores das políticas socioambientais. Podemos ter acesso, na internet, a dados e mapas produzidos por meio do sensoriamento remoto.

> **Glossário**
>
> **Sensoriamento remoto:** técnica utilizada para coletar dados de toda a superfície terrestre, permitindo o monitoramento de diversas áreas do planeta.

1. O Brasil possui base de lançamentos? Já fez algum lançamento ao espaço? Explique.
2. Pesquise informações sobre o tema "Satélites e suas aplicações". Registre aquelas que você pode usar no dia a dia.

Planetas anões e asteroides

Além dos cometas, nosso Sistema Solar está repleto de outros astros menores que os planetas orbitando o Sol. Existem os asteroides e os planetas-anões.

Os asteroides são rochas irregulares menores que os planetas-anões. A maioria dos asteroides orbita em uma região entre Marte e Júpiter, conhecida como o Cinturão de Asteroides, mas há muitos outros circulando pelo Sistema Solar em órbitas semelhantes às dos cometas.

No Cinturão de Asteroides existe um planeta-anão chamado Ceres. Mas por que ele é um planeta-anão? É que, para ser considerado um planeta, é necessário ser esférico e ser o astro com maior massa da sua órbita. Em outras palavras, para Ceres ser classificado como um planeta, ele deveria ter mais massa que todos os asteroides juntos! É por esse mesmo motivo que Plutão tornou-se um planeta-anão.

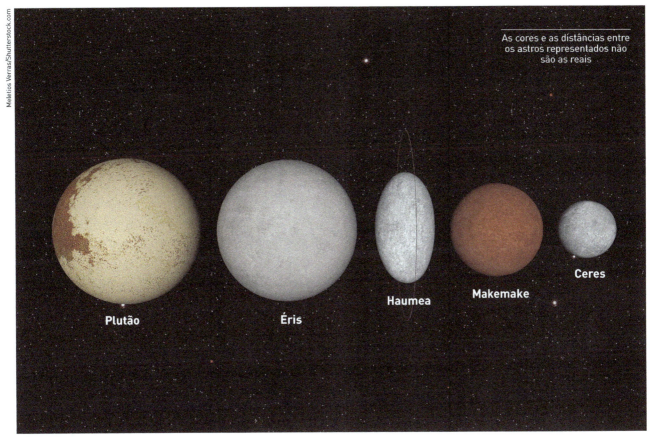

Os cinco planetas-anões do Sistema Solar.

Como os planetas-anões e os asteroides do cinturão são pequenos, não conseguimos observá-los da Terra. Por outro lado, os asteroides que estão fora do cinturão podem se aproximar do nosso planeta e ser vistos.

Existe ainda o risco de o asteroide colidir com a Terra. Por isso existe um monitoramento constante de asteroides que se aproximam do nosso planeta e, em alguns casos, sondas espaciais são enviadas para monitorar o astro de perto. Quando eles passam próximo ao planeta, podem ser vistos a olho nu.

Foi o caso do asteroide Vesta, um dos maiores asteroides do Sistema Solar, com 525 km de diâmetro. Ele se aproximou da Terra em 2018.

Ampliar

Armageddon
Direção: Michael Bay.
EUA, 1998, 121min.

O planeta Terra será atingido por um asteroide gigante em 18 dias. A única chance de salvação é enviar uma equipe ao asteroide para explodi-lo.

Diferenciando meteoroides, meteoros e meteoritos

Astros ainda menores que os asteroides são chamados de meteoroides. São fragmentos de rochas ou de metais (ferro ou níquel) que se formam de cometas e asteroides. Você já ouviu falar em estrela cadente ou em chuva de meteoros?

Por serem pequenos, os meteoroides não trazem muita preocupação quando vêm em direção ao nosso planeta, porque geralmente são desintegrados completamente quando atingem a atmosfera, sendo observados como estrelas cadentes. Nesse caso, são chamados de meteoros.

Quando algum meteoroide consegue chegar à superfície da Terra, ele é chamado de meteorito. É o caso do Bendegó, maior meteorito encontrando em solo brasileiro e que faz parte do acervo do Museu Nacional (RJ). Apesar do incêndio do museu, ocorrido em 2 de setembro de 2018, o Bendegó não sofreu danos por ser composto principalmento de ferro e níquel.

A proporção entre os tamanhos dos seres vivos não é a real.

A fotografia mostra a dificuldade, na ocasião, para transportar o meteorito Bendegó pelo interior da Bahia em 1887.

Foto do Bendegó logo após o incêndio do Museu Nacional (RJ), 2018.

Viver

Estrela ou planeta?

Lua com Júpiter e Vênus. A Lua é o astro mais brilhante, no centro. Júpiter está acima e à esquerda da Lua. Vênus está acima e à direita da Lua.

A fotografia mostra três astros siderais: Lua, Vênus e Júpiter. Observe-a e responda: Qual deles é mais brilhante: Júpiter ou Vênus?

em grupo

Agora, leia algumas informações sobre esses astros:

- diâmetro de Vênus: 12 103,6 km;
- diâmetro de Júpiter: 142 984 km;
- distância média entre Júpiter e a Terra: 778 milhões de km;
- distância média entre Vênus e a Terra: 41 milhões de km.

1. Com alguns colegas, analisem as informações apresentadas e utilizem-nas para justificar por que Vênus tem brilho maior que o de Júpiter.

2. Muitas pessoas, ao contemplar Vênus no céu, pensam que estão vendo uma estrela. Que característica relacionada ao brilho de Vênus indica que ele é um planeta? De onde vem esse brilho dele? Pesquisem para saber.

Usando a mesma lógica, a distância da Terra ao Sol está na ordem de grandeza de 10^{11} metros. Pode-se arredondar os 150 bilhões para 100 ou para 1 000, mas o valor 100 bilhões está muito mais próximo, e esse valor é 100 000 000 000, igual a 10^{11}.

> **zoom**
> Qual é a ordem de grandeza do planeta Terra, que possui cerca de 13 milhões de metros de diâmetro? Compare com o comprimento do nosso país e com o comprimento do Sistema Solar.

Se por acaso você tiver de comparar algo que mede 10^6 com algo que mede 10^7, saberá que o último é 10 vezes maior (na dúvida, faça a conta!).

O diâmetro do Sistema Solar, outro exemplo importante, tem ordem de grandeza de 10^{13} m.

Assim, ao nos referirmos a valores de tamanhos e distâncias dos corpos celestes, podemos apresentar também suas ordens de grandeza, pois elas facilitam ter ideia das distâncias.

Todas as outras estrelas que vemos no céu estão fora do Sistema Solar, por isso nos parecem tão pequenas. A estrela mais próxima depois do Sol se chama Próxima Centauri e está a 40 quatrilhões de metros de distância (ordem de 10^{16} m).

Observe abaixo a fotografia do céu estrelado. O ponto mais brilhante acima de Vênus é a estrela Aldebaran, que está a uma distância de 600 quatrilhões de quilômetros (10^{18} m) de nós! Imagine o quanto ela deve ser maior que o Sol, caso contrário não conseguiríamos vê-la da superfície do nosso planeta.

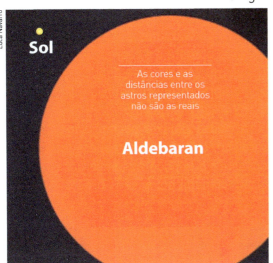

Comparação entre o Sol e a estrela Aldebaran, se fossem colocados lado a lado.

Observando além do Sistema Solar

Agora, será que é possível observar a olho nu algo além do Sistema Solar? O que você acha? Como vimos, o Sol é a nossa estrela, mas ele é igual às demais estrelas que vemos no céu? Qual a diferença?

Ao observar o céu à noite, muitas vezes chamamos genericamente os pontos brilhantes de estrelas, mesmo podendo ser planetas, cometas e outros tipos de astros. Mas o céu realmente está repleto de estrelas!

Enquanto os planetas, satélites naturais e outros astros do Sistema Solar não têm luz própria, todas as estrelas emitem luz. Mas por que o Sol e as demais estrelas parecem tão diferentes?

O motivo está na distância. O Sol é a estrela mais próxima de nós, distante cerca de 150 milhões de quilômetros. Isso equivale a 150 bilhões de metros!

Imagine que, para dar uma volta completa ao redor da Terra, andaríamos aproximadamente 40 mil quilômetros. Assim, a distância da Terra ao Sol equivale a praticamente 4 mil voltas em torno do planeta!

Quando as distâncias ficam muito grandes, podemos usar o conceito de ordem de grandeza para compreendermos melhor esses números. Por exemplo, o quarteirão onde você mora deve ter por volta de 100 metros de comprimento. Já o nosso país tem o comprimento aproximado de 4 milhões de metros, ou seja, 4 000 000 m.

Como a medida do quarteirão possui três algarismos, sua ordem de grandeza é 10^2. Por outro lado, o comprimento do Brasil possui a ordem de grandeza de 10^6, porque a medida possui sete algarismos.

Usar a ordem de grandeza é uma forma de simplificar ou arredondar os números para facilitar a comparação.

As galáxias

Todas as estrelas que enxergamos no céu noturno fazem parte da nossa galáxia: a Via Láctea. As galáxias são formadas por nuvens de gás e poeira, um grande número de estrelas, planetas, cometas, asteroides e diversos outros corpos celestes unidos pela ação da força gravitacional. São esses materiais que fazem a Via Láctea ter um aspecto leitoso, o que deu origem ao seu nome.

Imagem do céu noturno em Foz do Iguaçu (PR), na qual se pode identificar, na parte superior, à esquerda, uma faixa esbranquiçada, que é uma grande concentração de estrelas: uma parte da Via Láctea.

Como nós estamos na Via Láctea, só conseguimos observar partes dela a partir do nosso planeta. Podemos comparar a visão de quando estamos dentro de um quarto, onde não é possível vê-lo inteiro olhando apenas em uma direção.

Observe a imagem da Via Láctea vista do nosso planeta e a representação da galáxia como se estivesse sendo vista do espaço sideral. A nossa galáxia possui cerca de 10^{21} m de diâmetro.

A nossa galáxia possui o formato de um disco, com pequena espessura. É esta espessura que podemos enxergar no céu à noite. Se fosse vista de cima, a Via Láctea pareceria uma espiral, formada pelos seus braços. Ela gira em torno de si mesma.

Representação artística da Via Láctea (vista lateral) com a localização do Sistema Solar.

Representação artística da Via Láctea (vista frontal) com a localização do Sistema Solar.

Em dias escuros e sem nuvens é possível enxergar a olho nu parte da Via Láctea no céu à noite, além de duas outras galáxias: a pequena e a grande Nuvem de Magalhães.

A Via Láctea, a pequena e a grande Nuvem de Magalhães vistas do Chile.

As demais galáxias do Universo só podem ser vistas com o auxílio de telescópios. Ao lado é possível ver a imagem mais profunda já tirada do nosso Universo, feita pelo telescópio Hubble. Nela, é possível ver diversas galáxias e seus diferentes formatos: espiral, elíptica e irregular.

O Sistema Solar e as galáxias são agrupamentos de astros. No caso das galáxias, estas são agrupamentos de estrelas, sistemas planetários, gás e poeira.

Habitamos um planeta que gira em torno de uma estrela dentre várias estrelas que formam uma única galáxia, e existem muitas galáxias no Universo.

Vamos fazer agora uma viagem em direção ao espaço sideral. Uma maneira de fazer isso é usando as ordens de grandeza. Para isso, observe a figura abaixo.

Imagem de pequena região do espaço obtida pelo telescópio Hubble, em 16 jan. 2004. Podem parecer estrelas, mas são outras galáxias.

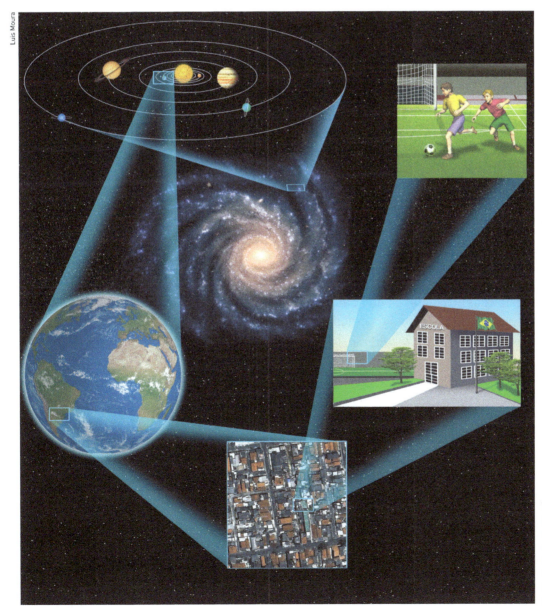

Viagem ao espaço sideral usando representações esquemáticas de regiões do espaço para a comparação das ordens de grandeza dessas regiões.

213

Quando olhamos as dimensões do espaço na sala de aula, dificilmente algo será mais alto ou largo que 10 metros, ou seja, uma ordem de grandeza de 10^1.

Ao olharmos a escola, a escala já se amplia para 10^2.

Ver a imagem aérea do bairro é estar afastado 10 vezes mais do que a distância de uma quadra, porque a diferença entre as ordens de grandeza é 1. Da mesma forma, para enxergar o planeta nos afastamos da Terra 10 000 vezes mais do que quando estamos vendo o bairro, porque a diferença das ordens de grandeza vale 4.

Agora, leia a história dessa viagem.

"Um dia fui jogar bola com meus amigos.

Quando eu já estava virando a quadra, de repente comecei a levitar, como se fosse um balão de gás. Gritei apavorado, mas só vi a imagem da escola, ao longe, sem ninguém para me socorrer.

Passado o nervosismo, percebi que era divertido voar. Quantas pessoas não queriam ser como os pássaros? E continuei subindo, subindo... Quando olhei para o chão, tomei um susto! Estava vendo o meu bairro, a minha casa e a dos meus amigos e parentes. Fiquei um pouco tonto e fechei os olhos, mas eu sentia que estava subindo cada vez mais rápido.

Ao abrir os olhos, tive uma surpresa.

– Nossa! Que bonito! Fiquei maravilhado porque estava vendo o nosso planeta Terra do espaço sideral! Mas não entendia como era possível estar vivo ali, naquele lugar.

Eu continuava voando, cada vez mais rápido. Passei raspando pela Lua e vi Marte, Vênus, Saturno, e depois todo o Sistema Solar. Fui ficando tão distante deles que esses planetas foram ficando pequenos, pequenos como pontinhos no espaço, e tudo ficou escuro.

Naquela altura eu já estava realmente preocupado, mas comecei a ficar cansado daquela viagem, que parecia durar horas. Quando percebi, já estava dormindo. Dormi voando no espaço sideral.

Ao acordar, vi a cena mais incrível da minha vida. Eram milhões, zilhões de pontos de luz que formavam uma espécie de rodamoinho, como quando a água desce pelo ralo da pia, girando... Era a Via Láctea!!!!! Eu reconheci pela imagem dos livros.

E então, sem mais nem menos, meu corpo foi paralisado.

Pensei: "Agora eu vou ficar aqui vagando pelo espaço sideral para sempre! Socorro!!!". Assim que parei, senti um impulso, um tranco no sentido contrário, e fui caindo. Eu estava fazendo o caminho de volta numa velocidade assustadora.

Entrei na galáxia, cruzei uma, duas, três... bilhões de estrelas.

Percebi, então, que estava no Sistema Solar, porque identifiquei Saturno e seus belos anéis. Logo vi nosso planeta. Ja estava dentro dele, caindo cada vez mais rápido. Avistei meu bairro. A quadra da escola estava cada vez mais perto. Fechei os olhos, não queria ver o fim.

Para minha surpresa, quando abri os olhos... Estava vivo, deitado na minha cama, com os lençóis todos revirados.

Que viagem!"

zoom Na figura da página anterior considere que enxergamos a imagem do primeiro quadrinho quando estamos a 100 metros de distância da escola. Usando a mesma lógica, qual é a distância quando enxergamos o bairro? E o planeta Terra?

Ampliar

Visita
Museu de Astronomia e Ciências Afins
R. Gen. Bruce, 586, Vasco da Gama, Rio de Janeiro (RJ)
<www.mast.br>
O museu tem exposições permanentes e itinerantes com temas relacionados à astronomia e à tecnologia. Há sessões para observação do céu noturno.
Se quiser conhecer outros museus e planetários brasileiros, consulte:
Guia de Centros e Museus de Ciências do Brasil
<www.casadaciencia.ufrj.br/Publicacoes/guia/Files/guiacentrosciencia2015.pdf>

Atividades

1. Quais corpos celestes podemos ver a olho nu em um local sem nuvens ou poluição luminosa?

2. Assinale os corpos celestes que fazem parte do Sistema Solar. Dê um exemplo para cada caso.
   a) cometa
   b) galáxia
   c) asteroide
   d) planeta
   e) satélite
   f) estrela

3. Quais são os tipos de planeta que existem no Sistema Solar? Qual é a diferença entre esses tipos? Dê exemplos.

4. A Lua é o satélite natural da Terra. Que outros planetas de nosso Sistema Solar têm satélites?

5. A ilustração abaixo mostra de forma humorística a preocupação da Terra com os asteroides.

   a) Em que regiões do Sistema Solar se localizam os grandes conjuntos de asteroides?
   b) A preocupação da Terra em relação aos asteroides é real? Como a humanidade lida com isso?

6. Por que a cauda do cometa é sempre virada em sentido contrário ao Sol?

7. Observe a charge a seguir.

   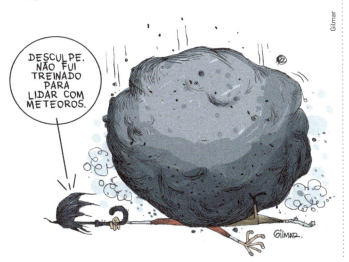

   a) Por que a charge é engraçada?
   b) Ela usa o termo meteoro de forma correta? Qual é a diferença entre meteoro, meteoroide e meteorito?

8. A estrela Aldebaran está a uma distância de cerca de 10^{18} m de nós, enquanto o Sol, estrela mais próxima, está a 10^{11} m. Quantas vezes Aldebaran está mais distante do que o Sol?

9. Leia a charge a seguir.

   ESTRELAS CADENTES

   a) A estrela cadente é uma estrela? Que tipo de astro ela é?
   b) Por que a charge é divertida?

10. Leia o texto a seguir e responda.

    (Inep) A luz das estrelas

    Túlio gosta de olhar as estrelas. Entretanto, ele não pode observá-las muito bem à noite, porque mora numa cidade grande. No ano passado, Túlio visitou o campo e escalou uma montanha, de onde observou um grande número de estrelas que não conseguia ver quando estava na cidade.

    Por que é possível observar um número maior de estrelas no campo do que nas cidades, onde vive a maioria das pessoas?

    a) A Lua é mais brilhante nas cidades e bloqueia a luz de muitas estrelas.
    b) No ar do campo, há mais poeira para refletir a luz do que no ar da cidade.
    c) Na cidade, o brilho da iluminação pública dificulta ver várias estrelas.
    d) O ar é mais quente nas cidades devido ao calor emitido pelos carros, equipamentos e casas.

CAPÍTULO 12

Ideias sobre o Universo

As estrelas, as histórias e os costumes

Desde a Antiguidade, os corpos celestes têm despertado a curiosidade de pessoas de diferentes culturas.

Certamente você também já olhou para o céu e, ao contemplar as estrelas, perguntou-se o que há no espaço além da Terra.

Em locais com pouca iluminação, principalmente em noites sem luar, ficamos admirados ao observar o céu, pois vemos um espetáculo de beleza indescritível: o céu escuro salpicado de inúmeros pontos brilhantes!

Esses pontos luminosos são astros do Universo. Alguns estão visualmente muito próximos. Você já tentou ligá-los por meio de linhas imaginárias, buscando criar desenho de algo conhecido? Ficou imaginando desenhos que elas poderiam representar?

Você sabia que ao longo da história da humanidade muitos **povos** e **civilizações** fizeram algo bem semelhante criando desenhos ao observar o céu?

Glossário

Civilização: qualquer sociedade complexa caracterizada por desenvolvimento urbano, estratificação social imposta por uma elite cultural, sistemas simbólicos de comunicação e domínio do ambiente natural.
Povo: conjunto de pessoas que falam a mesma língua e têm costumes e interesses semelhantes, história e tradições comuns.

Céu estrelado no Hemisfério Sul, visto de um campo de araucárias na cidade de Cunha (SP), 2014.

Histórias contadas no céu

Vários são motivos que fizeram os povos e civilizações usarem as estrelas para representar imagens. Algumas vezes, eles têm uma história importante a ser passada para os descendentes, e representá-la no céu é um modo de ela ser lembrada por todos. Outro motivo é associar a observação das estrelas à época do ano, indicando quando é o momento da colheita, do plantio ou quando começarão as chuvas e a cheia dos rios.

Nem todos os povos desenvolveram a forma escrita com a qual pudessem registrar suas histórias. E mesmo nas civilizações que tinham comunicação escrita, como a grega, a maioria das pessoas não sabia ler e escrever nem tinha acesso aos livros antigos, que eram escritos em papiros. Assim, era muito importante usar os pontos brilhantes no céu, porque para muitas pessoas a história passava de geração em geração apenas pela oralidade.

Veja um exemplo abaixo de como os pontos brilhantes do céu eram utilizados. Que figura parece estar desenhada?

Representação de uma constelação com base na interpretação do povo indígena.

Essa figura é chamada "Homem Velho". Conta a lenda tupi-guarani que um homem velho casou-se com uma mulher muito mais jovem do que ele. Passado um tempo, ela se apaixonou pelo irmão mais novo do marido. Para ficar com o cunhado, ela acabou cortando a perna do homem velho e este acabou morrendo.

Os deuses sentiram pena e o transformaram em uma constelação. Deram, inclusive, um bastão para lhe amparar a perda da perna; acima de sua cabeça há um penacho.

Quando a constelação Homem Velho aparecia nos céus era o indicativo de que o período chuvoso chegaria dali a alguns dias depois para os indígenas da etnia Tupinambá. Isso ocorria na segunda quinzena de dezembro, quando essa constelação torna-se totalmente visível ao anoitecer, no lado leste. Trata-se então do início do verão para os povos indígenas do sul e o início da estação chuvosa para os do norte.

Além de referência temporal, essa constelação era utilizada para orientação geográfica, pois ela nasce nas proximidades do ponto cardeal leste e se põe próximo do ponto cadeal oeste.

Todas as histórias fazem sentido para os povos que as elaboraram, do mesmo jeito que a sua história é muito mais importante para você do que para seu colega de sala. Além do significado simbólico, para ensinar alguma conduta moral ou aspecto importante, as estrelas também foram usadas de forma prática pelos povos, como veremos a seguir.

Mais histórias indígenas

O povo tupi-guarani abarca diversas sociedades indígenas que viveram e resistem do Sul ao Nordeste do país, próximos à costa.

O mapa a seguir mostra como os povos indígenas brasileiros estavam distribuídos no período do Brasil Colônia.

Assim, para os indígenas das Regiões Norte e Nordeste, a visualização das estrelas que formam o Homem Velho na parte mais alta do céu indica o início da época das chuvas, enquanto para os indígenas mais ao sul ela simboliza o início do verão e a época da colheita do milho. Isso ocorre porque nas Regiões Norte e Nordeste (por estarem mais próximas da Linha do Equador) as estações do ano são menos definidas, e o verão está mais relacionado à chegada das chuvas do que ao aumento da temperatura (que é o que acontece nas regiões mais ao sul do país). A época do ano mais favorável para

Fonte: José Jobson de A. Arruda. *Atlas histórico básico*. 17. ed. São Paulo: Ática, 2011. p. 35.

a observação dessa constelação é o verão, principalmente em dezembro e janeiro.

Essas sociedades também nomearam agrupamentos de estrelas associando-os às demais estações do ano. As constelações da Ema e da Anta são observáveis respectivamente no outono, inverno e primavera.

A constelação da Ema (Guirá Nhandu, em guarani) é vista pelos povos indígenas do norte do país como o início da estação de seca. Para os indígenas do sul, ela sinaliza o início do inverno.

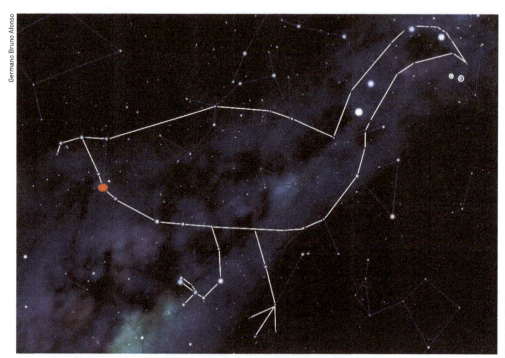

A figura da ema indica a época do plantio da mandioca, raiz importante para a alimentação indígena.

É preciso esclarecer que as estrelas estão presentes no céu, mas por vezes não conseguimos visualizá-las. Por exemplo, existem épocas do ano nas quais as constelações seriam visíveis no céu durante o dia, mas a luminosidade do Sol não nos permite enxergá-las. Assim, ao afirmar que algumas estrelas são mais observáveis em determinadas épocas no ano, isso significa que nessas épocas elas estão no céu durante o período noturno, mais próximas do ponto mais alto do céu.

Já a figura da Anta do Norte, mostrada ao lado, só é vista pelos povos do norte do país, do Alto Xingu.

Em regiões mais ao sul, como as ocupadas pelos tupi-guaranis, as estrelas que formam essa constelação ficam muito próximas do horizonte, o que dificulta ou mesmo impede sua observação.

Para os povos indígenas do Alto Xingu, no centro-oeste do país, os céus marcam o tempo de seus costumes e rituais. A Constelação da Anta surge no céu junto com a aparição da Via Láctea, chamada por eles de "Caminho da Anta". Quando as plêiades aparecem no horizonte, os dias são mais quentes, o tempo mais seco e as águas estão prósperas para a pesca. Esse povo tem então o marco inicial do ritual fúnebre de celebração dos mortos, chamado Kuarup.

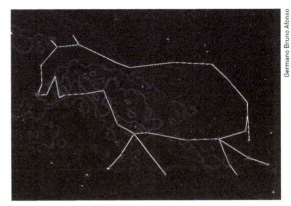

Constelação da Anta do Norte.

Crianças da Aldeia Yawalapiti se preparando para o Kuarup em homenagem a Darcy Ribeiro. Gaúcha do Norte (MT), 2012.

zoom

A figura do Homem Velho é um bom parâmetro para identificar a entrada do verão? E as figuras da Ema e Anta do Norte? Explique.

Figura do Homem Velho.

Figura da Ema.

Figura da Anta.

As constelações, a ciência e a imaginação

Além dos indígenas brasileiros, outros povos observaram as mesmas estrelas e com elas desenharam outras figuras, que representavam histórias importantes para eles.

Cotidianamente, todas as figuras imaginárias representadas pelas estrelas são chamadas de constelações, mesmo quando se tem a mesma estrela fazendo parte de duas constelações. Por exemplo, as Três Marias, facilmente localizáveis no céu, são ao mesmo tempo o cinto da figura de Órion, outra constelação. Diante disso, a União Astronômica Internacional (IAU) definiu 88 constelações como sendo as oficiais, dividindo o céu geometricamente em 88 regiões. Desse modo, qualquer estrela que estiver em uma região associada a uma determinada constelação, faz parte dela.

Glossário

Carta celeste: tipo de mapa do céu noturno que os astrônomos costumam usar para identificar e localizar corpos celestes, como estrelas, constelações e galáxias. São também usadas para a navegação humana desde tempos antigos.

A definição das constelações pela IAU não significa que existe uma figura cultural de maior valor que outra, pois dividir o céu em regiões, como um quebra-cabeça, e nomear cada parte é importante para que possamos localizar de modo mais fácil e exato as estrelas no céu. Por exemplo, quando se encontra uma nova estrela, uma forma de comunicar sua localização é indicar em qual constelação ela se encontra.

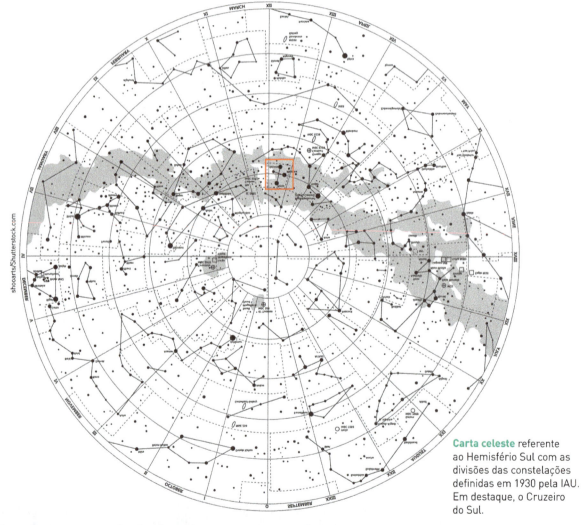

Carta celeste referente ao Hemisfério Sul com as divisões das constelações definidas em 1930 pela IAU. Em destaque, o Cruzeiro do Sul.

Assim, o termo **constelação** é usado apenas quando se trata de uma das 88 constelações oficiais. Se não for assim, usa-se o termo **figura imaginária** ou **asterismo**.

De acordo com essa convenção, as Três Marias são um asterismo presente na Constelação de Órion.

Histórias do céu da Grécia Antiga

A Grécia Antiga ocupava um extenso território; ali eram cultuados vários deuses. Suas histórias fazem parte da mitologia grega e muitas constelações no céu estão relacionadas a elas.

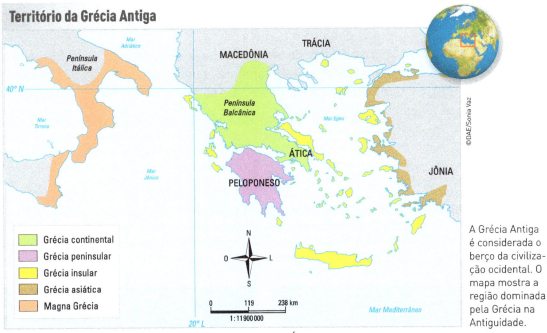

A Grécia Antiga é considerada o berço da civilização ocidental. O mapa mostra a região dominada pela Grécia na Antiguidade.

Fonte: José Jobson de A. Arruda. *Atlas histórico básico*. 17. ed. São Paulo: Ática, 2011. p. 8.

Observe na imagem as Constelações de Órion e Escorpião.

Desenho da Constelação de Órion.   Desenho da Constelação de Escorpião.

Agora, leia a história da Constelação de Órion, que possui estrelas em comum com a Constelação do Homem Velho tupi-guarani.

"Órion era um caçador amado pela deusa arqueira Ártemis, a deusa da caça e da castidade. Por ciúmes, o gêmeo de Ártemis, o deus Apolo, mandou um escorpião gigantesco picar Órion. Percebendo que não seria capaz de vencer o animal, Órion se jogou no mar junto com seu cão Sírius.

Quando já estavam longe, quase escapando, Apolo desafiou a irmã a acertar um alvo bem distante no mar. A deusa, excelente arqueira, não percebeu que o ponto era Órion e o matou. Com remorso, Ártemis pediu a seu pai, Zeus, para manter Órion vivo nos céus, e assim ele foi transformado em constelação ao lado de seu cão, sob a Constelação Cão Maior. Apolo também fez seu pedido e o escorpião também foi enviado aos céus, mas colocado no lado oposto. É por isso que vemos Órion no céu durante o verão e Escorpião nos meses de inverno."

Na mitologia grega, cada astro do Sistema Solar observável a olho nu estava associado a um deus. Para eles, os deuses possuíam características humanas e estavam associados a diferentes aspectos do comportamento e do mundo. Por exemplo, o planeta Marte é associado a Ares, o deus da guerra.

Na Antiguidade Clássica, o tempo só passa graças ao deus Cronos, representado pelo planeta Saturno. Cronos é filho de Gaia e Urano. Urano é o deus do céu, e tem o mesmo nome do planeta. Já Gaia é a deusa da terra, representada pelo planeta Terra.

De acordo com as teorias sobre a origem do Sistema Solar, o planeta Saturno foi formado ao mesmo tempo que os planetas Terra e Urano, mas simbolicamente, a mitologia grega diz que o tempo é filho da terra e do céu. Essa ideia é interessante, pois a humanidade só construiu o calendário e pensou nas horas observando o céu e os fenômenos naturais na Terra. É por este motivo que devemos respeitar todas as histórias de todos os povos e civilizações.

Mesmos astros, diferentes figuras no céu

Lembra-se que a Constelação da Ema é mais facilmente observável nos céus nos meses de inverno, da mesma forma que a Constelação de Escorpião? É porque são constelações compostas das mesmas estrelas.

Veja agora a Constelação da Ema ao lado da de Escorpião.

Constelações de Escorpião e da Ema, representando o asterismo europeu e o indígena.

A da Ema usa estrelas das constelações de Escorpião e do Cruzeiro do Sul. É possível ter um asterismo que use estrelas de duas ou mais constelações, como é o caso. Essas mesmas estrelas são usadas por outro povo indígena do norte do Brasil, os tukanos, e com elas compõem as constelações da Jararaca e do Jabuti.

Ampliar

O fascínio do Universo,

de Augusto Damineli e João Steiner (Org.) (Odysseus). Livro disponível também em PDF no seguinte *link* do Instituto de Astronomia, Geofísica e Ciências Atmosféricas da USP

<www.astro.iag.usp.br/fascinio.pdf>
Acesso em: 20 jan. 2018.

Apresenta informações gerais sobre Astronomia.

zoom
Os índios tukanos moram na região do Alto Rio Negro. Pesquise sobre a Jararaca e o Jabuti e elabore hipóteses do motivo desses animais serem importantes a ponto de virarem constelações.

Constelações como referência

As estrelas são usadas pelos povos e civilizações de diferentes modos. Elas indicam a passagem do tempo, orientando a vida cotidiana quanto aos ciclos naturais e aos períodos de caça e agricultura. A observação de determinadas constelações indica a época das chuvas, da seca, da cheia dos rios e os momentos de plantar, colher ou pescar.

Essa utilização das estrelas não é restrita às sociedades indígenas. No Antigo Egito, por exemplo, a observação da Constelação de Órion também era utilizada para identificar o início da cheia do Rio Nilo, fundamental para a agricultura e alimentação naquela região desértica. Já a Cruzeiro do Sul foi usada pelos navegadores espanhóis e portugueses na época da Descoberta da América e do Brasil porque ela indica os pontos cardeais, fundamentais para orientar o rumo das embarcações ao cruzar os oceanos.

Outras utilidades das constelações são contar histórias, explicar origens, orientar comportamentos etc. Diferentemente da finalidade prática, aqui os motivos são simbólicos, não materiais, e também muito importantes.

Além de serem criados por diferentes motivos e por diferentes povos, os agrupamentos das estrelas foram nomeados em diferentes épocas da história humana. Vimos que constelações como Órion e Escorpião existem desde a Antiguidade, pois estão relacionadas à mitologia grega e a seus deuses. Já a Constelação Cruzeiro do Sul foi nomeada na época das Grandes Navegações, período no qual a Igreja Católica era muito influente.

Cruzeiro do Sul

Nesta atividade, você montará uma Constelação do Cruzeiro do Sul tridimensional, como se fosse uma espécie de móbile.

Material:
- varetas de churrasco;
- massa de modelar de diferentes cores;
- linha de costura.

Procedimentos

1. Primeiro, observe a imagem da constelação e use a massinha para modelar pequenas esferas de mesmo diâmetro que irão representar as estrelas. Prenda cada uma das esferas a uma linha de costura.
2. Depois, amarre as linhas nas varetas compondo o móbile, que deve representar a constelação como a vemos, com estrelas a diferentes distâncias do observador.

A Constelação Cruzeiro do Sul, que recebe esse nome porque tem formato de cruz.

① Você acredita que as estrelas aparentam ter tamanho diferente apenas em razão das distâncias variadas ou elas também possuem diâmetros diferentes?

② Levante suas hipóteses e depois construa um novo móbile, agora, levando em consideração as diferentes distâncias entre as estrelas e seus diâmetros.

Viver

A Constelação Cruzeiro do Sul

Você já viu a Constelação Cruzeiro do Sul no céu?

Quem habita o Hemisfério Sul pode localizar no céu a Constelação Cruzeiro do Sul.

Observe nas imagens essa constelação.

Esse grupo de cinco estrelas forma o desenho de uma cruz. Ela recebeu esse nome no período das Grandes Navegações e da chegada dos portugueses ao Brasil, por volta do ano de 1500.

A estrela que parece "atrapalhar" o desenho da cruz é a Épsilon, mais conhecida pelo seu nome popular: Intrometida. Contudo, a Épsilon é muito importante para identificarmos o Cruzeiro do Sul, a única constelação em forma de cruz, entre tantas outras que existem com esse mesmo formato, que tem uma "estrela intrometida".

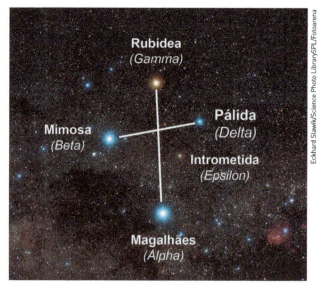

Constelação Cruzeiro do Sul, com identificação das estrelas que a compõem.

A estrela Magalhães, que simboliza o "pé" da cruz, é também chamada de Estrela de Magalhães. Esse nome é uma homenagem ao navegador português Fernão de Magalhães, o primeiro a comandar uma viagem ao redor da Terra. Por volta de 1520, Fernão passou com suas embarcações perto da América do Sul e observou essa constelação.

Entre março e setembro, é possível ver o Cruzeiro do Sul ao anoitecer. Nos meses de maio e junho, ele aparece no alto do céu.

Perto da Linha do Equador, essa constelação fica menos tempo visível, apenas nos meses de maio e junho, período em que as pessoas que estão nas regiões Norte e Nordeste do Brasil podem identificá-la no céu ao anoitecer.

Você sabe se orientar pelo Cruzeiro do Sul? Faça assim: prolongue o braço maior da cruz aproximadamente quatro vezes e meia, no sentido das estrelas Rubídea para Magalhães, chegando ao ponto do Polo Sul celeste, que é a projeção do Polo Sul terrestre. Trace mentalmente uma linha desse ponto que seja perpendicular ao horizonte, e no final dessa linha, na interseção com o horizonte, será o ponto cardeal sul. Observe a ilustração ao lado.

Por muito tempo, os astros foram a única referência para a orientação espacial das navegações. A partir do século XV, foram criadas novas tecnologias. Pesquise algumas delas.

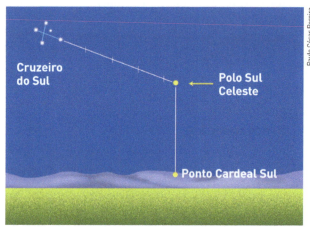

Esquema simplificado de como se orientar pelo Cruzeiro do Sul.

1 Por que os navegadores criaram uma constelação em forma de cruz?

2 Qual seria a finalidade simbólica dessa constelação? E seu uso prático?

3 As estrelas do Cruzeiro do Sul aparentam ser de diferentes tamanhos. Considerando a distância que elas estão de nós, qual realmente será a maior?

no caderno

Os astros e sua relação com diferentes povos e civilizações

A maioria dos povos antigos e tradicionais não usavam a Lua ou os planetas do Sistema Solar como ponto para a criação dos desenhos no céu. Você pode imaginar por quê?

Desde o início dos estudos da Astronomia, percebeu-se que alguns astros possuem movimentos diferenciados no céu. Por exemplo, graças ao movimento de rotação da Terra, o Sol "nasce" e "se põe" todos os dias, realizando o percurso aparente de leste para oeste. A Lua também tem movimentos, assim como os planetas. E as estrelas, se movem? Vemos as estrelas se movendo no céu, mas na verdade é o nosso planeta Terra que está em movimento.

O planeta Marte visto da Terra. Monte Taftan (Irã).

Elas estão a uma distância tão grande de nós que se movem juntas no céu, ou seja, mantêm a distância entre elas ao longo do movimento. Alguma vez você já formou uma fila usando o braço esticado para manter a distância? E conseguiu manter essa distância quando a fila andou? Pois é desse modo que as estrelas se movem, mantendo as distâncias entre si; com isso, é possível usá-las para desenhar imagens no céu, criando as constelações.

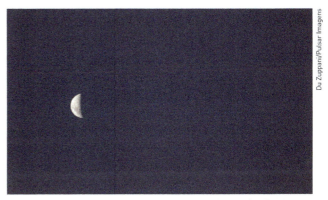

Lua vista da Terra na fase quarto crescente. Manaus (AM), 2008.

Se essas distâncias não se mantivessem, os desenhos das constelações ficariam deformados.

O Sol, a Lua, os planetas e os outros astros menores do Sistema Solar se movem entre as estrelas distantes e, por isso, não são usados nas constelações. Entretanto, eles são usados de outra maneira pelos povos e civilizações.

Lua e planeta Vênus vistos juntos da Terra em Santa Maria (RS), 2013.

Sol visto da Terra.

A humanidade e a Lua

Leia o texto sobre a visão da humanidade em relação à Lua:

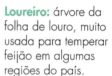

Glossário

Loureiro: árvore da folha de louro, muito usada para temperar feijão em algumas regiões do país.

> Durante a maior parte da história antes das naves espaciais, antes dos telescópios, quando ainda estávamos muito imbuídos do pensamento mágico, a Lua foi um enigma.
>
> O que realmente vemos quando vislumbramos a Lua a olho nu? [...] No folclore e nos mitos mundiais, muitas imagens são vistas na Lua: uma mulher tecendo, pés de **loureiros**, um elefante pulando de um penhasco, uma menina com um cesto nas costas, um coelho [...].
>
> As pessoas de uma cultura têm dificuldade em compreender como essas coisas bizarras podem ser vistas pelos membros de outra.
>
> A imagem mais comum é o Homem na Lua. É claro que não se parece realmente com um homem. [...] Certamente o rosto é redondo demais. Faltam as orelhas. Acho que é careca no topo. Ainda assim, toda vez que olho para a Lua, vejo um rosto humano. [...]
>
> Pelo telescópio, os trechos brilhantes revelam-se planaltos cobertos de crateras antigas, que remontam a quase 4,5 bilhões de anos, como agora sabemos (pela datação radioativa das amostras recolhidas pelos astronautas da Apollo). As partes escuras [...] surgiram nos primeiros 100 milhões de anos da história lunar, em parte induzidas pelo impacto em alta velocidade de enormes asteroides e cometas. [...]
>
> O Homem na Lua é na verdade o registro de catástrofes antigas e a maioria aconteceu antes dos seres humanos [...] e provavelmente até antes que a vida surgisse na Terra. É uma vaidade característica de nossa espécie atribuir uma face humana à violência cósmica aleatória.
>
> Os humanos, como outros primatas, são um bando gregário. Gostamos da companhia uns dos outros. Somos mamíferos, e o cuidado dos pais com o filho é essencial para a continuação das linhas hereditárias. Os pais sorriem para a criança, a criança retribui o sorriso, e com isso se forja ou se fortalece um laço. Assim que o bebê consegue ver, ele reconhece faces, e sabemos agora que essa habilidade está instalada permanentemente em nossos cérebros.
>
> [...] O mecanismo de reconhecimento de padrões em nossos cérebros é tão eficiente em descobrir uma face em meio a muitos outros pormenores que as vezes vemos faces onde não existe nenhuma. Reunimos pedaços desconectados de luz e sombra, e inconscientemente tentamos ver uma face. O Homem na Lua é um desses resultados.

Carl Sagan. *O mundo assombrado pelos demônios*. Disponível em: <https://edisciplinas.usp.br/pluginfile.php/567315/mod_resource/content/1/Carl%20Sagan%20O%20Mundo%20Assombrado%20Pelos%20Demonios.pdf>. Acesso em: 10 out. de 2018.

1 Observe a fotografia.

Representação artística da Lua com a imagem de um ser humano.

O que são as partes escuras que observamos na Lua? Você acha que as pessoas atualmente usam o pensamento mágico, o científico ou os dois? A tecnologia influencia esse pensamento? Explique sua opinião.

As origens de tudo, os outros mundos e a vida

As histórias que contam "a origem de tudo" são chamadas de cosmogonias. Algumas contam como surgiu a Terra, outras, como surgiu o Sol, a Lua e a humanidade. Cada história apresenta os elementos que o povo que a criou considera mais importante para si.

Mito grego

Segundo a mitologia grega, no começo, tudo era uma desordem, pois existia apenas o deus Caos. Um dia, este resolveu criar a deusa Gaia, a Terra. Depois criou o amor por meio do deus Eros e o céu com Urano, futuro amante de Gaia. Estes tiveram vários filhos, entre eles Cronos (pai de Zeus) e Jápeto (pai de Prometeu). Prometeu esculpiu o homem no barro e Zeus deu-lhe a vida.

Mitos indígenas

Para os incas, Pacha era o Universo. Pachakamaq era o deus do princípio criador, e Pachamama era sua esposa e representava a Mãe-Natureza. Estes existiriam

Representação da deusa Gaia.

desde o princípio. Já os humanos vieram das fendas das rochas, das profundezas de Pachamama.

Apresentamos a seguir o mito de criação dos indígenas desanas, do Alto Xingu, vizinhos aos índios tukanos — tanto que falam a mesma língua.

Esse mito diz que, a princípio, não havia nada e as trevas cobriam tudo. Uma mulher, Yebá bëló, se fez a si mesma a partir de coisas invisíveis, como bancos, suportes de panela, cuias e mandioca. Na sua morada começou a pensar em como deveria ser feito o mundo. Seu pensamento começou a tomar forma de uma esfera.

Depois criou cinco trovões imortais, e deu a cada um deles uma casa na esfera. A casa do primeiro trovão ficava no sul. A do segundo, no leste, a do terceiro ficava no alto. A casa do quarto trovão ficava a oeste. A do quinto, no norte.

Yebá bëló, por sua vez, criou um ser invisível, Ëmëko sulãn Palãmin, e deu-lhe a ordem de fazer as camadas do Universo e a futura humanidade. Ëmëko criou o Sol.

Imagem de ritual de dança e música do povo desano em Manaus (AM), 2013.

Yebá bëló formou a Terra por meio de sementes tiradas de seu seio esquerdo e a adubou com o leite do seio direito.

Ëmëko sulãn Palãmin, então, dirigiu-se para a casa do terceiro trovão e lá encontrou com o chefe dos desana e com o terceiro trovão. Este deu a eles riquezas e cada par de enfeites representava um homem e uma mulher. O trovão ensinou o rito para transformá-los em seres humanos.

Mito oriental

Entre os povos e civilizações do Oriente aconteceu o mesmo: histórias foram criadas para explicar a origem de tudo. Veja agora um mito chinês da criação.

No início só existia Dao, o Vazio. Nele criou-se um ovo negro dentro do qual Yin, Yang e Panku coexistiram.

Um dia Panku conseguiu romper a casca do ovo e foi criado o Universo. Yin, mais pesado, foi para baixo e formou a Terra. Yang, mais leve, subiu e formou o Céu. Panku passou a segurar os céus, para que Yin e Yang não voltassem a se unir.

Ao longo de muitos anos, Panku foi se transformando em elementos da Terra e do Céu. Seus olhos viraram o Sol e a Lua, seu corpo virou as montanhas, as plantas e os animais.

Imagem representativa do mito chinês Panku.

Assim surgiu a Terra e dela nasceu a deusa Nü Wa, que criou a humanidade. Certo dia a deusa caminhava na terra e observava as montanhas, as florestas e os animais, mas sentia-se só. Assim, pegou lama da beira do rio e moldou, formando uma pequena figura, semelhante ao seu reflexo na água: mãos, pés e face. Ao pousar a figura no chão, ela ganhou vida, o que deixou Nü Wa extremamente feliz.

Nosso lugar no céu

Todos os mitos de criação, as chamadas cosmogonias, foram criados pela humanidade para explicar as nossas origens. Elas contam sobre o surgimento da Terra e da nossa espécie, mas geralmente não falam de onde vieram os outros planetas e as estrelas. Você faz ideia do porquê disso?

A princípio, não é fácil imaginar que alguns pontos brilhantes que vemos no céu são estrelas como o Sol e outros pontos são planetas. No início, pensávamos que o céu era uma espécie de cúpula que cobria a Terra, e que os astros se moviam sobre ela.

Desse modo, todos os astros estariam praticamente à mesma distância da Terra, e assim as pessoas pensavam que as estrelas eram realmente pequenas se comparadas ao Sol, por exemplo. Não se tinha a noção de que o espaço sideral estendia-se por grandes distâncias e que existem estrelas muito maiores do que o Sol e planetas maiores que a Terra.

A cúpula do céu. Representação simbólica que rompe com a concepção medieval do mundo. Xilogravura colorida, 1888, no estilo de c. 1520. Camille Flammarion, *L'atmosphére: météorologie populaire*, Paris, 1888.

Por este motivo, a Terra era vista como o centro do Universo, e essa ideia perdurou por muitos séculos porque todo mundo acreditava nisso, porque as histórias dos povos e das civilizações defendiam essa ideia.

Com o passar do tempo, o céu continuou sendo estudado e, aos poucos, foi-se percebendo que na verdade os planetas são outros astros como a Terra e movimentam-se em órbitas. Mas no início pensava-se que os planetas orbitavam a Terra, e que o Sol girava em torno da Terra como se fosse um planeta. Esse **modelo** ficou conhecido como geocêntrico ("geo" quer dizer "Terra" e "cêntrico" quer dizer "no centro").

Entretanto, alguns pensadores como o polonês Nicolau Copérnico (1473-1543) imaginavam que o correto era o Sol ficar no centro, defendendo o modelo heliocêntrico ("hélio" quer dizer "Sol").

Glossário

Modelo: neste caso, modelo é uma representação do real; o modelo geocêntrico é uma forma de ver o Universo em que a Terra está representada no centro.

A proporção entre as dimensões dos astros representados, a distância entre eles e as cores utilizadas não correspondem aos dados reais.

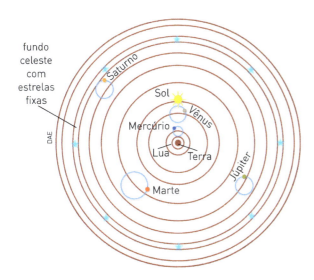

Modelo geocêntrico: a Terra está no centro.

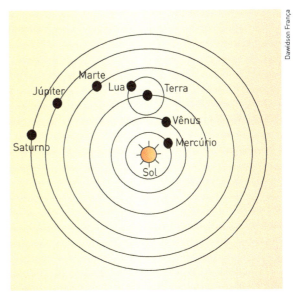

Modelo heliocêntrico: o Sol está no centro.

229

Esse modelo heliocêntrico não foi aceito porque retirar a Terra do centro do Universo era como se fosse diminuir a nossa importância, nos transformando em apenas uma espécie animal que habita um mundo entre vários outros existentes. Além disso, o modelo precisou passar por muitas melhorias, pois apresentava problemas na descrição do movimento dos astros. Assim, demorou muitos séculos até que o modelo heliocêntrico apresentasse vantagens para substituir o geocêntrico.

Muitos séculos se passaram até o modelo heliocêntrico ser aceito; muitos de seus defensores foram censurados, assassinados ou condenados a negar suas ideias, como o cientista italiano Galileu Galilei (1564-1642).

Perceba que no começo o Universo era considerado como sendo a Terra e sua cúpula repleta de astros. Depois, acreditava-se que era o que hoje chamamos de Sistema Solar. Hoje, estima-se que existam mais de 200 bilhões de estrelas somente na Via Láctea, galáxia em que o Sistema Solar está localizado, e que existam mais de 200 bilhões de galáxias no Universo. Nenhuma delas está no centro, e todas elas estão afastando-se umas das outras.

O Universo foi "ficando maior" conforme a humanidade foi desenvolvendo seu pensamento científico e os instrumentos para observar o céu.

A partir dessas observações foram construídos modelos ou imagens de como seria o Universo. Ele é uma imensidão se for comparado às nossas escalas normais – por exemplo, à circunferência da Terra na região do Equador, de cerca de 40 000 km.

A imagem a seguir representa um grupo compacto de galáxias descoberto há cerca de 130 anos e localizado a cerca de 280 milhões de **anos-luz** da Terra. O cume azul-claro curvado que percorre o centro da imagem mostra dados de raios X do Observatório de Raios X Chandra, um telescópio espacial lançado em 23 de julho de 1999. Ele recebeu esse nome como homenagem ao físico indiano Subrahmanyan Chandrasekhar (1910-1995).

Representação artística do Quinteto de Stephan, grupo visual de cinco galáxias localizado na constelação de Pégaso.

O fato de as galáxias estarem se afastando significa que no passado elas estavam mais próximas. Por isso, esse afastamento é uma das evidências da **teoria** da grande expansão, conhecida como Big Bang.

Segundo essa teoria, no início, todo o Universo concentrava-se em um único ponto que originou tudo. Com a expansão desse pequeno ponto, as partículas foram se combinando e formando toda matéria, radiação e luz que existe.

Os estudos científicos sobre a origem do Universo compõem uma divisão da Astronomia chamada Cosmologia.

Glossário

Ano-luz: distância que a luz percorre em 1 ano. Equivale a 63 241 ua (unidades astronômicas), ou seja, 63 000 vezes mais do que a distância média da Terra ao Sol.
Teoria: é uma explicação que sintetiza um conjunto de princípios e evidências.

O astrofísico norte-americano Edwin Powell Hubble (1889-1953) e outros cientistas constataram que as galáxias estão se afastando umas das outras, o que evidencia, segundo eles, o fenômeno da expansão do Universo.

Para ter uma ideia do que seja a expansão do Universo, você pode realizar o procedimento indicado nas fotografias a seguir.

Big Bang

Será que é possível representar o Big Bang com materiais do dia a dia?

Veja um exemplo a seguir.

Material
- bexiga;
- pedaços de papel;
- cola.

Procedimentos

1. Recorte pequenos pedaços de papel e cole-os em vários pontos numa bexiga (balão de festas de aniversário) vazia. Esses papéis vão representar as galáxias.
2. Sopre a bexiga para enchê-la de ar.
3. O enchimento da bexiga representa a expansão do Universo.
4. Observe que, conforme a bexiga (que representa o Universo) se expande, aumentam as distâncias entre os papéis que você colou. Esse aumento das distâncias entre os papéis, que você pode medir com uma régua ou fita métrica, representa o afastamento da galáxias, devido à expansão do espaço entre elas.

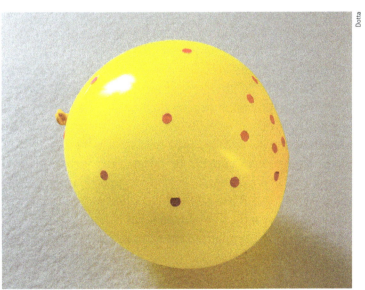

O balão inflável é uma analogia indicada para entender a expansão do Universo: o Universo cresce, embora isso não ocorra com os corpos que o compõe (galáxias, Sol, Terra, por exemplo).

1. Agora é sua vez de representar o fenômeno do Big Bang. Procure materiais do cotidiano e use a criatividade.

Ainda não sabemos com certeza o que existia no início de tudo, nem como se originaram a luz e a matéria, mas os cientistas têm hipóteses e estão realizando experimentos que procuram recriar a origem do Universo. Alguns desses experimentos são feitos no laboratório europeu LHC, um gigantesco **colisor** de partículas. Com ele, esperamos simular o caminho de volta às origens.

Glossário

Colisor: aquele que produz colisões, batidas.

A imagem mostra a localização do LHC (sigla para Large Hadron Collider, que pode ser traduzido para o português como Grande Colisor de Hádrons). Ele está localizado na fronteira entre França e Suíça em um túnel subterrâneo de 27 km de circunferência. Esse laboratório foi construído pela Organização Europeia para a Pesquisa Nuclear.

Os outros mundos

Nossa espécie logo percebeu que era diferente dos demais seres vivos existentes no planeta. Com essa percepção, foi muito fácil pensar que somos uma espécie privilegiada de animais, pois desenvolvemos o pensamento racional.

Para alguns povos, significa que somos responsáveis pelas outras espécies; isso está muito presente no pensamento de alguns povos indígenas. Já para a civilização ocidental dominante, significou que podíamos nos aproveitar do planeta como quiséssemos, o que atualmente está sendo repensado, pois essa atitude gerou vários problemas ambientais que estão prejudicando até a nossa própria espécie.

Muitos esforços estão sendo feitos por diversas parcelas da sociedade mundial para mudar esse quadro. As pessoas estão sendo educadas a economizar os recursos naturais, a reciclar e a reutilizar objetos. Os países estão assinando acordos para reduzir a produção da poluição. Esse é o melhor caminho para continuarmos vivendo em nosso planeta e preservarmos as outras formas de vida.

A humanidade também pensa em alternativas mais relacionadas à tecnologia. Existem projetos de equipamentos para limpar água, purificar o ar, desenvolver alimentos que suportem um planeta poluído. Dentro desta lógica, existe uma busca por outros planetas e satélites do espaço sideral que possam nos abrigar, que possuam as características que precisamos.

Você já assistiu a filmes de ficção que abordam esses assuntos? Fale ou escreva sobre eles.

Por outro lado, essa busca também tem como objetivo encontrar vida em outros planetas, satélites e até em asteroides. Estudar como a vida pode se desenvolver em outro planeta nos ajuda a entender sobre nós mesmos e sobre como a vida surgiu e evoluiu no planeta em que vivemos.

Ampliar

Perdido em Marte
EUA, 2015.
Direção: Ridley Scott, 144 min.

Baseado no romance de mesmo nome, neste filme o astronauta Mark Watney recorre a conhecimentos científicos para sobreviver no planeta Marte até ser resgatado.

Viver

Explore o céu com o programa Stellarium

Você sabia que é possível conhecer as constelações usando aplicativos?

Um desses programas é o **Stellarium**, que pode ser baixado em qualquer computador ou *notebook*. Com ele você pode ver o movimento aparente do céu e conhecer melhor as constelações. Além disso, é possível saber como o céu está no exato momento de sua pesquisa ou do dia anterior.

O programa é de uso livre e gratuito e está disponível em: <**www.stellarium.org/**>.

Ele mostra como o céu pode ser visto a olho nu, com um binóculo ou por meio de um telescópio. Entre suas funcionalidades estão:

- simulação de observações da perspectiva de qualquer local do mundo;
- visualização da posição dos planetas em qualquer data e hora;
- pesquisa de objetos celestes.

É importante comentar que as atividades a seguir são apenas exemplos de possibilidades de uso e descobertas que você pode fazer com o **Stellarium**. Explore-o!

Para conhecer melhor as funcionalidades e os botões do programa, você pode usar o tutorial criado pelo Grupo de Astronomia Sputnik. Disponível em: <http://gruposputnik.com/USP-Escola/Stellarium/TC%201%20-%20Stellarium.pdf>. Acesso em: 9 nov. 2018.

Inicialmente, instale o programa. Agora, siga os procedimentos a seguir.

1. Ao abrir o programa, aperte F6 para ajustar sua localidade. O *software* tem uma lista de cidades pré-determinada, então basta inserir parte do nome no campo de busca.
2. Clique sobre o nome da localização.
3. Aperte F5 para abrir a janela de data e hora. Coloque o horário para as 23 h do dia vigente.
4. Aperte F4 para abrir a janela de configurações. Deixe apenas as seguintes opções marcadas:
   - na aba céu, coloque todos os valores em 0,50. Marque os três primeiros boxes da esquerda e todos os boxes da direita;
   - na aba paisagem, desmarque todos os boxes;
   - na aba marcações, marque apenas o boxe eclíptica (J2000);
   - na aba cultura estelar, marque os boxes "exibir rótulos", "exibir linhas das constelações", "nome nativo dos planetas" e "exibir arte".

Agora que o *software* está configurado, já é possível fazer a pesquisa.

Como exemplo, procure a constelação de Peixes.

1. Aperte F3 para abrir a janela de busca. Com a aba objeto selecionada, digite o nome de uma constelação e clique na lupa para que o *software* direcione você para ela. Digite "peixes" no campo de busca e clique na lupa de procura; a constelação aparecerá no centro da tela.

As estrelas das constelações são classificadas de acordo com o alfabeto grego. A estrela que mais brilha na constelação é chamada de estrela alfa (α), a segunda estrela mais brilhante é a beta (β), e assim por diante.

Agora, procure a estrela alfa da constelação de Virgem.

1. Aperte F3 e digite "alfa virgem" no campo de busca e clique na lupa de procura.
2. Clique com o *mouse* sobre o objeto marcado. Os detalhes da estrela aparecerão.

❶ Em grupo com dois ou três colegas, escolham três constelações do zodíaco e pesquisem quais são as estrelas alfa e beta delas.

❷ Que tal organizar, com a ajuda do professor, uma visita a um planetário na cidade de você, ou a um planetário virtual? A observação do céu e de seus astros é uma atividade fascinante!

Conviver

Quais seriam as condições propícias à vida?

Uma forma de respondermos a esta questão é analisarmos o próprio Sistema Solar. Será que algum planeta do nosso sistema possui condições para a vida como ela existe na Terra?

Etapa 1: As características

Analise as características dos planetas do Sistema Solar e procure discuti-las.

Para cada característica, anote em seu caderno qual planeta seria o mais propício à vida. Além disso, avalie se conseguiríamos nos adaptar às condições apresentadas pelos planetas.

Planetas rochosos e gasosos

Você se lembra que os planetas são divididos entre rochosos e gasosos? Será que conseguiríamos habitar os gigantes gasosos? Por quê?

Densidade

Uma forma de descobrir se o planeta é rochoso ou gasoso é observar sua densidade, que é a relação entre volume e massa. Os planetas gasosos tendem a ser muito grandes e pouco densos.

Conseguiríamos nos adaptar e habitar planetas gasosos? Elabore hipóteses e anote no caderno quais planetas do Sistema Solar poderiam ser habitados.

A duração do dia

Veja a duração do dia em cada planeta do Sistema Solar.

Mercúrio	Vênus	Terra	Marte	Júpiter	Saturno	Urano	Netuno
58,6 dias	243 dias	23h56	24h37	9h48	10h12	17h54	49h06

Você acha que conseguiríamos nos adaptar a dias com durações muito diferentes dos dias do nosso planeta? Anote no caderno quais planetas do Sistema Solar poderiam ser habitados de acordo com esse critério.

Inclinação do eixo de rotação

Como a inclinação do eixo de rotação da Terra é importante para nós?

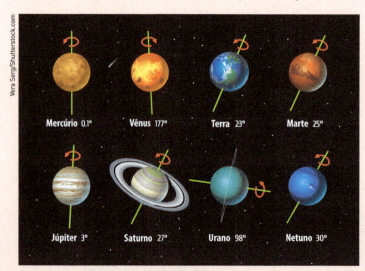

Inclinações do eixo de rotação dos planetas do Sistema Solar.

Conseguiríamos nos adaptar e habitar planetas com diferentes inclinações? E outras formas de vida? Elabore hipóteses e anote os planetas possíveis no caderno.

Temperatura

Observe as temperaturas médias dos planetas do Sistema Solar. Nos adaptaríamos a elas?

Mercúrio	Vênus	Terra	Marte	Júpiter	Saturno	Urano	Netuno
179 °C	482 °C	14 °C	−63 °C	−121 °C	−125 °C	−193 °C	−221 °C

Há outros planetas do Sistema Solar com temperaturas adequadas à vida? Se houver, anote-os no caderno.

Por que será que os planetas têm essas temperaturas? Sabemos que a temperatura é resultado da absorção da luz que recebem do Sol. Usando essa lógica, os planetas mais distantes seriam mais frios, e de certa forma isso acontece. Mas Vênus foge à regra. Por que será?

Você já ouviu falar em aquecimento global e em efeito estufa? Sabe a origem deles? A temperatura de um planeta também é influenciada pela composição de sua atmosfera.

Vamos dar uma olhada:

Mercúrio		Vênus		Terra		Marte	
Hélio	42%	Gás Carbônico	96%	Nitrogênio	77%	Gás Carbônico	95%
Sódio	42%	Nitrogênio	3%	Oxigênio	21%	Nitrogênio	3%
Oxigênio	15%	Outros	1%	Outros	2%	Argônio	1,5%
Outros	1%					Outros	0,5%

Júpiter		Saturno		Urano		Netuno	
Hidrogênio	90%	Hidrogênio	97%	Hidrogênio	83%	Hidrogênio	85%
Hélio	10%	Hélio	3%	Hélio	15%	Hélio	13%
				Metano	2%	Metano	2%

O gás carbônico é o principal gás do efeito estufa, e tanto Vênus como Marte têm grande porcentagem desse gás. Então, por que Vênus é bem mais quente que Marte? É que o tamanho da atmosfera desses dois planetas é bem diferente: Vênus possui uma atmosfera altamente densa, enquanto a atmosfera de Marte é rarefeita. Além disso, Vênus está bem mais próximo do Sol que Marte, e por isso recebe muito mais energia para ser armazenada sob o efeito estufa.

Com base na análise dos dados e das discussões, responda:

1. Qual planeta do Sistema Solar seria o mais apropriado para a vida? Poderíamos mudar para lá? Explique.

2. Quais devem ser as condições ideais para a vida?

Etapa 2: E a água? Ela é importante?

Por que procuramos água fora do planeta Terra?

Uma das maiores questões da humanidade é sobre a possibilidade de existência de vida fora da Terra. Estamos sozinhos no Universo? Se existir vida extraterrestre, será que ela se parece com as formas que conhecemos em nosso planeta? Responder a essas perguntas não apenas acabaria com uma tremenda curiosidade, mas também nos ajudaria a resolver outras perguntas, por exemplo: Como surgiu a vida na Terra? Seremos capazes de colonizar outros planetas?

Na tentativa de sanar tais dúvidas, cientistas têm estudado a composição e a dinâmica de outros planetas, procurando por candidatos com ambientes favoráveis para o surgimento e evolução de seres vivos. Contudo, quais são as condições propícias para o desenvolvimento da vida? Ainda não sabemos a resposta completa para essa pergunta, mas estamos no caminho para encontrá-la. Por meio de pesquisas sobre os ambientes extremos da Terra, podemos ter mais clareza sobre os limites para a ocorrência e propagação da vida em outros lugares do Sistema Solar ou, até mesmo, em exoplanetas.

Atualmente, a ciência diz que a vida na Terra surgiu na água, e que todas as formas de vida existentes por aqui dependem, em maior ou menor grau, de água. E não é qualquer água – é água em estado líquido.

Graças ao desenvolvimento tecnológico, sabemos que a água é uma substância bastante abundante no Sistema Solar, e sua presença já foi constatada em diversos corpos celestes. Para se ter uma ideia, estima-se que Europa, uma das luas de Júpiter, tenha aproximadamente duas vezes a quantidade de água que há no planeta Terra (que apresenta aproximadamente 1,37 bilhão de quilômetros cúbicos). Já Titan, lua de Saturno, deve abrigar quase 14 vezes mais água do que o nosso planeta. Porém, astros como esses apresentam condições de temperatura e pressão muito diferentes das que são encontradas na Terra, o que propicia a existência de água apenas nos estados sólido ou vapor.

Também já temos evidências da presença de água no estado vapor em Vênus, o que está de acordo com as altas temperaturas que ocorrem em sua superfície, de até cerca de 480 °C. Já no caso de Marte, debates sobre a possibilidade de o planeta vermelho ter um dia abrigado oceanos de água líquida ou sólida mantêm-se acalorados, uma vez que os valores mínimos e máximos de temperatura no planeta (de −140 °C a 20 °C) favoreceriam essas condições. Apesar de a controvérsia persistir, em julho de 2018 a comunidade científica foi surpreendida pelo anúncio da Agência Espacial Italiana, que confirmou a descoberta de um reservatório subterrâneo de água líquida localizado próximo ao polo sul do planeta.

A cada descoberta, a abundância da água no Sistema Solar tem se tornado uma certeza cada vez maior, sendo igualmente provável que o mesmo possa ser dito sobre outras galáxias e sobre todo o espaço sideral. Assim, será que estamos próximos de descobrir que a Terra não é o único planeta a abrigar vida no Universo? E, se esse for o caso, será que essas formas de vida aceitariam compartilhar o planeta conosco?

Texto escrito especialmente para esta obra por Isabela Ferreira Sodré dos Santos.

3 A procura de vida extraterrestre está muito ligada às formas de vida que conhecemos na Terra, ou seja, dependente de condições ambientais existentes aqui, como a presença de água líquida. Faça uma pesquisa para responder à questão: Em quais astros do Sistema Solar há presença ou evidência da presença de água?

4 Pesquise as características dos satélites Titã e Europa. Eles poderiam desenvolver ou receber seres vivos?

Etapa 3: Elaboração de material de divulgação

Discuta com seu professor e colegas uma forma de divulgar para a comunidade a importância da manutenção das condições ambientais da Terra, diante da dificuldade de encontrarmos outro astro com as mesmas características.

O material de divulgação pode ser feito em forma de cartilha, panfleto ou virtualmente, por meio de vídeo ou apresentação de imagens.

Há outros planetas habitáveis?

A princípio, todas as estrelas existentes no céu podem ter planetas orbitando-as. Diante dessa possibilidade, cientistas se questionam se realmente não é possível encontrarmos algum planeta semelhante à Terra ou outras formas de vida.

Considerando que nenhum outro planeta do Sistema Solar apresenta condições favoráveis para a vida, as investigações nesse sentido agora se debruçam sobre os exoplanetas, isto é, planetas fora do Sistema Solar. Mas como esses estudos ocorrem?

Os astrônomos, ao observarem com mais cuidado a luz emitida por uma estrela, detectam algumas diferenças nela. Essa é a maneira mais comum de encontrar os exoplanetas, pois quando um planeta cruza na frente de sua estrela, ele bloqueia um pouco da luz, como se fosse um minieclipse.

Com base nisso, é avaliado se o planeta está na zona de habitabilidade. Mas o que é isso?

Trata-se de uma região do espaço sideral ao redor da estrela que receba a quantidade de radiação adequada para existir água líquida — pois, se o planeta estiver muito próximo a água estaria apenas sob forma de vapor e, se muito distante, a água permaneceria congelada. A água é fundamental para a constituição da vida como a conhecemos.

Considerando o nosso Sistema Solar, apenas a Terra está na zona de habitabilidade do Sol.

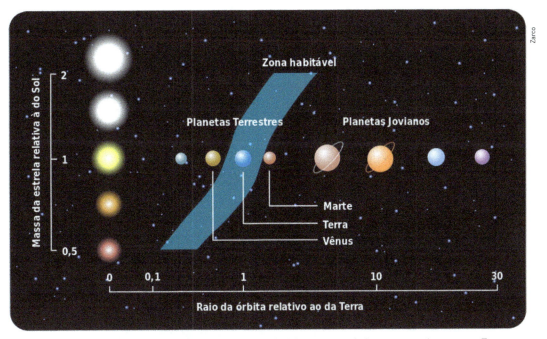

A zona habitável do nosso Sistema Solar, representada pela faixa curva azulada, compreende apenas a Terra. Perceba que, para estrelas de maior massa, a região fica comparativamente mais distante, e vice-versa.

Para essa observação podem ser utilizados telescópios que estão na superfície terrestre ou telescópios espaciais, como o Hubble, e outros enviados ao espaço com a função específica de investigar os exoplanetas.

O grande responsável por encontrar novos exoplanetas é o telescópio espacial Kepler. O Kepler foi lançado em 2009 e já localizou mais de 2 300 exoplanetas.

Quando os cientistas percebem que ele está em um posicionamento favorável, o acionam para que ele transmita mais dados coletados. Os dados são transmitidos por ondas eletromagnéticas, da mesma forma que você conversa usando um celular.

Em breve, Kepler será completamente desligado e será substituído pelo telescópio Tess, que foi lançado ao espaço sideral em abril de 2018 e consegue pesquisar uma região 350 vezes maior que a capacidade de Kepler.

> **zoom**
> O telescópio Kepler vai virar lixo espacial? Explique.

Graças aos dados enviados por esses telescópios, os cientistas avaliam se algum exoplaneta possui condição para desenvolver ou sustentar formas de vida. E já foram encontrados alguns com essas características. Para classificar os exoplanetas, foi desenvolvido um índice que já considera todas as características dos planetas e as transforma em um número que vai de 0 a 1, sendo que, quanto mais próximo de 1, significa que o planeta é mais parecido com a Terra.

Exoplaneta	Índice
Kepler 438b	0,88
Gliese 667Cc	0,85
Kepler 442b	0,84

O que concluir?

Dentre os exoplanetas mais semelhantes à Terra, o mais próximo é Gliese 667Cc; e precisaríamos viajar por 24 anos na velocidade da luz para chegar nele. Seria essa a melhor saída para a humanidade? Será que lá encontraríamos pessoas semelhantes a nós ou espécies parecidas com os animais do nosso planeta?

Como sabemos, a espécie humana tem modificado o planeta em escala global, temos poluído os rios e oceanos quando devastamos florestas e extraímos recursos naturais. Portanto, é provável que esses fatores possam influenciar a nossa permanência no planeta futuramente.

Além disso, o nosso Sol tem um tempo de vida limitado em, aproximadamente, 5 bilhões de anos, e ele irá entrar nos estágios finais da evolução estelar, tornando a Terra inabitável.

Portanto, se quisermos vislumbrar a nossa sobrevivência como espécie, teremos de pensar em habitar outros mundos, seja vivendo em sondas ou colonizando outros planetas. Para isso, atualmente, grandes esforços estão sendo feitos em medicina espacial, para entender como o corpo humano pode reagir no ambiente espacial. E precisamos resolver também como tornar o planeta Marte aprazível para os seres humanos no futuro.

Por enquanto, a Terra é nossa casa e tem os recursos de que necessitamos. Precisamos cuidar bem dela. Não será fácil encontrar outra igual.

Cachoeira Itaporani no rio Campo Belo. Parque Nacional do Itatiaia, na Serra da Mantiqueira. Itatiaia (RJ), 2016. Esse parque foi a primeira área de conservação federal, criada em 1937.

1. O que são constelações segundo a Ciência?

2. Existem constelações diferentes contendo as mesmas estrelas? Diferencie constelação de asterismo.

3. A observação das estrelas no céu ajudava os povos e civilizações a prever o clima? Dê exemplos.

4. Você conhece outro mito ou história sobre a criação do Universo, do mundo ou da humanidade? Escreva-o!

5. Diferencie Cosmologia das cosmogonias.

6. Comente sobre a história ou cosmogonia que você achou mais interessante, justificando sua escolha.

7. Leia a tirinha de Fernando Gonsales.

Por que, na sua opinião, o personagem não respondeu à pergunta?

8. Devemos respeitar as histórias de todos os povos e o uso das estrelas para cada cultura? Explique sua opinião.

9. O que são os exoplanetas? Por que eles são investigados?

10. Você acha a mudança para outro planeta a melhor saída para evitar o fim da nossa espécie caso a Terra entre em colapso por causa da poluição e da falta de recursos naturais? Defenda seu ponto de vista.

11. Considerando que seja encontrado um exoplaneta parecido com a Terra, conseguiríamos com a tecnologia atual transportar a humanidade para lá?

12. Qual característica é fundamental considerarmos para avaliar se é possível existir vida em outro planeta?

13. Por que a temperatura é importante para avaliarmos a possibilidade de água no estado líquido? Por que a água nesse estado é tão importante?

14. Segundo a crença popular, quando se vê uma estrela cadente cruzar o céu é hora de fazer o pedido para que se realize aquele grande ou importante desejo. Nesta crença, as estrelas cadentes são seres mitológicos do bem. De acordo com a Astronomia, o que elas são e por que ocorrem? Explique.

CAPÍTULO 13

Evolução estelar

Nascimento, vida e morte das estrelas

As estrelas são corpos celestes que emitem luz. Assim, a morte delas ocorreria quando elas parassem de produzir energia. Você já se perguntou de onde vem essa luz? Será que elas se apagam?

A chama do fogão resulta da combustão do gás usando o oxigênio como comburente. A luz da lâmpada vem da energia elétrica. Qual seria a fonte da energia das estrelas?

As estrelas, assim como tudo o que existe, são compostas por átomos. Já vimos na Unidade 1 que os átomos são formados por um núcleo, com prótons e nêutrons, e elétrons (partículas negativas) se movendo ao redor desse núcleo.

O esquema está representado com cores-fantasia e as dimensões dos elementos não seguem a proporção real.

- ⊕ próton
- ● nêutron
- ⊖ elétron

Estrutura de um átomo.

As estrelas têm temperaturas tão altas que conseguem unir núcleos de dois átomos em um só, emitindo energia na forma de radiação de diversas frequências. Esse processo é chamado de fusão nuclear. Um astro só recebe o nome de estrela quando passa a realizar a fusão e a produzir a própria energia.

As estrelas começam a se formar dentro de regiões com muito gás concentrado e poeira, conhecidas como nuvens moleculares. Dentro dessas nuvens surgem locais com maior densidade, ou seja, na qual as partículas estão mais próximas. Nesses locais elas começam a se concentrar cada vez mais por causa da própria gravidade e a atrair mais gases para si. E assim as estrelas vão se formando.

Conforme os núcleos dos milhares de átomos que formam as estrelas começam a se unir, a protoestrela torna-se uma estrela, emitindo radiação para o espaço sideral.

No início, elas unem os núcleos pequenos, transformando-os em núcleos um pouco maiores. Depois, quando os pequenos acabam, passam a unir os núcleos atômicos maiores em outros maiores ainda. Mas, para fundir núcleos mais pesados, são necessárias temperaturas maiores, como veremos mais adiante.

zoom — É possível observar um berçário estelar no céu? Justifique.

Nuvem molecular chamada Cabeça de Cavalo (conhecida também como nebulosa Cabeça de Cavalo), localizada na Constelação de Órion. As nuvens moleculares são consideradas os berçários das estrelas.

Graças à fusão nuclear, as estrelas conseguem produzir núcleos mais pesados a partir de átomos mais leves. Essa produção é chamada de nucleossíntese.

Quanto maior a temperatura da estrela, mais pesados são os átomos que ela consegue fundir. Conforme os átomos fundidos vão ficando maiores, aumenta a dificuldade de se realizar a fusão, até o momento que mesmo as estrelas mais quentes não conseguem mais fundir os átomos sem perder sua estabilidade. Esse limite máximo é o átomo de ferro.

Quando a estrela não consegue mais realizar a fusão dos átomos, pode-se dizer que ela morreu.

Viver

Fusão nuclear

A fusão nuclear é o inverso da fissão nuclear. A última é usada nas usinas nucleares e nas bombas atômicas, e consiste em romper (fissionar) os núcleos dos átomos, processo que libera energia.

A fissão nuclear é muito utilizada pela humanidade, diferente da fusão nuclear, pois, para conseguir realizá-la, é necessário uma altíssima temperatura, como a das estrelas. Mas estão sendo empreendidos esforços no sentido de conseguir executar esse feito!

Plano B para a energia

Para manter este mundo tolerável à vida, a humanidade deve completar uma maratona de mudanças tecnológicas cuja linha de chegada está bem além do horizonte. Ainda que os planos de redução das emissões de gás carbônico funcionem, mais cedo ou mais tarde o mundo vai precisar de um plano B: uma ou mais tecnologias fundamentalmente novas que, juntas, consigam fornecer 10 a 30 terawatts sem expelir uma tonelada sequer de dióxido de carbono. [...]

Fusão nuclear

Os reatores a fusão – que produzem energia nuclear juntando átomos, em vez de dividi-los — estão no topo de quase todas as listas de tecnologias energéticas definitivas para a humanidade. Ao dominar a mesma força termonuclear que faz o Sol queimar, uma usina a fusão poderia extrair 1 gigawatt de eletricidade de apenas alguns quilogramas de combustível por dia. O reator não produziria gases de estufa e geraria quantidades relativamente baixas de resíduos radioativos de baixo nível (uma vez que combustível de isótopo de hidrogênio viria da água do mar ou do lítio, um metal comum), que se tornariam inofensivos dentro de um século. "Mesmo que a usina fosse arrasada [por acidente ou atentado], o nível de radiação a 1 km de distância seria tão pequeno que tornaria desnecessária a evacuação", diz Farrokh Najmabadi, especialista em fusão que dirige o Centro de Pesquisa de Energia da Universidade da Califórnia em San Diego. [...]

"Sabemos agora que a fusão irá funcionar", diz Baldwin. "A questão é se será economicamente viável – e, caso seja, em quanto tempo a fusão poderia passar de forma experimental para reatores comerciais de grande escala. Mesmo com um programa intensivo, diz, acho que precisaremos de 25 a 30 anos para desenvolver tal projeto." [...]

Najmabadi é mais otimista. Ele lidera um grupo de trabalho que já produziu três esboços de projetos de reatores a fusão comerciais. O último [...] produziria 1 000 megawatts a um preço de cerca de US$ 0,05 por kilowatt-hora, competitivo em relação às usinas atuais a petróleo ou gás. [...]

Para Hoffert, a fusão teria custo ainda mais competitivo se os nêutrons velozes produzidos [...] fossem usados a fim de transformar tório (que é relativamente abundante) em urânio (que poderá se tornar escasso em 50 anos), para ser usado como combustível em usinas de fissão nuclear. "Os partidários da fusão não querem macular sua imagem limpa", diz, "mas híbridos de fusão-fissão talvez sejam o melhor caminho."

W. Wayt Gibbs. *Scientific American Brasil*. Disponível em: <www2.uol.com.br/sciam/reportagens/plano_b_para_a_energia.html>. Acesso em: 21 nov. 2018.

1. Qual é a diferença entre a produção de energia a partir da fusão e da fissão nuclear?
2. Gerar energia em reatores de fusão pode ser uma esperança para a humanidade? Explique?

Os tipos de estrela

Como vimos, nem todas as estrelas chegam a produzir o ferro, porque isso depende da massa que elas têm e da consequente temperatura que alcançam. Existem outras diferenças entre as estrelas. Por exemplo, estrelas com massas maiores também esgotam seu reservatório de hidrogênio no núcleo mais rapidamente, ou seja, vivem menos.

Você já observou estrelas no céu noturno? Notou se elas são coloridas? Por exemplo, o Sol seria de que cor? (Nunca olhe diretamente para o Sol, analise sua cor através de imagens).

Estrelas Betelgeuse, Procyon, Pollux, Sírius, Capella, Rigel e Aldebaran vistas no céu noturno do Hemisfério Norte. O ponto mais brilhante não é uma estrela, mas sim Júpiter.

Ao observarmos as estrelas no céu, devemos nos lembrar que nem sempre a estrela mais brilhante é a mais luminosa. A nossa percepção do brilho de uma estrela depende da distância que ela está da Terra, ou seja, uma estrela pode nos parecer mais brilhante porque ela está mais próxima.

Por causa da distância, temos a falsa impressão de que o Sol seria o astro mais luminoso. Por isso, ao falarmos sobre a luminosidade das estrelas, desconsideramos a distância e analisamos apenas sua luminosidade real.

A luminosidade está relacionada com a quantidade de radiação que a estrela emite. Já o brilho é a percepção que temos dessa luminosidade, em geral relacionado à massa da estrela e à distância que ela está de nós.

É por isso que Sírius é a estrela mais brilhante do céu noturno, porque, além de ter alta luminosidade, é uma das estrelas mais próximas.

A massa de Sírius é maior do que o nosso Sol e por isso é cerca de 25 vezes mais luminosa que ele. A estrela Rigel, que está na mesma imagem, é 62 mil vezes mais luminosa do que o Sol.

Rigel é uma estrela supergigante azul. Já Betelgeuse é uma supergigante vermelha. As diferentes cores das estrelas nos informam suas temperaturas. Quanto mais azulada, mais quente é a estrela.

Assim, as estrelas são classificadas de acordo com sua massa, luminosidade e cor. Além das estrelas gigantes e supergigantes, existem as estrelas anãs, com massas relativamente menores e menos luminosas.

As estrelas, na maior parte, são anãs vermelhas (frias) e de baixa luminosidade. Mais frias e fracas do que elas são as anãs marrons. Elas são difíceis de serem detectadas por causa da pequena luminosidade e massa: são cerca de dez vezes menores que o Sol. Um exemplo é a estrela marrom Gliese 229B.

Alguns consideram as anãs marrons protoestrelas, por elas não conseguirem atingir temperatura suficiente para iniciar a fusão do hidrogênio. A temperatura alcançada é suficiente para fundir o deutério, um **isótopo** do hidrogênio que precisa de temperatura menor para isso.

Gliese 229B, uma anã marrom.

Glossário

Isótopo: átomos que têm a mesma quantidade de prótons.

A evolução das estrelas

Os astrônomos usam um diagrama para representar os tipos de estrelas, considerando sua temperatura e luminosidade; chama-se diagrama HR. Nele, a temperatura cresce para a esquerda, e a luminosidade para cima.

Observando o diagrama HR, é possível perceber que existe uma concentração de estrelas na diagonal que sai do canto esquerdo superior e vai até o canto direito inferior. Essa região chama-se sequência principal e nela estão todas as estrelas que fundem átomos de hidrogênio em hélio.

Como essa fusão é a primeira que acontece no interior das estrelas, todas elas iniciam e permanecem durante o maior tempo de sua vida na sequência principal. O local na sequência dependerá da massa da estrela.

As gigantes azuis são as estrelas de maior massa que já deixaram a sequência principal. Elas têm por volta de 10 vezes a massa do Sol e podem chegar a até 100 vezes! Estrelas com muita massa acabam vivendo por menos tempo, porque, quanto maior a massa, mais rápida é a fusão. Essas estrelas estão em geral no canto superior esquerdo do diagrama HR.

Já as estrelas com metade da massa do Sol, ou menos, são as anãs vermelhas. Elas ficam muito mais tempo na sequência principal do que as gigantes azuis, porque sua massa é menor e seu processo de fusão é mais lento. Elas se situam na parte inferior do diagrama HR.

O esquema está representado com cores-fantasia e as dimensões dos elementos não seguem a proporção real.

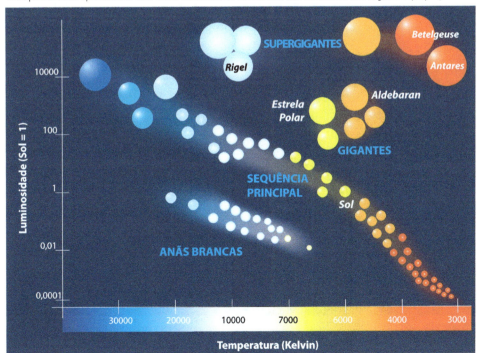

O diagrama HR representa as estrelas de acordo com a luminosidade delas em relação ao Sol e a temperatura absoluta estimada em sua superfície. Perceba que a temperatura aumenta da direita para a esquerda, ao contrário do que é comum na maioria dos gráficos.

Por fim, as cores de qualquer estrela com uma quantidade de massa intermediária entre as gigantes azuis e as anãs vermelhas (massas alta e baixa) são em tons amarelados. Quando o hidrogênio de uma estrela "amarela" acabar e se iniciar a fusão de átomos mais pesados, ela poderá sair da sequência principal e virar uma gigante vermelha, porque seu diâmetro aumenta com a expansão de suas camadas externas.

Como ela passa a ocupar um espaço maior, acaba ficando um pouco mais fria e, por isso, sai da sequência principal, indo para a direita superior do diagrama HR.

As estrelas supergigantes crescem mais e, por isso, esfriam mais, indo ainda mais para a direita do diagrama HR.

Mas nem todas as estrelas viram gigantes e supergigantes, porque nem todas têm temperatura suficiente para fundir átomos mais pesados que o hidrogênio. É por essa razão que o ramo das gigantes vermelhas está conectado à sequência principal.

O fim

As estrelas com massa acima de metade da massa do Sol tornam-se gigantes ou supergigantes e, de acordo com suas massas, terão diferentes destinos.

Se a estrela tiver até dez vezes a massa do Sol, virará uma gigante, crescendo de acordo com os átomos que ela funde em seu interior. Geralmente estrelas com essa massa fundem átomos até chegar ao carbono. Quando toda a fusão terminar, ela vai ejetar grande parte de sua massa para o espaço sideral, virando uma anã branca e formando uma nebulosa planetária a seu redor.

Ao se tornar anã branca, a estrela passa a se localizar no canto inferior esquerdo do diagrama HR. Ela permanece muito quente, mas agora com pouca luminosidade. Ao longo de muitos anos vai se esfriando até se tornar anã negra.

Nebulosa planetária a 6 000 anos-luz da Terra.

Esquema simplificado de processo de evolução estelar. As protoestrelas, que se tornarão estrelas ao iniciar o processo de fusão, são formadas em nebulosas gasosas. Estrelas que possuem massa próximas à do Sol se tornam gigantes vermelhas e colapsam em uma nebulosa planetária, tornando-se uma anã branca e, por fim, uma anã negra.

Depois de expulsar grande parte da sua matéria, ela poderá ficar com uma massa dez vezes menor que a do Sol, mas concentrada em um diâmetro muito menor. Por isso as anãs brancas são muito densas.

Se a estrela tiver mais que 10 vezes a massa do Sol, ela funde átomos até o mais pesado possível, o ferro. Quando sua fusão nuclear acaba, ela expulsa grande parte da matéria por meio de uma explosão de supernova, uma forma muito mais violenta do que a expulsão da nebulosa planetária.

Explosão de supernova na Constelação de Cassiopeia.

É graças às supernovas que os átomos pesados formados dentro das estrelas, como o ferro, acabam, nessa explosão, fundindo-se em elementos ainda mais pesados, podendo fundir até o ouro! E é neste processo que são formados os elementos que compõem tudo o que nos cerca.

zoom Segundo a imagem, quando uma estrela vira um buraco negro e quando vira uma estrela de nêutrons?

Depois da explosão, a estrela pode virar uma estrela de nêutrons, se tiver entre 10 e 25 vezes a massa do Sol, ou um buraco negro, se tiver mais que 25 vezes a massa do Sol.

As estrelas de nêutrons e os buracos negros são mais densos que as anãs brancas. A estrela de nêutrons recebe este nome porque, se a massa de uma estrela normal fosse comprimida em um volume suficientemente pequeno, os prótons e elétrons seriam forçados a se combinar e formar nêutrons. Quanto ao buraco negro, não se sabe ao certo quais átomos ou partículas os formam, mas se sabe que ele é uma região do espaço em que o campo gravitacional é tão forte que nada consegue escapar dessa região, nem a luz.

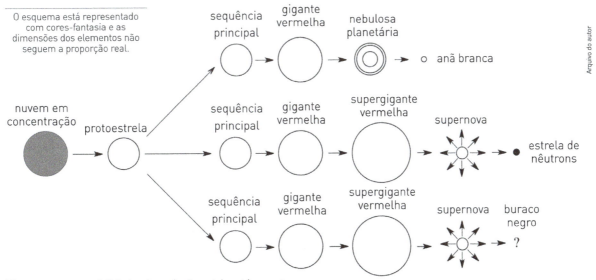

Diagrama com possibilidades de evolução estelar até a morte.

Conviver

Somos mesmo feitos de poeira de estrelas?

Você certamente já ouviu a famosa citação do astrônomo Carl Sagan, sugerindo que "somos feitos de poeira de estrelas". Mas o que será que este renomado cientista quis dizer com isso?

Para além do lirismo característico de Sagan, que rendeu a ele fama internacional em suas ações de divulgação científica, de fato, a similaridade na composição das estrelas com o corpo humano apresenta significância matemática. Cerca de 97% dos tipos de átomos encontrados nas estrelas correspondem ao encontrado nos seres humanos.

Quando analisamos os processos envolvidos na existência de uma estrela até o fim, podemos compreender melhor essa surpreendente constatação. Originalmente, da criação do Universo, a composição de uma estrela se limita a átomos dos elementos químicos hidrogênio e hélio. Por estarem submetidos a enorme campo gravitacional, característico de estrelas, esses elementos se fundem em um processo chamado fusão nuclear, liberando grandes quantidades de energia e dando origem a novos elementos com massa maior. Da mesma forma, sucessivamente, novos elementos podem ser fundidos para formar outros mais pesados, dando origem a praticamente todos os tipos de elementos químicos presentes no Universo.

Por sua vez, a grande quantidade de energia desprendida dos processos de fusão nuclear atua como uma grande força que torna a estrela capaz de resistir a um eventual colapso provocado pela força gravitacional, impedindo a contração das camadas mais externas da estrela.

Com o passar do tempo, os processos de fusão nuclear tendem a diminuir, até cessarem. Se a estrela for 25 vezes maior que o Sol, ela é destruída em uma poderosa explosão, cujo poder pode ser comparado em até milhares de vezes ao da explosão de uma bomba atômica. É o que chamamos de supernova, uma estrela moribunda de brilho potencialmente mais intenso que uma galáxia com bilhões de estrelas.

Por fim, após o colapso das camadas externas de uma estrela ao seu centro, a quantidade de matéria presente na sua constituição é ricocheteada em uma velocidade impressionante, podendo chegar a 50 000 km/s. Em outras palavras, a diversidade de elementos químicos formados durante a vida de uma estrela é espalhada por todo o Universo.

Quando pensamos na formação da vida há mais de 4 bilhões de anos, portanto, podemos considerar o papel que as mais antigas supernovas tiveram ao espalhar por todo o espaço sideral os principais elementos necessários para a formação da vida que viria a surgir.

1. Com base na leitura do texto, reflita e responda:
   a) A afirmação "Estrelas nascem a partir da morte de outras estrelas" está correta? Explique com suas palavras.
   b) O que brilha mais: uma galáxia ou a explosão de uma estrela em supernova?
   c) Explique com suas palavras o que acontece com a fusão e com a gravidade da estrela que produz a explosão.
   d) Por que nós somos poeira das estrelas, segundo o texto?

2. Elabore com a turma um painel ou apresentação/vídeo digital que explique a nucleossíntese das estrelas e por que podemos afirmar que somos poeira das estrelas.

O Sol

Mas onde entra nosso Sol em toda essa história? Quando ele deixará de existir? Como será o fim do nosso planeta?

As histórias de que nosso planeta terminará pelo fogo e pela escuridão não são científicas, mas, até certo ponto, são parecidas com o explicado pela ciência.

Considerando a massa do Sol, ele é uma estrela que se transformará em uma gigante vermelha. Assim, ele aumentará de tamanho nesse processo. Estima-se que com esse crescimento ele "engula" todos os planetas rochosos, ou seja, o Sol crescerá tanto que nosso planeta deixará de existir.

Atualmente, o Sol transforma cerca de 600 milhões de toneladas de hidrogênio em hélio por segundo, iluminando o Sistema Solar. Quando ele terminar de fundir hidrogênio em hélio, começará a transformar hélio em carbono e iniciará seu crescimento até se tornar uma estrela gigante.

O Sol não tem massa e temperatura suficientes para produzir átomos mais pesados do que o carbono; assim, quando esse processo terminar, ele perderá sua massa sob forma de uma nebulosa planetária e se tornará uma anã branca.

Para nossa sorte, o Sol ainda não chegou à metade e sua vida. Ele sairá da sequência principal daqui a 6,5 bilhões de anos. Quando chegar esse momento, a intensidade da luz que atingirá a Terra será tão grande, que ela poderá chegar a 700 graus Celsius de temperatura, fazendo toda a água líquida desaparecer, virando vapor. A Terra perderá sua atmosfera, pois a velocidade dos gases, muito quentes, aumentará bastante e, assim, eles conseguirão vencer a gravidade.

Estima-se que o Sol tenha 4,5 bilhões de anos. Depois de morrer será uma estrela com núcleo de carbono e terá devolvido uma pequena parte de sua matéria ao espaço sideral. Então, usando sua matéria, assim como outras fontes de matéria, outra estrela poderá se formar.

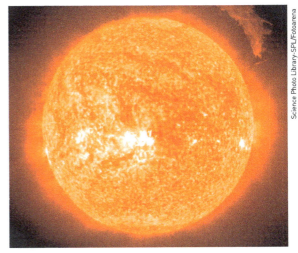

O Sol.

Zoom: Explique com suas palavras a relação entre as histórias de destruição do mundo e o predito pela ciência.

Ampliar

Viagem ao redor do Sol, de Samuel Murgel Branco (Moderna).

Nesta obra, o autor faz uma viagem pelo Sistema Solar, descrevendo a composição do Sol, dos planetas com suas luas e levantando hipóteses sobre como ele teria surgido.

Uma aventura no espaço, de Iara Jardim e Marcos Calil (Cortez).

Os autores falam sobre alguns dos componentes do Sistema Solar, à luz da Ciência, da História e da Mitologia.

O esquema está representado com cores-fantasia e as dimensões dos elementos não seguem a proporção real.

Esquema representativo das etapas do ciclo de vida do Sol.

Experimentar

Gravidade

Você já sabe que os gases compõem nossa atmosfera porque são atraídos pela gravidade. Para qualquer gás ou mesmo uma nave espacial sair do planeta, eles precisam vencer essa atração. Existe uma velocidade mínima (chamada de velocidade de escape) para sairmos da Terra, ou seja, se não a atingirmos, somos atraídos novamente pela gravidade e caímos no solo.

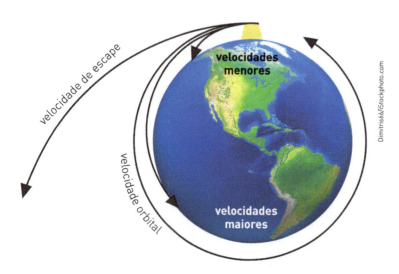

Nesta página há representações simplificadas em cores-fantasia e tamanhos sem escala.

O aumento da velocidade do lançamento de um objeto o fará, em dado momento, orbitar o planeta. Se ela for aumentada, o objeto pode atingir o espaço sideral.

A gravidade de um corpo celeste está relacionada à sua massa. Por exemplo, a Lua tem uma gravidade cerca de seis vezes menor que a Terra, porque possui menos massa. Da mesma forma, as estrelas têm intensas gravidades; é por isso que todo o Sistema Solar orbita a estrela Sol.

Assim, reflita: Como seria a gravidade das estrelas depois que elas morrem? Como é a gravidade de uma anã branca, de uma estrela de nêutrons e de um buraco negro? Você saberia diferenciar as três?

Material:
- pedaço de tecido;
- conjunto de 4 esferas com massas variadas.

Procedimentos

1. Com o auxílio dos colegas, mantenha o tecido esticado paralelo ao chão; ele representa o espaço sideral.

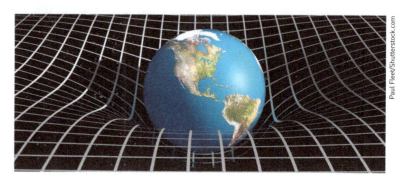

O tecido simula o espaço sendo curvado pela gravidade dos astros.

2. Coloque as esferas sobre o tecido, uma de cada vez, observando o que acontece; as esferas representam os astros.

① Quais dessas esferas foram estrelas e qual seria o planeta? Explique.

② Qual astro tem maior gravidade? Explique.

③ Considerando que nem a luz consegue atingir a velocidade de escape do buraco negro, localize a esfera que representa esse astro. Explique.

 **Atividades**

1. Como será o fim da Terra pela morte do Sol?
2. Você se lembra dos nomes de alguns tipos de estrela? Quais?
3. A imagem apresenta o nascimento, a evolução e a morte de uma estrela.

O esquema está representado com cores-fantasia e as dimensões dos elementos não seguem a proporção real.

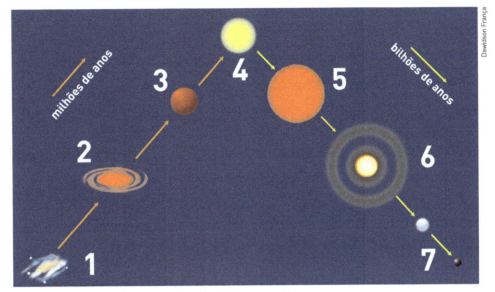

Esquema simplificado do processo de evolução de uma estrela.

a) Qual é o nome de cada etapa?
b) Usando a imagem como referência, explique como se dá o processo de morte de uma estrela.

4. Explique com suas palavras: O que é fusão nuclear?
5. Que fusão nuclear as estrelas passam fazendo a maior parte da vida delas?
6. Quais são os três destinos de uma estrela?
7. Observe a fotografia e sua legenda e responda às questões:

   a) Por que se afirma que as nuvens moleculares são os berços das estrelas?
   b) Quando pode-se considerar que uma estrela foi formada?

Nuvem molecular Cabeça de Cavalo.

CAPÍTULO 14

Ondas e radiação

Misto de arte marcial e dança, a capoeira é uma experiência cultural com forte presença no Brasil. As áreas do saber dialogam sempre, e a imagem a seguir está representando, em situações diversas, um interessante campo de estudo da Física.

Observe na imagem que há pessoas cantando, batendo palmas, tocando diversos instrumentos musicais, incidência de luz, movimento das águas do mar etc. Há alguma relação entre os elementos descritos na fotografia?

Em uma simples imagem do cotidiano, como na da prática de capoeira, é possível relacionar diferentes fenômenos naturais da Ciência.

Você sabe o que é uma onda?

Certamente você já ouviu a palavra **onda** mais de uma vez: "pegar uma onda", "cabelo ondulado", "onda de gripe". Em Física, esse termo tem um significado específico.

Para além da imagem desta página, você está cercado de ondas o tempo todo. Elas estão presentes na luz que ilumina o dia; no funcionamento do telefone celular, da TV, do rádio, do forno de micro-ondas; na conversa dos seus amigos, na música que você ouve...

O que é uma onda?

Imagine a situação retratada na imagem a seguir.

Observe que os círculos formados nesse lago têm seus centros nos locais onde as pedras caíram.

Esses círculos se afastam do centro e atingem a folha. O que acontecerá com ela?

Você terá acertado se respondeu que a folha sobe, desce e volta praticamente para o mesmo local de antes. Mas o que faz a folha subir e descer?

Os círculos que se formam são exemplos de ondas. A folha sobe e desce porque recebe energia dessas ondas. Elas se propagam na água, e depois que passam, tudo volta ao estado em que estava antes.

Como a folha não é carregada pela onda, podemos concluir que as ondas transportam energia de um local a outro, à medida que passam, mas não transportam matéria. Afinal, se assim fosse, a folha não teria continuado no mesmo lugar.

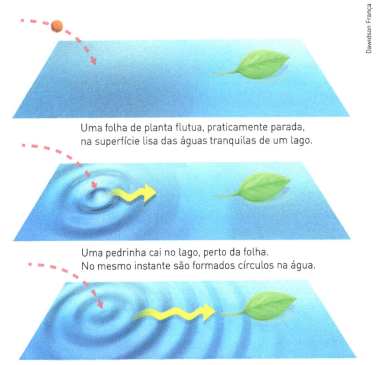

Uma folha de planta flutua, praticamente parada, na superfície lisa das águas tranquilas de um lago.

Uma pedrinha cai no lago, perto da folha. No mesmo instante são formados círculos na água.

Os círculos se expandem e atingem a folha.

As ondas transportam energia de um ponto a outro, sem que haja transporte de matéria.

Glossário

Meio material: ambiente formado de elementos que possuem massa.

Tipos de onda

Existem vários tipos de onda. Todo som que ouvimos é um tipo de onda. Mas, o som é apenas um dos tipos de onda que necessita de matéria para se propagar.

As ondas que produzimos ao tocar as cordas de um violão ou as que se propagam num lago onde atiramos uma pedra são chamadas de ondas mecânicas. E sabem por quê?

Ondas mecânicas são aquelas que precisam de um meio material para se propagar. As ondas do mar e as ondas que produzimos numa corda de violão, o som, são exemplos de ondas mecânicas.

Entretanto, nem todas as ondas precisam de um meio para sua propagação. A luz, por exemplo, é um tipo de onda emitida pelo Sol que se propaga até a Terra, sem haver um meio material entre eles. Outros tipos de onda, como: as ondas de rádio; as micro-ondas, que são necessárias para que os celulares e radares funcionem; as ondas de raios X, emitidas em aparelhos voltados para determinados exames médicos; e as ondas térmicas, associadas à temperatura dos corpos, também se propagam sem necessidade de matéria. Essas ondas, denominadas **ondas eletromagnéticas**, propagam-se tanto na matéria quanto no vácuo, ou seja, em lugar sem matéria alguma.

As ondas se classificam em ondas mecânicas – são aquelas que necessitam de um meio material para se propagarem – e ondas eletromagnéticas – que não precisam de um meio material para se propagarem.

Pulso, onda, onda periódica

Imagine, em todas as situações descritas abaixo, que você segura uma corda bem esticada em uma extremidade, e seu amigo segura na outra.

Se sua mão levanta uma vez e volta para a posição anterior, você gerará um **pulso**.

Se ela reproduzir várias vezes esse movimento de subida e descida, acima e abaixo da posição da corda que segurava inicialmente você vai gerar vários pulsos. Essa sucessão de pulsos chamamos **onda**.

Se você levantar a mão, depois abaixá-la, passando pelo local de origem, descer e voltar novamente ao local de origem no mesmo ritmo, ou seja, fazer o movimento com a mesma duração, e repetir esse movimento várias vezes, vai gerar uma onda na qual os pulsos demorarão o mesmo tempo para serem gerados.

Tudo o que se repete sempre da mesma forma, demorando o mesmo tempo, é denominado **periódico**; por exemplo, as fases da Lua e as estações do ano são fenômenos periódicos. Por isso, podemos denominar esses pulsos que você está gerando de **ondas periódicas**. Nesse caso, a sua mão faz o papel da **fonte**, ou seja, é o agente responsável pela geração das ondas.

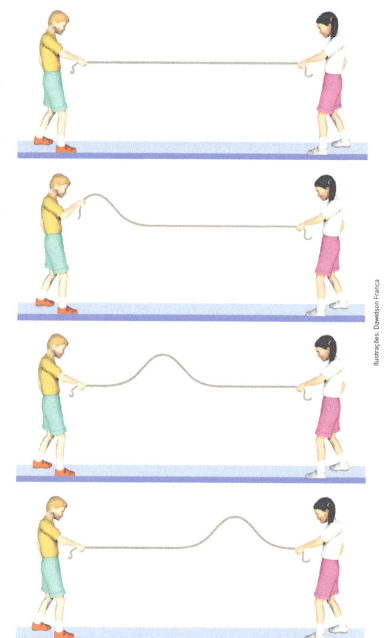

Um pulso sendo gerado.

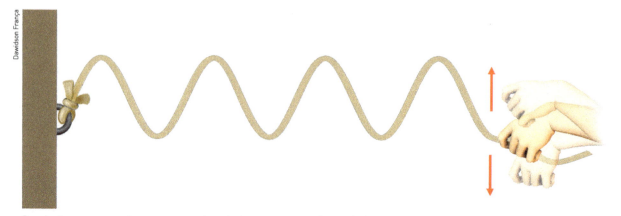

Se a fonte sempre repete o mesmo movimento durante o mesmo intervalo de tempo, gera-se uma onda periódica.

Elementos de uma onda periódica

A onda periódica com o formato simétrico e regular abaixo é caracterizada por alguns elementos, que são:

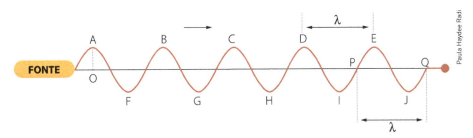

Representação gráfica de uma onda.

- **crista** – os pontos mais altos são as cristas da onda, que nessa figura estão representadas pelos pontos A, B, C, D e E;
- **vale** – os pontos mais baixos formam os vales. Na figura, estão representados pelos pontos F, G, H, I e J;
- **amplitude** – é a distância da posição da corda em repouso (sobre o segmento OQ da figura) ao topo da crista ou ao ponto mais baixo do vale. Na figura, é a distância AO;
- **comprimento de onda** – é a distância entre duas cristas sucessivas (AB) ou dois vales sucessivos (FG). A distância PQ também é equivalente a um comprimento de onda. Simbolizamos o comprimento de onda pela letra grega lambda (λ);
- **período** – é o tempo gasto para produzir uma oscilação completa (um ciclo), ou seja, é o tempo em que a fonte gera um ciclo de subida e um de descida;
- **frequência** – número de oscilações completas (ciclos) geradas por unidade de tempo (minuto, segundo etc.).

Em um mesmo meio de propagação, as ondas de maior comprimento terão menos oscilações durante um determinado intervalo de tempo em comparação às ondas de menor comprimento. Ou seja, elas terão a menor frequência.

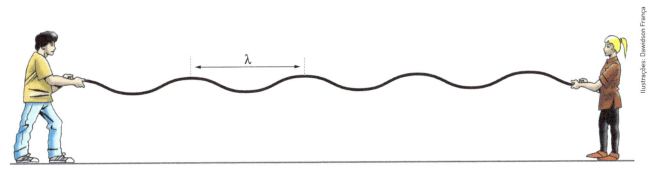

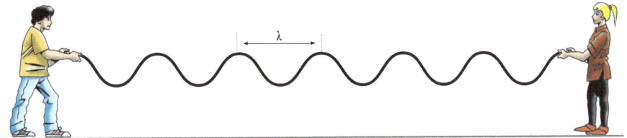

A amplitude e a frequência de uma onda dependem do movimento que dá origem a essa onda (nos desenhos, o movimento das mãos que vibram a corda).

Relacionando período e frequência

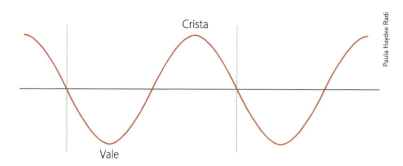

Representação da crista e do vale de uma onda.

Se uma fonte produz um vale e uma crista a cada dois segundos, o intervalo de tempo para um ciclo completo é 2 segundos; portanto, qual seria o período dessa onda? Lembrando que período é o tempo para uma oscilação completa, podemos afirmar que o período é 2 s.

No mesmo sentido, poderíamos inverter a pergunta: quantas oscilações completas (uma crista mais um vale) são geradas a cada segundo?

A resposta é meia oscilação (ou meio ciclo) gerada a cada 1 s.

Portanto, o número de oscilações por segundo, ou frequência, é 0,5 oscilação em um segundo.

Assim, se denominarmos o período pela letra T e a frequência pela letra f, no nosso exemplo, teremos:

T = 2 s;
f = 0,5 ciclo por segundo.

Podemos relacionar as duas grandezas (frequência e período).
Observe abaixo:

$$T = \frac{1}{f} \quad \text{e} \quad f = \frac{1}{T}$$

No Sistema Internacional de Medidas (SI), a unidade do período é o segundo, e a unidade da frequência é o ciclo por segundo, denominado hertz (Hz).

Para indicar a frequência de uma onda, também são utilizados os múltiplos do hertz:
- o kilohertz (kHz), que equivale a 1 000 Hz;
- o megahertz (MHz), que equivale a 1 milhão de hertz;
- o gigahertz (GHz), que equivale a 1 bilhão de hertz;
- o terahertz (THz), que equivale a 1 trilhão de hertz.

Quando ouvimos dizer que o processador de um computador é de 3,8 gigahertz, isso significa que ele processa 3,8 bilhões de informações por segundo.

Quando afirmamos que a frequência de uma estação de rádio é de 99,7 megahertz, estamos dizendo que a onda de rádio correspondente a essa estação possui 99,7 milhões de oscilações completas por segundo.

> **zoom**
> Você seria capaz de citar outros fenômenos periódicos, ou seja, que se repetem no tempo sempre da mesma forma, presentes no dia a dia das pessoas?

Ciência em foco

Tsunami

Menina de 10 anos salva pessoas de *tsunami* na Tailândia

Tilly [...] salvou a vida de cerca de 100 pessoas [...], graças a seu professor de Geografia, que havia lhe explicado como prever um *tsunami* [...].

"Estava na praia e a água voltou estranha [...]. De repente, o mar começou a recuar. Compreendi o que estava ocorrendo, [...] ia haver um *tsunami*" [...].

[...]

Menina inglesa salva pessoas de *tsunami* graças a aula de geografia. *Folha de S.Paulo*, 1º jan. 2005. Disponível em: <www1.folha.uol.com.br/folha/mundo/ult94u79727.shtml>. Acesso em: out. 2018.

O *tsunami* é uma grande onda ou sucessão de ondas que surgem após alguma atividade vulcânica, deslocamento de gelo ou placas tectônicas ou, ainda, impacto de meteoritos no mar, que podem ter ocorrido a milhares de quilômetros de distância da chegada da onda na costa.

Há registros de *tsunamis* com mais de 30 metros de altura! Eles se propagam a grandes velocidades e perdem muito pouca energia nessa propagação. Ao se aproximar da costa, os *tsunamis* dão um sinal: o mar recua de forma significativa.

Veja, em etapas, como se forma um *tsunami*.

1. Um maremoto (terremoto submarino), devido ao deslocamento de placas tectônicas, provoca desnivelamento da superfície da água.
2. A água, ao voltar a nivelar-se, forma ondas que se propagam a grandes velocidades.
3. Ao aproximar-se da costa, a velocidade das ondas é reduzida.
4. A velocidade da onda diminui e sua amplitude aumenta, formando um "paredão" de água que, ao quebrar-se, arrasta tudo em seu caminho.

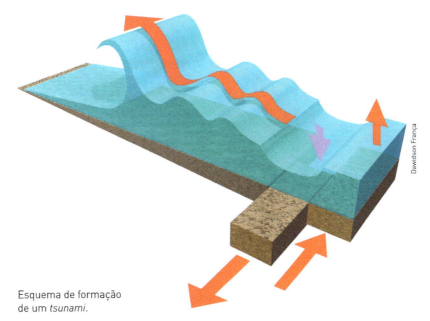

Esquema de formação de um *tsunami*.

Agora responda:

1. Quando ocorreu o *tsunami* citado na matéria, um casal que mergulhava a certa profundidade afirmou em entrevista que, submerso, nada notou no momento da tragédia. Como isso é possível?

O som

Agora que exploramos algumas características e principais grandezas das ondas, vamos falar um pouco das ondas mecânicas, escolhendo uma muito especial, a onda sonora.

Você sabe o que é o som?

Quando você fala, as pessoas que estão em variadas posições próximas a você geralmente podem ouvi-lo. Experimente ficar no meio do pátio da escola, dar um grito e verificar a localização de quem escutou o seu grito.

Esse "espalhamento" do som ocorre porque ele é uma onda que se propaga de forma semelhante à daquelas ondas que se formam na superfície lisa de um lago quando uma pedra cai na água. A grande diferença é que se propaga no ar, em todas as direções.

Esquema que representa as compressões e rarefações das moléculas do ar que vão se propagando, formando o som.

A produção do som está relacionada com as vibrações de materiais: ao falarmos, vibramos nossas cordas vocais; vibramos as cordas de um violão ao tocá-lo; a "pele" de um tambor vibra quando a batucamos etc.

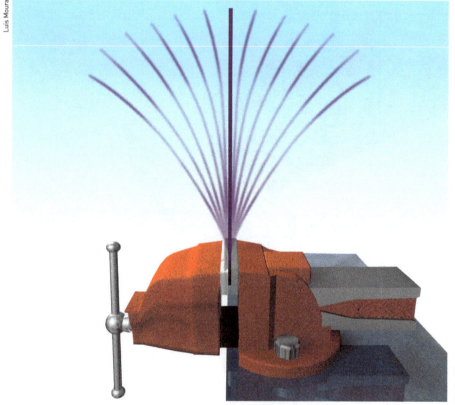

Uma lâmina vibrando emite som ao criar regiões de grande compressão e baixa compressão de moléculas no ar.

Das fontes sonoras até as nossas orelhas, as vibrações produzem ondas que se propagam no meio material: sólido, líquido e gasoso.

O som movimenta as moléculas do ar transferindo, dessa forma, energia de um ponto a outro do espaço. As vibrações transmitidas são chamadas ondas sonoras.

As ondas sonoras são ondas mecânicas. O som precisa do meio (do ar, da água etc.) para ser produzido. Para além da atmosfera, no espaço, o silêncio é absoluto, porque no vácuo (onde não há matéria) o som não se propaga.

Todo corpo capaz de oscilar ou vibrar tem uma frequência natural de vibração. Isso acontece porque o corpo é constituído por moléculas que vibram. Essas moléculas vibrando em conjunto determinam uma frequência natural de vibração do corpo.

Uma vara de bambu, um copo, uma ponte: todos os corpos têm a sua frequência natural de vibração.

Agora, imagine o que acontecerá se, perto de algum desses corpos, for emitido um som exatamente na frequência natural de vibração do corpo? A amplitude de vibração das moléculas do corpo vai aumentando, aumentando, aumentando... E ocorre a ressonância.

O que acontece com o corpo ao entrar em ressonância? Se for uma estrutura rígida, pode danificá-la, provocando rachaduras.

A ressonância é a explicação mais aceitável para a destruição da Ponte de Tacoma em 1940, nos Estados Unidos. A ponte entrou em ressonância com o vento e desabou.

A ressonância é responsável pela sintonia das estações de rádio e pelo aquecimento dos alimentos no forno de micro-ondas: as moléculas do alimento entram em ressonância com as micro-ondas, aumentando sua agitação térmica e, portanto, sua temperatura.

Luigi Infantino (1921-1991), tenor, cantor de ópera, italiano, tentando quebrar uma taça de cristal com sua potente voz. Mas não é nada fácil conseguir este feito, principalmente para os homens, pois é preciso que o som emitido esteja na mesma frequência natural de vibração da taça, em geral frequências sonoras mais altas.

Observar

Ressonância

Separe duas taças idênticas e coloque um pouco de água em cada uma. Coloque um arame dobrado sobre uma das taças e aproxime-as, como na fotografia ao lado. Passe o seu dedo umedecido pela borda da taça sem o arame, contornando-a suavemente. Você ouvirá um som agradável.

Imagem de uma etapa do experimento.

O que acontece com o arame?

Qual é a velocidade do som?

Já sabemos que as ondas sonoras se movimentam com velocidades diferentes, dependendo do meio. Propagam-se mais rapidamente no sólido que no líquido, e são mais rápidas no líquido que no ar (meio gasoso).

Esse comportamento é o contrário do apresentado pelas ondas eletromagnéticas, que se propagam, por exemplo, mais lentamente na água que no ar.

Experimentar

A velocidade do som nos diferentes meios

Encoste sua orelha em um muro que tenha cerca de 30 m de comprimento. Peça a um colega que fique no início do muro, à distância de uns 30 m de você, e bata um pedaço de madeira no muro.

Compare o tempo que você levou para ouvir a batida e sentir a vibração que dela resulta, no muro.

Se for necessário para perceber a diferença de tempo com mais precisão, peça ao colega que repita a batida.

Ilustração de pessoa ouvindo o bater do objeto no muro, representando o experimento.

1 Quais ondas sonoras chegam mais rapidamente à sua orelha: as que são propagadas através dos materiais sólidos do muro ou as propagadas pelos materiais gasosos da atmosfera?

2 O que você pode concluir com este experimento?

A tabela ao lado apresenta valores aproximados da velocidade do som em alguns meios à temperatura ambiente de 20 °C.

Geralmente, a referência para a velocidade do som são as condições ambientais médias, visto que a velocidade do som em um meio depende da temperatura deste meio.

Agora, tomemos o ar como exemplo de meio de propagação do som. Quanto maior a temperatura do ar, mais rapidamente o som vai transmitir-se por ele. Observe a tabela ao lado.

Meio	Velocidade do som (m/s*)
ar	344
água	1490
aço	5000
vidro	5370

Temperatura do ar	Velocidade do som (m/s*)
10 °C	338
20 °C	344
30 °C	355

Fonte: Faculdade de Engenharia – Universidade Estadual Paulista (Unesp). Disponível em: <wwwp.feb.unesp.br/jcandido/acustica/Apostila/Capitulo%2003.pdf>. Acesso em: 25 nov. 2018.

*m/s = metros por segundo

O eco

As ondas sonoras emitidas sofrem reflexão (batem e voltam) ao encontrarem um obstáculo. Se você der um grito e estiver a mais de 17 m de distância de um obstáculo que reflete o som, poderá perceber o fenômeno do eco — o som do som.

Veja agora o porquê da necessidade da distância de 17 m.

É preciso haver um intervalo de tempo de 0,1 s entre dois sons para percebermos a diferença entre eles, ou seja, para podermos distingui-los. Portanto, se um primeiro som for emitido e após 0,1 s houver a emissão de um segundo som, ouviremos esses dois sons distintamente.

Nesse caso, e sabendo que a velocidade do som no ar é 340 m/s, que distância terá percorrido o primeiro som quando o segundo for emitido? Em outras palavras, qual é a distância mínima percorrida por um som, a essa velocidade, para que um outro som seja emitido de modo a percebermos esses dois sons distintos?

$$v = \frac{x}{\Delta t}$$

$$340 \text{ m/s} = \frac{x}{0,1 \text{ s}}$$

$$x = 34 \text{ m}$$

Agora, se estivermos falando de eco, o som tem de ir e voltar, percorrendo 34 m. Portanto, a distância entre a pessoa e o obstáculo tem de ser de pelo menos 17 m para percebermos esse fenômeno.

Ou seja, se você estiver a 10 m do obstáculo, por exemplo, você não ouvirá o eco.

Para que a pessoa perceba o eco, deve estar a mais de 17 m do anteparo.

Qualidades fisiológicas do som

Os sons que ouvimos a todo instante são muito distintos. Nossas orelhas conseguem perceber essas diferenças entre os sons em razão das características ou qualidades fisiológicas que eles apresentam. Veremos, a seguir, quais são essas qualidades.

A intensidade sonora

É a qualidade que distingue um **som forte** de um **som fraco**.

Você já ouviu o estrondo de um avião levantando voo? Ou de uma britadeira furando o asfalto na rua? Incomoda? Um *show* de *rock* pode ser delírio para alguns e grande incômodo para outros.

Esse aspecto, que coloca um *show* de *rock* e um sussurro entre dois extremos, caracteriza a qualidade do som denominada intensidade.

A intensidade do som está relacionada com a energia transportada pela onda sonora.

No dia a dia, para saber qual é a intensidade de um som, medimos o **nível de intensidade sonora**, uma grandeza que relaciona a intensidade sonora com o efeito dessa intensidade sobre nós. A unidade de medida de nível de intensidade sonora é o **bel**. Porém, mais usado do que o bel é a décima parte dele, o **decibel** (dB).

Nos *shows* de *rock* estamos expostos a uma grande intensidade sonora.

Veja a escala abaixo:

Fenômeno	Nível de intensidade sonora (dB)
tique-taque do relógio	20
sussurro	30
conversa normal	60
aspirador de pó	75
liquidificador	85
rua com trânsito intenso	85
motosserra	105
concerto de *rock*	115
avião decolando	130

Fonte: Organização Mundial da Saúde. Disponível em: <www12.senado.leg.br/noticias/especiais/especial-cidadania/poluicao-sonora-prejudica-a-saude-e-preocupa-especialistas/poluicao-sonora-prejudica-a-saude-e-preocupa-especialistas>. Acesso em: 27 nov. 2018.

O plural de bel é bels e de decibel, decibels.
Contudo, é muito usada a forma decibéis na linguagem corrente.

Se o ser humano estiver exposto por muito tempo a uma intensidade sonora de mais de 80 dB, poderá haver lesões irreversíveis à sua audição.

Imagine o que acontece com quem trabalha com britadeiras, sem proteção de orelha, e com quem frequenta constantemente *shows* com volume muito intenso.

Saúde em foco

Barulho e boa audição não combinam!

Há pessoas que acordam ouvindo pássaros e outras que são acordadas pelo ronco de motores de veículos ou pelo som de despertadores barulhentos. Alguma dessas situações costuma ocorrer com você?

Convivemos diariamente com uma grande variedade de sons no ambiente. O som intenso que se escuta em um cinema, uma danceteria, um festival de fogos de artifício ou um *show* musical pode afetar sua saúde auditiva, mas não percebemos porque o processo de perda auditiva pode levar dezenas de anos. No entanto, se o nível de intensidade sonora for muito alto, o prejuízo pode ocorrer em pouco tempo.

Esse processo pode ser agravado pelo uso constante de fones de ouvido, o que pode causar perda irreversível da audição, decorrente da destruição de células da orelha. A **deficiência auditiva** causada pela morte dessas células jamais é revertida.

> **Glossário**
>
> **Deficiência auditiva:** também chamada de surdez, é a redução da capacidade de ouvir. Ela pode ser decorrente de malformações na orelha, fatores genéticos, doenças adquiridas, infecções ou acidentes. Outras causas são a exposição excessiva a alto volume e intensidade de som mesmo por curtos períodos de tempo, ou a própria idade.

A exposição a sons intensos é a segunda causa mais comum de deficiência auditiva. Muito se pode fazer para prevenir a perda auditiva induzida por ruído, mas pouco pode ser feito para reverter os danos que ela causa. Algumas vezes, uma simples e única exposição a um som muito intenso pode ser suficiente para levar a um dano auditivo irreversível. Isso ocorre porque o som de alta intensidade lesa as células sensoriais auditivas, causando perda auditiva proporcional ao dano gerado, podendo levar a zumbidos e distorção sonora.

Os sintomas iniciais da perda auditiva induzida por ruído são sutis, começando, na maioria dos casos, pelas frequências agudas. Consequentemente muitas pessoas não percebem que apresentam uma perda auditiva induzida por ruído, pois todas as outras frequências sonoras estão dentro da normalidade [...].

Alguns estudos mostram que a chance de um indivíduo desenvolver perda auditiva quando exposto a ruídos de 90 decibels (dB) durante 40 anos é de 25%. Isso sem levar em consideração que apenas um único som acima de 100 dB pode lesar irreversivelmente as células sensoriais de pessoas suscetíveis. [...]

O som intenso provoca perda de audição. Sociedade Brasileira de Otologia. *Você cuida da sua audição?* Disponível em: <www.tooluizrego.seed.pr.gov.br/redeescola/escolas/27/2790/30/arquivos/File/Disciplinas%20Conteudos/Quimica%20Subsequente/LEGISLACAO%20E%20NORMAS/audicao.pdf>. Acesso em: 25 nov. 2018.

no caderno

1. Você costuma ouvir música com fone de ouvido? E com muita intensidade sonora? Quanto tempo por dia passa com fone de ouvido?

2. O que você pode fazer para expor menos sua audição de maneira a evitar problemas, como surdez ou zumbidos, quando estiver mais velho?

3. Pesquise em livros e *sites* qual profissional devemos procurar nos casos de zumbido na orelha ou perda de audição.

4. Você e seus colegas se reunirão em grupos e vão elaborar uma campanha de saúde para alertar familiares, vizinhos e a comunidade no entorno de sua escola sobre os cuidados com a saúde auditiva. Para essa atividade, é necessário que vocês coletem informações sobre:
   - a exposição sonora a que essas pessoas estão sujeitas;
   - a situação da saúde auditiva no Brasil;
   - os cuidados necessários;
   - as consequências, entre outras informações que julgarem pertinentes.

Os dados coletados podem ser reunidos e tabelados e a divulgação das informações pode ser feita por vídeos, cartilhas ou panfletos. No final da atividade, avaliem o alcance e a qualidade da campanha e discutam o que poderia ser melhorado em uma próxima campanha.

Altura

A altura se refere ao fato de o som ser mais **grave** ou mais **agudo**. No dia a dia, costumamos utilizar a palavra **altura** de forma inadequada do ponto de vista da Física em relação a essa qualidade sonora. Se alguém pedir para falarmos mais alto, de acordo com a Física não temos de berrar, mas falar mais agudo. Ao contrário, se pedirem para falarmos mais baixo, devemos falar mais grave.

Para a linguagem ficar de acordo com os conceitos da Física, se alguém quiser que berremos, deverá dizer: "Aumente a intensidade do som emitido por sua voz!".

Por outro lado, se alguém estiver berrando e pedirmos: "Fale mais baixo!", se essa pessoa souber Física, apenas vai engrossar a voz, falando mais grave, podendo, se quiser, continuar berrando.

A altura do som depende da frequência da onda sonora. Quanto maior a frequência, mais agudo o som, quanto menor a frequência, mais grave.

Existe uma frequência mínima capaz de sensibilizar nosso aparelho auditivo (que varia de pessoa para pessoa) e um valor máximo percebido por ele. Há, portanto, uma faixa audível de intensidade sonora para nós, que varia de 20 Hz a 20 000 Hz. Para alguns animais, essa faixa é mais ampla.

A capacidade auditiva varia entre os diversos animais	
Seres vivos	Intervalos de frequência
cachorro	67 Hz – 44 000 Hz
ser humano	20 Hz – 20 000 Hz
gato	55 Hz – 79 000 Hz
morcego	2 000 Hz – 110 000 Hz

Fontes: Henry E. Heffner. Auditory awareness in animals. *Applied Animal Behaviour Science, 57*, 259-268. 1998.
Rick A. Adams e Scott C. Pedersen. *Ontogeny, Functional Ecology, and Evolution of Bats.* 2000.

Musicalmente, as vozes humanas são classificadas de acordo com a banda de frequência que conseguem alcançar.

Uma voz masculina pode ser classificada em **baixo** (a mais grave), **barítono** e **tenor** (a mais aguda).

Uma voz feminina é classificada como **contralto** (a mais grave), **meio-soprano** e **soprano** (a mais aguda).

Como nossa faixa de frequência de audição é de 20 Hz a 20 000 Hz, sons abaixo de 20 Hz são classificados como **infrassons**, e os acima de 20 000 Hz, como **ultrassons**.

O ultrassom facilita a atividade de um morcego em ambientes escuros. Esses animais emitem sons na frequência de até 100 000 Hz. Quaisquer objetos ou pequenos animais que se encontrem no mesmo ambiente que o morcego, refletem o ultrassom emitido por ele. Ao receber as ondas refletidas, o morcego pode localizá-los.

Os ultrassons são muito usados, por exemplo, para a obtenção de imagens de órgãos internos do nosso organismo ou de fetos no útero materno. Também são usados em radares de submarinos.

Timbre

Imaginem que diferentes instrumentos musicais estejam emitindo a mesma nota (mesma frequência), com a mesma intensidade, ou seja, nenhum instrumento emite um som com mais energia que o outro. Como podemos distinguir o som do violão do som da flauta ou do teclado?

Mesmo emitindo sons de mesma frequência e intensidade, os instrumentos possuem **timbres** diferentes, por isso podemos diferenciar sons diversos. Portanto, timbre é a característica que permite distinguir dois sons de mesma frequência e intensidade emitidos por fontes diferentes.

As qualidades principais do som são intensidade, altura e timbre.

Modelar

Telefone de barbante

Material:
- 2 latinhas ou copinhos plásticos;
- 4 metros de barbante.

Procedimentos
1. Peça ajuda a um adulto para fazer um furinho no centro do fundo das latinhas.
2. Enfie a extremidade do barbante pelo furinho das duas latas e dê alguns nós por dentro.
3. Peça que um colega segure uma das latas e se afaste de você. Segure a outra lata. Vocês poderão conversar muito bem, falando e ouvindo dentro das latas.

Material do experimento.

Fotografia do experimento pronto.

Agora responda:

1. Por que isso ocorre?

O espectro eletromagnético

Agora que sabemos o que é período e frequência, vamos conhecer um quadro muito útil, que organiza as ondas eletromagnéticas conhecidas por meio de sua frequência. As ondas eletromagnéticas são muito utilizadas em nosso dia a dia, e com várias finalidades distintas, apesar de serem o mesmo fenômeno, apenas diferindo pela sua frequência.

Em resumo, as ondas eletromagnéticas diferem entre si quanto à frequência e o comprimento de onda. Portanto, podemos organizá-las numa sequência ordenada no sentido crescente das frequências ou comprimentos de onda. Essa sequência é chamada **espectro eletromagnético**.

Como frequência e comprimento de onda são grandezas inversamente proporcionais, podemos apresentar o mesmo espectro eletromagnético indicando o sentido crescente das frequências e o sentido decrescente dos comprimentos de onda.

No espectro magnético demonstrado a seguir, quanto mais seguimos para a direita, maior a frequência e menor o comprimento de onda. O meio considerado é o vácuo.

Cada região desse espectro corresponde a ondas que apresentam determinada faixa de frequência e têm aplicações distintas. As ondas de luz, por exemplo, ocupam determinada região desse espectro.

Essas ondas se propagam no vácuo, elas se propagam com a velocidade de aproximadamente 300 000 km/s. Há uma famosa teoria, a da relatividade, de Einstein, que considera que esta é a maior velocidade que pode ser alcançada na natureza, pois, em outros meios, as ondas eletromagnéticas se propagam com velocidade sempre menor que essa.

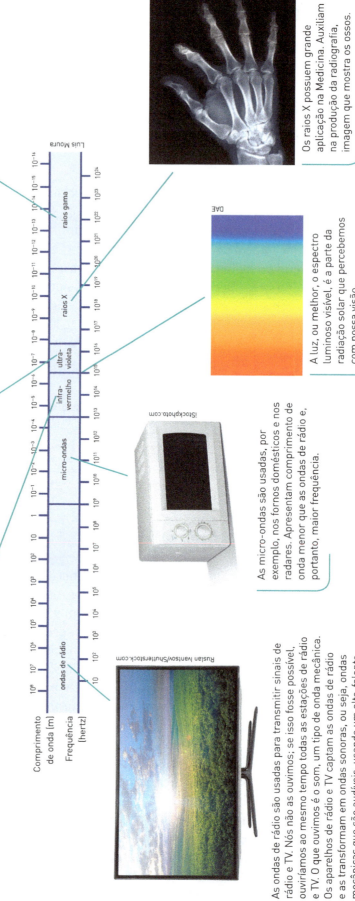

Os raios gama são usados nos tratamentos de radioterapia, pois destroem certos tumores.

Os raios X possuem grande aplicação na Medicina. Auxiliam na produção da radiografia, imagem que mostra os ossos.

A radiação ultravioleta, abundante na radiação solar, é perigosa para nossa saúde: pode provocar câncer de pele.

A luz, ou melhor, o espectro luminoso visível, é a parte da radiação solar que percebemos com nossa visão.

As ondas térmicas são as ondas de propagação da radiação infravermelha.

As micro-ondas são usadas, por exemplo, nos fornos domésticos e nos radares. Apresentam comprimento de onda menor que as ondas de rádio e, portanto, maior frequência.

As ondas de rádio são usadas para transmitir sinais de rádio e TV. Nós não as ouvimos; se isso fosse possível, ouviríamos ao mesmo tempo todas as estações de rádio e TV. O que ouvimos é o som, um tipo de onda mecânica. Os aparelhos de rádio e TV captam as ondas de rádio e as transformam em ondas sonoras, ou seja, ondas mecânicas que são audíveis, usando um alto-falante para isso.

Tecnologia em foco

Celulares e redes sem fio

Nos dias atuais, estão cada vez mais presentes os telefones celulares, principalmente os **smartphones**, assim como as **redes sem fio**.

Esses recursos tecnológicos nos ajudam em muitas atividades cotidianas, como na comunicação com parentes e amigos e na pesquisa de informações.

Cada vez mais nos tornamos dependentes desses aparelhinhos com **wi-fi** e louvamos todos os benefícios que nos trazem. A frequência das ondas de transmissão da telefonia celular localiza-se, principalmente, na faixa das micro-ondas.

Mas será que eles podem prejudicar nosso organismo?

Pesquisadores alertam sobre possíveis problemas provocados pelo tipo de radiação responsável por transmissão e recepção de sinais emitidos por antena de celular.

Leia o texto a seguir, que aborda a divergência entre especialistas sobre os efeitos da exposição às radiações emitidas por celulares, torres e antenas na saúde humana em uma audiência pública na Câmara dos Deputados do Brasil.

Dois *smartphones* sendo conectados pela tecnologia *bluetooth*

> Especialistas divergiram nesta quarta-feira [13 nov. 2013] sobre os efeitos à saúde causados por torres e antenas de telefonia celular, em audiência pública sobre o assunto na Comissão de Desenvolvimento Urbano. Alguns consideram seguras as chamadas estações radiobase (torres e antenas), desde que a radiação emitida por elas respeite os limites estabelecidos pela Agência Nacional de Telecomunicações (Anatel). Outros acreditam que a população não está protegida por essas normas e que a radiação emitida pelo próprio aparelho celular causa danos à saúde.
>
> [...]
>
> [...] o professor [...] Álvaro Salles, afirmou que a OMS [Organização Mundial da Saúde] classificou em 2011 as radiações de celulares, internet *wi-fi*, *bluetooth*, estações de rádio e de TV e micro-ondas, por exemplo, como possivelmente cancerígenas. "É impressionante que essa classificação não resultou em nenhuma ação dos governos para proteger a saúde pública dessas radiações", destacou. Para ele, o uso de fones de ouvido, viva voz, mensagens de texto e de telefone fixo podem ajudar a proteger o cidadão. [...]
>
> [...]
>
> Laura Haje. Especialistas divergem sobre efeitos na saúde da radiação de celulares e antenas. *Agência Câmara Notícias*, Brasília, 13 nov. 2013. Disponível em: <www2.camara.leg.br/camaranoticias/noticias/CIDADES/457082-ESPECIALISTAS-DIVERGEM-SOBREEFEITOS-NA-SAUDE-DA-RADIACAO-DE-CELULARES-E-ANTENAS.html>. Acesso em: 20 nov. 2018.

Glossário

Smartphone: termo de origem inglesa (*smart* significa "inteligente" e *phone*, "telefone"). Tecnologicamente avançado, o aparelho apresenta características próprias de computadores — como *hardware* (componentes físicos) e *software* (programas, por exemplo, aplicativos) — e são capazes de acessar a internet conectando-se a essa rede de dados.

Rede sem fio: termo de origem inglesa (*wireless*, em que *wire* significa "fio" e *less*, "menos ou sem") que designa conjunto de computadores e outros equipamentos que partilham serviços, informação e recursos, trabalhando sem fios ou cabos de eletricidade, a distâncias curtas, como no controle remoto da televisão, ou longas, como nas realizadas de um país a outro. Comunicação feita apenas por meio de ondas eletromagnéticas.

Wi-fi: abreviação da expressão inglesa *wireless fidelity* (que significa "fidelidade sem fio", em português). Tecnologia *wireless* fica disponível em algum ponto físico (por exemplo, em residências, em *shoppings* ou escritórios). Estando lá, a pessoa pode acessar a internet.

1. Discuta com os colegas essas informações considerando os hábitos dos jovens.
2. Elaborem uma proposta para a redução dos riscos causados pela exposição a essas radiações.

 **Viver**

O bloqueio do uso de celulares nos presídios

A "Pesquisa de opinião pública nacional – Violência no Brasil", realizada pelo Senado Federal em abril de 2007, procurou retratar o que a população brasileira pensa a respeito de temas relacionados à violência. O trecho a seguir é retirado do relatório:

"Em relação à opção de bloquear o uso dos celulares nos presídios, para 77% dos entrevistados essa medida terá impacto real na diminuição da violência no país. A polêmica em torno do uso dos celulares nos presídios já é antiga e enfrenta questões estruturais junto às operadoras, que alegam não dispor de tecnologia adequada para implantar os bloqueadores."

Para os entrevistados, o bloqueio do uso de celulares nos presídios faz com que a violência:

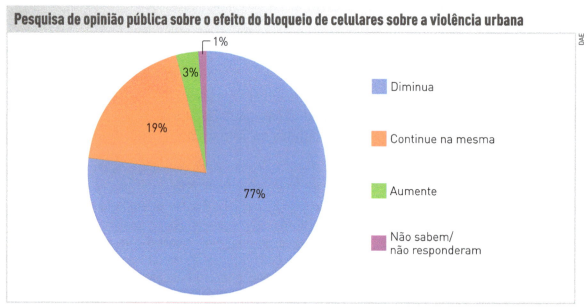

Fonte: <www.senado.gov.br/noticias/datasenado/pdf/datasenado/DataSenado-Pesquisa-Violencia_no_Brasil-relatório_completo.pdf>. Acesso em: 24 nov. 2018.

Hoje em dia, torna-se fundamental considerar as motivações sociais envolvidas nas questões de ciência e tecnologia. Muito temos a questionar sobre o rumo que a humanidade está tomando no atual milênio. Cada vez mais a vida de grande parte da humanidade torna-se vinculada aos recursos tecnológicos, que, por sua vez, se tornam mais populares. Por isso, as decisões sobre questões científicas e tecnológicas não devem se restringir a cientistas, governantes ou grandes empresas. Aos cidadãos do século XXI cabe opinar, influenciar e tomar grandes decisões nesse sentido. E você é um deles.

Este texto mostra que esse bloqueio não seria uma questão simples de resolver. A questão é polêmica, pois há grande risco de as operadoras, caso invistam em tecnologias de bloqueio, repassarem esses gastos ao consumidor. Mas um ponto bem problemático é que certamente a população que reside próxima a presídios seria bastante prejudicada, pois é difícil definir de forma exata a área a ser bloqueada.

Agora, pesquise sobre o assunto. Depois, em sala, forme com os colegas dois grupos. Debatam sobre a questão abaixo.

Agora discuta com a turma:

1. Com relação ao bloqueio de celulares nos arredores de um presídio, você é contra ou a favor?

Instrumentos à base de radiação

Sabe o "controle remoto", tão incorporado ao nosso cotidiano hoje em dia? Já parou para pensar como ele funciona? O nome já diz tudo, não é? Afinal, com ele, as pessoas não precisam levantar de suas cadeiras para ligar ou desligar um aparelho, como o de TV, por exemplo, ou mudar de canal, entre outras ações. Isso era algo inconcebível no Brasil antes dos anos 1980, quando o controle remoto começou a se tornar popular por aqui. Brinca-se até que "quem manda na casa" é quem "controla o controle", não é? Brincadeiras à parte, o que sabemos é que o seu funcionamento não é nada complicado. Cada tecla apertada, serve como uma seleção para a emissão de uma onda eletromagnética pelo controle, que nada mais é do que um transmissor de onda eletromagnética com frequência na faixa do **infravermelho** que, ao ser capturada pelo sensor do aparelho a uma certa distância, efetua o comando solicitado.

Mas, o infravermelho tem aplicações ainda mais interessantes. As "ondas de calor" transmitem-se na faixa do infravermelho. Assim, alguns óculos especiais nos permitem "enxergar no escuro". A ciência amplia, a cada dia, a capacidade sensorial humana. Como isso funciona? Todos os corpos emitem ondas de calor, caracterizadas pelas temperaturas que possuem. Os animais, principalmente, por terem temperaturas muitas vezes diversas da temperatura ambiente, emitem ondas de calor. Esses "óculos especiais" captam essas ondas e convertem-nas em sinais que "podemos enxergar".

Fisioterapeutas usam, com frequência, fontes de infravermelho para provocarem a recuperação de partes do corpo afetadas por algum trauma. E costuma ser um tratamento bem eficaz a aplicação direta de calor sobre algumas regiões do nosso corpo em recuperação.

E por falar em ondas nas faixas vizinhas à banda do visível no espectro magnético, além do infravermelho, vemos, mais e mais a cada dia, o uso diversificado do **ultravioleta**. É usado para identificar resíduos em incêndios, verificar se houve fraude em obras de arte, tratar problemas de pele como psoríase, vitiligo, entre outros, investigar cenas de crimes, verificar se uma nota é falsa, acelerar a secagem de materiais dentários em tratamentos odontológicos, enfim, há uma infinidade de utilizações para essa banda de ondas eletromagnéticas.

As imagens desta página não estão representadas na mesma proporção.

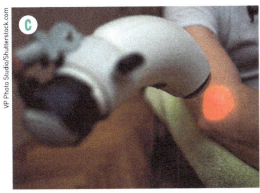

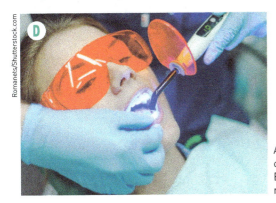

A radiação infravermelha pode ser utilizada em diferentes equipamentos, como controle remoto (A) e câmera térmica (B), e no tratamento de lesões (C). Em alguns procedimentos dentários (D), usa-se instrumentos que emitem radiação ultravioleta.

A luz visível: uma região do espectro

O espectro luminoso visível é a parte do espectro eletromagnético que contém as frequências que sensibilizam os olhos humanos e nos permitem enxergar.

Representação de faixa do espectro luminoso visível.

Cada cor da figura acima – vermelha, alaranjada, amarela, verde, azul, anil e violeta – corresponde a uma onda eletromagnética de diferente comprimento de onda, isto é, com uma frequência própria:
- a cor violeta corresponde à onda de comprimento mais curto e de maior frequência;
- a cor vermelha corresponde à onda de comprimento mais longo e de menor frequência.

Nossos olhos e nosso cérebro percebem os comprimentos das ondas de luz e os traduzem em sensações de cores.

A natureza da luz

Agora que vimos que a luz é uma onda eletromagnética, que ocupa uma faixa pequena do espectro eletromagnético, vale a pena lembrarmos que, por muito tempo, vários cientistas travaram uma polêmica sobre a natureza da luz, ou seja, o que era de fato luz. Isaac Newton, por exemplo, afirmava que a luz era constituída por partículas. Já o holandês Christian Huygens, contemporâneo de Newton, afirmava que a luz era uma onda.

Saber de que é feita a luz e como ela se desloca de um ponto a outro, por exemplo, do Sol até a Terra, foram questões que mereceram muitos debates, estudos e experimentos.

Durante o século XIX, experimentos diversos reforçaram a teoria ondulatória. O físico inglês Thomas Young (1773-1829), ao estudar a natureza da luz, comparou-a com o som, que se propaga em ondas, e percebeu vários comportamentos comuns entre eles.

Hoje, sabemos que a luz se comporta como onda em um grande número de fenômenos e como partícula em vários outros.

Trataremos aqui a luz por meio de seu comportamento ondulatório, como fizemos ao indicar a região do espectro eletromagnético que correspondia à região da luz visível.

A luz se propaga em linha reta

Você já observou a luz passando através de uma fresta da janela ou entre os galhos das árvores? Nessas situações, é possível perceber claramente que a luz de propaga de forma reta.

Luz se propagando em interior de igreja.

A luz se "espalha", ou seja, propaga-se em todas as direções

Desde que éramos crianças, fazemos desenhos do Sol que refletem a propriedade da luz, que se propaga em todas as direções.

Desenho do Sol, geralmente representado nos desenhos de crianças pequenas.

A luz se propaga no vácuo

Em aproximadamente 8 minutos, a luz percorre os cerca de 150 milhões de quilômetros que separam a Terra do Sol. Nesse deslocamento, ela atravessa o vácuo, uma região praticamente sem matéria alguma. Mas ela também se propaga na matéria: ao chegar à atmosfera terrestre, atravessa toda a camada de ar, chegando à superfície do nosso planeta.

Praia do Cumbuco. Fortaleza, (CE).

A luz do Sol percorre uma grande distância até chegar ao planeta, e, ao nos expormos ao Sol, devemos ter cuidados com nossa pele. Por exemplo, na praia, se não nos protegermos com filtro solar e evitarmos horários com maior intensidade de luz, podemos "sentir na pele" os efeitos dessa viagem.

Atenção!
Nunca devemos olhar diretamente para o Sol, pois os raios solares podem causar lesões irreversíveis nos olhos.

Corpos luminosos e corpos iluminados

Alguns corpos, como o Sol, as estrelas, a chama de uma vela ou o filamento de uma lâmpada incandescente emitem luz. Por isso, eles são denominados **corpos luminosos**.

Corpos que não possuem luz própria são denominados **corpos iluminados**. São exemplos de corpos iluminados: as paredes, os livros, as pessoas, as árvores, a Lua e a própria Terra.

Os corpos podem, portanto, ser classificados em:
- luminosos – aqueles que possuem luz própria;
- iluminados – aqueles que não possuem luz própria e recebem luz de um corpo luminoso.

Corpos transparentes, translúcidos e opacos

A luz pode atravessar alguns corpos, e outros, não.

Em relação à propriedade de permitir a passagem da luz, os corpos são classificados em:
- transparentes – corpos que permitem a passagem total da luz;
- opacos – corpos que não permitem a passagem da luz;
- translúcidos – corpos que permitem que a luz passe parcialmente.

Veja como a luz se comporta ao incidir em alguns corpos:

O garoto e a bola não permitem que a luz passe através deles. Dizemos que é um corpo opaco. Somente os corpos opacos podem produzir sombras.

Os vitrais são translúcidos porque permitem que a luz os atravesse parcialmente, produzindo efeito de luz e cor. Muitas catedrais são conhecidas pelos seus vitrais, considerados obras de arte. Acima, o vitral da Catedral Metropolitana de São José (Costa Rica).

Os vidros transparentes permitem entrada de luz e oferecem visibilidade. Na imagem, janela em prédio na região do Triângulo Mineiro (MG), jul. 2016.

Experimentar

Luz e sombra

Material:

- uma lanterna;
- um disco de papelão de 15 cm de diâmetro;
- um palito de churrasco;
- fita adesiva.

Atenção!
Ao manusear objetos pontiagudos, peça ajuda ao professor.

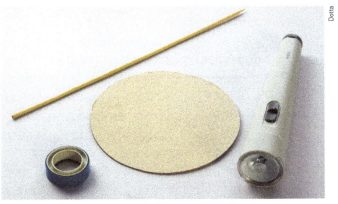

As imagens desta página não estão representadas na mesma proporção.

Fotografia dos materiais necessários para o experimento.

Procedimentos

1. Posicione a lanterna sobre uma mesa (ou segure-a), a meio metro de uma parede ou de um local branco que possa se projetar a luz, que denominamos aqui de anteparo.
2. Acenda a lanterna e observe a luz refletida na parede.
3. Segure a vareta entre a lanterna e a parede, de forma que ela fique mais próxima da parede. Observe a sua sombra.
4. Prenda, com fita adesiva, a vareta no disco de papelão.
5. Posicione o disco de papelão entre a lanterna acesa e a parede, a 10 cm desta. Observe o que se reflete na parede (que serve de **anteparo**).

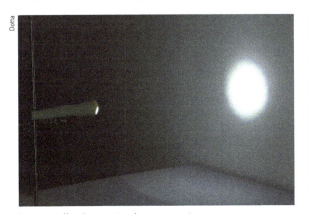
Lanterna ligada apontando para o anteparo.

Sombra projetada pelo disco no anteparo.

Formam-se na parede, partindo de todos os pontos da fonte (lanterna), três tipos distintos de zonas. Você consegue perceber quais são e dizer a diferença entre elas?

Glossário

Anteparo: objeto ou região capaz de projetar a luz. Pode ser de estado sólido, líquido ou gasoso.

Agora responda:

1. Por que se forma a sombra?

De olho no legado

A câmera escura, o princípio da fotografia

Precursora da fotografia, a câmera escura é um dos inventos mais curiosos da humanidade, fruto da observação de eventos naturais, cujos princípios foram aplicados da ciência à arte, contribuindo para o entendimento do comportamento da luz, funcionamento da visão, perspectiva geométrica, entre outros aspectos em estudos para a produção de desenhos e pinturas. Seu surgimento, no entanto, é difícil precisar, principalmente devido ao fato de que diferentes invenções e observações contribuíram para o seu desenvolvimento ao longo do tempo.

Os princípios ópticos em que a câmera escura se baseia são conhecidos desde séculos antes de Cristo, sendo os primeiros registros atribuídos a Mo Tzu (séc. V a.C.), na China, e a Aristóteles (séc. IV a.C.) na Grécia Antiga. Os estudos iniciais de Aristóteles teriam se baseado na observação de um eclipse parcial do Sol, em que a passagem da luz por orifícios formados pelas folhagens dava origem a uma imagem projetada do Sol sobre o solo. Mais tarde, já no século XIV, durante o Renascimento italiano, esse princípio passou a ser aplicado para auxiliar na produção de desenhos e pinturas. Há registros da descrição da câmera escura pelo filósofo napolitano Giovanni Baptista Della Porta em publicação de sua autoria no ano de 1558, assim como são encontradas descrições no livro de notas de Leonardo da Vinci, publicado tardiamente no ano de 1797.

Uma contribuição importante foi dada pelo pensador milanês Girolamo Cardano, em 1550, resolvendo o problema do escurecimento das imagens quando os orifícios utilizados eram muito pequenos – um recurso para melhorar a qualidade da imagem obtida. A solução adotada por Girolamo Cardano foi utilizar lentes ópticas junto ao orifício, o que significou um verdadeiro marco para o que viria a ser posteriormente a fotografia.

A câmera escura consiste em uma caixa fechada com um pequeno orifício em um dos lados, pelo qual entra a luz, e um anteparo translúcido do outro, onde se formará a imagem. No século XIX, quando esse anteparo translúcido passou a ser substituído por um material fotossensível, surgiu a fotografia.

O funcionamento de uma câmera escura é muito simples: como a luz se propaga em linha reta, os raios emitidos ou refletidos por um corpo atingem o orifício da câmera, o qual, por ser muito pequeno, permite que somente um feixe muito fino deles atravesse seu interior e incida no anteparo, registrando ali uma imagem invertida do objeto, conforme podemos observar no esquema a seguir.

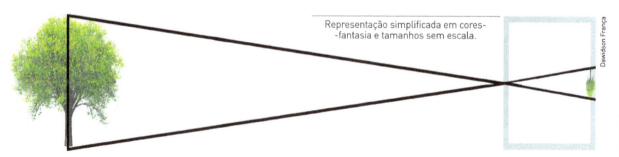

Representação simplificada em cores-fantasia e tamanhos sem escala.

Representação do funcionamento de uma câmera escura. Destaque para a imagem menor e invertida no fundo do instrumento.

Responda:

1. A imagem formada por uma câmera escura simples sempre é invertida com relação ao objeto. Se aproximarmos o objeto da câmera, o que ocorre com a imagem projetada no fundo da caixa?

Fenômenos ondulatórios

Como todas as ondas eletromagnéticas, a luz apresenta comportamentos variados ao interagir com a matéria. Esses comportamentos caracterizam os **fenômenos ondulatórios**. Eis os principais:

- **Reflexão** – ao encontrar uma superfície que separa dois meios, as ondas voltam para o meio de origem. Os espelhos são os meios ideais para a ocorrência da reflexão.
- **Refração** – as ondas, ao encontrar uma superfície que separa dois meios, passam para outro meio.
- **Absorção** – ocorre quando a energia das ondas eletromagnéticas é absorvida pelo meio material em que incidem. Em geral, o resultado dessa absorção é o aquecimento do meio no qual houve a incidência de luz.

Por exemplo, olhando para um lago límpido, você poderá verificar os três fenômenos ocorrendo.

Como você vê seu reflexo, está ocorrendo a reflexão. Como você também vê um peixe no fundo do lago, está ocorrendo a refração. Se a água está mais quente na superfície do que no fundo, é porque parte da energia está sendo absorvida.

A luz nunca é totalmente refratada, porque nenhum material é totalmente transparente, ou seja, permite que 100% da luz passe.

Vamos analisar os vidros comuns das janelas da nossa casa. Quando é dia, podemos ver o que está do lado de fora porque há refração, isto é, a luz passa através da janela e entra na casa, atingindo nossos olhos. Nesse momento, também está havendo a reflexão da luz do interior da casa que segue até a vidraça, mas, como a luz que entra é bem mais intensa, é difícil perceber a reflexão.

À noite, entretanto, diminui muito a intensidade de luz do lado de fora. Então, podemos observar, além do que está fora, os reflexos dos objetos que estão dentro de casa, ou seja, o vidro funciona também como espelho.

Além da refração e da reflexão, ocorre simultaneamente a absorção. Isso fica evidente porque o vidro esquenta.

A seguir, estudaremos com mais detalhes a reflexão e a refração.

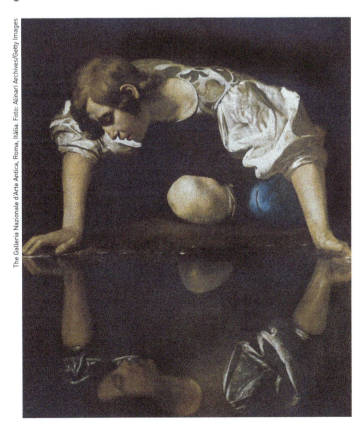

Caravaggio. *Narciso*, c. 1597-1599. Óleo sobre tela, 110 cm × 92 cm.
Na lenda de Narciso, ele se apaixona pela própria imagem refletida em um lago, motivo pelo qual fica incontáveis horas admirando a si mesmo, até que se lança às águas e morre afogado.

Reflexão da luz

Quando os raios do Sol, que formam um feixe de luz, chegam a uma casa, parte dessa radiação é absorvida e aquece a casa. Outra parte é refletida (projetada de volta ao espaço) em quase todas as direções.

A reflexão da luz é um fenômeno fácil de observar em nosso dia a dia.

- Como a luz é refletida?

Quando o raio de luz atinge perpendicularmente um espelho, ou um espelho-d'água, por exemplo, ele é projetado em sentido inverso, isto é, a luz retorna sobre ela mesma.

Quando a luz que chega a uma superfície lisa, por exemplo, a de um lago, é projetada de volta ao espaço de forma ordenada, denominamos esse fenômeno de **reflexão especular**.

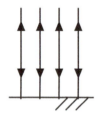

Raios de luz incidentes perpendicularmente à superfície são refletidos sobre si mesmos.

Esquema de reflexão regular da luz em uma superfície plana e refletora.

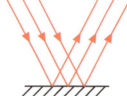

Esquema de reflexão especular.

Um acúmulo de águas calmas funciona como um espelho. Parati (RJ), 2016.

Se a superfície for rugosa, os raios se refletirão de forma desordenada e a luz se espalhará. Esse fenômeno é denominado **reflexão difusa**.

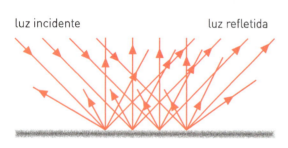

Esquema de reflexão difusa.

Reflexão difusa na natureza. Rio de Janeiro (RJ), 2008.

Na reflexão, o raio que atinge, por exemplo, um espelho, é denominado incidente, e o que é projetado de volta ao espaço é denominado refletido. Os respectivos ângulos assinalados na figura se denominam ângulo de incidência e ângulo de reflexão.

Observe no esquema ao lado que o ângulo de incidência é sempre igual ao ângulo de reflexão.

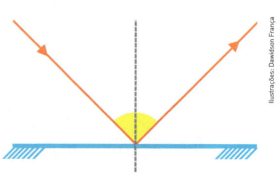

Esquema da reflexão de um raio incidente.

Refração da luz

Já sabemos que outro fenômeno que ocorre com a luz é a **refração**. É o fenômeno que explica por que a luz é desviada quando passa de um meio transparente para outro.

Observe, na figura abaixo, o que parece acontecer com um lápis colocado dentro de um copo com água.

O que você percebeu?

O lápis parece quebrado, não é?

Temos essa impressão porque, quando um objeto é visto na água, os raios de luz que ele reflete se desviam ao atravessar da água para o vidro e do vidro para o ar, isto é, de um meio para outro.

Esse fenômeno, o desvio da luz, é uma característica do fenômeno da refração.

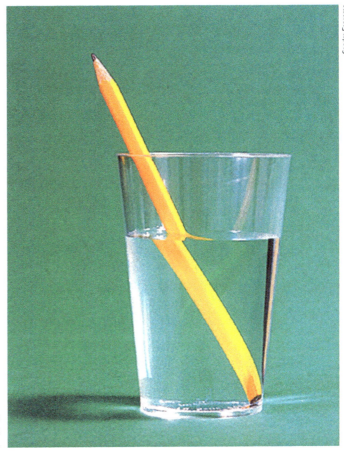

Exemplo de refração, no qual se utilizam um lápis e um copo com água.

As cores

O que é a cor?

Agora que já vimos que as cores estão associadas a uma frequência, dentro da faixa do visível do espectro eletromagnético, podemos nos aprofundar um pouco mais sobre o conceito de cor, tão presente no nosso dia a dia.

Vale lembrar um experimento muito interessante, realizado pelo cientista inglês Isaac Newton que, estudando o comportamento da luz, observou que um prisma desviava a luz branca e a separa em várias cores. Este fenômeno é denominado **dispersão da luz.**

Você pode repetir a experiência de Newton e verificar o que ele identificou. Veja a seguir.

Pergunte ao seu professor de Matemática se sua escola possui prismas transparentes diversos e peça a ele para mostrar para a turma. O prisma mais comum de base retangular é um paralelepípedo, a forma mais comum de uma caixa.

Glossário

Prismas: são objetos de vidro, ou outro material transparente, que permitem a passagem de luz, desviando-a assim que os atravessa.

Experimentar

Decomposição da luz

Material:
- um prisma de vidro (pode ser um aquário ou um prisma triangular);
- uma lanterna (fonte de luz);
- um pouco de água;
- uma folha de cartolina branca (pode ser outro tipo de papel branco).

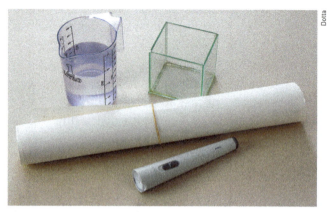

Material utilizado no experimento.

Procedimentos

1. Coloque água no recipiente de vidro (o prisma triangular ou o aquário) até 3 cm da borda.
2. Forre uma mesa (local em que o recipiente fique na horizontal) com a cartolina branca e coloque o recipiente com água sobre ela.

Recipiente cheio de água.

3. Escureça ao máximo o ambiente.
4. Posicione o feixe de luz da lanterna de forma que seus raios luminosos entrem por um dos lados do prisma (tente acertar o ponto exato onde ocorre a dispersão da luz. Vale a pena insistir, se você não conseguir na primeira vez).

Observe o que aparece refletido sobre a cartolina branca que serve como anteparo.

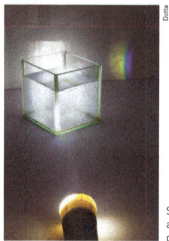

Situação visualizada pelo aluno após a realização do experimento.

Agora, faça o que se pede.

1. Relate o que ocorreu.
2. Onde, na natureza, você já observou fenômeno semelhante?
3. Compare o resultado de seu experimento com os resultados obtidos por Newton na dispersão da luz branca (com os resultados obtidos em seus experimentos, Newton concluiu que a luz branca é uma mistura de muitas cores) e registre sua conclusão.

O arco-íris

O arco-íris é formado pela decomposição da luz do Sol. Ele geralmente ocorre após uma chuva, por causa das gotas de água que permanecem em suspensão na atmosfera. Essas gotas comportam-se como pequenos prismas pelos quais os raios de luz branca atravessam e se decompõem nas sete cores do arco-íris: violeta, anil, azul, verde, amarelo, laranja e vermelho.

"Sol e chuva, casamento de viúva", diz o ditado. O que é provável, mesmo, é aparecer um arco-íris no céu.

Se podemos decompor a luz, separando as cores, ao juntarmos essas cores, podemos obter a luz branca.

Pai e filho contemplam um arco-íris.

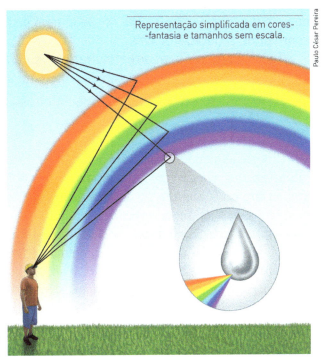

Representação simplificada em cores-fantasia e tamanhos sem escala.

Representação da formação de um arco-íris. A luz solar incide nas gotículas de água da chuva, que agem como um prisma.

Newton juntou todas as cores do espectro buscando compor a luz branca. Você pode fazer o experimento apenas com as cores vermelha, azul e verde, denominadas **cores primárias**.

Ampliar

Sombra de imagem e cor

www.phy.ntnu.edu.tw/oldjava/portuguese/luz_optica/colors_arquivos/colors.htm

Você pode simular a subtração das cores primárias observando o resultado em um anteparo.

Glossário

Cor primária: as cores vermelha, azul e verde são denominadas cores primárias, pois todas as demais cores podem ser obtidas dessas três, variando a intensidade de cada uma delas.

Nesse esquema de adição de cores, você pode observar as cores resultantes da soma das cores primárias, duas a duas, ou da soma das três: a cor branca.

O disco de Newton

Para estudar esse fenômeno, Isaac Newton criou o disco de cores, conhecido como disco de Newton.

É formado por um círculo que pode ser dividido em sete setores, cada um apresentando uma das cores do arco-íris: vermelho, alaranjado, amarelo, verde, azul, violeta e anil. Ele é colocado para girar. Se quiser fazer o seu, tome cuidado para que o disco não se solte ou se quebre em alta velocidade.

Cada setor do disco reflete luz de uma cor, e, quando este gira rapidamente, não conseguimos distinguir os segmentos separadamente.

Todas as cores chegam simultaneamente aos nossos olhos, misturando-se, e temos a percepção da cor branca.

Representação da visualização do disco de Newton parado e em movimento.

A cor de um objeto

Em geral, o que percebemos pela visão é resultado da reflexão da luz. Desse modo, podemos afirmar que sempre que enxergamos alguma coisa, está ocorrendo o fenômeno da reflexão. Por ser a luz branca constituída de todas as cores do espectro, podemos concluir que, quando vemos uma flor vermelha, esta flor está refletindo apenas a cor vermelha que chega aos nossos olhos, e absorvendo as demais cores.

As cores, como o vermelho da flor, o verde de suas folhas, o azul do céu e o colorido dos objetos, são determinadas pelos raios luminosos refletidos que chegam aos nossos olhos.

A **cor branca** de uma folha de papel, por exemplo, se deve ao fato de que ela **reflete todas as cores** que, juntas, chegam aos nossos olhos, compondo a cor branca.

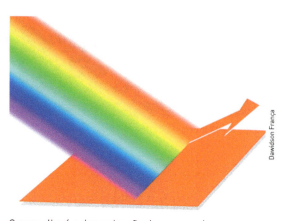

O vermelho é a denominação da cor que observamos quando a luz branca incide num objeto que absorve todas as cores, menos a vermelha, que é refletida.

A cor preta é a ausência de cor, isto é, o corpo **absorve todos os raios luminosos**, não refletindo a luz.

Observe a tela de uma TV de tubo bem de perto, com a TV desligada. Note que existem apenas três cores na tela da televisão. As imagens são constituídas por finas linhas com diferentes intensidades de luz vermelha, azul e verde bem próximas umas das outras.

Nossos olhos as percebem sobrepostas e assim as transmitem ao cérebro, que interpreta a cor resultante das variadas intensidades de vermelho, verde e azul.

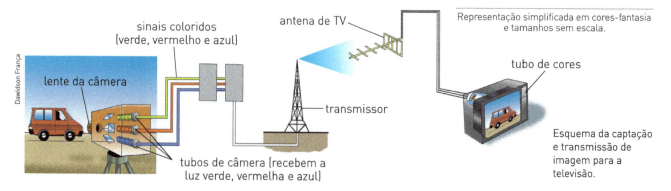

Representação simplificada em cores-fantasia e tamanhos sem escala.

Esquema da captação e transmissão de imagem para a televisão.

Observar

Composição da luz – mistura de cores

O que acontece se misturarmos a luz vermelha e a luz azul? Haveria diferença se a mistura fosse da luz vermelha com a luz verde?

Material:

- 3 focos de luz (cores vermelha, azul e verde) (podem ser três lanternas com lâmpadas dessas cores ou 3 lanternas comuns com a saída de luz coberta por papel celofane vermelho, azul e verde);
- fita adesiva;
- papel celofane (vermelho, azul e verde).

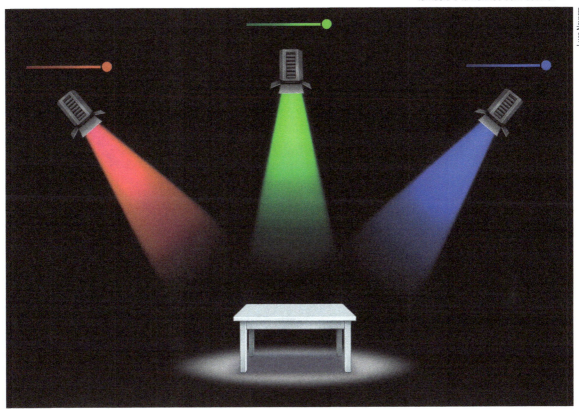

Representação simplificada em cores-fantasia e tamanhos sem escala.

Exemplo de três fontes de luz com cores diferentes (vermelha, verde e azul).

Procedimentos

1. Escureça ao máximo um ambiente que tenha pelo menos uma mesa (ou parede) branca.
2. Ligue a lanterna e direcione o foco de luz para um ponto da mesa.
3. Acenda uma luz de cada vez e observe a cor refletida na mesa.
4. Acenda as luzes vermelha, azul e verde e mantenha-as acesas ao mesmo tempo. Observe a cor refletida na mesa.

Agora responda:

1. Que cor se forma no centro da região iluminada da mesa, onde as três cores se juntam?
2. Que cor se forma na região onde as luzes verde e vermelha se juntam?

Os pigmentos

Neste livro ou na fabricação de quaisquer materiais coloridos, como filmes, tecidos, utensílios de plástico etc., são usadas tintas para criar cores. Tintas ou pigmentos não são luz, são matéria. Seu comportamento não deve ser confundido com o da luz. Observe as tintas que têm pigmentação vermelha, verde e azul no esquema ao lado.

Esquema da subtração de cores.

Esse processo, inverso ao da adição de cores, caracteriza o processo de ausência de alguma cor primária. Por isso, os pigmentos têm, como cores básicas, o amarelo (ausência de azul), o magenta (ausência de verde) e o ciano (ausência de vermelho). Cada uma delas absorve uma das cores primárias da luz (vermelha, verde ou azul) e reflete as outras duas.

Pinturas de cerca de 30 mil anos, encontradas nas cavernas, revelam que o uso de pigmentos é antigo na história da humanidade.

Com o passar dos séculos, multiplicaram-se as variedades de pigmentos naturais. Atualmente, a indústria química das tintas conta com pesquisas avançadas e sofisticadas tecnologias na produção de pigmentos.

A pintura deve às cores sua beleza e diversidade. Mirian Damato de Oliveira Bemfeito. *Amanhecendo*, 2001. Óleo sobre tela, 40 cm x 60 cm.

A cor e a temperatura dos objetos

A cor branca de um corpo é o resultado da reflexão, por este corpo, de raios luminosos de todos os comprimentos de onda. Por isso, esse corpo absorve pouquíssimo calor, energia que também está presente na radiação originada no Sol.

Nos países ou regiões muito ensolaradas e quentes, as pessoas costumam pintar de branco as paredes de suas casas. Desse modo, é possível refrescar o ambiente interno, pois a parede branca reflete maior quantidade de radiação solar do que paredes de outras cores.

Quando um carro fica estacionado em lugar exposto ao sol, o volante poderá atingir temperaturas altas que dificultam o contato. Isso ocorre porque, geralmente, os volantes são pretos, e a cor preta absorve boa parte da energia dos raios solares.

1. O que uma onda transporta de um ponto a outro?
2. Qual é a diferença entre ondas mecânicas e ondas eletromagnéticas?
3. Dê dois exemplos de ondas mecânicas.
4. Que tipo de onda é a luz?
5. O que são ondas periódicas e o que é comprimento de onda?
6. Defina a frequência e o período de onda.
7. Qual é o período de uma onda que tem frequência 10 Hz?
8. Quais são as regiões do espectro eletromagnético?
9. A figura representa uma onda que se propaga ao longo de uma corda, com frequência de 3 Hz. Determine a velocidade de propagação da onda.

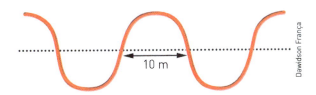

10. Três "qualidades" que nos possibilitam caracterizar um som são: altura, intensidade e timbre.
    a) Qual é a diferença entre altura e intensidade do som?
    b) O que é o timbre de um som?
11. Qual é a menor frequência que os seres humanos conseguem ouvir?
12. Na imagem ao lado, considere que cada quadradinho possui 0,5 m de lado.

    Analise a imagem, responda:
    - Qual é a amplitude da onda?
    - Qual é o comprimento de onda?

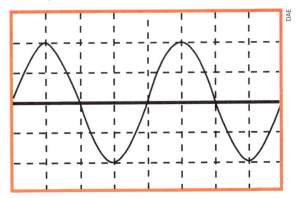

13. Carlinhos realizou uma pesquisa com os colegas de sua sala e ao perguntar a eles qual gênero de filme mais gostariam de ver, a resposta com maior número de votos foi o de ficção científica. Valendo-se dessa pesquisa, ele e seu professor de Ciências escolheram um filme de guerra espacial, cheio de explosões, com muito barulho e efeitos visuais para a turma assistir. Ao terminar a exibição o professor disse que havia um erro conceitual no filme envolvendo as ondas sonoras ou a luz, mas não revelou qual foi o tipo de onda que apresentou erro. Você pode indicar qual seria esse erro? Justifique.
14. No Brasil, a faixa de FM (frequência modulada) utilizada vai de 88 a 108 MHz. Quais são os comprimentos de onda associados a esses extremos da faixa? São valores com grandeza próxima a distâncias do nosso dia a dia?

15. Nos filmes de bangue-bangue, muitas vezes vemos um indígena descer de seu cavalo, encostar a orelha no chão e dizer se a cavalaria está chegando ou não. Com base em que eles podem fazer essa afirmação?

16. Em cinco segundos, um vibrador produz ondas em uma corda, cuja forma é apresentada na figura a seguir, entre os pontos P e Q.

a) Qual é o período e a frequência dessa onda?

b) Sendo a velocidade de propagação da onda 0,5 m/s, qual é o comprimento de onda?

17. Qual é a diferença entre um corpo luminoso e um corpo iluminado?

18. Como você explicaria a sombra?

19. Por que objetos brancos expostos ao Sol forte se aquecem menos que objetos pretos?

20. Associe a cada item abaixo um tipo de radiação eletromagnética.

a)

Tradução: radioativo.

b)
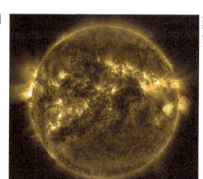

As imagens desta página não estão representadas na mesma proporção.

c)

d)

e)
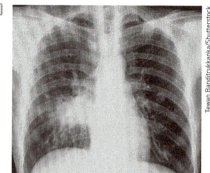

21. Classifique as ondas abaixo como mecânicas ou eletromagnéticas.

a) mar
b) ultravioleta
c) som
d) micro-ondas
e) rádio

22. Um som com volume mais alto é aquele que possui maior:

a) amplitude
b) comprimento de onda
c) frequência
d) período

23. A imagem ao lado mostra um aplicativo para se ouvir rádio usando o celular.

    Analise-a e responda:
    a) Qual é a frequência da estação que está sintonizada?
    b) Quantos ciclos por segundo realiza a onda de rádio que esta estação transmite?
    c) Explique, com suas palavras, como se dá a transmissão de uma conversa entre duas pessoas que conversam através de seus aparelhos celulares.

24. Dê um exemplo de experimento que podemos confirmar que a luz branca é composta de cores? Explique.

25. Qual é a cor resultante da soma da emissão de luzes azul, vermelha e verde?
    a) marrom
    b) preta
    c) branca
    d) amarela

Aplicativo de reprodução de rádio em celular.

26. Observe as imagens a seguir e escreva com suas palavras sobre a importância da aplicação das ondas na área da saúde.

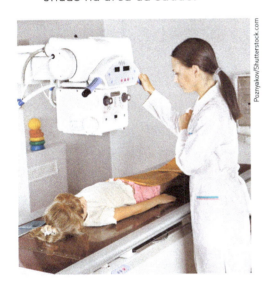
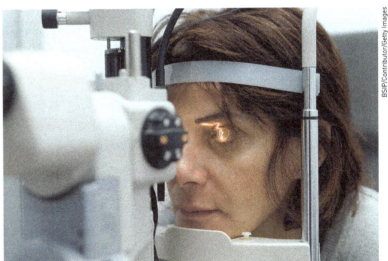
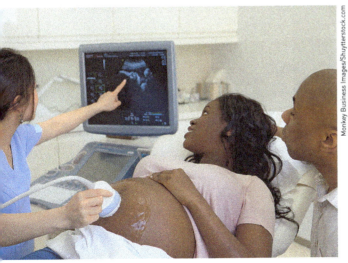
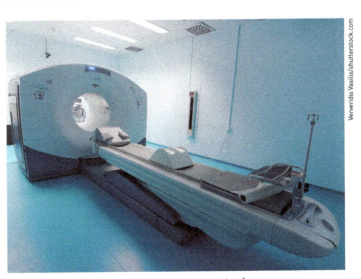

Máquina de radiografia, cirurgia ótica a laser, exame de ultrassom e máquina de radioterapia para tratamento de câncer.

CAPÍTULO 15

Movimento e leis de Newton

Em um parque de diversões, há muito movimento!

Enquanto o carrossel gira, os cavalinhos sobem e descem. A roda-gigante também gira. No bate-bate, os carrinhos colidem e mudam seu caminho o tempo todo. Na montanha-russa, o carrinho sobe em linha reta, faz uma curva, cai, vai caindo cada vez mais rápido; e aí sobe mais uma vez, se movimenta cada vez mais devagar... e cai de novo.

Mover-se pode ser muito divertido. E nós nos movemos o tempo todo, até quando dormimos, virando de um lado para o outro lado. Além disso, podemos perceber movimento em tudo o que vemos!

> **zoom**
> - Você saberia explicar o que é movimento?
> - É possível algo estar em movimento e em repouso ao mesmo tempo?

Pessoas se divertindo em uma montanha-russa.

Mecânica

Imagine que você foi ao cinema. Logo depois, um amigo pede a você que lhe conte o filme. Provavelmente, você explicará o que aconteceu ao longo da história, detalhando alguns momentos, e depois contará o final. Pois bem, a Cinemática faz algo semelhante com o movimento de um corpo.

Ela **descreve o movimento**: no início, como as coisas estavam, e vai passando informações ao longo do movimento, além de escolher certos instantes para ter informações sobre esse fenômeno com mais profundidade.

> A Mecânica se divide em Cinemática e Dinâmica.

A Dinâmica descreve o que causa e o que muda o movimento; ela será aprofundada mais à frente.

O que é movimento?

Você já tem uma boa ideia sobre o que é movimento, pois ele está presente em várias de suas experiências cotidianas. Entretanto, muitas vezes sabemos o que é alguma coisa, mas não sabemos defini-la. Pois bem: o que é movimento, como defini-lo?

Quando você observa um objeto cuja posição varia à medida que o tempo passa, você diz que ele está se movendo. Por outro lado, se você olhar para ele durante certo tempo e ele estiver sempre no mesmo lugar, dirá que ele está parado ou em repouso.

Tudo é relativo?

Pai e filha dentro de um ônibus em movimento em relação ao garoto que está na calçada.

Imagine a seguinte situação: você está sentado em um ônibus; cada vez mais esse ônibus se aproxima de um parque de diversões. A seu lado está sentado seu pai. Seu pai está em movimento?

Essa pergunta, aparentemente simples, não tem uma única resposta.

Para você, a posição de seu pai varia à medida que o tempo passa? A resposta é não, pois, à medida que o tempo passa, a posição de seu pai é sempre a mesma: sentado no banco a seu lado.

No entanto, visto por uma pessoa parada na calçada, depois que o ônibus passou por ela, seu pai se afasta cada vez mais.

Portanto, de acordo com a definição de movimento que foi dada anteriormente, seu pai está parado em relação a você; mas, em relação à pessoa na calçada, ele está em movimento!

Incrível, não é? Portanto, o **movimento é relativo**, ou seja, depende de quem observa. Um sistema que tem um observador em relação ao qual se conclui que um objeto está ou não em movimento é denominado **referencial**. Um mesmo objeto pode estar em movimento em relação a certo referencial e estar em repouso em relação a outro.

A forma do percurso – a trajetória

Aeronave deixando rastro de fumaça. O rastro pode ser associado à forma da trajetória descrita pelo avião.

Você se lembra da história de João e Maria, na qual os irmãos deixavam pedacinhos de pão como marcadores do caminho que percorriam, a fim de saber voltar para casa depois? A linha que liga esses pedacinhos de pão é denominada **trajetória**.

Se todos os objetos ou seres vivos que se movem à nossa volta pudessem deixar um rastro, veríamos a grande diversidade de trajetórias que encontramos em nosso dia a dia, algumas retas, outras curvas.

Podemos visualizar uma trajetória também ao assistirmos a uma apresentação de aviões do tipo "esquadrilha da fumaça". À medida que o avião se desloca, deixa um rastro de fumaça, que é o registro de sua trajetória.

Posição

Você já observou aquelas placas à beira da estrada? Elas indicam a quilometragem, registram a posição do veículo e possibilitam que você se localize na estrada.

A **posição** de um móvel é sua localização em relação a determinado referencial. Representamos a posição por **S**. Sua unidade no Sistema Internacional é o metro (**m**).

As grandezas da Cinemática

Para estudar a Cinemática, ou seja, a descrição dos movimentos, precisamos levar em conta algumas grandezas essenciais, que veremos a seguir.

Intervalo de tempo

Todos os movimentos que estudarmos acontecerão a partir de um determinado instante, que chamaremos **instante inicial** e representaremos por **t₀**. O instante que consideraremos o final do movimento será representado por **t**.

Ao tempo decorrido entre dois determinados instantes denominamos **intervalo de tempo**.

Representamos o intervalo de tempo por **Δt**. Sua unidade no Sistema Internacional é o segundo (**s**).

Podemos representar matematicamente o intervalo de tempo por:

$$\Delta t = t - t_0$$

Ilustração representando o tempo transcorrido durante uma viagem de carro.

Por exemplo, na figura acima, temos que o intervalo de tempo decorrido desde o instante em que a família começou a viajar até o instante em que chegou a seu destino é:

$$\Delta t = 5\,h - 2\,h = 3\,h$$

Deslocamento

Observe a figura:

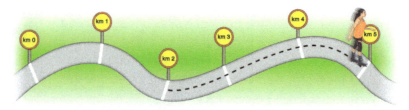

Ilustração representando o deslocamento da menina em uma trajetória.

Imaginemos que a garota saiu do quilômetro 2 e neste instante está no quilômetro 5, como mostra a figura. Sua posição variou 3 quilômetros, não é?

Sua posição inicial, representada por **S₀**, é 2 km. Sua posição final é **S**, e vale 5 km.

A diferença entre duas posições de um móvel é denominada deslocamento. Representamos o **deslocamento** por **ΔS**. Sua unidade no Sistema Internacional é o metro (**m**), e sua representação matemática é:

$$\Delta S = S - S_0$$

A garota da figura teve o seguinte deslocamento: $\Delta S = 5\,km - 2\,km = 3\,km$.

Velocidade instantânea

Você já deve ter observado que, no interior de veículos, há um instrumento que serve para marcar a velocidade. Esse marcador chama-se **velocímetro**.

O velocímetro registra o quão rápido ou devagar o móvel está se deslocando, e essa velocidade é denominada velocidade instantânea. Esse valor registra a velocidade do veículo a cada instante. Representa-se a velocidade instantânea por **v**. A velocidade no instante inicial é representada por **v₀**.

Com frequência, vemos nas estradas placas que mostram os valores de velocidade máxima permitida, ou seja, fazem referência à velocidade instantânea. A placa sinaliza ao motorista que em nenhum instante sua velocidade pode ultrapassar o valor registrado nessa placa.

O velocímetro é um instrumento que indica a velocidade instantânea do veículo.

Esta placa indica a velocidade máxima permitida nesse trecho da estrada.

As imagens desta página não estão representadas na mesma proporção.

zoom

Velocidade média e velocidade instantânea são a mesma coisa?

Velocidade média

Imagine que você pegou sua bicicleta e foi de casa para a escola. A escola fica a 6 quilômetros de sua casa e você levou meia hora para chegar.

Você parou em sinais; foi mais rápido em alguns momentos e mais devagar em outros. As velocidades instantâneas que você alcançou foram bem variadas, chegando a zero em alguns momentos. Mas o fato é que você percorreu 6 quilômetros em meia hora!

Se você disser que percorreu 6 quilômetros em meia hora, equivaleria a dizer que percorreu:
- 6 000 metros em 30 minutos;
- 2 000 metros em 10 minutos;
- 200 metros em 1 minuto ou 200 metros por minuto.

Como também seria equivalente a ter percorrido 12 km ou 12 000 metros em 1 hora. Em todas essas colocações, você estaria falando a verdade.

Repare que estamos comparando o quanto nos deslocamos em determinado intervalo de tempo, ou seja, a **velocidade média**.

> A relação entre o deslocamento de um corpo e o tempo que se levou para efetuá-lo é denominada velocidade média.

Representação matemática:

$$v_m = \frac{\Delta S}{\Delta t}$$

Ou seja, para calcularmos a velocidade média, efetuamos a divisão do deslocamento realizado (**ΔS**) pelo intervalo de tempo (**Δt**) que foi necessário para ocorrer esse deslocamento.

Observe, neste exemplo, como calcular a velocidade média.

A garota da figura encontrava-se às duas horas no quilômetro 2 e, às três horas, no quilômetro 5. Para calcular sua velocidade média, fazemos:

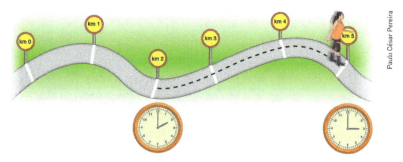

Imagem representando o deslocamento e o tempo decorrido em uma trajetória.

$$v_m = \frac{\Delta S}{\Delta t} = \frac{(S - S_0)}{(t - t_0)} = \frac{5 - 2}{3 - 2} = \textbf{3 km/h}$$

O valor da velocidade média está sempre situado entre o menor e o maior valor alcançados pelas velocidades instantâneas de um corpo.

A unidade de velocidade mais comum é o **km/h** (quilômetro por hora). No Sistema Internacional, porém, a unidade de velocidade é o **m/s** (metro por segundo). Veja a relação entre km/h e m/s:

$$\frac{1 \text{ km}}{\text{h}} = \frac{1\,000 \text{ m}}{3\,600 \text{ s}} = \frac{10}{36} \text{ m/s}$$

Logo, 1 km/h = $\frac{10}{36}$ m/s, ou seja: 36 km/h = 10 m/s.

Aceleração

No dia a dia, variamos constantemente nossas velocidades, estejamos andando, correndo ou em um veículo. Por exemplo, um trem para na estação, depois acelera e entra novamente em movimento; então, pode ficar certo tempo sem variar a velocidade e, depois, reduz e para na próxima estação.

A grandeza física que relaciona a variação de velocidade em relação ao tempo é a **aceleração**.

A razão entre a variação da velocidade em determinado intervalo de tempo e esse intervalo de tempo é denominada aceleração média. Veja a representação matemática da aceleração média:

$$a_m = \frac{\Delta v}{\Delta t}$$

em que: **Δv = v − v₀**.

Classificação do movimento quanto à variação da velocidade

Se a velocidade varia, dizemos que o movimento é **variado**. Ao contrário, se ela permanece constante, dizemos que o movimento é **uniforme**.

Se a velocidade aumenta, denominamos o movimento de **acelerado**. Se diminuir, ele será chamado **freado** ou **retardado**.

Existem movimentos variados, nos quais o valor da velocidade muda à medida que o tempo passa, mas de forma totalmente previsível. Por exemplo, quando um corpo cai, sua velocidade varia cerca de **10 m/s a cada segundo**. Ou seja, sua aceleração, chamada aceleração da gravidade, é 10 m/s².

Quando um corpo cai nessas condições, seu movimento é classificado como **retilíneo uniformemente acelerado**. E, quando sobe, seu movimento é **retilíneo uniformemente retardado**.

No Sistema Internacional, a unidade para a aceleração é o **m/s²**.

Grandezas escalares e grandezas vetoriais

Você já sabe: tempo, massa, comprimento, área e temperatura são grandezas físicas. Repare que são exemplos que podemos compreender totalmente com base em seus valores e nas unidades de medida em que esses valores são expressos. Considere a seguinte situação:

- Laura saiu de casa e foi para a casa do avô, demorando uma hora para chegar lá. Conversou meia hora com o avô e foi para a escola, imediatamente. Andou mais meia hora.

Qual foi o tempo total transcorrido desde o instante em que Laura saiu de sua casa até o momento em que ela chegou à escola?

Não há dúvida sobre a resposta: o tempo foi de duas horas.

Entretanto, algumas grandezas físicas não ficam bem definidas quando informamos apenas seu valor associado a uma unidade. Pense em outra situação:

- Duas pessoas empurram uma mesma caixa, que está parada. Elas fazem força de mesma intensidade.

O que acontecerá com a caixa?

Se as duas pessoas empurram a caixa em sentidos contrários, com força de mesmo valor, a caixa não sairá do lugar.

Você acertará se responder que depende. Se as duas pessoas empurram a caixa em um mesmo sentido, realizando forças que permitam a ela vencer certa resistência por causa da rugosidade do chão, a caixa se deslocará nesse sentido. Entretanto, se uma pessoa empurrá-la em um sentido, e a outra empurrar em sentido contrário, sendo ambas as forças de valores iguais, a caixa não sairá do lugar.

Por que o resultado da ação exclusiva de duas forças não depende apenas do quão intensa elas são?

A resposta é que a **força aplicada** na caixa é uma **grandeza vetorial**. Vamos entender melhor essa afirmação na discussão a seguir.

O que é uma grandeza vetorial?

Para responder a essa pergunta, é necessário definir alguns conceitos.

- O valor de uma grandeza física é denominado **intensidade**.
- Algumas grandezas físicas têm a característica de serem verticais, horizontais ou inclinadas em relação à horizontal ou vertical, e essa característica é denominada **direção**.
- Para cada direção, há a possibilidade de ocorrerem dois **sentidos**. Por exemplo: um empurrão na horizontal pode ser para a **esquerda** ou para a **direita** (exemplo 1). Um empurrão na vertical pode ser para **cima** ou para **baixo** (exemplo 2).

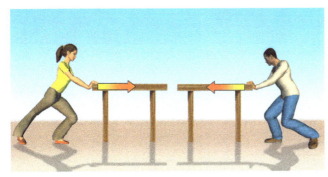

Exemplo 1
Representação da força quando se empurra um objeto horizontalmente.

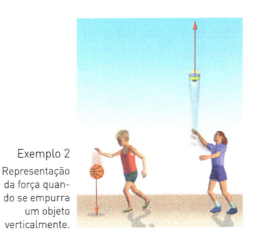

Exemplo 2
Representação da força quando se empurra um objeto verticalmente.

Grandezas que necessitam, além de seu valor associado a uma unidade, de direção e de sentido para ficarem totalmente determinadas são denominadas **grandezas vetoriais**. A força é um ótimo exemplo para entendermos o que é uma grandeza vetorial.

As grandezas que só precisam de seu valor associado a uma unidade para ficarem totalmente bem determinadas são denominadas **grandezas escalares**. São exemplos de grandezas escalares: o tempo, a massa, o comprimento, a área e a temperatura.

> **zoom**
> Para você, a velocidade é uma grandeza escalar ou uma grandeza vetorial?

As grandezas vetoriais são representadas por segmentos de reta orientados, como este abaixo.

⟶

O que é força?

A Terra atrai para si tudo o que está próximo a sua superfície.

Ações como empurrar, puxar, esticar, bater, comprimir e levantar nos dão a ideia de força.

Um corpo pode interagir com outro por meio de uma **força de contato** ou por **forças de ação a distância**, como a força por meio da qual a Terra atrai os corpos próximos a ela.

Um corpo cai porque a Terra o "puxa" para baixo. A queda acontece mesmo sem haver contato entre a Terra e o corpo.

Observamos outro fenômeno parecido quando aproximamos dois ímãs; às vezes, eles se repelem ou se atraem. Isso ocorre sem que haja contato entre eles. Nesses exemplos, observamos a atuação de forças de ação a distância.

As forças ocorrem na natureza tanto na forma de ações por contato como na forma de ações a distância. A unidade de medida de força no Sistema Internacional (SI) é o newton (N).

Portanto, forças são interações entre pelo menos dois corpos. Essas forças podem provocar efeitos variados, como aumento ou diminuição de velocidades, giros e deformações.

Somando forças

No início deste capítulo, analisamos a situação da ida de Laura para a escola, passando pela casa do avô.

Para a pergunta "Qual foi o tempo total transcorrido desde o instante em que Laura saiu de sua casa até o momento em que ela chegou à escola?", facilmente chegamos à resposta de duas horas, pois não foi preciso questionar muito para somar essas grandezas, que são **grandezas escalares**. A soma de grandezas escalares é obtida pela soma algébrica, à qual estamos acostumados.

Acompanhe, a seguir, outros exemplos de adição de grandezas.

Exemplo 1

Davi participou de uma campanha de distribuição de alimentos. Ele montava cestas básicas com 3 kg de feijão, 5 kg de arroz, 1 kg de farinha de mandioca, 5 kg de açúcar, 1 kg de fubá. Quando perguntaram qual era a massa total da cesta, respondeu que era de 15 kg, pois, nesse caso, a massa final é a soma aritmética das massas de cada parte.

Contudo, a soma de grandezas vetoriais requer uma análise mais detalhada.

Exemplo 2

Se duas pessoas levam a caixa para a direita, uma puxando-a com uma força de 200 N e a outra empurrando-a com uma força de 100 N, a soma das duas forças terá o valor de 300 N.

Costumamos denominar a soma das forças de **força resultante**. A força resultante equivale a uma única força que atuaria no corpo, produzindo o mesmo efeito de todas as outras juntas.

Nesse exemplo, a força resultante tem intensidade de 300 N, direção horizontal e sentido da esquerda para a direita.

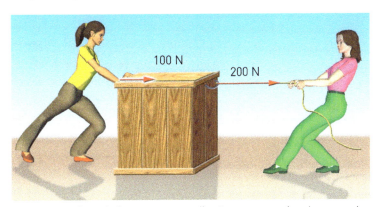

Duas pessoas fazendo força, na mesma direção, em uma caixa, desprezando o efeito da superfície de contato.

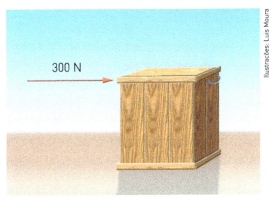

Representação da força resultante na caixa, desprezando o efeito da superfície de contato.

Observe, na segunda imagem, que estamos usando segmentos orientados cujos comprimentos são proporcionais às intensidades das forças, ou seja, o segmento 200 N tem o dobro do comprimento do segmento de 100 N.

Exemplo 3

Aqui, temos a pessoa da direita puxando a caixa para ela, com força de intensidade 250 N, e a da esquerda também puxando a caixa para si, com força de 100 N. Resumindo, as duas pessoas "puxam" a caixa, mas a da direita puxa a caixa com mais intensidade. Nesse caso, a força resultante tem sentido e direção da força de maior intensidade, mas seu

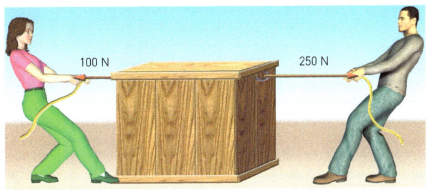

Duas pessoas fazendo força, em sentido contrário, em uma caixa, desprezando o efeito da superfície de contato. Nesse caso, a força resultante é de 30 N para a direita.

módulo vale a diferença entre as intensidades das duas forças que atuam, ou seja, vale 150 N, tem direção horizontal e sentido da esquerda para a direita.

Para encontrar a força resultante de duas forças que atuam em um corpo, é preciso fazer as considerações a seguir.

- Se as forças tiverem mesma direção e mesmo sentido, a força resultante terá intensidade igual à soma das intensidades das forças iniciais com mesma direção e mesmo sentido destas.

$$F_R = F_1 + F_2$$

- Se as forças tiverem mesma direção e sentidos opostos, a força resultante terá intensidade igual à diferença entre as intensidades das forças iniciais, mesma direção delas e sentido da força de maior intensidade.

$$F_R = F_2 - F_1$$

Para somar grandezas escalares, basta realizar a soma algébrica dos valores dessas grandezas.

Para realizar a soma de grandezas vetoriais, temos de analisar também a direção e o sentido para sabermos como proceder em cada caso.

Força peso

Força peso é a força com que a Terra atrai os corpos próximos a ela. Quando um corpo está em queda próximo à superfície da Terra, podemos observar que sua velocidade vai aumentando conforme ele se aproxima da superfície. A velocidade de um corpo em **queda livre** aumenta aproximadamente 10 m/s a cada segundo.

Como vimos anteriormente, a grandeza que mede a variação da velocidade do corpo à medida que o tempo passa é a aceleração. Vimos que o módulo da aceleração da gravidade para corpos na superfície da Terra tem valor aproximado de:

> **Glossário**
>
> **Queda livre:** um corpo está em queda livre quando, depois de estar inicialmente parado, ele cai verticalmente em movimento acelerado.

$$g = \frac{\Delta v}{\Delta t} = \frac{10 \text{ m/s}}{1 \text{ s}} = \frac{10 \text{ m}}{\text{s}} \cdot \frac{1}{\text{s}} = 10 \text{ m/s}^2$$

Mas lembre-se: o valor da aceleração da gravidade é variável e depende do astro que está sendo considerado. Quanto maior o valor da aceleração da gravidade, maior é a força que os astros exercem para atrair corpos.

O peso é diretamente proporcional à massa dos corpos e à aceleração da gravidade. Logo, podemos expressar o módulo do peso P de um corpo por meio de uma relação matemática que corresponde ao produto da massa (m) do corpo pela aceleração da gravidade no local (g). Ou seja:

$$P = m \cdot g$$

Essa expressão, na qual **m** é a massa do corpo e **g** é a aceleração da gravidade, nos ajudará a entender melhor o que é essa aceleração da gravidade. Como o peso é a força com que a Terra atrai os corpos próximos a ela, ele é, portanto, a própria força da gravidade.

Uma questão importante é entender qual é a diferença entre peso e massa.

Massa é uma propriedade dos corpos que pode ser entendida como proporcional à quantidade de matéria que o corpo possui. Ela não depende do local em que o corpo se encontra. A unidade de medida de massa no Sistema Internacional é o quilograma (kg).

O **peso** depende, além da massa, do valor da aceleração da gravidade local, e é uma força cuja unidade no Sistema Internacional é o newton (N).

Outra unidade bastante comum para medir forças é o **quilograma-força** (**kgf**). Um kgf é a força com que a Terra atrai um quilograma, no nível do mar e a 45° de latitude. Portanto, quando uma pessoa se "pesa", caso sua massa seja 70 kg, pode-se afirmar que ela tem 70 kgf de peso.

Representamos a força peso no **centro de gravidade** do corpo, sempre na vertical e para baixo.

O pássaro de plástico está suspenso apenas pelo bico. Portanto, o bico é o centro de gravidade do pássaro.

> **Glossário**
>
> **Centro de gravidade:** é o ponto no qual suspendemos um corpo, de modo que ele permaneça em equilíbrio.

Sabemos que os corpos têm a mesma massa em qualquer lugar do Universo; no entanto, o peso dos corpos na Lua é menor que o peso deles na Terra.

Isso ocorre porque a gravidade da Lua é aproximadamente 1/6 da gravidade terrestre. Logo, considerando que a aceleração da gravidade na superfície terrestre é de aproximadamente 10 m/s², temos para uma pessoa de massa 60 kg:

$P_{Terra} = m \cdot g_{Terra} = 60 \cdot 10 = 600$ N

$P_{Lua} = m \cdot g_{Lua} = 60 \cdot \dfrac{10}{6} = 100$ N

Por isso, temos a impressão de que os astronautas quase "flutuam" quando estão na Lua, como vemos nos filmes.

O que mantém o movimento?

Para que possamos entender o que é o movimento, precisamos compreender a importância das leis de Newton.

Primeira lei de Newton (ou lei da inércia)

Tente responder você mesmo à pergunta: O que é necessário acontecer para que um corpo fique em movimento para sempre?

Antes de responder a essa pergunta, vamos buscar compreender o conceito de inércia.

Se um carro e uma cadeira de rodas estiverem parados e tivermos de "dar um empurrão" para colocá-los em movimento, a dificuldade a ser vencida será igual em ambos os casos?

Uma pessoa em posição propícia para empurrar um carro.

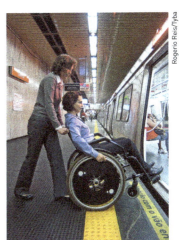

Cadeirante embarcando em vagão de trem na plataforma da estação do metrô. Rio de Janeiro (RJ), 2010.

Se você respondeu não, acertou! O carro, por ter mais massa, apresentará mais resistência para ser colocado em movimento! Essa propriedade que os corpos apresentam, relacionada à resistência para mudar o estado de seu movimento, e que é proporcional à massa do corpo, é denominada **inércia**.

Um corpo muda o estado de seu movimento quando:

- inicialmente parado, entra em movimento, em relação a determinado referencial;
- aumenta ou diminui sua velocidade;
- está em movimento e é levado ao repouso;
- faz curvas.

Um corpo que faz uma curva, mesmo que mantenha o valor de sua velocidade, ou seja, realize um movimento uniforme, está mudando a direção de seu movimento, portanto também está mudando o estado desse movimento.

Para Newton, os corpos tinham uma propriedade que os levava a permanecer naturalmente em estado de movimento. Afirmou não haver necessidade de uma ação permanecer no corpo para mantê-lo em movimento. Essa resistência à mudança no estado de movimento de um corpo é a inércia.

Agora podemos dar uma explicação mais adequada para o conceito de massa: **massa é uma medida proporcional à inércia de um corpo**.

> Inércia é a propriedade dos corpos de resistir à mudança em seu estado de movimento.

Quando um carro ou um ônibus freiam bruscamente, você sente que seu corpo é arremessado para a frente? Isso significa que você está resistindo à mudança de movimento!

Observe que você vinha se movendo junto com o ônibus, e a força aplicada pelos freios atuou a fim de parar o veículo. No entanto, seu corpo tendeu a continuar o movimento anterior, e você teve a sensação de estar sendo jogado para a frente... Isso é a inércia.

Para Newton, "um corpo permanece em seu estado de equilíbrio até que uma força resultante não nula atue sobre ele".

Segunda lei de Newton: O que muda o movimento?

Se a força resultante que atua em um corpo não for nula, o que acontecerá com o movimento do corpo?

Newton percebeu que é **a força que faz variar a velocidade de um corpo**, seja em intensidade (acelerando ou freando o corpo), seja em direção (fazendo o corpo realizar uma curva).

Se pensarmos na ação da força para variar apenas a intensidade da velocidade, quanto maior a força aplicada ao corpo, mais ele variará sua velocidade para mais ou para menos, ou seja, ele irá acelerar ou retardar. Além disso, quanto menos massa o corpo tiver, mais facilmente a velocidade dele varia. Isso ocorre por causa da inércia, que dificulta a mudança no estado de movimento.

Lembrando que a grandeza que mede a variação de velocidade de um corpo em um intervalo de tempo definido é a **aceleração** (a), podemos representar matematicamente o módulo da aceleração do seguinte modo:

$$a = \frac{F}{m}$$

em que:

a: é a aceleração;

F: é a força resultante;

m: é a massa.

Imagine duas pessoas fazendo força, uma empurra um carro e a outra empurra uma bicicleta, de modo que as forças resultantes sobre esses veículos sejam as mesmas. É fácil perceber que a bicicleta adquirirá velocidade maior. Portanto, a aceleração da bicicleta é maior.

Da mesma forma, se empurrarmos a mesma bicicleta com força maior, sua velocidade adquirida também será maior.

Qual será a força necessária para parar um navio que está em movimento? Deve ter um valor muito grande. E por quê? Porque o navio tem muita inércia.

Já um carro de corrida necessita de uma força bastante intensa para parar porque normalmente se desloca a grandes velocidades e tem de reduzi-las muito rápido.

Para que um navio em movimento, a 40 km/h, ou um carro de corrida, a 300 km/h, parem, é necessária uma força bastante intensa. No primeiro caso, por conta da massa elevada; e, no segundo, por conta da velocidade elevada.

Carro de Fórmula 1 em movimento. Esses carros podem chegar a uma velocidade de mais de 300 km/h.

Navios de cruzeiro podem ter massa de mais de 200 mil toneladas.

> A força é que faz variar a velocidade de um corpo. Quanto maior a força aplicada ao corpo, e quanto menos massa o corpo tiver, mais a velocidade dele varia, isto é, maior será sua aceleração.

As imagens desta página não estão representadas na mesma proporção.

Terceira lei de Newton (ou lei da ação e reação)

Se uma pessoa que está de patins empurra uma parede, ela é "arremessada" para trás! Isso ocorre porque as forças sempre se manifestam em dupla. Se a pessoa empurra a parede, a parede empurra a pessoa.

Em outras palavras, se a pessoa aplica contra a parede uma força com certa intensidade, a parede exerce contra a pessoa uma força com a mesma intensidade, mesma direção, mas em sentido contrário.

Essa é a terceira lei de Newton, ou lei da ação e reação.

> A toda ação corresponde uma reação de mesma intensidade, mesma direção e em sentido oposto (contrário).

A terceira lei de Newton explica como conseguimos andar. Ao empurrarmos o chão "para trás", o chão nos empurra "para a frente", e assim podemos nos deslocar.

Avestruz correndo.

Um foguete entra em movimento graças à lei da ação e reação. Ao expelir gases para baixo, devido à queima de combustíveis, a reação dos gases "empurra" o foguete para cima.

295

A força de atrito

Quando uma criança empurra um carrinho de brinquedo no chão, por que ele para logo depois que ela o solta? O carrinho deveria continuar em movimento para sempre?

A resposta é não. O brinquedo continuaria em movimento retilíneo uniforme para sempre caso a resultante das forças que atuassem nele fosse nula. Mas não é. Há uma força que o chão exerce no corpo, paralela ao chão e contrária ao movimento. Essa força é chamada **força de atrito**.

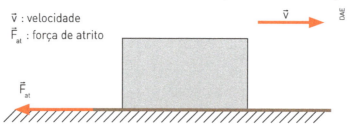

Representação da força de atrito, que é contrária ao movimento do corpo.

A força de atrito depende da textura das superfícies que estão em contato. Quanto mais polida, menos resistência a superfície oferece ao movimento do corpo que se desloca sobre ela.

Essa força de atrito também depende da força que o corpo em movimento faz perpendicularmente à superfície. Quanto maior essa força, maior a força de atrito.

Observe que a força de atrito também atua no corpo sem que ele esteja em movimento. Por exemplo, um corpo como o da figura ao lado pode ficar em repouso sobre um plano inclinado porque a força de atrito impede que esse corpo deslize pelo plano.

Superfícies ásperas oferecem mais resistência ao movimento que superfícies lisas.

A força de atrito é sempre contrária à tendência de movimento do corpo.

Gravitação universal

Podemos descrever com precisão o movimento da Lua em torno da Terra e o da Terra ao redor do Sol. Sabemos explicar a influência da Lua sobre as marés e entendemos por que os corpos caem. Esses conhecimentos são recentes, se pensarmos na escala de tempo da história da humanidade.

Essa busca de respostas foi feita coletivamente por vários povos no decorrer da história. No entanto, alguns estudiosos tiveram papel de destaque no desenvolvimento da Ciência.

Nicolau Copérnico uniu argumentos suficientes para divulgar a ideia de que era a Terra que girava em torno do Sol, e não o contrário, como se acreditava até então. Galileu Galilei contribuiu para nosso entendimento sobre a queda dos corpos e Johannes Kepler, por meio da análise de dados, foi capaz de estabelecer leis sobre o movimento dos planetas em torno do Sol. Tudo isso levou à formulação da **lei da gravitação universal**, mais uma contribuição do cientista Isaac Newton.

> A força da gravidade é diretamente proporcional às massas dos corpos envolvidos e inversamente proporcional ao quadrado da distância que separa seus centros de gravidade.

Experimentar

As forças e as leis de Newton

Material:
- balão de festa (bexiga);
- três metros de barbante;
- fita adesiva;
- moedas ou peças de um jogo de damas;
- régua;
- dois livros grossos.

Procedimentos

1. Um foguete à sua disposição

1. Encha uma bexiga e peça a alguém que segure a ponta para o ar não escapar.
2. Com três pedaços de fita adesiva, prenda o barbante na bexiga cheia.
3. Segure o barbante e peça à pessoa que solte a bexiga. (Cuidado para a bexiga não bater em nada que possa quebrar ou estragar!)

Representação do experimento.

2. Lei da inércia

1. Empilhe várias moedas ou peças de um jogo de damas.
2. Pegue uma régua e, com um golpe rápido, retire a moeda ou peça do jogo de damas que está mais embaixo.

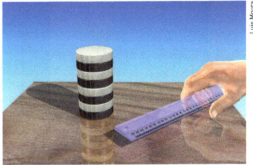

Representação do experimento.

3. Atrito com livros

1. Una dois livros grossos intercalando grupinhos de poucas páginas, ou o mais próximo possível do que foi feito na fotografia ao lado.

Representação do experimento.

Agora responda.

1. O que acontece no 1º experimento? Por que a bexiga vai tão longe? Explique o que acontece utilizando a terceira lei de Newton.

2. O que ocorrerá com a pilha no 2º experimento? Por quê?

3. Será fácil ou difícil separar os livros no 3º experimento? Tente fazer isso e explique o que ocorre.

1. Em nosso cotidiano, observamos movimentos o tempo todo. Para a Física, o que é movimento?

2. Como se apresenta um corpo em estado de repouso?

3. Imagine que um trem de grande velocidade percorreu 1 000 km em 4 horas. Qual é sua velocidade média, em km/h?

4. Qual é a diferença entre velocidade instantânea e velocidade média?

5. Explique o que são intervalo de tempo, posição de um corpo e deslocamento.

6. Transforme de m/s para km/h.
   a) 15 m/s
   b) 25 m/s

7. O peso dos corpos na Lua é o mesmo que na Terra? E a massa?

8. Tomando por base os dados do capítulo, determine sua massa e seu peso na Lua.

9. Por que, quando jogamos um corpo para cima, ele sobe e depois volta à nossa mão?

10. (UFPel-RS) "Perder peso" é prioridade de muitas pessoas que se submetem às mais diversas dietas, algumas absurdas do ponto de vista nutricional. O gato Garfield, personagem comilão, também é perseguido pelo padrão estético que exige magreza, mas resiste a fazer qualquer dieta, como mostra o "diálogo" abaixo.

Analisando a "resposta" de Garfield, do ponto de vista da Física, o gato gordinho está certo ou errado? Justifique com argumentos fundamentados.

11. Como podemos definir o que é massa?

12. Classifique as grandezas abaixo em grandezas vetoriais (V) ou escalares (E).
    a) força
    b) massa
    c) tempo
    d) velocidade
    e) comprimento
    f) posição

13 Em cada caso, determine a força resultante.

a)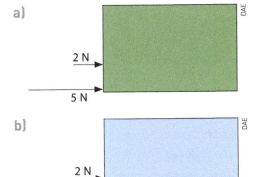

c)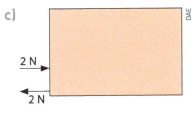

b)

d)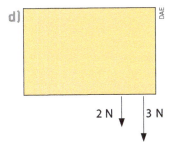

14 Que nome damos à propriedade dos corpos que faz com que resistam a mudanças de seu estado de movimento?

15 Explique os fenômenos a seguir utilizando o conceito de inércia.

a) É mais fácil carregar uma criança na garupa da bicicleta do que carregar um adulto.

b) Somos arremessados para trás quando o carro em que estamos arranca bruscamente.

c) É mais fácil parar um barquinho que um navio.

16 Explique como nós andamos.

17 Se pensarmos no número total de forças existentes no Universo neste instante, encontraríamos um número par ou um número ímpar?

18 Ao brincar de chutar a bola na parede, uma criança percebeu que, quanto mais forte era o chute, com mais força e velocidade a bola voltava para ele. Com base nos conhecimentos apresentados neste capítulo, qual é a explicação para o fato observado?

19 Ao apertar o botão "+" de um controle remoto, o canal da televisão é trocado. Esse fato chamou a atenção de um garoto, que tentou relacioná-lo com uma das leis de Newton. Ele concluiu que a lei responsável pelo fenômeno é a terceira lei de Newton e justificou do seguinte modo:
"Ao apertar o botão, o canal é alterado. Então a ação é apertar o botão e a reação é a mudança do canal".
Se a justificativa for incorreta, reescreva-a corrigindo o erro da afirmação.

20 O lobo guará é uma espécie típica do Cerrado e considerado um animal em extinção. Como você explicaria o andar desse animal segundo a terceira lei de Newton?

Lobo guará.

Retomar

1. Classifique os corpos celestes a seguir entre planetas gasosos, rochosos ou astros menores do Sistema Solar.
   a) Terra
   b) Cometa Halley
   c) Saturno
   d) Lua
   e) asteroide
   f) Saturno

2. Observe as imagens a seguir e faça o que se pede:

   a) As duas imagens apresentam o mesmo corpo celeste? Por quê?
   b) Explique o que você vê nas imagens.

3. Durante milhões ou bilhões de anos, as estrelas passam por transformações. Em seu processo evolutivo, elas podem adquirir e/ou perder massa, variar de tamanho e consumir seu próprio "combustível". Elas morrem quando o "combustível" que processa sua energia acaba. O tempo de vida de uma estrela pode ser de bilhões de anos. No Universo, cada estrela está numa determinada etapa do processo de evolução. As estrelas nascem, evoluem e morrem.

Sobre o tema, responda:
   a) Por que nesse texto tivemos o cuidado de escrever a palavra "combustível" entre aspas?
   b) Justifique por que esse mesmo processo ocorre com o Sol.
   c) O que ocorrerá com o Sol quando seu "combustível" de hidrogênio acabar? O que vai ocorrer até a sua "morte"?
   d) Como a Terra será afetada no processo de "morte" do Sol?

4. As imagens a seguir apresentam o céu mais fácil de se observar, localizado na Região Sudeste do Brasil.

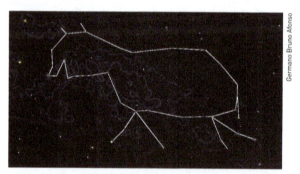

   a) Quais são os nomes das figuras imaginárias presentes na imagem?
   b) Qual é o povo ou civilização que criou cada uma dessas figuras?
   c) Qual é o uso associado à visualização dessas figuras no céu?
   d) Classifique as figuras como constelações ou asterismos. Qual é a diferença entre esses dois conceitos?

5. Classifique os astros abaixo usando o conceito de corpo iluminado e corpo luminoso.
   a) asteroide
   b) Vênus
   c) Betelgeuse
   d) meteorito
   e) Sol

6. Desenhe a representação de onda a seguir em seu caderno e identifique nela os elementos:

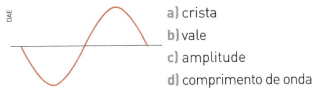

   a) crista
   b) vale
   c) amplitude
   d) comprimento de onda

7. Classifique os itens abaixo como corpos iluminados ou corpos luminosos.
   a) espelho
   b) lâmpada
   c) vaga-lume
   d) chama de vela
   e) Lua
   f) carvão em brasa

8. Explique a diferença entre os materiais translúcido, opaco e transparente.

9. Certa manhã, Paulo foi para a praia com sua família. Chegando lá, ele observou que no mar havia boias que delimitavam a área em que os banhistas podiam se divertir na água. Intrigado com o fato de as boias não se afastarem ou aproximarem da costa, ele se perguntou como isso era possível. Elabore uma resposta para explicar a Paulo a razão de ele perceber esse comportamento.

10. Lucas e Camila estão brincando com uma corda. Enquanto Camila segura uma extremidade da corda sem movimentá-la, Lucas realiza três movimentos de sobe e desce com a mão. Marília, que estava sentada observando a brincadeira, conta e vê que as três oscilações demoram três segundos para serem geradas. Qual foi o período da onda nessa situação? E qual foi sua frequência?

11. Durante o dia, ao olhar através do vidro de uma janela é possível observar nitidamente o que há do outro lado; à noite, porém, percebe-se com mais intensidade o reflexo da pessoa que está observando. Por que isso ocorre? Nesse contexto apresentado, que fenômenos ondulatórios são mais percebidos à noite do que durante o dia?

12. O filósofo natural Newton realizou um dos experimentos mais belos da Ciência ao decompor a luz branca, fazendo-a passar por um prisma, o que resulta em cores do espectro visível. Que fenômeno natural esse experimento reproduz? Em quais condições ele pode ocorrer?

13. Em uma sala de aula, iluminada com luz branca, percebe-se que o quadro negro é verde, ou seja, ele absorve todas as cores e reflete a verde. Um desenho foi feito nesse quadro e pintado de cor vermelha, quando iluminado por luz branca. Se ele for iluminado apenas com luz verde, que cor estará sendo refletida pelo desenho? E qual é a cor do quadro nessas condições?

14. Ao desmontar um monitor colorido de computador, olhando bem de perto, Juca percebeu que há somente pequenos LEDs (um tipo de lâmpada mais econômica) de cores azul, verde e vermelha. Sabendo que as imagens que o monitor transmite podem ser de praticamente todas as cores, explique como isso é possível.

15. Por que objetos brancos expostos ao Sol se aquecem menos que os objetos pretos?

16. Escolha um mito de criação do mundo e explique-o usando suas palavras. Depois, fale sobre a origem da Terra e do Sistema Solar de acordo com a Ciência.

17. Sobre planetas extrassolares ou exoplanetas, responda:
    a) O que são?
    b) Qual é a dificuldade em encontrá-los?
    c) Escreva ao menos duas características que deve ter um planeta para permitir a vida como a existente na Terra.
    d) Você considera possível a mudança da humanidade para algum exoplaneta propício à vida? Explique.

Visualização

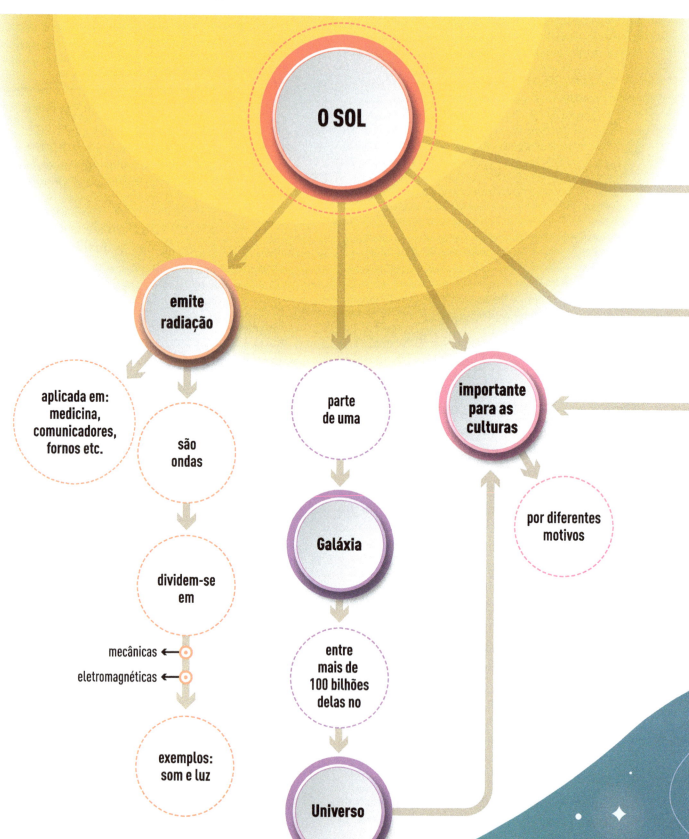

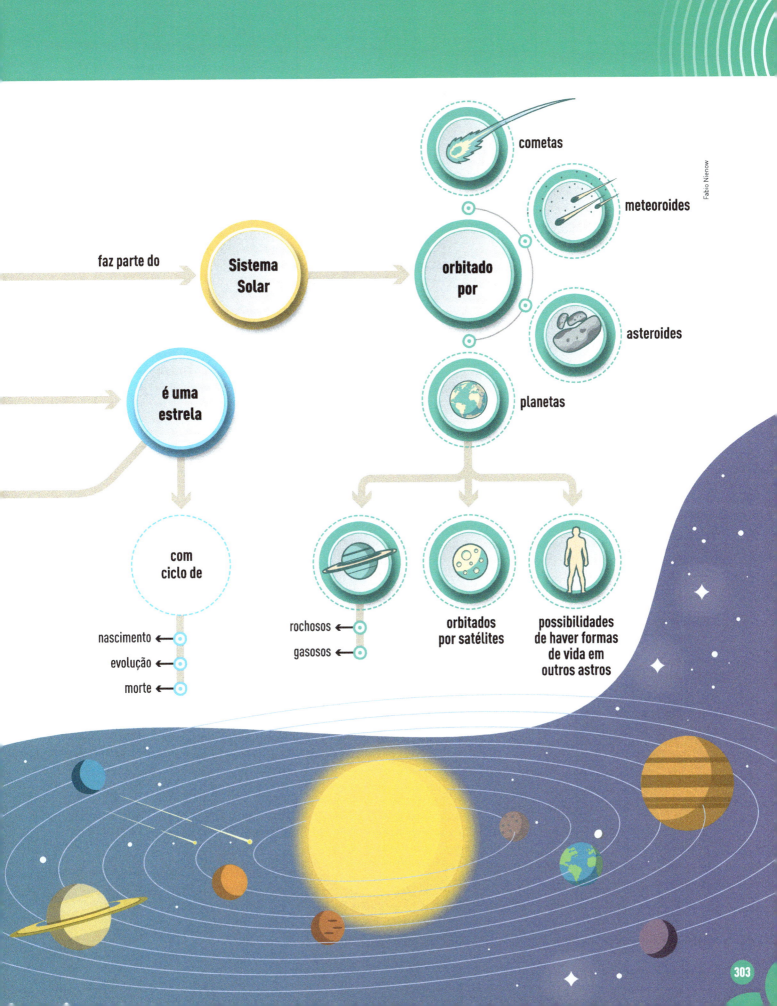

Referências

BRASIL. Lei nº 8.069, de 13 de julho de 1990. Estatuto da Criança e do Adolescente (ECA), Brasília, DF.

_____. Presidência da República. Lei nº 9.394, de 20 de dezembro de 1996. Estabelece as Diretrizes e Bases da Educação Nacional. Brasília, DF.

_____. Ministério da Educação. *Base Nacional Comum Curricular*. 3. versão. Brasília: MEC, 2017.

_____. Ministério da Saúde. Secretaria de Atenção à Saúde. Departamento de Atenção Básica. *Cadernos de Atenção Básica* (Saúde sexual e saúde reprodutiva), n. 26, 2010.

CALDEIRA, Ana Maria de Andrade (Org.). *Ensino de Ciências e Matemática*: temas sobre a formação de conceitos. São Paulo: Cultura Acadêmica, 2009. v. II. Disponível em: <http://books.scielo.org/id/htnbt/pdf/caldeira-9788579830419.pdf>. Acesso em: 13 ago. 2018.

CURTIS, Helena. *Biologia*. 2. ed. Rio de Janeiro: Guanabara Koogan, 2011.

GLEISER, Marcelo. *A dança do Universo*: dos mitos de criação ao Big-Bang. São Paulo: Companhia das Letras, 1997.

HAWKING, Stephen. *Uma breve história do tempo*. 1. ed. Rio de Janeiro: Intrínseca, 2015.

HEWITT, Paul G. *Física conceitual*. Porto Alegre: Bookman, 2007.

HICKMAN JR., Cleveland P.; ROBERTS, Larry S.; LARSON, Allan. *Princípios integrados de Zoologia*. 11. ed. Rio de Janeiro: Guanabara Koogan, 2004.

INSTITUTO BRASILEIRO DE GEOGRAFIA E ESTATÍSTICA. *Atlas de saneamento 2011*. Brasília: IBGE, 2011. Disponível em: <https://biblioteca.ibge.gov.br/index.php/biblioteca-catalogo?view=detalhes&id=253096>. Acesso em: 13 ago. 2018.

LEVY, Matthew N.; KOEPPEN, Bruce M.; STANTON, Bruce A. *Fundamentos de Fisiologia*: Berne e Levy. 4. ed. Rio de Janeiro: Elsevier, 2006.

LONGHINI, Marcos Daniel. *Ensino de astronomia na escola*: concepções, ideias e práticas. Campinas: Átomo, 2014.

MOREIRA, Marco Antônio. O professor-pesquisador como instrumento de melhoria do ensino de Ciências. In: _____; AXT, R. *Tópicos em ensino de Ciências*. Porto Alegre: Sagra, 1991.

PAIVA, Denise de Assis; CARVALHO, Keityelle dos Santos; OLIVEIR, Cristina Almada de. Experimentar para demonstrar. *Revista Brasileira de Educação Básica*, ano 2, n. 6, nov.-dez. 2017. Disponível em: <https://rbeducacaobasica.com.br/experimentar-para-demonstrar/>. Acesso em: 13 ago. 2018.

RAVEN, Peter H.; EICHHORN, Susan E.; EVERT, Ray F. *Biologia vegetal*. 8. ed. Rio de Janeiro: Guanabara Koogan, 2014.

REVISTA BRASILEIRA DE PESQUISA EM EDUCAÇÃO EM CIÊNCIAS. [S.L.]: Associação Brasileira de Pesquisa em Educação em Ciências (Abrapec), 2018. Disponível em: <https://seer.ufmg.br/index.php/rbpec>. Acesso em: 13 ago. 2018.

RIBEIRO, Jair Lúcio P. Uma atividade experimental sobre sombras inspirada em um cartum. *Revista Brasileira de Ensino de Física*, v. 37, n. 3, jul.-set. 2015. Disponível em: <www.scielo.br/scielo.php?script=sci_arttext&pid=S1806-11172015000300507&lng=en&nrm=iso&tlng=pt>. Acesso em: 13 ago. 2018.

SAGAN, Carl. *Cosmos*. Rio de Janeiro: Francisco Alves, 1983.

SASSERON, Lúcia Helena; CARVALHO, Anna Maria Pessoa de. Alfabetização científica: uma revisão bibliográfica. *Investigações em Ensino de Ciências*, v. 6, n. 1, p. 59-77, 2011. Disponível em: <www.if.ufrgs.br/ienci/artigos/Artigo_ID254/v16_n1_a2011.pdf>. Acesso em: 13 ago. 2018.

SILVERTHORN, Dee Unglaub. *Fisiologia humana*: uma abordagem integrada. 7. ed. Porto Alegre: Artmed, 2017.

SISTEMA DE ESTIMATIVA DE EMISSÕES DE GASES DE EFEITO ESTUFA (SEEG). *Análise de emissões de GEE no Brasil (1970-2016)*. São Paulo: Observatório do Clima, [2017]. Disponível em: <http://seeg.eco.br/analise-de-emissoes-de-gee-no-brasil-1970-2016>. Acesso em: 13 ago. 2018.

TAMAIO, Irineu. *Educação ambiental & mudanças climáticas*: diálogo necessário num mundo em transição (parâmetros e diretrizes para a política nacional de educação ambiental no contexto das mudanças climáticas causadas pela ação humana). Brasília: Ministério do Meio Ambiente, 2013. Disponível em: <www.mma.gov.br/images/arquivo/80062/Livro%20EA%20e%20Mudancas%20Climaticas_WEB.pdf>. Acesso em: 13 ago. 2018.

YNOUE, Rita Yuri et al. *Meteorologia:* noções básicas. São Paulo: Oficina de Textos, 2017.